河北大学燕赵文化高等研究院
国家治理体系与治理能力现代化系列丛书·应急管理篇
本成果受河北大学燕赵文化研究院学科建设经费资助

国家社科基金丛书
GUOJIA SHEKE JIJIN CONGSHU

我国档案生态安全应急管理机制研究

A Study of Emergency Management Mechanism of
Archives Ecological Security in China

张艳欣　著

人民出版社

责任编辑:刘海静
封面设计:石笑梦
封面制作:姚　菲
版式设计:胡欣欣
责任校对:张红霞

图书在版编目(CIP)数据

我国档案生态安全应急管理机制研究/张艳欣 著. —北京:人民出版社,2021.4
ISBN 978－7－01－023231－7

Ⅰ.①我…　Ⅱ.①张…　Ⅲ.①档案保护-研究　Ⅳ.①G273.3

中国版本图书馆 CIP 数据核字(2021)第 042293 号

我国档案生态安全应急管理机制研究

WOGUO DANG'AN SHENGTAI ANQUAN YINGJI GUANLI JIZHI YANJIU

张艳欣　著

人民出版社 出版发行
(100706　北京市东城区隆福寺街 99 号)

北京汇林印务有限公司印刷　新华书店经销

2021 年 4 月第 1 版　2021 年 4 月北京第 1 次印刷
开本:710 毫米×1000 毫米 1/16　印张:25.25
字数:375 千字

ISBN 978－7－01－023231－7　定价:95.00 元

邮购地址 100706　北京市东城区隆福寺街 99 号
人民东方图书销售中心　电话 (010)65250042　65289539

序　言

　　河北大学张艳欣教授撰写的《我国档案生态安全应急管理机制研究》一书，是我读过的档案学专著中较为出色的一部。该书不仅详细地阐述了档案安全应急管理的研究背景、理论基础和研究意义，而且深入说明了我国档案安全与应急管理研究的整体进展状况，尝试构建了档案生态安全理论的整体框架和思想内容，阐述了档案生态安全保护的理念、机制、实现路径和结果评价等重大学术理论问题。书中提出并阐述的基于档案生态安全的应急管理理论的模型与运行机制，对构建我国动态的档案生态安全保护及应急管理体系具有理论指导意义。这些研究成果丰富了我国档案保护的理论和档案应急管理理论，为可持续发展的档案生态保护体系的建设提供了科学的理论支撑。该书所提出的档案生态安全保护策略与应急管理机制思想，对推动我国档案馆开展生态安全保护实践，具有重要指导作用和参考价值。

　　档案是人类在社会活动中形成的、有着多维多态价值的原始记录。对国家和社会而言，档案是治国理政、维护社会稳定和进步发展所需的一种重要数据、信息资源；对社会组织而言，档案是其存续与健康发展所需的重要资产和业务、法律证据；对公民个人而言，档案是保障和维护其合法权益的有力证据。然而，无数历史和现实的安全事件表明，档案一旦遭到损毁和破坏，就会给国家、组织或个人造成严重的损失，其中有些损失甚至是无法弥补的。保护档案的安全一直是档案事业的重要任务之一,也是总体国家安全观的重要体现。基于此,我国非常重视档案安全生态环境的保护,并不断改进和完善相应的政策环境,重视信息与网络安全建设。党和国家的档案主管部门也非常重视档案安全环境的维护与建设,制定并实施了许多档案行业的安全标准与规范。

档案安全环境的维护与建设只有在科学理论的指导下进行,才能获得良好的实践结果。当代档案学理论研究的重要任务之一,就是要努力构建具有中国特色的档案安全生态治理理论,并对档案安全保障问题进行全方位、多角度的深入探讨、论证、分析和总结。档案安全保护一般可以通过常态安全保护与非常态安全保护来实现。尽管我国档案学术界对档案常态安全保护的实践总结和提炼比较深入,但对非常态安全保护的研究和探索能力还须进一步提高。在我国社会发展从工业文明向生态文明转型的新时代,必须提升对档案非常态安全应急管理的重视程度,并加强对各种档案突发性事件应急管理相关理论研究,以提高我国档案安全保护的整体水平。

开展档案生态安全理论研究,探索档案生态安全保护的管理理论与技术方法,是档案学理论与实践发展的现实需要。这部专著以生态学理论为指导,将生态安全概念引入档案安全研究,在此基础上科学地界定档案生态安全概念的内涵,并从生态学视角探讨了档案生态安全的实现机制、途径与策略,全方位地阐述了保障档案生态安全的思想观点。作者认为,强调档案的生态安全,也是强调档案生态系统中各因子的动态平衡;应从宏观的、整体的、开放的以及动态平衡的视角出发来研究档案生态安全问题;档案生态安全概念的提出有利于档案与其所在生态系统的生态因子之间,以及各生态系统之间关系的自然和谐,从而使档案的安全得到更加全面的保护。

"档案生态安全的实现需要以常态安全保护与非常态安全保护为基础",这是作者提出的又一鲜明的思想观点。她认为,通过风险管理可以确保常态安全的实现,而通过应急管理可以确保非常态安全的实现。档案生态安全的实现是风险管理与应急管理的相互融合统一。档案生态系统安全保障需要以风险管理为基础,对档案生态突发事件的起因、过程和后果进行分析,并有效整合档案生态系统中的相关资源,建立起一整套应对突发事件的事前防范、事中反应、事后处理的管理手段和程序,以期最大限度地减少和降低档案主体、客体等所遭受的破坏。

我国档案界一直对常态档案生态安全较为关注,无论是学术研究还是保护工作实践,都形成了很多优秀成果。而当前国内外社会与自然环境日益复杂多变,突发事件频发。不断有一些著名博物馆等文化建筑由于突发灾害而惨遭破坏。2017年法国卢浮宫火灾、2018年巴西博物馆火灾、2019年巴黎圣母院火灾等,均是人类文明的悲剧,也为我国档案保护工作敲响了警钟,亟待加强非常态档案生态安全的研究。而档案生态安全应急管理是非常态档案生态安全实现的重要途径。国家已成立了应急管理部,把应急管理作为国家治理体系和治理能力的重要组成部分,积极推进应急管理体系和能力的现代化。国家档案馆作为重要的文化事业单位,其应急管理能力建设也是国家档案生态安全所必需的重要条件之一。

这部专著重点对档案生态安全应急管理的理论与方法进行了系统的阐述。作者认为,伴随社会进步与科技水平提高,档案生态安全应急管理工作必须秉承协同应急管理、智慧应急管理、差异化应急管理等创新理念,才能有效应对复杂多变的安全环境。同时指出,应根据档案生态系统突发事件自身发展演变规律,对档案生态系统突发事件生命周期进行划分,并以此明确档案生态系统应急管理活动与任务周期及各阶段的应急任务,为在档案生态系统应急管理实践工作中开展全程减灾、备灾提供了理论依据。还进一步指出,档案管理主体应深刻理解档案生态系统应急管理的相关机理,这会有助于在应急管理实践中,从事物本质出发,科学制定符合事物发展规律的制度、策略,以实现档案生态系统突发事件的有效预防,从而经济高效地做好应急管理工作,保障非常态档案安全。

档案生态安全应急管理是一项系统工程,提高应急管理水平需要档案生态系统内外通力合作,从政策、法律、制度等多角度协同作用,架构科学合理的应急管理体系。作者从生态学视角探讨了档案生态安全应急管理的相关机理、运行机制,并立足于档案生态系统,从应急管理制度、应急管理机制、应急管理技术、应急管理文化、应急管理信息、应急管理资源保障六个不同维度,探讨了提升档案生态安全应急管理防范力、智慧力、硬实力、软实力等综合能力的路径和方法。该书既可以作为我国各级各类档案馆常态安全保护与非常态安全保护工作实践的理论指导用书,也可以作为档案实践部门制定档案安全策略和应急管理指南的专业教材。

张艳欣教授于2012—2015年在中国人民大学信息资源管理学院攻读档案学博士学位期间,就开始关注档案安全与应急管理问题。在深入学习档案学、生态学、灾害社会学等理论的基础上,她对该课题进行了系统、全面的深入研究和理论探索,并在2014年获得了国家社会科学基金"我国档案生态安全应急管理机制研究"的资助,在博士期间相关领域研究基础上,继续广泛调研、深入分析,最终形成《我国档案生态安全应急管理机制研究》一书。张艳欣教授一直坚守着"勿负今日"的学术精神,孜孜以求,才有了今日这部集大成的研究成果。希望广大读者能够通过阅读此书,增强档案生态安全意识,提升档案安全治理水平和档案保障能力,为维护中华民族档案文化财富的安全和长远流传而努力奋斗!

王英玮

2020年9月8日

于中国人民大学

目　　录

表　目　录

图 目 录

绪　　论

　　我国档案文册浩瀚，漫若烟海，是我国的传世珍宝，是我国珍贵的历史记忆。保护这些珍贵档案的安全，使其安全长久地留存后世，是传承我国优秀民族文化、保证社会安定的必要工作，也是坚守总体国家安全观、保证中国信息安全的迫切需要，更是建设社会主义先进文化、构建和谐社会的必然要求。

　　本书拟从生态安全视角对档案安全保障加以研究，探讨通过加强档案生态系统脆弱性管理保障档案常态生态安全，以及加强档案突发生态安全事件的应急管理实现档案非常态生态安全，从而实现全面、动态的档案生态安全保护。

一、研究背景与现实意义

（一）研究背景

1. 和谐社会构建需要"安全"筑牢根基

（1）国家安全日益受到重视

　　国家安全是关系实现中华民族伟大复兴中国梦的头等大事，是国家生存与发展最基本、最重要的前提。"国家安全是指国家政权、主权、统一和领土完整、人民福祉、经济社会可持续发展和国家其他重大利益相对处于没有危险和不受内外威胁的状态,以及保障持续安全状态的能力。"①

习近平于 2014 年 4 月明确提出"总体国家安全观",坚定不移地走中国特色国家安全道路,强调要"既重视外部安全,又重视内部安全""既重视国土安全,又重视国民安全""既重视传统安全,又重视非传统安全""既重视发展问题,又重视安全问题",要求关注自身安全的同时,更关注国家整体安全。他指出,国家总体安全观包括"政治安全、国土安全、军事安全、经济安全、文化安全、社会安全、科技安全、信息安全、生态安全、资源安全、核安全"。②

我国于 2015 年 7 月 1 日颁发并开始实施《中华人民共和国国家安全法》,开启了中国安全工作的新篇章。习近平明确指出,国家安全工作应该坚持总体国家安全观,要以人民安全为宗旨,重视政治、社会、文化、军事安全,建立完善的国家安全系统,坚定不移走中国特色国家安全道路。《中华人民共和国国家安全法》明确规定 4 月 15 日为全民国家安全教育日,法律明文规定要"通过多种形式开展国家安全宣传教育活动,将国家安全教育纳入国民教育体系和公务员培训体系,增强全民国家安全意识"。

"生于忧患,死于安乐",我国几千年的历史证明,一个国家安全意识缺失的民族只能被动挨打。恩格斯曾说过,一个聪明的民族,从灾难中学到的东西会比平时多得多。当前,我国日益强调要通过各项措施强化国家安全意识,并对此进行广泛宣传,目的就是使社会公众了解当今我国的安全形势,树立正确的国家安全观,提升忧患意识,进而保障我国社会的长治久安。

我国政府历来非常关注档案的安全保护,多次指出要在档案工作中落实国家安全观,也就是要保障档案的安全。2014 年 5 月,中共中央办公厅、国务

---

① 中央政府门户网站:《中华人民共和国国家安全法(2015)》第 2 条,2020 年 5 月 22 日,见 http://www.gov.cn/zhengce/2015-07/01/content_2893902.htm。

② 《习近平关于总体国家安全观论述摘编》,中央文献出版社 2018 年版,第 4—5 页。

院办公厅印发《关于加强和改进新形势下档案工作的意见》,明确指出必须要建立健全档案安全体系以保障档案安全保密,将保障档案的安全视为增进和完善档案工作的关键任务。2017 年 6 月,全国档案安全工作会议指出,总体国家安全观为各地区、各部门搞好相关领域国家安全提供了根本遵循和行动指南,并要求各级档案部门都要深入学习领会总体国家安全观的科学内涵和实践要求,正确理解确保档案安全与维护国家安全的辩证关系,努力把总体国家安全观的科学思想和工作要求落实到档案安全工作中去,立足档案工作实际积极维护和巩固国家安全。①

（2）全社会应急管理全面展开

自人类文明诞生之时起,战争、洪涝、干旱、地震等各种类型的自然或者人为灾难一直都对社会发展造成了严重影响。随着当代科技的不断发展和进步、经济的多元化与全球化以及人类对地球资源的不断掠夺与破坏,地球生态环境渐渐改变了其原本形态,各种灾难不断发生。随着社会的发展,新型的社会矛盾日益增多、日益复杂,各种类型的社会危机也越发难以应对。社会体系与自然体系互相影响、互相作用,导致人类社会以及自然界各种破坏性突发事件的发生频率更高,影响越来越大。这些突发事件对人类社会破坏的广度、深度和力度已经到了无法想象的地步,阻碍着全球各个国家的发展以及人类文明的进步。可以说,风险社会已经到来。

我国在不断应对自然以及人为灾害的过程中,已经累积了比较丰富的防灾、抗灾经验,为当代中国应急管理理论的产生打下了良好的基础。1949 年至今,中国先后建立了地震局、水利局、气象局等部门机构以应对各种自然灾害,积极预防和努力减少自然灾害、公共卫生事件、事故灾难等各种突发事件造成的损失,有效应对了一系列的危机和灾难。但是,我国是世界上自然灾害

---

① 国家档案局办公室:《国家档案局关于印发李明华同志在全国档案安全工作会议上的讲话的通知》,2017 年 6 月 26 日,见 http://www.saac.gov.cn/news/2017－06/26/content_192040.htm。

最严重的国家之一,不仅灾害种类多,而且发生频率高,造成的损失严重,再加上社会转型期社会、政治、经济等多方面的突发事件不断增加,使应急管理成为当代社会的重要课题。2003 年,我国爆发"非典"疫情,对全社会造成重大影响,战胜"非典"之后,政府意识到应急管理的重要性,并作出进一步提高国家应急管理工作水平的重大决策。因此,2003 年成为我国全面加强应急管理工作的起步之年①,应急管理建设全面起步并积极稳妥推进,陆续采取了一系列应急管理相关的重要措施,从上到下逐渐建立起各级应急管理机构,如国务院办公厅应急预案工作小组、应急管理办公室,各地区对应的管理机构也随之建立。2006 年 1 月,我国颁布《国家突发公共事件总体应急预案》,初步建成"纵向到底,横向到边"的应急预案体系。此后,2007 年 11 月颁布《中华人民共和国突发事件应对法》,形成以"一案三制"为主要内容的综合应急管理体系的总体框架。

2008 年我国发生了汶川大地震、南方罕见低温冰雪冰冻灾害等严重突发自然灾害,对受灾地区造成严重破坏,损失重大。加强应急管理建设的紧迫性日渐显现,被纳入我国经济社会建设的重要议程。党的十八大以来,应急管理和防灾救灾工作已经成为社会治理体系和治理能力现代化的重要组成部分,我国先后颁布了《国家突发事件应急体系建设"十二五"规划》和《国家综合防灾减灾规划(2011—2015 年)》,明确了国家应急管理和综合防灾减灾工作的战略目标、主要任务和重大项目。2018 年,国务院设立应急管理部,重构国家防灾减灾救灾体制,为做好综合防灾减灾救灾工作提供强有力的组织保障,这是我国应急管理工作发展史上的重要里程碑。自此以后,我国的应急管理更加依法、有力、有序、有度、有效,在保障我国的社会安全方面发挥了重要作用。

伴随应急管理实践发展,我国应急管理理论研究也逐渐走向深入。自

---

① 范维澄、闪淳昌:《公共安全与应急管理》,科学出版社 2017 年版,第 2 页。

2003 年以来,有关应急管理的论文与著作数量逐年攀升,相关研究文献多获国家自然科学基金、国家社会科学基金、国家科技支撑计划等国家项目的支持,充分体现了国家和政府部门对应急管理研究的重视与关注。目前,行政管理学界对应急管理相关研究最多,此外,社会学界同样也是重要的研究力量。近年来,随着社会不断发展,城市应急、群体性事件以及公共卫生等领域应急管理理论研究成果颇丰,共同推动了我国应急管理实践的发展。

2. 档案事业发展需要"安全"保驾护航

(1)档案安全保护日益受到关注

档案是社会组织或个人在以往的社会实践活动中直接形成的具有清晰、确定的原始记录作用的固化信息①,对从事社会实践活动的主体具有凭证和参考意义及作用②,档案在我国社会各个领域都发挥着重要的凭证作用。不仅如此,档案还是无可替代的社会回忆,使人类文明、人类历史、人类创造的科学技术和社会文化得以传递和延续③,如果档案被损坏或者遗失,社会记忆将会出现断层。因此,必须想尽一切办法有效地维护档案的基本安全,尽可能地延长档案保存时间,无论是在什么时期,在怎样的状况下,档案安全都是档案管理工作的重中之重,是保护档案资源的重要方式。④ 我国历史文化悠久,档案安全保护思想同样源远流长,尤其是近年来在档案安全管理制度、档案馆库建设、有害生物防治、档案修复等方面积累了丰富的经验。

现代社会发展迅速,尤其是 20 世纪 90 年代以来,社会政治、经济、科学技术等各方面飞速发展,伴之而来的是呈级数增长的档案资料。但是,伴随社会发展的却是自然环境日趋恶化、社会环境日益复杂,档案安全受到日益显著的威胁,档案安全保护工作面临新形势、新挑战。为此,我国档案界对档案安全

---

① 冯惠玲:《档案学概论(第二版)》,中国人民大学出版社 2006 年版,第 6 页。
② 张斌:《档案价值论》,中央文献出版社 2000 年版,第 12 页。
③ 王英玮:《档案文化论》,中国人民大学出版社 1998 年版,第 7—15 页。
④ 胡鸿杰:《化腐朽为神奇——中国档案学评析》,上海世界图书出版公司 2011 年版,第 108 页。

保护关注程度也日渐提高,档案管理部门同样从政策制定到实践监督等不同层面采取各种举措以保障档案安全。

2001 年,国家档案局和中央档案馆针对连续两个县发生档案被盗案件以及档案丢失、被盗等档案安全隐患,发出《关于进一步采取有效措施确保档案安全的通知》,要求档案部门切实增强档案安全防范意识,落实档案安全保管工作的各项责任制度,改善档案安全保管条件,确保档案的安全与完整。

2002 年,国家档案局发布了《关于立即组织开展档案安全大检查的紧急通知》,我国各类各级档案馆按通知精神严格落实档案安全措施,有效地弥补档案安全方面可能存在的漏洞,提升档案保护的能力。

2004 年,我国省及市级以上档案馆陆续建立自己的特藏室,对档案资源进行等级鉴定,实行分类管理,使珍贵档案得到更加科学安全的保管。

2005 至 2006 年,中央财政加大对我国重点档案抢救与保护工作的支持,补助金额由 1200 万元提高到 9000 万元。

2007 年,时任国家档案局局长杨冬权在全国档案局馆长会议上指出,档案安全是档案事业的重中之重,是档案事业的生命线,各级档案部门必须时刻牢记,常抓常新。

2008 年,杨冬权在不同场合针对档案安全又发表了一系列重要意见并作出相应指示。他在全国档案局馆长会议上强调档案安全的内外形势都不容乐观,明确指出全力维护档案的基本安全是档案部门的重要职责;各级各类档案机构都应当秉承对群众、对国家、对历史负责的态度,认识到档案安全的价值所在,采取全方位举措保障档案安全。国家档案局为了推动档案安全工作,于 2008 年和 2009 年连续两年对我国各级各类档案馆的国家重点档案抢救和保护情况、档案库房安全制度执行情况和库房相关硬件设施的安全状况进行了全面检查,要求根据结果逐级进行整改。

2009 年举行的全国档案馆工作会议明确指出要把各级国家档案馆建设

成为档案安全保管基地。①

2010年,杨冬权首次指出要建立确保档案安全保密的档案安全体系,加强各个档案机构的档案信息安全与实体安全的保障工作,实现我国档案事业可持续、协调、安全发展。② 他在全国档案局长馆长会议上指出,经过多年努力,我国档案安全条件已得到前所未有的改善,为全面建设小康社会作出了重要贡献。我国档案馆库建设、档案安全基础设备和技术防范系统建设都得到加强,重要档案异地备份制度也开始实施。同年,杨冬权又提出要推进档案安全体系建设,提高档案安全的保障力,不仅做好档案馆库建设,更要做好档案信息安全保密工作,加强对数字档案安全的有效保障。

2012年,在全国档案工作暨表彰先进会议上,杨冬权再次明确强调档案安全保障工作,要求档案工作者要努力切实提升档案安全保护能力,为构建档案强国努力。③ 此后,在记者访谈中他谈到"档案强国",认为档案安全必须得到保障,处理基础设施建设,建设一支有战斗力的档案专业人才队伍,对档案保护和整个档案界都将发挥重大影响。④

在2013年举办的全国档案局长馆长会议上,杨冬权明确指出我国档案安全保障能力还有待继续提升⑤。我国各级各类档案机构都积极响应号召,比如,天津市率先落实了档案安全系统风险评价体系,湖北省档案局也建立了三维档案安全管理体系。

中共中央办公厅、国务院办公厅在2014年联合发文,再次强调了建立健

---

① 张美芳:《档案馆危机预防评估研究与应用的国内外进展》,《档案学研究》2012年第1期。

② 杨冬权:《在全国档案安全体系建设工作会议上的讲话》,2015年5月12日,见 http://www.zgdazxw.com.cn/NewsView.asp? ID=10254。

③ 杨冬权:《在全国档案工作暨表彰先进会议上的讲话》,2012年2月15日,见 http://www.zgdazxw.com.cn/NewsView.asp? ID=17543。

④ 杨冬权:《为实现档案强国新战略目标而努力奋斗》,《中国档案报》2012年6月8日。

⑤ 杨冬权:《在全国档案局长馆长会议上的讲话》,2010年12月14日,见 http://www.saac.gov.cn/zt/2010-12/14/content_12720.htm。

全档案安全保障体系的战略重要性,要建立行之有效的档案安全应急管理制度,文件规定了全国档案馆要健全与档案安全应急制度相关的政策以有效地维护档案安全。①

2015 年,时任国家档案局局长李明华指出,档案工作者要站在对党和国家负责、对人民和历史负责的高度,抓好档案安全工作,把确保档案绝对安全放在首要位置。中央档案馆(国家档案局)全方位开展档案安全专项风险排查工作,先后发布了《档案数字化外包安全管理规范》《档案信息系统安全保护基本要求》《档案信息系统安全等级保护定级工作指南》等一系列文件,促进我国档案安全建设进一步规范化、标准化。

2016 年,国家档案局颁发了《关于进一步加强档案安全工作的意见》,进一步明确了新形势下档案安全建设的目标和任务,表明我国档案安全建设已经进行了顶层设计并开始落实。李明华指出,确保档案实体安全的核心是防止突发性灾难对档案实体的破坏;在数字化、网络化和智能化的信息时代,要开展档案信息系统、网站、数字化外包等安全检查工作,确保档案信息安全。

2017 年,李明华针对档案安全工作面临的新形势、新挑战在全国档案安全工作会议上强调,档案安全是档案工作的底线和档案事业的根基,必须强化红线意识,在实际工作中要以问题为导向,不断加强和改进档案安全工作。同年,我国提出进一步加强档案安全管理,构建人防、物防、技防"三位一体"的档案防范体系,档案备份工作取得很大进展,47 家副省级以上档案馆以及一大批市、县级档案馆完成结对异地备份工作。

2018 年,国家档案局发布了《档案馆安全风险评估指标体系》,对档案馆安全风险评估指标作了详细介绍,以提高档案安全风险与保障能力。

2019 年,针对个别地方发生的档案安全事故,国家档案局印发了《关于深入开展档案安全检查的紧急通知》,规定各地各级档案机构要严格落实档案

---

① 中共中央办公厅、国务院办公厅:《关于加强和改进新形势下档案工作的意见》,《中国档案报》2014 年 5 月 5 日。

安全风险排查工作,切实采取有效措施防控风险,做好应急工作。在全国档案局长馆长会议上,中共中央办公厅副主任陈世炬要求围绕防范化解重大风险做好档案工作,牢固树立总体国家安全观,以强烈的政治担当,深入做好档案系统防风险、保安全各项工作。李明华局长在会上也提出要强化底线思维和忧患意识,持续做好档案保管保护等各项工作。

档案安全与重要信息资源的保护不仅是对我国文化遗产和发展成果记录的保护,更有关于长久文化传承与历史延续。[①] 我国档案部门一直以来非常重视档案安全保护工作,在新时期更是站在国家安全的角度严格落实档案安全保护工作。

(2)我国档案行业应急管理大势所趋

与公共管理工作相比,我国档案工作的应急管理研究还较为滞后。而档案资源对于国家、社会发展的重要作用不言而喻,因此保护档案安全就成为档案工作的重中之重。档案安全保护中的档案常态安全保护部分,即做好档案日常管理中的安全保护,比如控制良好的保管环境、做好"十防"等,一直以来都备受档案工作者关注。然而,各种非常态的突发事件对档案安全也可造成严重威胁及破坏,对于档案非常态安全保护,关注程度亟须加强。如前所述,随着社会上各种突发事件发生频率日益增高,档案部门应当且必须将应急管理工作视为自己的重要职责。在这种情况下,提升我国各级各类档案机构应急管理能力就成为急迫的任务。提升档案应急管理能力是实现档案强国目标的关键,是档案部门坚守自身职责的直接体现,对各种突发事件进行应急管理具有不可或缺的作用,必须引起档案部门的充分重视。

当前,我国社会全面迅速发展,然而面对的现实情况却不容乐观,自然环境方面,地震、水灾等灾害的发生频率较高;人文环境方面,正处在转型发展的重要阶段,各类社会矛盾较突出。一些突发事件使得一些珍贵的档案资源遭

---

① 王良城:《档案安全保障体系建设基本任务探析》,《中国档案》2010 年第 4 期。

到破坏或者丢失,严重影响档案安全保障工作。举例来说,2008年发生的汶川大地震给当地档案馆、给我国档案事业都带来了损失。四川省境内共有118个档案馆受到不同程度的损害,占四川省内档案馆总数的58%。① 据统计,档案保管设施损坏5511台件,有302万卷档案被毁坏,8万卷记载羌族史料的档案全部被埋,②造成了不可挽回的破坏。然而不仅仅是地震,其他包括台风、火灾等自然灾害和一些人为事件也在不同程度上造成了中国宝贵的档案资源的受损。

由此不难发现,"风险社会"的到来,不但影响了社会的基本安定,也使档案安全保护工作面临巨大挑战。档案工作者在做好常态安全保护的同时,必须未雨绸缪,开展应急管理研究,在实践中开展应急管理工作,预防、应对所有可能的威胁和风险,以保障重要的国家资源——档案的安全。

与此同时,国际社会博物馆等文化机构的安全事件频发,也为我国档案馆敲响警钟。比如,2016年印度新德里国家自然历史博物馆火灾、2017年法国卢浮宫火灾、2018年巴西国家博物馆火灾、2019年巴黎圣母院火灾等,馆内珍贵的藏品损毁,世界璀璨的文化遗产遭到破坏,这是人类文明的悲剧。同时,这些火灾暴露出的文化遗产的管理者与管理工作存在的问题也发人深省。我国档案馆作为重要历史文化遗产保存场所之一,必须以此为戒,积极采取防范措施,做好应急管理工作,避免突发事件的破坏。

目前我国对档案安全进行了很多理论探讨,但多数研究缺乏系统性,内容欠丰富、完整,仍有许多问题有待深入探讨,相关档案安全理论研究还有较大拓展空间。从档案安全理论指导实践的层面来看,多数研究理论与实际脱节,缺乏实操性较强的应急管理策略引导。总体来看,我国档案生态系统的应急管理工作虽然已经起步,也取得了一些成绩,但仍有待提高。构建全面的档案

---

① 王良城:《自然灾害对档案的侵袭与应对策略》,《档案学通讯》2010年第3期。
② 胡金玉:《汶川地震中受灾档案的保护与抢救及其启示》,载《2011年海峡两岸档案暨微学术交流会论文集》。

生态安全保护与应急管理体系非常迫切,需要加强理论研究并在实践中不断深入和完善。

(二)现实意义

档案是我国珍贵的文化遗产,是千百年历史文化传承的重要载体,保障档案安全是档案学研究者与档案工作者义不容辞的历史使命。档案生态安全理论研究,对于我国社会发展与档案事业发展有重要价值。

现代社会自然与人为的突发性灾害不仅给社会带来重大灾难,而且给档案工作带来无法弥补的损失,影响档案事业有序健康发展。因此必须全方位、多角度探讨档案安全保障问题,做好档案的常态安全保护,加强对非常态安全应急管理的重视,不断加强对各种突发性事件的应急管理研究,全面提高档案保护水平,将突发事件给档案造成的损失降到最低限度。

1. 促进我国国家安全保障理论研究

国家安全是国家生存和发展的重要前提和基础。伴随我国社会与经济建设取得世界瞩目的成就,我国安全形势日益复杂多变。习近平强调,当前我国"国家安全"的内涵和外延空前丰富,时空领域空前宽广,内外因素空前复杂,必须坚持总体国家安全观。必须要强化忧患意识,做到居安思危,以应对"可以预见"或者"难以预见"的各种风险。

党的十九大将坚持总体国家安全观作为新时代中国特色社会主义基本方略,明确指出国家安全是包括信息安全等在内的有机集成。随着全球信息化步伐的加快,信息资源作为一种关键的战略资源已经成为国家安全的重要基础。在经济、政治、文化以及军事等领域,信息安全已同国家安全和民族利益密不可分,信息安全问题已成为维护国家安全、维护经济可持续发展、促进社会和谐稳定、保障公民基本权利和夺取军事斗争胜利的关键因素。①

---

① 张才圣:《档案信息安全与国家安全问题研究》,《兰台世界》2013 年第 20 期。

　　档案是人类对历史活动的真实反映和客观记载,具有备以查考的价值,这是档案区别于其他信息和文件的基本特点,[①]也正是由于其原始性与凭证价值,档案成为信息资源的重要组成部分,是社会不可替代的信息资产。因而,档案生态安全的维护自然也就变成了国家安全非常关键的一个构成部分。

　　2017年6月,全国档案安全工作会议提出了以总体国家安全观为指导,更加积极稳妥地做好档案安全工作的新理念,并强调要从维护国家安全的高度来认识和推进档案安全工作。

　　加强档案安全应急管理理论研究,能够丰富我国国家安全保障研究,从档案学的视角增强我国核心原始信息资源的安全保护。目前我国社会环境与自然环境复杂多变,技术环境条件还不够完善,一些境内外敌对势力利用互联网对我国散布有害信息和不实言论,意图危及社会稳定,从而导致我国的国家安全尤其是信息安全面临着严峻形势。而档案是我国核心信息资源,更需要倍加关注。因此,积极适应国家信息安全的形势与变化,以总体国家安全观为指导,加强档案安全与应急管理的理论研究,把信息安全思维和技术纳入档案生态安全保护研究,保障档案生态安全,保障档案的完整、真实、准确和可用,维护信息网络中的数据安全,使其不被非法存取和任意利用,对于维护我国信息空间主权、保障国家战略安全和捍卫国家利益具有重大意义。

2. 深化档案安全保护理论研究

　　如前所述,档案作为国家的核心信息资源,面临越来越复杂危险的境遇,必须全方位加以保护。我国的档案保护技术源远流长,在长期的档案管理过程中形成了丰富成熟的理论。但是已有研究更多的是侧重档案的常态安全保护,对于非常态安全保护的研究成果还欠丰富,需要学术研究与档案工作实践相结合,探讨加强全方位实现档案安全保护的路径。

　　将档案生态安全保护结合生态学的理论,强调档案生态系统中各因子的

---

① 管先海、余厚洪、孙洋洋:《档案本质属性新解》,《档案》2018年第1期。

动态平衡,从更加全面、系统、动态的视角探讨档案安全保护问题,从动态与静态、管理与技术、主体与客体多层面多角度探讨影响档案安全的因素,研究影响档案安全因子的机理、优化档案生态系统环境、延长档案客体寿命、制定档案常态与非常态保护策略,从而全方位保护档案的生态安全。这不仅可以保证档案工作其他环节顺利实施,而且能够极大促进档案信息化发展,使档案管理完成从传统实体服务向数字化信息服务模式的转变,通过数字化档案信息资源和网络化档案的管理过程,可以实现对档案信息资源的有效利用。[①] 另外,尝试建立定量化的评价标准体系,为我国档案馆档案安全与应急管理的科学化、标准化建设提供全面有力的依据。

基于档案生态实践,以生态学、风险管理、危机管理、灾害社会学为理论指导建立相关模型并进行实证研究,加强档案馆安全保护与应急管理研究,不仅能够丰富档案保护理论与档案应急管理理论,促进其与相关学科的融合、协同发展,对可持续发展的档案生态保护体系提供理论支撑与智力支持,而且档案馆突发事件应急管理理论也是我国公共管理领域应急管理理论的重要组成部分,可以在一定程度上丰富公共管理领域应急管理体系的内容,也可以进一步强化其研究深度。

3. 满足档案工作现实需求

伴随我国社会的不断发展,档案资源的重要性越发受到人们的重视,档案越来越频繁出现于社会活动中,对其开放程度也越来越大。档案保护的目标是使档案得到有效的利用,档案工作的最终落脚点在于为国家、社会及社会公民提供档案服务,而提供档案服务的基础就是档案资源本身。因此,档案安全保护是档案工作得以顺利开展的前提。对档案生态系统进行安全保护,使其健康运行,才能保证档案工作的顺利开展。此外,档案的"收、管、用"工作流程环环相扣,每个环节都不能忽视安全保护工作。档案的本质属性就是档案

---

① 胡信鸽、郝敏、陈晓、张良、胡方江:《档案信息化建设的几点思考》,《科技风》2018 年第 36 期。

原件具有不可复制和不可再生的特点,一旦损毁,将很难或者无法得到恢复,有效地延长档案寿命是档案保护工作的首要任务。

当前在整个档案工作中,在档案的形成、保管、利用的各环节中存在多种风险因素。由于纸张材料本身非常容易被破坏,纸质档案面对灾害因素容易受到破坏,电子档案对于科学技术依赖性极强,如果出现管理系统遇到技术问题或黑客攻击都可能造成档案资料丢失、被篡改、破坏等后果,影响档案资源服务的可靠性。因此,应该将档案工作视为档案生态系统,对其整体进行安全保护,通过实时检测、综合防护等软硬件技术,及时发现档案工作各流程的缺陷并进行修补,同时综合利用各类方法有效保护档案,保障档案数据库房的安全性、稳定性,做好针对性防护与应急预案管理,降低风险,维护档案安全,为档案利用工作提供不竭的资源支持和发展动力。

因此,如何安全、有效地做好档案安全保护工作,尽可能增加档案的保存寿命和利用价值,越来越得到人们的关注。而系统研究档案生态安全影响因素,从常态与非常态两个视角探讨档案安全问题,分析突发事件发生发展与应对的机理机制,探讨档案常态安全与非常态安全的实现途径,并形成系统的评价指标体系,不仅有利于珍贵的传统与数字档案资源长久保存,做好应急管理工作,减少突发事件对档案的损毁,而且可以为我国档案馆安全保障与应急管理实践提供有力借鉴与参考以及强大的理论支持,从而增强我国档案实践部门突发事件防范、应对及响应能力,为做好新形势下的档案工作,夯实档案资源保护基础。

4. 促进我国文化遗产传承

中华文化博大精深,五千年中华文明从未间断,而档案承载着国家和民族的全部记忆,记载着一个国家和民族的发展历程,是不可替代的文化遗产资源。档案资源为文化遗产传承提供资源保障,文化的传承与进步也必然离不开档案的有效保护。自2002年起,财政部以及文化部协同开展"全国文化信息资源共享工程",整合目前已有的文化信息资源,形成互联网上中华文化信息资源的整体优势,为公众提供更高层次的公共文化服务。党和政府的一系列工作和制度建设彰显了文化传承的重要性,与此同时,档案生态安全保护工作也得到了社会越来越多的关注。

档案生态安全保护为档案的利用与开发提供基本保障,更为国家和民族的文化传承保驾护航。以实物档案为例,各类博物馆、档案馆等文化组织均尝试借助实物档案讲好中国故事,保障实物档案生态安全,将保护工作贯穿实物档案的"收、管、用"工作全流程,唯有如此,才能够更好地发挥档案的文化继承性,让传统文化"动"起来、"活"起来,从而增强国家文化软实力,不断推动民族文化的发展与进步。档案生态安全应急管理理论研究,一方面,可以为我国珍贵文化遗产的档案化保护从制度、机制、策略等管理层面提供思路与借鉴;另一方面,还可用于我国绝大部分物质文化遗产的载体与信息的保护与修复指导,以及非物质文化遗产档案化后的各种载体的安全保护参考,共同推进我国的珍贵文化遗产永留后世,发挥其促进我国文化遗产传承的价值。

二、国内外理论研究基础

档案生态安全与保护的研究涉及自然、社会、人文、管理等多个领域,这些领域都已有很多丰厚的成果,为本研究奠定了扎实的理论基础。

(一)生态学理论

生态学是研究生命系统和环境系统相互关系的科学。[1] 最先使用生态学(Ecology)一词的是博物学家梭罗(Henry Thoreau,1858)。1866 年德国动物学家赫克尔(E.Haeckel)在他的著作《普通生命形态学》(*General Morphology of Organisms*)一书中对生态学的概念进行了阐释。他认为生态学研究生物及其周围环境的关系,重点研究的是动物有机体与其他动植物之间的互惠与敌对

---

① 毛文永:《生态环境影响评价概论》,中国环境科学出版社 2003 年版,第 1 页。

关系。在这个概念中,环境包括无机环境和有机环境,前者指光、温度、水、营养物等理化因素,后者则是指同种或异种其他有机体。赫克尔对生态学的定义具有开创性与广泛性,标志着生态学作为生物学的一个分支学科开始建立,该概念强调的是有机体与其他有机体及其与无机环境之间的相互作用。此后一些生态学家也对此概念进行了新的定义,更多关注自己研究的领域,比如动物生态学家强调种群生态学,而植物生态学家强调群落生态学。20世纪60至70年代,在环境、人口、资源等问题的影响下,动物生态学与植物生态学逐渐合并,生态学定义得到新发展。一些学者从狭义方面提出了生态学的概念,英国生态学家埃尔顿(Elton)认为生态学是研究科学的自然历史;美国生态学家奥德姆(Odum)认为生态学是研究生态系统的结构和功能的科学。我国生态学家马世骏(1980年)认为生态学是研究生命系统与环境系统之间相互作用规律及其机理的科学,强调必须把生物看成是有一定结构和调节功能的生命系统,把环境看成是诸要素相互作用组成的一个系统,同时提出了社会—经济—自然复合生态系统的概念。①

随着时代的发展、社会的进步,以及系统论、控制论、信息论的概念和方法的引入,生态学理论的内涵和外延都发生了很大的改变,促进了生态学理论的发展。生态学研究日益从以生物为研究对象发展为以人类为研究主体。

生态学理论的形成与发展大致可以划分为四个阶段。

第一阶段:生态学理论的萌芽时期(公元前2世纪至17世纪)。这一阶段的生态学表现为朴素的生态学思想,主要是人们在长期的农耕文化中延伸出来的对自然系统的比较简单笼统的认识,其主要目的在于保持土地等的生产力,从而为人们提供持续的高质量的食物供给。例如,人类文明的早期,人类为了生存而获得的有关动植物生活习性的认识,是生态学知识的重要来源。我国《尔雅》一书中就有关于176种木本植物和50多种草本植物形态及其生态环境

---

① 李际:《生态学研究方法争鸣的系统思考与系统化方法》,《系统科学学报》2019年第2期。

的记载;希腊最早的医药学家关注植物与季节的变化,亚里士多德在《自然史》中描述生物之间的关系和生物与环境的关系……这些都是生态学的萌芽表现。

第二阶段:生态学理论的建立时期(17 世纪至 19 世纪末)。中世纪文艺复兴之后,随着人类社会经济的发展,生态学在其他学科带动下开始建立并蓬勃发展。在这一时期,开始了动物生态学与植物生态学的研究,马尔萨斯研究了生物繁殖、食物、人口增长等因素间的关系。19 世纪后,达尔文的《物种起源》对生态学和进化论作出巨大贡献。《植物生态学》与《以生理为基础的植物地理学》全面总结了 19 世纪末之前的研究成果,被公认为是经典生态学著作,标志着生态学诞生。

第三阶段:生态学理论的巩固时期(20 世纪初至 50 年代)。20 世纪之后,生态学研究范围进一步扩大,物理、化学、生理学、气象学、统计学等学科发展推动了生态学研究。植物生态学与动物生态学均有较大发展,且形成不同学派。这个时期,开始了生态系统研究。1935 年,英国植物生态学家首次提出生态系统概念。随后,热力学、经济学、信息论、控制论等为生态学带来新的系统研究思路,使得人类有了进一步厘清生态系统中的物质、能量和信息之间关系的可能性。

第四阶段:现代科学生态学形成时期(20 世纪 60 年代至今)。20 世纪 60 年代,随着世界人口的急剧增长和生产生活的不断发展,自然系统和生态环境受到严重破坏。为解决这些问题,生态学产生了新的快速发展,丰富的复杂数据和先进的分析技术已经将生态学塑造成为一个数据驱动的交叉学科,生态学已经从一门经典的理论学科发展成为一门注重将生态学知识应用于现实问题的多学科交叉科学,逐渐发展产生了人类生态学、生态伦理学、生态经济学、教育生态学、文化生态学等。

信息生态学作为生态学和信息科学的交叉派生领域,用来表达生态观念和日益变得重要而复杂的信息环境之间的关联。① 张新时院士(1997 年)最

---

① 郭东强:《信息生态理论研究进展》,《情报杂志》2007 年第 3 期。

先提出信息生态学,指出信息生态学不仅仅有信息理论优势和信息科学的高科技优势,还综合分析研究了对人类、生态系统乃至生物圈生存攸关的问题,继承并发展了生态学的传统,着眼于未来的发展与反馈作用①。

综上所述,生态学是一门综合性的学科,系统研究生态系统主体与自然、社会、人文环境的动态相互关系及其制约促进机制。我国的档案系统可作为典型的信息生态系统,生态学理论为档案生态系统的研究提供了新的研究视角与更为开阔的研究思路。可以以生态学的生态系统、生态位、生态平衡、协同进化等原理与机制研究为基础与借鉴,系统研究档案生态系统安全保护的问题及其成因,进而构建档案生态安全的保障体系。

(二) 危机管理理论

赫尔曼(1879 年)对危机进行了定义,认为危机指的是决策主体的行为受到了威胁并要在极短的时间里作出合理的决定,而且这种情况的出现往往是意料之外的。② 美国专家罗森塔尔(1989 年)指出,危机意为对某个社会的行为准则系统和基本价值系统形成严重挑战,存在极大不确定性,必须在时间极短的情况下马上进行决策的情况。③

所谓危机管理也就是对那些影响范围特别大、影响时间特别长、伤亡或损失特别严重,对经济社会造成极端恶劣影响的危机型突发事件的管理。张成福认为,危机管理属于一类持续的、有规划的和系统的管理工作,也就是政府根据当下已发生或有潜在可能性的危机,在危机发展进程的各个阶段为高效地预防应对以及消除危机所采用的各种行动。④ 因此,危机管理理论的实质

---

① 张新时、高琼:《信息生态学研究》(第一集),科学出版社 1997 年版,第 89 页。

② 常洁:《论自媒体时代下的政府公共危机管理》,《商》2016 年第 10 期。

③ Rosenthal Uriel, Charles Michael T, *Coping with Crises：the Management of Disaster，Riots and Terrorism in Terrorism*，Springfield：Charles C.Thomas，1989，p.16.

④ 张成福:《公共危机管理:全面整合的模式与中国的战略选择》,《中国行政管理》2003 年第 7 期。

是指政府公共管理部门为降低、减缓突发灾难事件可能造成的风险和严重后果,以最大限度地保护社会公共安全和公众的人身财产安全为宗旨,借助一定的技术手段和资源储备对可能发生或已经发生的危机事件进行预警、准备、舒缓、应对、重建的过程。①

　　危机管理中著名的4R理论是由美国危机管理专家罗伯特·希斯(Robrt Heath)在《危机管理》一书中率先提出的。他认为危机管理主要由缩减力(Reduction)、预备力(Readiness)、反应力(Response)、恢复力(Recovery)四个阶段组成②,如图0-1所示。危机管理是一个全过程型的管理活动,贯穿于突发事件发生前至发生后的整个生命周期,涉及减缓阶段、准备阶段、响应阶段和恢复重建阶段,整个理论内容包括事前的预防准备、事中的响应和处置、事后的总结评估和恢复重建全过程。

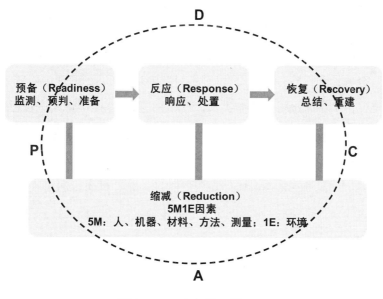

图 0-1　4R 危机管理关系图

资料来源:根据罗伯特·希斯的《危机管理》一书整理。

---

① 俞青:《减灾型社区应急能力建设研究》,兰州大学 2013 年博士学位论文。
② [美]罗伯特·希斯:《危机管理》,王成等译,中信出版社 2001 年版,第 32 页。

综上所述,危机管理主要可从以下三方面加以理解:其一,危机管理的目标在于保障公民合法利益,预防及降低突发事件的发生、损失及负面影响,尽快恢复正常的生产生活秩序,实现危机管理过程中人财物等资源的最优配置;其二,危机管理的实施者是政府及其他社会组织机构,管理对象是对社会运行产生潜在或明显威胁的危机;其三,危机管理贯穿于危机发生及处理过程事前、事中、事后的所有方面,一般包括对危机的预防、应对、处置和善后四个阶段。①

危机管理理论也适用于指导档案生态系统安全的管理,对档案保护面临的外部环境危机和内部管理问题的各个层面的生态因子进行全面分析与整合,从而消除或缩减危机的来源、范围和影响,有效地减轻危机对档案生态系统造成的损害。

(三) 风险管理理论

风险管理具有悠久的历史,作为一种经营和管理的理念,在企业管理、项目管理、金融界和保险行业里都有广泛的应用和比较成熟的理论研究。20 世纪 30 年代由美国管理协会首先提出,后来公共部门也逐步将风险管理引入公共管理与服务的过程。20 世纪 50 年代,风险管理作为一门独立的管理科学被提出,逐渐成为全球性的风险管理活动。

C.A.Williams 和 Richard M.Heins 指出,风险管理是通过利用风险识别、风险衡量、风险应对和风险控制,以最小的成本使风险所致损失达到最低的管理方法。② 概率论与数理统计的运用使风险管理研究更具科学性,从而使风险管理的研究趋向系统化、专门化,成为管理科学中的独立学科。

Merton 和 Bodie 认为风险管理是通过利益主体权衡收益和风险,实现风

---

① 孙多勇、鲁洋:《危机管理的理论发展与现实问题》,《江西社会科学》2004 年第 4 期。
② 参见刘钧:《风险管理概论》,中国金融出版社 2005 年版,第 28 页。

险降低的一种方案,以及设定计划、制定决策、采取行动的过程。① ISO31000:2009标准将风险管理定义为一个组织针对风险所采取指挥和控制的协调活动,并详细阐明了风险管理,详见图0-2。风险管理过程主循环流程包括"建立环境→风险评估→风险应对→监测与评审"等几个部分,风险评估部分可以被划分成风险研究、风险鉴别和风险评价过程三个不同的时期,监测与评审不只是主循环过程的一个下属过程,更应当加入"风险评价、构建环境和风险处置"三个下属流程,风险管理流程整体非常关注构建环境的核心价值,所有工作的出发点都是对环境的构建,最终的目标是监测和评审,以及对风险管理系统进行评价。

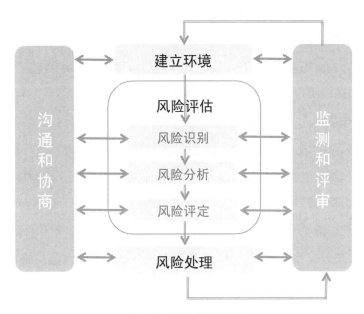

图0-2　风险管理过程

资料来源:ISO31000:2009《风险管理——原则与指南》标准。

　　风险管理理论发展主要经历三个阶段。

---

　　① 参见张珂莹:《风险管理理论在供应链金融风险管理中的应用——基于全面风险管理理论》,《现代管理科学》2018年第12期。

第一阶段:传统风险管理阶段。传统风险管理侧重于关注损失的结果和不确定性,本质是纯粹风险分析,强调风险成本,忽视风险收益。美国证券交易委员会(the US Securities Exchange Commission,SEC)将风险定义为损失的可能性。一般来说风险的含义有两层:从广义上来说,风险表现在收入或成本的不确定性中,即风险的结果可能带来损失、收益或无损失同时也没有收益;从狭义上来说,风险由损失的不确定性来表示,这意味着风险只能显示损失,而且不可能从风险中获利。

第二阶段:现代风险管理阶段。现代风险管理主要针对金融领域分析影响经济活动的各类不确定因素,运用各种金融风险管理工具将损失降到最低。这一阶段的风险管理更关注资产市值与风险比例,对风险随时调整评估。

第三阶段:全面风险管理阶段。到 20 世纪 90 年代,伴随世界经济发展,组织风险日趋变得复杂,人们开始考虑从全局角度处理组织风险。为适应时代要求,美国全国虚假财务报告委员会于 2004 年发布《企业风险管理——整合框架》,该框架介绍了风险管理的概念、内容及其结构框架。在该框架中,要素为目标服务,各层级目标相同,每个层级都按照八个要素进行风险管理,八个要素都要为组织四个目标服务。该整合框架广泛应用于全球多个国家的风险管理工作,为风险管理实践打下了坚实的理论基础。

风险管理就是管理人员通过风险分析、风险识别、风险评估、风险决策等方式,对系统运行和未来运营中可能遭遇的风险进行定性和定量的管理研究,并就此而商讨出应对项目风险的方法和策略,以此来降低风险的过程。风险管理的最终目的就是如何将风险控制到最小或者组织与个人可接受的程度,最大限度减少损失,以保障社会生产及各项活动的顺利进行。其管理目标就是控制和处理项目的风险,减少和防治损失,减轻或消除风险的不利影响,以最低的成本获得对系统安全保障的最佳结果。

在档案学研究领域,风险同样意味着出现不利结果的可能性。档案生态系统是一个动态、生长、开放的系统,随时随地与外界进行着信息交流和物质交换,这就决定了其将面临无处不在的危机和风险。因此将风险管理理论建立在档案管理主体的基础上,通过识别分析可能存在的风险和原因、确定生态风险程度、选择有效的管理和控制手段、为降低生态风险和进行安全保护决策提供科学依据,是档案信息生态系统面对风险、控制风险行之有效的理论支撑和手段途径。

（四）灾害社会学理论

目前国内外对灾害社会学概念的界定不尽相同。

布衣总结国外学者观点,认为灾害社会学属于社会学最近发展的一个下属学科,其主要目的是分析自然灾害对于人类文明的生活方式、角色行为、社会组织、科技发展以及经济结构等要素的影响,以统计分析和社会调查为研究工具,阐明社会和自然灾害的内在联系,并提出预防灾害、控制灾害或减轻灾害后果的相关方法。[①] 美国学者亨利·W.菲舍尔强调灾害社会学是关于突发和灾害事件对社会结构的影响研究,认为灾害将导致正常运行的社会结构（由规范、角色和社会制度等要素构成）难以为继,临时性社会结构将出现,以满足受灾社区或社会的应急需求。[②]

王子平是我国最早的灾害社会学研究者之一,他认为灾害社会学是社会学的一个分支,是研究灾害引起的社会非常态恶性结果的一门应用社会学,有效利用社会学的相关理论成果和研究方法,分析灾难从产生到后果以及控制和减轻灾害后果的整个过程。[③] 马成立明确指出,灾害社会学属于社会学和灾害学交叉学科,其基本的目标是研究和社会有关的灾害,分析这些灾害和社

---

① 布衣:《灾害社会学》,《中国社会工作》1998 年第 1 期。

② Henry W.Fischer,Ⅲ,"The Sociology of Disaster:Definitions,Research Questions,& Mesurements in a Past-Septemper 11,2001 Environment", *International Journal of Mass Emergencies and Disasters* ,Vol.21,No.1,2003,pp.91-107.

③ 周利敏:《从经典灾害社会学、社会脆弱性到社会建构主义——西方灾害社会学研究的最新进展及比较启示》,《广州大学学报（社会科学版）》2012 年第 6 期。

会发展之间的影响以及各种灾害事件的内在规律,探索能够用于灾害处理的一套理论、准则和方法。①

    整体来看,灾害社会学的发展时间并不长,其发展过程可以分成两个时期。

    一是研究起步时期(20世纪40—60年代)。在这一时期,美国社会学家Y.索罗金出版了《灾祸中的人与社会》一书,详细讨论了瘟疫、饥荒以及战争等灾害,分析了这些灾害对于社会群众的行为、心理以及社会文化的影响。② 此外,美国的社会学家弗里兹出版了《灾难》一书,综述了自第二次世界大战以后学界对灾难进行理论研究的结果,阐述了灾难对社会的影响、灾难的防控以及受灾社区处理等相关问题。这一阶段的研究内容主要是灾害发生过程中个体的社会心理和行为发生状况以及对具体灾害的预防和治理,研究范围较为狭窄。

    二是研究发展时期(20世纪70年代以后)。在这一时期,灾害社会学发展迅速,投入的人力物力资源大幅度增加,科研成果也迅速增加,研究内容偏重于分析团体以及个人在灾难当中的行为特点,包括在紧急状况下的社会动员、角色能力与冲突、整体和个人的合作等问题。巴顿在1970年出版的《灾害中的社区》一书中提出了一些能够被验证的假说以及相关理论系统,并对灾难当中的社会行为进行了探讨。

    关于我国灾害社会学的主要研究内容,王子平认为,灾害社会学包含灾害产生、导致后果以及防控灾害过程当中产生的社会现象与社会行为。③ 陆益龙认为,灾害社会学主要包括灾害的社会学原理研究,从自然与社会互动的视角探讨、拓展、深化对灾害社会属性的认识,形成关于灾害及防灾减灾的社会学理念、灾害对社会系统的影响研究、防灾减灾的社会体系研究、赈灾减灾的

---

    ① 马成立:《开展灾害社会学研究的构想》,《社会学研究》1992年第1期。
    ② 刘助仁:《研究灾害社会学》,《社会科学》1989年第5期。
    ③ 王子平:《灾害社会学》,湖南人民出版1998年版,第26页。

社会机制研究、灾后重建体制的社会学研究、灾害社会史的研究,以及灾害次生问题研究等。①

　　档案馆是公认的社会公共管理机构,档案生态系统的安全不仅要做好系统的常态安全保护,更需要重视应对突发事件带给档案生态系统的损害与破坏,使档案生态系统能够保持健康和完整,如何更好预防、减少档案灾害对档案生态安全的影响就是关注重点。因此,在灾害社会学的理论指导下,高度重视自然灾害和人为灾害对档案生态系统的危害和破坏,有针对性地采取科学预防和救治措施,将有助于使档案的损害程度降至最低,更好地保护档案。这对于我国档案生态系统的管理保护工作以及对档案防灾对策的研究具有十分重要的意义。

（五）档案保护理论

　　档案保护是指研究与掌握档案材料的变化规律和损毁原因,改善档案的保管条件,通过一定的技术手段和方法,确保其材料的完好与性能的稳定,修复已经损坏的档案材料,从而延长档案寿命和使用期限,使档案能长久地为人类文明和社会发展服务。从广义上讲,档案保护技术是立足于对档案保管、流通和利用等多环节进行全程管理而实施的各项制度、方法和技术措施等,体现全过程的档案保护思想。从狭义上讲,档案保护技术主要关注用于保护档案的技术方法,即从档案材料的变化出发,通过一定的措施、技术和手段,降低档案受损的程度和概率,使档案长期保持稳定的理化性能。

　　我国拥有悠久而璀璨的历史文化,留下了丰富的文化遗产,其中重要组成部分之一就是两亿多卷册档案。千百年来,针对不同时期的历史资料,逐渐产生了档案保护思想,档案保护技术的发展源远流长。从商代甲骨档案在库窖中的分类存储开始,就有了档案保护的思想。从古至今,我国在漫长的历史进

---

①　陆益龙:《灾害社会学建设及防减灾意识的构建》,《光明日报》2008年10月21日。

程中对档案库房建设、档案有害微生物防治、档案修裱、档案保护制度等都形成了宝贵的理论与实践经验。但是,真正成体系的档案保护理论的形成,还是在 20 世纪中期。我国档案保护的学科体系结构、学科基点、保护方针、修复原则等问题都不断得到梳理和整理,形成拥有较为完善理论体系的学科,并获得了广泛的认同。① 随着信息技术的飞速发展,档案保护技术理论也在不断完善、创新,以适应时代与技术的发展,推动实践工作的继续发展。例如,数字文件的永久保存与存储等是普遍关心的新理论研究问题。周耀林将我国档案保护分为经验总结式保护、学科专业化保护与深化发展型保护。②

对档案保护理论的架构,我国研究者有不同表述。一种是将档案保护分成预防性保护、治理性保护和再生性保护三种类型。③ 预防性保护是为了避免各种灾害因素对档案产生影响而采用的诸多措施,是一种积极、高效而且经济性好的方法。我国档案保护一直坚持的基本方针是"以防为主,防治结合"。其中的"防",就是改善档案的保护条件,防止或减缓各种不利因素对档案制成材料的破坏作用,这是预防性保护。目前我国主要通过控制和改善档案保护环境来实现,比如加强馆库建设、配备现代化高科技的保护设备设施、创造良好的库房环境等。在实践中要求相关部门做到"十防"(防盗、防火、防虫、防鼠、防潮、防尘、防高温、防光、防霉、防有害气体)就是预防性保护的体现。

档案保护不仅仅需要"防",更需要"治"。"治"代表的是档案修复技术,假如忽略"治",档案被破坏的程度就会越发严重,最终造成档案信息丢失乃至彻底无法恢复,档案修复技术是对已经破损的档案进行修补挽救的重要手段,也就是治理性保护。治理性保护是指采取对受损档案或存在不利于永久

---

① 周耀林:《我国档案保护理论研究的探讨》,《档案学通讯》2007 年第 3 期。
② 周耀林:《我国档案保护发展的历程回顾与创新趋向》,《浙江档案》2019 年第 4 期。
③ 国家档案局科学技术研究所:《新档案保护技术手册》,中国文史出版社 2013 年版,第 12 页。

保存因素的档案进行干预的技术方法和手段,比如档案去污、去酸的理论与技术,档案修裱与加固、灭菌与杀虫技术,字迹恢复理论与技术等。

再生性保护就是对档案资料进行迁移或者对档案信息进行转换的技术。当前在我国档案保护实践中广泛应用的缩微摄影、仿真、原件翻拍等都是典型的再生性保护技术。

档案保护理论为档案生态安全研究提供了全面、系统的理论参考与技术基础,对于协助改善档案生态系统、生态条件,尽最大可能维护档案资料的原貌,避免各种灾害因素对档案资料的破坏,有效延长档案资料寿命,实现档案及其生态环境处于健康和有活力的状态等均提供了理论借鉴与方法支持。

三、研究方法与创新之处

(一)研究方法

1. 文献研究法

利用多种数据资源库进行文献调研,不断跟踪国内外档案应急管理学术研究前沿,掌握最新的信息和动态,建立课题研究的理论基础。通过归纳分析,找出前人研究的空白点,继而提出新观点。

2. 实地调研法

通过问卷调查与半结构化访谈,了解我国档案应急管理现状,掌握研究的现实基础,通过分析、归纳与总结得出结论。

3. 实证研究法

通过典型案例研究及示范应用、定性研究与定量研究相结合,论证档案应急管理的合理性及其指标体系的构建假设。

4. 比较研究法

利用比较研究法分析突发事件、紧急事件、危机事件以及危机管理、应急管理等概念的区别与联系;通过比较各类型档案馆特点、风险源等,对档案馆进行分类,研究各类别档案馆的差异化应急策略。

5. 系统研究法

运用系统论方法研究档案应急管理从生态环境到体系建设及其模式,研究档案应急管理实现机制中各要素间的相互作用与关系。

6. 综合分析法

提出多维度、多层次、多要素综合集成支持研究方法论,为未来研究提供方法论指导,为现实问题提供问题诊断和对策建议。

(二)创新之处

1. 研究视角创新

随着风险社会的不断深入,自然与人为的各种突发事件在给社会带来巨大损失的同时对档案的损毁日益受到关注,加强档案馆突发事件应急管理工作是新形势下档案工作的重点之一。本书一改公共管理领域以业务流程出发研究应急管理的视角,从管理、技术、文化、知识管理等多维视角提出提升档案机构应急管理能力的途径。

2. 研究内容创新

从厘清档案馆应急管理研究基点出发,提出了档案馆应急管理创新理念,并且基于档案生态实践,以风险管理、危机管理、灾害社会学、灾害工程学为理论指导首次从管理角度完整构建我国档案馆突发事件应急管理体系;并且结合风险管理、质量管理、知识管理与文化管理等知识创新在档案界首次提出提升档案馆应急管理能力的"五力模型",尝试建立适合档案馆工作实践的、衡量档案馆应急管理水平的、定性与定量相结合的绩效评价指标体系,为我国档案馆应急管理工作实践提供理论依据与案例参考,大大完善和丰富了档案馆应急管理理论、档案安全保护理论的研究内容,促进其与相关学科的融合、协同发展。同时,纠正了以往对档案馆应急管理的狭隘认识,提出档案馆应急管理要实现全程管理、协同管理与智慧管理相结合。

3. 研究方法创新

采用定量与定性相结合、动态与静态研究相结合的方法探讨我国档案馆应急管理体系构建问题,构建我国档案馆应急预案指标评价、档案馆应急管理能力评价的指标体系及定量化权重,以作为我国档案馆应急管理工作评价的定量化参考依据。

第一章　档案安全与应急管理研究进展

档案安全保障无论在哪个时代、哪种技术环境下,都是档案部门与档案学者始终关注的问题。而档案馆应急管理是档案安全保护的关键内容之一。梳理档案安全保障和应急管理的理论进展,研究其发展规律,可为进一步开展档案安全与应急管理研究提供方向与思路。

第一节　档案安全研究进展

一、档案安全与档案保护的关系阐释

"档案安全保障体系"建设于 2010 年被提出后,我国档案学界围绕档案安全保障的研究与日俱增,学者从档案安全保障体系构建的意义、核心内容、主要任务等多角度进行探讨,档案安全工作越来越受到关注。但是,档案安全的概念却是一个古老又新兴的话题。档案安全问题伴随档案工作、档案保护工作始终存在。因此,档案安全与档案保护既相互联系又相互区别,二者相伴而生,但又不尽相同。

"档案安全问题伴随档案的出现而产生"①,档案安全的思想自古就有。

---

① 周耀林、赵跃:《档案安全体系理论框架的构建研究》,《档案学研究》2016 年第 4 期。

我国甲骨档案在库窖中分类存放,周代"石渠阁"的建立,将图书档案专门放到小岛,用水渠围之;周王朝天府安全保护档案的系列制度;等等,无不体现着我国档案安全保护思想自古就有。但是,对档案安全问题的科学认识和本质规律的把握是从近代自然科学兴起后才开始的。新中国成立以后,我国国家机关与档案部门相继成立,在档案事业发展实践过程中,"档案安全"的表述也不断出现。在2010年全国档案安全体系建设工作会议上"档案安全体系"被正式提出,学术界以"档案安全"为主题的研究陡然增多。基于洪跃华[①]的研究整理总结如表1-1。

表1-1 我国档案事业实践中"档案安全"梳理

时间	文件(事件)	"档案安全"提法
1954年11月8日	国家档案局成立。	
1954年12月	《中共中央省(市)级机关文书处理和档案工作暂行条例》	规定集中统一管理机关档案,维护档案的完整与安全。这是首次将档案安全作为档案工作的基本原则
此后,"档案的安全",多次出现于国家的文件、法令、法规之中		
1956年4月16日	《关于加强国家档案工作的决定》	重申档案工作的基本准则
1986年2月	《档案馆建筑设计规范》	提出保障档案安全的档案馆建筑规划和保护标准
1987年8月	《关于印发〈档案库房技术管理暂行规定〉的通知》	针对档案库房安全作了科学全面规定
1987年颁布 1996年修订	《中华人民共和国档案法》	多处提到档案安全问题
1998年7月1日	《关于汛期加强档案安全保管的紧急通知》	提出确保档案安全是《档案法》赋予各级档案部门的责任与义务,各级档案部门要把汛期安全保管保护工作当作头等大事

---

① 洪跃华:《关于档案安全的回顾与思考》,《档案学通讯》2002年第4期。

时间	文件（事件）	"档案安全"提法
2000 年 4 月 12 日	《关于进一步加强档案安全保管工作的通知》	指出要"高度重视档案安全问题，深刻认识档案安全是我们事业的基础，切实加强对档案安全保管工作的领导"，要求对现有安全工作进行整改，构建和完善有效的岗位安全责任体制
2000 年 7 月 3 日	《关于在中央、国家机关进行执法检查的通知》	围绕"是否确保国家档案的完整与安全"进行检查
2001 年 5 月 30 日	《关于进一步采取有效措施确保档案安全的通知》	要求切实整改，并严肃进行落实，避免危害档案安全的事件发生
2010 年 5 月 12 日	全国档案安全体系建设工作会议	指出"把档案安全工作放在档案工作的首位"，提出建立档案安全体系
2010 年 6 月 13 日	《海关档案安全管理规定》	界定了"档案安全管理规定"概念及其主要内容
2014 年 5 月	《关于加强和改进新形势下档案工作的意见》	再次强调把确保档案安全保密作为加强和改进档案工作的重要目标之一
2015 年 9 月 10 日	中央档案馆（国家档案局）全方位开展档案安全大检查	组织安全大检查，坚持把确保档案绝对安全放在首要位置是档案工作的永恒话题
2016 年 4 月 7 日	《全国档案事业发展"十三五"规划纲要》	提出"确保档案实体与信息安全"，并提出开展应急管理
2016 年 5 月 9 日	《关于进一步加强档案安全工作的意见》	再次强调档案安全工作的重要性，并且提出档案安全风险治理
2016 年 6 月 5 日	全国档案安全工作会议	提出"档案安全是档案工作的底线，是档案事业的根基"，再次要求加强档案安全工作
2018 年 10 月 10 日	《关于进一步筑牢安全防线确保档案安全的通知》	深刻吸取巴西国家博物馆重大火灾的惨痛教训，坚决杜绝档案安全事故，确保档案安全
2018 年 12 月 24 日	《档案馆安全风险评估指标体系》	从馆库、设施设备、档案实体、档案信息和人员等多角度详细列出档案安全风险评估指标
2020 年 6 月	新修订的《档案法》	在"档案管理""档案的利用与公布""监督检查"等部分的多个条目的规定，给档案安全保存和有效利用提供法律保障

　　档案学术研究论文中，也不断有专家、学者对档案安全、档案保护以及二

者之间的关系进行阐述。

关于档案安全的内涵,档案保护专家认为档案安全包含信息安全和实体安全两部分①②③。同时,也有为数不少的学者认为,档案安全更侧重于档案的信息安全,从数字档案信息长期保存、档案数据库、档案信息系统安全与保护等多重视角进行研究。

我国档案保护技术学是以纸质档案为核心建立的理论体系与技术方法,研究档案制成材料的损毁规律与科学保护档案的方法,从技术与管理等方面保护档案制成材料完整不受损坏,强调在档案保存过程中通过"保护"手段和方法实现档案的"安全"。"档案安全的理论最初就体现在档案保护之中"④。也正基于此,在以往的研究中,档案安全与档案保护的研究交融在一起,你中有我,我中有你。但是,档案安全是一个综合的、广泛的概念,其内涵和外延大于档案保护,是档案管理者通过各个层面、各种保护措施维护档案长期不受人为破坏、内外环境影响保持长期稳定、免受损害的状态,是档案实践工作的主要任务之一和开展各项档案业务的基础。特别是在信息技术不断发展,进入"互联网+"的网络时代,档案安全的内涵与研究范围进一步扩大。档案安全保障的实现更是需要多种措施起头并举。档案安全的实现不仅需要技术,还需要管理;不仅需要研究传统档案载体,还需要研究数字档案的信息安全保存;不仅需要研究常态安全保护,而且需要研究非常态应对突发事件的保护;不仅需要研究档案保管环节的保护方法,还需要真正实现在档案收集、鉴定、保管、利用等全档案管理过程的档案安全。档案保护是实现档案安全的重要内容之一,档案保护的终极目标是保障档案的基本安全。所以,档案安全的范畴超过了档案保护本身。但是,我国档案保护长期积累的理论与方法,是档案

---

① 彭远明:《档案全过程安全管理中的风险控制研究》,《档案学研究》2017 年第 1 期。
② 赵淑梅:《系统思维下档案保护理论与实践发展新视野》,《档案学研究》2015 年第 1 期。
③ 王晖、樊肖祥、刘海、赵磊:《在突发事件中确保档案安全的对策》,《档案学研究》2009 年第 3 期。
④ 赵跃:《档案安全体系研究的理论溯源》,《档案管理》2017 年第 2 期。

安全理论的重要组成部分和理论支撑。因此本书的研究进展就是基于以上观点展开。

总之,伴随档案管理能力的不断提升,对档案安全保护的关注度也在持续提高。但是随之而来的是不断严峻的自然环境与更加复杂的技术环境,给档案安全带来新的挑战。因此,科技进步一方面加强了档案管理机构开展档案保护工作的实力,但同时也极大地提升了档案安全保护的难度。因此,档案安全问题伴随着档案工作的产生和发展始终存在。

二、我国档案安全研究进展

为了了解近40年我国档案安全论文研究相关情况,本书以我国档案事业类中文核心期刊(北京大学2016年《中文核心期刊要目总览(第七版)》)中的核心期刊论文为对象,通过逐篇筛选的方式统计分析自创刊至2018年期间刊载的档案安全有关论文成果。由于当前相关研究论文发表是档案学者表达学术观点的主要形式之一,因此这部分内容有一定代表性,能以小见大,反映出我国档案安全研究的进展。

40年来,档案事业类核心期刊共发表"档案安全"相关研究论文1320篇(见图1-1)。从1951年至2018年之间档案安全研究论文的逐年统计(1980年之前归为一档),结果反映了按年度划分,相关论文总数量有较大的波动,明显可以看出逐年波动上升。其中大致可以将2000年作为节点划分。2000年(包括2000年)后19年间关于档案安全研究文章数量占总数量的63.63%,远远大于2000年以前文章数量占比。新中国成立后,档案安全作为档案事业不可或缺的一部分,逐渐在我国出现、发展。随后到1966年,我国进入"文化大革命"时期,档案事业停滞不前,档案安全保护方面的研究也受到重大影响。"文化大革命"结束后到2000年,我国各项事业繁荣发展,档案安全保护研究在原有基础上恢复发展,逐步平稳。2000年后,文章数量整体逐年递增,随着对传统档案安全保护的研究逐渐深入与完善,

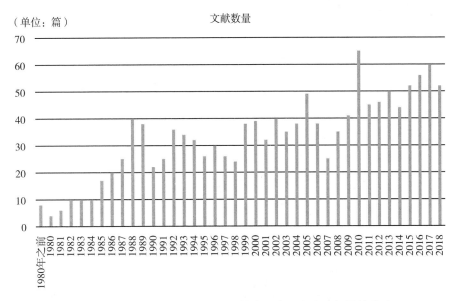

（单位：篇）　　　　　　　　　　　文献数量

图1-1　近40年档案学核心期刊档案安全研究论文数量统计图

数字文件的安全问题为研究人员带来新的研究热点与难点,催发出大量研究成果。

　　同时,据图1-1显示,我国档案安全研究相关论文在2010年数量明显增多至65篇。分析原因主要有以下三点:第一,2010年5月,"建设档案安全保密体系"的号召被提出,掀起档案安全保护理论与实践研究的热潮,这个趋势在《档案学研究》《中国档案》杂志上表现得最为显著。第二,2010年前后汶川地震、青海玉树地震以及甘肃舟曲特大泥石流等重大突发灾害先后发生,给我国的档案工作带来巨大挑战,也在一定程度上推进了档案界对档案保护工作的新一轮研究。尤其是2008年汶川地震后,学者与实践工作者经过反思与沉淀,研究成果在2010年集中体现。第三,2000年以来,国家档案局档案安全与保护科研课题的立项与推动。2000年以后国家档案局科技立项涉及档案安全与保护项目高达100余项,占据总数的近25%,大量的课题保障了学术成果的产生。例如,国家档案局承担的国家财政部专项基金项目"国家重点档案抢救修复科学化管理策略研究"的大量系列研究成果 2010 年在《档案学通讯》《档案学研究》等期刊上集中呈现。随着我国档案信息化的深入发展,大数据、云计算等新兴信息技术在档案领域的应用,数字文件的安全所受关注程度日益增加。2017 年 7 月全国档案安全工作会议的召开,再次掀起档案安全研究小高潮,当年档案安全研究论文数量再次明显上升。课题组将近 40 年相关论文研究分为四部分加以梳理与分析,具体见图 1-2。

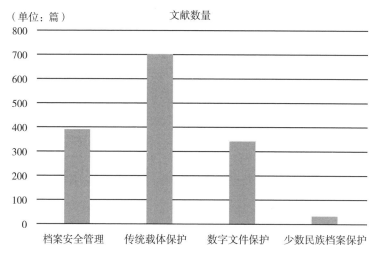

图 1-2　近 40 年档案安全研究论文内容统计图

(一)档案安全管理研究

档案安全管理相关研究内容主要分为档案安全体系构建研究、安全管理机制研究、应急管理研究、保护学科发展与人才培养研究、标准建设与人才培养五部分(见图 1-3 和图 1-4)。

档案安全体系建设研究始于 2010 年,"建立确保档案安全保密的档案安全体系"首次在全国档案安全体系建设会议上被正式提出。之后,相关主题文章明显增多。初期,档案保护专家从整体上对档案安全体系的基本内涵、内容框架、基本任务、响应模型等核心内容加以探讨,指明宏观发展方向与微观实际需求①②③。2017 年前后,开始与法治思维、风险监管、大数据环境等方面结合④⑤,实践意义更强。

档案安全管理机制研究方面,学者主要依据我国国情,围绕各级各类档案部门的实际问题,对管理理念、管理制度、安全监测管控及安全评价⑥⑦等非技术问题加以探讨。尤其是数字时代档案安全保护的研究领域、指导思想与重心的变化,国外档案安全治理的先进经验的借鉴⑧⑨,都是学者重点关注的内容。

档案馆应急管理研究主要围绕档案部门为了减少和降低各种突发事件对其破坏而进行的有效预防、控制和处理档案馆突发事件的相关政策、理念、管理策略与方法进行探讨。由于该部分内容是研究的重要内容之一,因此后文将单独阐述。

档案安全的学科发展与人才培养的研究,直接关系本学科的持续健康发展,是档案安全学科发展的基础和推动力。档案保护技术专家、学者从保护技术学学科建设问题⑩、新价值观⑪、系统思维视角⑫、数字环境⑬等方面分析探讨学科发展走向,并且在对国际背景下中国档案保护技术的优势和问题分析

---

① 张美芳、王良城:《档案安全保障体系建设研究》,《档案学研究》2010 年第 1 期。

② 王良城:《档案安全保障体系建设基本任务探析》,《中国档案》2010 年第 4 期。

③ 张美芳、黄丽华、金彤:《档案安全保障体系的构建》,《中国档案》2010 年第 4 期。

④ 刘芸:《完善安全体系　加强风险监管》,《中国档案》2016 年第 7 期。

⑤ 肖秋会、李珍:《大数据环境下档案信息安全保障体系研究》,《中国档案》2018 年第 4 期。

⑥ 刘晔、赵彦龙、孙小倩:《西夏档案保管制度再探索》,《档案学通讯》2016 年第 2 期。

⑦ 张美芳:《纸质档案修复质量评估方法的研究》,《北京档案》2010 年第 11 期。

⑧ 秦垒、周耀林:《区域性档案保护中心建设研究——基于对美国东北部文献保护中心的经验借鉴》,《北京档案》2016 年第 7 期。

⑨ 周耀林、姬荣伟:《我国档案馆安全协同治理机制研究——巴西国家博物馆火灾后的思考》,《档案学研究》2018 年第 6 期。

⑩ 宗培岭:《档案保护技术学学科建设初探》,《档案学通讯》1992 年第 6 期。

⑪ 彭远明:《基于新价值观的档案保护理念与学科发展》,《档案学研究》2008 年第 1 期。

⑫ 赵淑梅:《系统思维下档案保护理论与实践发展新视野》,《档案学研究》2015 年第 1 期。

⑬ 赵淑梅:《数字时代我国档案保护技术学学科发展走向》,《档案学通讯》2016 年第 3 期。

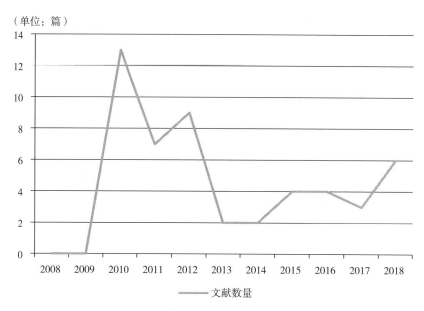

（单位：篇）

图 1-3　近 40 年档案安全管理相关论文数量统计图

基础上,提出我国档案保护高等教育培养目标和培养内容的调整建议。①

　　档案安全标准"既是对档案安全有效管理的前提,也是确保档案安全目标得以实现的有效途径"②,由于我国目前档案安全保护标准建设有待进一步发展完善,相关论文也较少,而相关标准建设研究有助于提升档案安全保护与管理的规范化水平,因此有待学者进一步关注。

（二）传统载体档案安全

　　由于传统载体档案的安全管理问题被涵盖在了"档案安全管理"部分中,本部分仅对从技术角度研究传统档案载体安全保护的论文进行梳理,主要分为档案制成材料保护、档案保护环境与档案抢救和修复三类(见图 1-4)。

　　"档案制成材料"部分研究相对稳定。反映档案制成材料耐久性的研究是

①　张美芳:《国际背景下的中国档案保护技术及其教育发展》,《档案管理》2008 年第 5 期。

②　张美芳:《档案安全标准体系构建的研究》,《档案学研究》2010 年第 4 期。

（单位：篇）

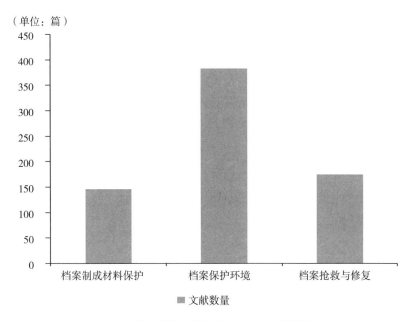

图 1-4　传统载体保护相关研究论文数量统计图

档案保护永恒的主题,是档案安全领域的基础性研究,近 10 年来相关论文共计
148 篇,主要包括纸张载体及记录材料的耐久性探讨。由于该类研究是基于大
量的实验而进行的规律性研究,需要较为完备的设备和一定周期,因此不会出
现发文的"井喷"现象,每年发文量都在 10 篇以内。近年来,随着科学技术的发
展,此类论文呈现两个趋势:一是结合科学技术思考保护传统档案载体以保护
档案[1];二是追根溯源,探寻古代优秀的档案载体保护技术,借古护今[2][3]。

　　档案保护环境研究论文共 384 篇,主要包括档案馆建筑、档案馆内外物化
环境以及档案有害生物防治三个方面,在 20 世纪 90 年代,文章数量达到高

---

　　[1]　姚向阳、林红、罗雁冰:《现代科学分析技术在纸质档案保护中应用的研究现状浅析》,
《档案学通讯》2018 年第 3 期。

　　[2]　周耀卿:《故宫博物院藏古建类玻璃底片的价值发掘与整理、保护、数字化》,《北京档
案》2014 年第 9 期。

　　[3]　仝艳锋:《古建筑墙壁民国时期铅笔字迹保护与研究》,《档案学研究》2013 年第 1 期。

潮。伴随科学技术发展,学者研究重点也由初期档案库房①、设备及其温湿度等环境参数控制逐渐向档案库房智能化管控、绿色档案馆建筑②、雾霾、酸雨③等污染气体的档案危害及治理等新时期出现的新问题转变。这部分研究需要专业的检测设备,同时也需要较为专业的环境学、化学知识,使该方面的研究深度和广度受到限制。档案有害生物研究主要是利用传统、现代技术与设备和物理与化学方法进行防霉灭菌、防虫杀虫的探讨,对实验条件与设备完备程度要求较高,因此国家档案局科学技术研究所成为核心研究单位,荆秀昆④⑤、陶琴⑥等也成为核心研究作者。

档案抢救与修复研究是档案学者与实践工作者普遍关注的主题,发文数量多且稳定,研究内容涉及传统纸张档案的修复理念与核心问题、档案修裱技术、修裱用纸选择、纸张档案加固、去酸、去污、字迹恢复、仿真复制、音像档案修复、国家重点档案、濒危历史档案、受灾档案的修复等内容。研究大多是针对实践工作中具体的去酸、修复、加固等问题展开,对于光盘档案等新型载体档案、濒临消失的载体档案的抢救与修复研究亟待加强。

(三)数字档案(文件)安全研究

随着世界范围内无纸化进程的推进,我国档案信息化的发展,电子文件单轨制的推进,数字档案资源及其长期安全保存等成为档案工作者关注重点,发文量占档案安全总发文量的 40%,且逐年递增。这部分论文主要分为电子文件管理制度、电子文件安全保护技术、数字文件的备份技术三类,其中电子文件管理制度论文数量最多,可见我国数字文件保护研究大多集中于管理方面。

---

① 倪进轮:《密闭档案库房好处多》,《档案学通讯》1986 年第 5 期。
② 米士刚:《基于绿色档案馆建筑的档案保护功能拓展》,《中国档案》2017 年第 6 期。
③ 陈竞亚:《酸雨对纸质档案的危害及防治对策》,《中国档案》2010 年第 11 期。
④ 荆秀昆:《影响低温冷冻杀灭档案害虫效果的因素研究》,《档案学研究》2015 年第 2 期。
⑤ 荆秀昆:《微波杀灭档案害虫的利与弊》,《中国档案》2015 年第 4 期。
⑥ 陶琴:《档案害虫的危害性分析与综合治理对策》,《档案学研究》2014 年第 2 期。

（单位：篇）

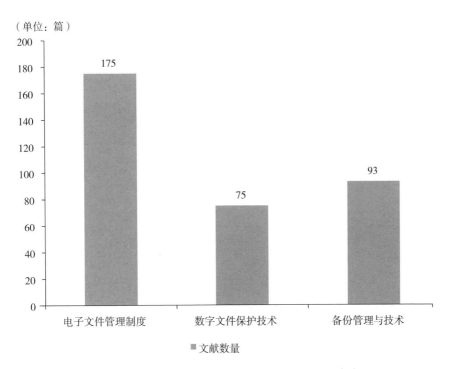

图1-5　数字档案（文件）安全研究相关论文数量统计图

　　电子文件安全管理制度相关论文共175篇，包括数字档案馆项目的风险管理研究，云计算、物联网、大数据、"互联网+"环境下数字档案馆的安全评估体系建设与研究，电子文件安全管理指导思想、前端控制与全程管理研究，档案信息系统安全保护、数字档案馆的安全、电子邮件归档安全管理、档案大数据安全战略、数字化外包项目安全管理、文献遗产数字化保护研究，非技术因素对数字资源长期保存的策略研究，电子文件安全管理现状、保护原则与模式研究等等。其中数字档案（文件）、数字档案馆的风险因素识别①②③、风险评

---

　　①　向立文、张茜：《数字档案馆风险管理研究综述》，《北京档案》2018年第4期。

　　②　聂曼影：《数字档案馆项目风险因素的识别——数字档案馆项目建设风险管理研究之一》，《档案学研究》2017年第1期。

　　③　吴沅微、颜祥林：《数字档案馆项目风险管理的理论及作用分析》，《档案与建设》2015年第4期。

估等风险管理研究最多。与此同时,档案学者积极探讨云环境下数字档案馆安全问题①,提出适用于云数字档案馆的安全评估体系②。

数字档案(文件)的信息安全保护技术相关研究主要包括:电子档案长期存储介质研究,非结构化存储方法研究,数字文件的存储格式研究,可信时间戳技术③、ASP 技术④、可信计算技术⑤、数字签名技术⑥等安全保护技术手段研究,数字档案(文件)真实性、完整性、可用性保障的技术方法研究,数字档案馆网络安全技术、RFID 技术、区块链技术研究等。信息安全保护技术研究因需要专业的计算机安全知识,随着计算机技术与档案专业深度融合,论文研究集中在近 10 年中,相信随着信息技术的飞速发展,研究热度会持续增加,更会有新的突破。

数字档案(文件)备份技术的相关研究始于 2009 年,可能是由于 2008 年汶川地震后,档案工作者认识到突发事件对档案安全的重要影响,因此必须加强数字档案的备份技术研究,未雨绸缪,保护数字档案的"三性",实现数字档案的安全保管。数字档案备份研究相关论文 93 篇,主要包括异地备份、异质备份、云备份策略探讨、备份中心建设探讨、电子文件备份的方法选择、数字档案备份研究进展等内容。

(四)少数民族档案保护研究

少数民族档案的保护研究是十分有特色的一项内容。这部分论文共 21

---

① 周枫、谢文群:《云计算环境下数字档案馆信息安全分析及管理策略研究》,《北京档案》2012 年第 8 期。

② 高晨翔、黄新荣:《云计算环境下数字档案馆的安全评估体系研究》,《档案学研究》2017 年第 1 期。

③ 张衍、黄梅竹、裴莉:《可信时间戳在电子档案安全防护中的应用》,《北京档案》2015 年第 1 期。

④ 何保荣、李建荣:《基于档案网站的 ASP 技术安全分析——兼与梁惠卿先生探讨》,《档案管理》2017 年第 2 期。

⑤ 顾彦彦:《可信计算技术在电子档案保护中的应用》,《中国档案》2014 年第 3 期。

⑥ 王萍、陈思、李俊蓉:《实施数字签名技术的文件、档案安全性》,《档案学研究》2010 年第 3 期。

篇,数量相对稳定,主要涉及对云南①②、西北疆藏地区③④等濒危少数民族档案的保护现状、保护问题、保护模式、保护机制的探讨,研究作者以云南大学等高校研究人员为主。

以上仅是从档案安全研究论文视角管窥我国档案安全研究进展。除了论文研究,近年来我国国家档案局科技立项情况也是反映研究进展的一部分。另外,档案安全相关研究著作、档案保护教材也是体现研究进展的重要标志。张美芳、周耀林、赵淑梅等档案保护技术专家都主持编写了相关教材。

三、国外档案安全研究进展

研究国外档案安全理论的发展状况是我国档案界与国际档案界接轨、把握全球档案安全工作基本走向的基本要求,可以为我国档案安全保护研究扩充视野,提供宝贵经验。

Library,Information Science & Technology Abstracts(LISTA)数据库是国外众多数据库之一,覆盖范围可以追溯到 20 世纪 60 年代中期,LISTA 数据库为560 多种核心期刊、近 50 种优秀期刊以及近 125 种选择性期刊编制了索引,且包含 330 多种期刊的全文内容,重要的是其集中涵盖了大量优质档案类期刊,比如 *American Archivist*、*Restaurator*、*Archives & Records*、*Records Management Journal* 等,具有较高的代表性,且该数据库中档案研究主题丰富、内容集中,检索出的档案类主题文献专业性较强。因此,笔者选取 LISTA 数据库为检索源,以此了解国外档案安全及应急管理的理论研究进展。选取该数据库收录的所有期刊为检索源,分别以" 'archives or records or files' AND 'preservation

---

① 华林:《云南民间少数民族历史档案的流失及其保护对策研究》,《档案学研究》2007 年第 4 期。

② 李丽祥:《云南哈尼族文化档案资源的保护》,《山西档案》2018 年第 3 期。

③ 冯乐耘:《关于西藏档案保护情况的考察报告》,《档案学通讯》1983 年第 1 期。

④ 张玉祥、陈晓艳、杨洁明:《西北边疆民族地区濒危汉文历史档案保护研究》,《档案学研究》2015 年第 4 期。

or conservation'""'archives or records or files'AND'safety or security'"为主题词,时间不限,完成高级检索,剔除无效文献,最终得到750篇直接相关、价值较高的研究论文,并展开研究,以把握档案安全研究的国际进展。

(一)LISTA 数据库档案保护研究论文数量年度统计分析

对 LISTA 数据库档案安全有关论文数据的汇总分析,详情可见图1-6。文献检索结果中从最早的 1974 年起至 2018 年,相关文献数量呈整体上升趋势。其中,2000 年之前相关论文数量寥寥无几,这很大程度上是因为 LISTA 数据库对多种档案类期刊的索引编制是在 2000 年之后陆续开始的;此后档案安全论文数量呈现明显的上升趋势,在 2009 年达到了最高峰,共 77 篇,其中涉及很多档案数字化及其安全保存的内容,随后几年文献数量略有下降,呈现曲折变动的趋势;自 2001 年至 2018 年,文献年度平均数量为 40 篇。依照年度平均数量及近几年发文数量趋势分析,国外档案安全理论研究发展将会持续下去,特别是随着档案信息化、数字化的不断向前推进,档案发展面临的安全问题也在不断衍生,档案安全理论研究是档案事业发展不可忽视的重要方面。

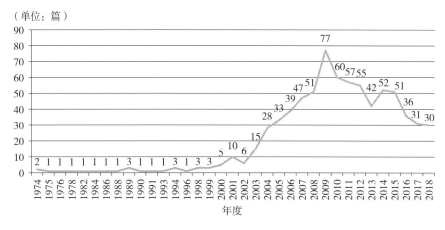

图 1-6　国外档案安全理论研究论文年度分布

（二）LISTA 数据库档案安全研究论文发文作者统计

在 750 篇文献中,明文标明作者国籍的有 580 篇,来自 65 个国家,图 1-7 所示即为文献作者所属国家前 30 名情况,美国、英国、德国、加拿大与澳大利亚依次排在前 5 位,分别占比为 31.9%、10.5%、10%、5.1% 及 3.3%。可见,这几个国家在安全理论研究中具有很大的影响力,特别是美国。此外,在这些明确标注地域信息的文章中也包括我国学者发表的 18 篇,在国际档案安全理论研究中占有一定的比重,但相较于美国、英国等发达国家来说,我国档案安全理论研究的国际影响力依然有较大的发展空间。

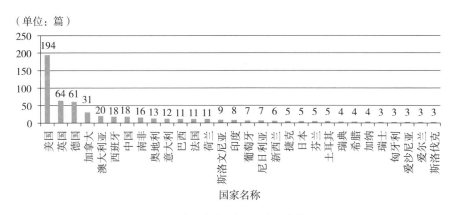

图 1-7　论文作者所属国家分布情况

（三）LISTA 数据库档案安全研究论文主题分析

可以将所有查阅的文献分为传统档案安全、数字档案安全、档案安全管理三类,并且将这三类再次进行更加细致的划分,详情如图 1-8。在这三类中,以数字档案安全保护为主题的文献最多有 309 篇,占比高达 41.2%,成为 LISTA 数据库档案安全理论研究的热点,可进一步划分为数字档案保护对象、安全机遇与挑战、安全保障方法三部分;档案安全管理研究论文数量有 296 篇,占比 39.5%,同样具有很高的研究热度,该主题下可划分为档案安全管理

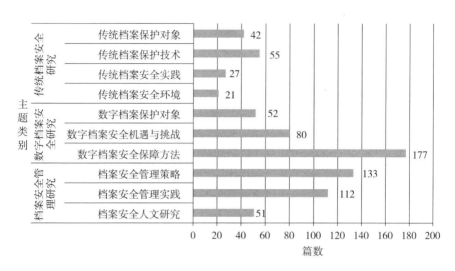

图 1-8 国外档案安全研究论文主题分布

策略、管理实践及人文研究三部分;传统档案安全研究主题论文数量有 145 篇,占比 19.3%,文献数量虽然不如上述两个主题,但同样数量较多,这一主题可以划分为安全环境、安全实践、保护技术以及载体安全四个类型。其中,主题发文数量排名前五位的涉及三大主题类别,可见国外对于档案安全理论的研究在突出数字档案安全研究的同时,也不失与传统档案安全研究并行的多元与均衡。

为进一步了解文献主题的时间阶段发展规律,本书将档案安全理论研究论文主题的时间划分为 2000 年及以前、2001—2010 年、2011—2018 年三个阶段,并对三个阶段的主题分布状况展开测评,最终得到了档案安全理论研究文献主题分布统计结果,详情如表 1-2。通过国外档案安全理论研究主题的阶段分布发现,2000 年之前,档案安全理论分析重点聚焦在传统档案安全问题,而对数字档案安全的研究并未兴起。2000 年之后,随着技术的发展与信息时代的不断推进,数字档案安全研究开始兴起且热度不断上涨,文献数量超越传统档案安全研究成为档案安全理论研究的流行趋势;与此同时,传统档案安全研究也在稳定发展,数量虽不及后来居上的数字档案安全研究,但依旧保持着较高的热度;档案安全管理与安全研究相伴而生,无论是传统档案安全还是数字档案安全,安全管理研究在档案安全理论研究过程中一直占据着较大的比重。整体上讲,国际上对于档案安全理论的研究,数字档案安全和传统档案安全兼而有之,理论研究与实践研究并重,研究内容综合而广泛,并随时代的推进不断深入发展。

表1-2　LISTA 数据库档案安全理论研究论文主题时间阶段分布统计表

主题类别		文献数量						
		文献阶段分布						总计
		2000 年及之前	合计	2001—2010 年	合计	2011—2018 年	合计	
传统档案安全研究	传统档案制成材料	4	14	19	78	19	53	145
	传统档案保护技术	5		33		17		
	传统档案安全实践	2		14		11		
	传统档案安全环境	3		12		6		
数字档案安全研究	数字档案保护对象	1	1	35	160	16	148	309
	数字档案安全机遇与挑战	0		42		38		
	数字档案安全保障方法	0		83		94		
档案安全管理研究	档案安全管理战略	8	15	53	136	72	145	296
	档案安全管理实践	4		49		59		
	档案安全人文研究	3		34		14		
总计		30		374		346		750

1. 传统档案安全研究

传统档案安全研究相关文献共 145 篇,可将其分为四大类进行分析归纳。

第一,传统档案制成材料的有关问题分析,检索到相关文献 42 篇,主要涉及传统档案制成材料的物理性能、耐久性及其影响要素的分析。这部分研究以纸质档案为主,包括纸质档案的成分研究、性能研究、老化研究及其寿命的影响因素研究,例如有 14—19 世纪欧洲手工纸的研究[1]、18—19 世纪圣书的光谱学分析及微观化学分析[2]、对再造羊皮纸等类型纸质纤维素的分析[3]、对地图中的醋酸铜等化学成分的分析以及对各种印刷产品成分的分析[4]等。此外,还有采用悬浮法等不同方法[5]对自然老化纸、羊皮纸等不同类型纸张的老化试验研究。传统档案记录材料的研究主要以各种类型墨水、颜料为主,如铁胆油墨、普鲁士蓝颜料等,纸质记录材料的成分对纸张性能产生着重要的影响,对此,国外有诸多研究成果发表,相关研究有对波斯孔雀墨水具体构成的分析[6]、波斯手稿中铜合金材料的检测以及研究等[7],此类纸质载体的性能和改变关系到了其自身的保存期限,因此和档案保存工作密切相关。纸张载体从诞生至今一直都是人类社会重要的信息载体。如今由于数字技术的迅猛发展,人类社会办公无纸化趋势明显,纸质载体的利用率下降,但这更突显了留存千年的传统载体档案资源的弥足珍贵,是不能再生的人类文化财富。因此保护馆藏的传统载体档案资源是档案工作者,甚至是全人类共同承担的义不

---

[1]　Barrett T., Ormsby M., Lang J.B., "Non-Destructive Analysis of 14th‒19th Century European Handmade Papers", *Restaurator*, Vol.37, No.2, 2016, pp.93‒135.

[2]　Kostadinovska M., Spirovska Z.J., Grupče O., Minčeva-Šukarova B., "Micro-Chemical and Spectroscopic Study of Component Materials in 18th and 19th Century Sacred Books", *Restaurator*, Vol.38, No.3, 2017, pp.299‒330.

[3]　Wikarski J., Eyb-Green S., Baatz W., "Filling in Losses in Parchment Bound Volumes—Part I: Assessment of Parchment and Paper Fibres in Reconstituted Parchment", *Restaurator*, Vol.36, No.1, 2015, pp.25‒46.

[4]　Hofmann C., Hartl A., Ahn K., et al., "Studies on the Conservation of Verdigris on Paper", *Restaurator*, Vol.36, No.2, 2015, pp.147‒182.

[5]　Kang L., Masamitsu I., "Moist Heat Accelerated Aging Test of Naturally Aged Paper by Suspension Method", *Restaurator*, Vol.34, No.2, 2013, pp.81‒100.

[6]　Zekrgoo S., Nel P., Sloggett R.Peacock Ink, "Investigation into the Constituents of the Most Prized Ink of Persia", *Restaurator*, Vol.38, No.2, 2017, pp.205‒233.

[7]　Mousav S.M., Ahmadi H., Abed-Esfahan A., et al., "Identification and Analytical Examination of Copper Alloy Pigments Applied as Golden Illuminations on Three Persian Manuscripts", *Restaurator*, Vol.26, No 2, 2015, pp.81‒100.

容辞的责任。

第二,传统档案保护技术研究方面,按上述策略共检索到相关文献 55 篇,重点是有关传统档案载体材料和记录材料的安全保管技术与修复技术的研究。首先针对传统档案载体的保护方法研究,具体来说包含通过洗涤、刷涂①、碱性化合物②、模型纸脱酸等不同测试方法,对纸张、手稿进行脱酸的比较及测试研究;包括二氧化氯气体、次氯酸钠、氯胺-T 及金属卤化物灯光漂白③、高强度放电灯光漂白应用④等不同漂白方法,对纸张进行漂白评估及对纸张性能影响研究等;还包括用于档案材料保护的双层防水技术⑤、关于探测纸张化学物质的技术如电子顺磁共振技术对纸张化学物质的探测分析研究⑥以及对受损档案采用的冷冻干燥技术、真菌消毒技术、醋酸纤维素及二乙酸纤维素层压技术⑦等保护技术的分析与研究。其次关于传统档案记录材料的保护技术研究,当中包含对记录材料稳定性的防护分析,包括对天然胶粘剂的色泽稳定性分析⑧;对彩色绘图的各种应对办法的效果分析;此外还有针对记录

---

① Wójciak A.Washing,Spraying and Brushing,"A Comparison of Paper Deacidification by Magnesium Hydroxide Nanoparticles",*Restaurator*,Vol.36,No.1,2015,pp.3-23.

② Sistach M.,Marin E.,Garcia J.,"Evaluation of Alkaline Compounds Used for Deacidification and Simultaneous Lining of Extremely Degraded Manuscripts",*Restaurator*,Vol.38,No.3,2017,pp.249-272.

③ Verborg M.,"Light Bleaching with Metal Halide Lamps:Effects on Naturally Aged Paper",*Restaurator*,Vol.33,No.3/4,2012,pp.329-355.

④ Schopfer J.M.,"Light Bleaching with HID Lamps",*Restaurator*,Vol.33,No.3/4,2012,pp.287-328.

⑤ Muñoz-Viñas S.,"A Dual-Layer Technique for the Application of a Fixative on Water-Sensitive Media and Paper",*Restaurator*,Vol.28,No.2,2007,pp.78-94.

⑥ Zoleo A.,Speri L.,Bronzato M.Electron,"Paramagnetic Resonance as a Probe for Metal Ions and Radicals in Paper",*Restaurator*,Vol.36,No.4,2015,pp.269-282.

⑦ McGath M.,Jordan-Mowery S.,Pollei M.,et al.,"Cellulose Acetate Lamination:A Literature Review and Survey of Paper-Based Collections in the United States",*Restaurator*,Vol.36.No.4,2015,pp.333-365.

⑧ Pataki-Hundt A.,Hummert E.,"Colour Stability of Natural Adhesives-Light Ageing of Adhesive Films and Colour Changes of Pigment Layers after Aerosol Application",*Restaurator*,Vol.37,No.2,2016,pp.137-156.

载体色泽验证的不断分析,包括运用图像处理技术与光谱技术,检测圆珠笔墨水当中的色泽变化[①],检验圆珠笔墨水的变化情况以及保存状况。此外,还涉及其他物质对记录材料性能的影响研究如抗氧化剂对含有铁胆油墨的档案记录材料保存过程的影响研究以及旨在提高档案材料可读性的光谱成像技术研究,以应用于保存状况不佳的档案记录材料。国外传统档案保护技术研究同样以纸质制成材料为基础开展,重点是对纸质档案制成材料的性能保护及其保护环境的研究,以保证传统档案制成材料性的长期稳定与可用。

第三,传统档案安全实践分析工作方面,相关文献有27篇,核心研究内容主要是档案保护实践工作中的案例分析,以及传统档案制成材料的抢救修复实践经验分享等。比如有些国家针对不同种类的濒危手稿、大型重要地图、珍稀绘画作品等纸质档案载体进行的抢救修复,针对这些濒危档案制定相应的保护计划及实践举措,举例来说包括越南占姆少数民族濒危材料的维护分析[②]、英国国家档案馆中圣约翰岛地图的大型纸张[③]、死海古卷[④]等;关于记录材料的保护实例研究如西班牙格拉纳达皇家档案馆对较为久远的手稿进行比色分析和评估[⑤],依据手稿颜色和色差施行相应保护策略。以上各种关于传统纸质档案载体及记录材料的保护实践研究,旨在保护世界档案文献遗产以

---

① Wright K., Herro H., "Tracking Color Shift in Ballpoint Pen Ink Using Photoshop Assisted Spectroscopy: A Nondestructive Technique Developed to Rehouse a Nobel Laureate's Manuscript", *American Archivist*, Vol.79, No.1, 2016, pp.82−102.

② Phan H.N., "Cham Manuscripts, the Endangered Cultural Heritage from a Lost Kingdom", *Restaurator*, Vol.36, No.2, 2015, pp.101−120.

③ Angus L., Vervoorst J., "Conservation Treatment of Samuel Holland's Map of St John's Island, 1765", *Restaurator*, Vol.37, No.3/4, 2016, pp.159−179.

④ Rabin I., Hahn O., "Dead Sea Scrolls Exhibitions around the World: Reasons for Concern", *Restaurator*, Vol.33, No.2, 2012, pp.101−121.

⑤ Collado-Montero F.J., Espejo-Arias T., "A Colorimetric Characterization and Assessment of the Chromatic Deterioration of the Medieval Manuscript Registro Notarial de Torres in the Archives of the Royal Chancellery in Granada, Spain", *Restaurator*, Vol.36, No.2, 2015, pp.121−145.

供未来使用;此外还包括对不利存储条件下受到真菌感染或酸化、褪色等破坏的档案通过微生物和化学分析等处理过程进行的紧急修复处理研究①,遏制纸张腐烂;还涉及突发事件之后,与档案的维护和恢复有关的分析,包括德国科隆历史档案馆坍塌之后,对内部的纸质材料的维护和修复②,涉及灾害规划的制定以及备灾状况的改善研究,各国档案机构开展的档案材料恢复的活动研究及档案工作者协助开展的档案恢复项目的国际合作研究等。传统档案修复实践研究是传统档案保护技术应用于传统档案保护对象的实际体现,保护实践随着保护技术研究的不断发展而深入,反过来又会促进保护技术的改进与发展。

第四,传统档案安全环境研究方面,相关文献有 21 篇,研究重点在于针对档案库房设施设备维护,库房环境条件监测与调控,以及档案有害微生物、档案害虫的治理等问题的探究。其中包括融入自然元素的档案馆建筑设计研究,如档案建筑及设备的新能源经济设计③,利用自然元素协助档案建筑的供暖、制冷、通风机照明等,注重环境在馆藏保护中的作用,如马萨诸塞州进行的关于环境对馆藏保护的影响的实验分析④,探究外部气候环境的影响,为馆内档案资源创造良好的外界保存环境;还包括档案保护室内环境的研究,涉及室内最佳温湿度调节以及档案库房内部空气物理指数的控制研究⑤,以保证档案建筑室内的空气质量,使档案免受温湿度不调及空气污染的侵害,为档案保护创造有利的微环境。不仅如此,在传统档案维护工作当中,有害生物也是极为关键的控制要素,档案保护环境治理重要工作之一就是档案有害生物的预

---

① Müller U., Schröder S., "Restauratorisches Pilotprojekt, Serielle Bearbeitung Amt Chemni Tz Im Archivzentrum Hubertusburg", *Archivar*, Vol.67, No.1, 2014, pp.23-31.

② Kistenich J., "Phasen Der Bergung Und Erstversorgung Des Archivguts Aus Dem Historicchen Archiv Der Stadt Köln", *Archivar*, Vol.62, No.3, 2009, pp.305-313.

③ Edwards H., "Archives Building Design for Energy Economy", *S.A.Archives Journal*, Vol.36, 1994, pp.37.

④ Trinkaus-Randall G., Reilly J., Ford P., "The Massachusetts Experiment: The Role of the Environment in Collection Preservation", *American Archivist*, Vol.77, No.1, 2014, pp.133-150.

⑤ Kraemer J., "Bauphysikalische Raumluft-Parameter In Magazinräumen", *Archivar*, Vol.66, No.2, 2013, pp.173-182.

防与灭杀。这方面的研究包括斯里兰卡图书馆为了病虫害整体治理(IPM)设定的检测、鉴别、清除、防治四步走战略①;画纸当中狐斑真菌的分析②;银明胶中真菌的乙醇处理方法分析③;纸质档案微生物清除方法的全球调查④等。档案害虫及有害微生物的调查及防治研究是传统档案制成材料的安全保障重要手段之一。与我国不同的是,国外大都是档案馆工作人员结合具体的工作实践,针对具体案例进行探讨,研究结果具备较强的适应性与参考价值。

2. 数字档案安全保护研究

数字档案安全保护研究有309篇。可将这些文献分为三类展开分析。

第一,数字档案保护对象研究方面,共检索到相关文献52篇。在这些文献中,研究重点是关于数字档案的新型载体耐久性与信息长久保存。主要是对光盘、磁盘等电子存储介质在档案存储和保存过程中稳定性及长期存储适用性的分析,包括针对光盘载体使用期限的测评分析⑤、电子保存媒介的防破坏分析⑥等;数字档案的保存形式包括原生数字化形式以及传统档案数字化形式,后者具体来说包括电影摄像收藏品⑦、移动图像资料⑧、新闻报纸、乐谱

---

① Cabral U.P., Querner P., "Four Step Strategy for Implementing IPM in Libraries in Sri Lanka", *Restaurator*, Vol.38, No.4, 2017, pp.383-393.

② Karbowska-Berent J., Jarmiłko J., Czuczko J., "Fungi in Fox Spots of a Drawing by Leon Wyczółkowski", *Restaurator*, Vol.35, No.2, 2014, pp.159-179.

③ Lucas C., Déniel F., Dantigny P., "Ethanol as an Antifungal Treatment for Silver Gelatin Prints: Implementation Methods Evaluation", *Restaurator*, Vol.38, No 3, 2017, pp.235-248.

④ Sequeira S.O., Cabrita E.J., Macedo M.F., "Fungal Biodeterioration of Paper: How are Paper and Book Conservators Dealing with it? An International Survey", *Restaurator*, Vol.35, No.2, 2014, pp.181-199.

⑤ Iraci J., "Longevity of Optical Disc Media: Accelerated Ageing Predictions and Natural Ageing Data", *Restaurator*, Vol.38, No.3, 2017, pp.273-298.

⑥ Iraci J., "The Soaking Resistance of Electronic Storage Media", *Restaurator*, Vol.38, No.1, 2017, pp.33-75.

⑦ Matusiak K., Johnston T., "Digitization for Preservation and Access: Restoring the Usefulness of the Nitrate Negative Collections at the American Geographical Society Library", *American Archivist*, Vol.77, No.1, 2014, pp.241-269.

⑧ Gracy K., "Ambition and Ambivalence: A Study of Professional Attitudes toward Digital Distribution of Archival Moving Images", *American Archivist*, Vol.76, No.2, 2013, pp.346-373.

以及录音等不同载体的档案资源的数字化存储,采用混合方法将传统模拟载体档案转化为数字档案进行保存,同时明确指出了档案数字化版本的关键性和重要性,数字化工作还关系到与其他多部门的合作①。

　　传统档案数字化是传统档案保护的新途径,是提升档案利用效率的重要途径。原生数字化档案则是人类社会利用数字技术和网络技术直接形成的档案形式,如 Twitter 平台的推文、Facebook 的直播及手机生成的即时文档记录②等大量社交媒体数字信息的归档研究,也包括可识别的个人数字信息的长期保存研究③,依据数据保护法进一步处理个人数据。此外,还包括对数字化创建的在线档案、数字馆藏及建立档案社区的研究等。随着世界范围无纸化办公政策的推行,我国电子文件单轨制的逐渐普及应用,原生数字档案资源的长久研究亟待加强。

　　第二,数字档案安全机遇与挑战研究领域,相关文献有 80 篇。研究重点内容是数字档案储存流程当中需要处理的各种问题,关注新时代数字档案存储的重要机遇,同时更加关注随技术与时代推进而不断衍生的安全挑战。首先是关于数字保护对象发展面临的挑战与机遇研究,数字时代为传统载体档案的保存与发展带来了巨大的挑战,模拟档案转向数字档案的数字化过程面临着技术、资金、法律等诸多方面的问题,包括澳大利亚注册会计师协会进行的有关数字化保存工作当中的难题分析④、电子邮件存储方法与评估、瑞典私人档案单位的数字化档案存储等问题;原生数字形态的档案的长期保存也面

---

　　①　Smith K. M., Craft A. R., Gwynn D., "Uncovering Social History: An Interdepartmental Approach to Scrapbook Digitization", *American Archivist*, Vol.79, No.1, 2016, pp.186-200.

　　②　Caswell M., "Instant Documentation: Cell-Phone-Generated Records in the Archives", *American Archivist*, Vol.72, No.1, 2009, pp.133-145.

　　③　Iacovino L., Todd M., "The long-term Preservation of Identifiable Personal data: A Comparative Archival Perspective on Privacy Regulatory Models in the European Union, Australia, Canada and the United States", *Archival Science*, Vol.7, No.1, 2007, pp.107-127.

　　④　Keneley M., Potter B., West B., "Digitizing Archival Records: Benefits and Challenges for a Large Professional Accounting Association", *Archivaria*, Vol.81, 2016, pp.75-100.

临着诸多问题,包括原生数字信息的数据质量及真实性、可靠性的元数据技术保障研究,如关于科学数据中的档案问题研究①,关注科学数据的质量以及如何捕获其元数据,还包括社交媒体数据、个人数字信息②、网页内容等归档过程中面临的技术障碍、产权归属及道德挑战等问题研究。

其次是有关数字档案保存的相关技术难题分析,包括支持数字档案长期保存且可访问可获取的技术、软硬件系统、标准等方面研究,如因数字媒体退化或过时造成的数字档案的不可访问性③、电子健康档案系统的可用性及安全性分析④等,以实现数字档案安全保存的可持续性发展;数字时代档案馆与图书馆、博物馆等其他机构之间在数字档案保存中的合作及相关性⑤研究;档案保管人员在数字时代的数字保存意识及能力的挑战研究等。此外,还涉及国家、地方、社区档案馆及私人档案机构等不同类型的保管机构中馆藏数字档案面临的长期保存的挑战研究。数字档案安全长期存储领域机遇与挑战并存,随着信息技术的不断发展,数字档案的长期安全存储终将实现。

第三,数字档案安全保护方法研究有关文献,检索到 177 篇。重点是针对数字档案安全保护具体技术方法的实施研究,包括运用区块链、云计算、元数据等各种新兴信息技术保证数字档案长期存储的真实、完整、有效的研究。如

---

① Lauriault T.P.,Craig B.L.,Taylor D.,et al.,"Today's Data are Part of Tomorrow's Research: Archival Issues in the Sciences",*Archivaria*,Vol.64,2007,pp.123-179.

② Cushing A.L.,"Highlighting the Archives Perspective in the Personal Digital Archiving Discussion",*Library Hi Tech*,Vol.28,No.2,2010,pp.301-312.

③ Dewson N.,"You Can't Manage What You Don't Understand:The Role of a Digital Systems Stock Take in Protecting Future Local Government Born-digital Archives",*Archifacts*,Vol.10,2014,pp.15-22.

④ Ratwani Raj M.,Savage E.,Will A.,et al.,"A Usability and Safety Analysis of Electronic Health Records:A Multi-center Study",*Journal of the American Medical Informatics Association*,Vol.25,No.9,2018,pp.1197-1201.

⑤ Michalko J.,"Libraries,Archives,and Museums:Achieving Scale and Relevance in the Digital Age",*RBM:A Journal of Rare Books*,*Manuscripts*,*& Cultural Heritage*,Vol.8,No.1,2007,pp.75-79.

用于创建及保存可信数字资源的区块链技术的应用研究①、针对复杂数字对象长期保存的元数据技术研究②、数字档案安全保存的云服务合同研究③等，通过新型技术的应用支持数字档案长期的保存安全；还涉及数字化管理系统的开发、网络基础设施建设及数据库保存研究，如数字档案数据化监管体系的协同发展、以仿真数据库存储为基础开展的分析等④，从而保证数字档案资料的长期存储完整性与可靠性。

　　数字档案安全保护方法是为了达到档案长期存储的目标而采用的方法体系。首先，在内容上涉及国家、地方、社区及个人等不同类型、不同层次数字文献的安全研究，包括国家层面的数字档案风险管理研究、应用于社区数字档案保存的社区云研究、从个人信息管理研究角度开展的个人数字档案保存策略研究以及网络资源长期保存的方案及标准化方法研究等，国家层面如加拿大档案馆采用基于风险的方法来管理档案和提供服务⑤；地区层面，新南威尔士州数字档案馆开展的数字档案维护策略的推进和落实⑥也较为典型；个体层面包括个人在数字环境中形成文件归档与应用分析⑦，从不同层面开展数字安全保存实践，以帮助组织、机构和个人保护数字文件证据。其次，研究中涉

①　Lemieux V.L.,"Trusting Records:Is Blockchain Technology the Answer?",*Records Management Journal*,Vol.26,No.2,2016,pp.110-139.

②　Schroeder K.,Huth K.,"Das Metadatenkonzept Des Digitalen Archivs Des Bundesarchivs",*Archivar*,Vol.62,No.3,2009,pp.248-254.

③　Bushey J.,Demoulin M.,McLelland R.,"Cloud Service Contracts:An Issue of Trust",*Canadian Journal of Information & Library Sciences*,Vol.39,No.2,2015,pp.128-153.

④　Richards L.L.,"Teaching Data Creators How to Develop an OAIS-Compliant Digital Curation System:Colearning and Breakdowns in Support of Requirements Analysis",*American Archivist*,Vol.79. No.2,2016,pp.371-391.

⑤　Millar L.,"Coming Up with Plan B:Considering the Future of Canadian Archives",*Archivaria*,Vol.77,2014,pp.103-139.

⑥　Findlay C.,Lehane R.,"State Records NSW Digital Archives:A Work in Progress",*Archifacts*,Vol.2012,pp.30-38.

⑦　BASS J.,"A PIM Perspective:Leveraging Personal Information Management Research in the Archiving of Personal Digital Records",*Archivaria*,Vol.75,2013,pp.49-76.

及数字存档成本模型、跨学科、分布式数字保存协作方法及数字保存的开放式档案信息系统模型等各种不同的办法、模型分析,包括数字化存储务实办法分析,以及保持企业业务连续性的数字文件长期存储的战略分析和推动与数据管理模型有关的数据保存模型的协同办法分析等[1],目的在于处理好数字文件永久保存问题。不仅如此,数字档案保存的有关理念、评价标准、协同协作和有效程度分析,数据记录转变方式的协作和发展分析[2],保障数据档案可访问以及版权维护的法规分析,数据档案存储协作部门联系以及协作模式的构建分析等都备受关注。

数字档案安全保障方法是综合多方面研究以支持和保证数字档案安全的方法,这样综合性的研究能够更好地应对和解决数字档案资源安全面临的问题与挑战。国外数字档案安全保障方法大部分来源于实践工作成果或案例,涉及范围较大,具有很强的实用价值。

3. 档案安全管理研究

档案安全管理研究相关文献 296 篇,这个主题可划分成档案安全人文研究、档案安全管理实践以及档案安全管理战略三个层面。

第一,档案安全管理战略研究,检索到相关文献 133 篇,主要是对档案保存过程中面临的多方面问题与挑战开展的管理方法研究,包含范围较大,涉及档案安全管理战略部署、运用、评价以及法律规范等不同角度的内容。

战略部署研究包括国家档案馆的档案保护计划及政策研究,如英国和爱尔兰图书馆及档案馆制定的保存计划[3]、加拿大图书馆和档案馆的访问政策

---

[1] Boutard G., "Towards Mixed Methods Digital Curation: Facing Specific Adaptation in the Artistic Domain", *Archival Science*, Vol.15, No.2, 2015, pp.169-189.

[2] Kunde N., "Getting It Done-Collaboration and Development of the Digital Records Conversion Standard", *American Archivist*, Vol.72, No.1, 2009, pp.146-169.

[3] Marshall V., "'A Patchwork Quilt to a Grand Design'—A Planned Approach to Preservation for Libraries and Archives in the United Kingdom and Ireland", Liber Quarterly: *The Journal of European Research Libraries*, Vol.11, No.4, 2001, p.421.

框架研究①等,从国家层面制定并实施档案的安全管理策略,还包括混合格式档案馆藏的保存研究②,以避免档案材料被分开保存后造成价值的丢失,以及社会及技术变革对档案安全管理方法的影响研究等;策略应用研究包括将传统应用于未来实践的档案评估研究以及不同档案安全管理方法的实践应用研究等,如定性分析方法在档案工作实践中的应用研究、数字档案务实方法的实践理论研究等③;策略评估研究包括应用不同方法开展的档案安全评估调查研究,如采用跨学科方法进行档案保存的评估调查研究④,以及对不同类型档案安全保存的评估研究等,如对电子邮件归档保存的评价分析。策略法律及标准研究包括档案安全管理的具体标准或准则的跨领域和国际化研究,如云计算背景下档案数据存储的法律规定⑤、网络环境下档案立法框架的规范性研究⑥等。

不仅如此,档案安全管理过程中业务流程管理策略的重新设计以及档案保管员保存档案记录的研究等都在研究之列。档案安全管理战略研究关注对档案数据资源全面、连续管理,实现从整体对档案安全工作与研究的把控。

第二,档案安全管理实践工作的研究文献共 112 篇。主要是基于档案安

---

① Loewen C., "Transformation, Exploration, Innovation: Library and Archives Canada's Access Policy Framework", *Archives & Manuscripts*, Vol.36, No.2, 2008, pp.148-168.

② Clarke R., "Preservation of Mixed-Format Archival Collections: A Case Study of the Ann Getty Fashion Collection at the Fashion Institute of Design and Merchandising", *American Archivist*, Vol.72, No.1, 2009, pp.185-196.

③ Ivanov A.O., "Practice Theory: A New Approach for Archival and Recordkeeping Research", *Records Management Journal*, Vol.27, No.2, 2017, pp.104-124.

④ Walker A., "Preservation Assessment Surveys: An Interdisciplinary Approach", *Liber Quarterly: The Journal of European Research Libraries*, Vol.13, No.1-4, 2003, pp.273-280.

⑤ Goh E., "Clear Skies or Cloudy Forecast? Legal Challenges in the Management and Acquisition of Audiovisual Materials in the Cloud", *Records Management Journal*, Vol.24, No.1, 2014, pp.56-73.

⑥ Ngoepe M., Saurombe A., "Provisions for Managing and Preserving Records Created in Networked Environments in the Archival Legislative Frameworks of Selected Member States of the Southern African Development Community", *Archives & Manuscripts*, Vol.44, No.1, 2016, pp.24-41.

全保护实践中的案例分析,不但包含不同历史阶段,世界各国区域战乱中的档案资源保护与管理,如中东冲突中的档案遗产安全管理①、伊拉克战争中的萨达姆政权档案的安全管理②及第二次世界大战等战争中重要档案及濒危档案资源的安全管理,以促进珍贵社会记忆、民族回忆的保存;还包括不同国家不同层次的档案馆安全管理实践,如英国、德国以及美国等各国家档案馆档案管理实践;中亚、非洲等不同地区间保护档案遗产的实践举措研究、社区档案馆对其所管辖区域档案资源的安全管理研究③、档案馆与图书馆、博物馆合作保护档案文献的实际进展研究以及数字档案信息长期保存合作开发等项目的研究,以体现档案对于民族和社会的重要作用。此外还包含有关许多行业内档案安全管理实践,如对医疗档案以及病历档案等长久保存研究④,采购档案的保存和管理及其与采购业绩的关系分析⑤。在实践基础上的档案安全管理研究,不但能够检验现有理论的合理性,还可以发现新的研究视角,进行更加深入的分析,从而形成可供推广的、具有重要参考价值的行业经验。

第三,档案安全人文研究方面,相关文献共51篇。这部分内容是档案安全管理研究的重要组成,主要涉及档案机构组织结构、工作人员岗位、职责的变化对安全管理的影响,以及机构内部档案安全文化的培育等方面的内容。比如,加拿大档案界建立新的独立于档案机构的由利益相关者驱动

① Moustafa L.H.,"Cultural Heritage and Preservation:Lessons from World War II and the Contemporary Conflict in the Middle East",*American Archivist*,Vol.79,No.2,2016,pp.320-338.

② Montgomery B. P.," Saddam Hussein's Records of Atrocity: Seizure, Removal, and Restitution",*American Archivist*,Vol.75,No.2,2012,pp.326-370.

③ Collins Shortall L.,"'A Permanent House for Local Archives':A Case Study of a Community's Archives in County Offaly",*Archives & Records*,Vol.37,No.2,2016,pp.143-156.

④ Dong L.,"Taking the Long View of Medical Records Preservation and Archives",*Records Management Journal*,Vol.71,No.2,2015,pp.387-400.

⑤ Namukasa J.,"Records Management and Procurement Performance",*Records Management Journal*,Vol.27,No.3,2017,pp.256-274.

的组织研究①,以支持档案遗产的保存;数字时代档案管理人员在档案创建和长期保存中的特殊人员分析及其工作数据研究等②。关于档案安全的教育培训研究包括跨部门培训计划的经验研究③,注重研究档案保管机构、保管人员和档案之间的关系。另外,还涉及文献保管机构与其他领域开展的各方面合作研究,其中国内领域合作研究包括了解档案安全管理和保存需求的科学领域合作研究,不同国家和地区如美国档案安全管理中的公私伙伴关系综合研究④等;全球不同地区的协作分析,包含国际档案理事会与国际图书馆协会等机构联合协商开展的文献保护研究等;组织内部合作包括档案行业的整合研究、档案资源保护委员会的建立等;组织外部合作包括与图书馆、博物馆之间的合作研究以及档案保存面向用户的档案服务转型研究⑤等,通过伙伴关系的建立与合作,确保档案机构提供良好的安全管理档案材料的能力。档案工作的主体是人,是具有主观能动性的复杂高级动物,因此档案安全人文研究可以说是档案安全研究中的关键要素,对档案安全管理水平的提升具有重要影响。只有加强档案安全管理的人文建设,档案安全管理才能更加全面、高效。档案管理部门应当继续保持对档案安全人文研究的关注,从而有效地推动档案安全管理向纵深发展。

通过上述梳理,对国外档案安全理论研究的发展有了基本的了解,在此基础上,进一步对 LISTA 数据库中档案应急管理研究方面的相关文献进行检索

---

① VALPY D.R.,"Counterpoint From Missionaries to Managers:Making the Case for a Canadian Documentary Heritage Commission",*Archivaria*,Vol.82,2016,pp.137−163.

② Kallberg M.,"Archivists 2.0:Redefining the Archivist's Profession in the Digital Age",*Records Management Journal*,Vol.22,No.2,2012,pp.98−115.

③ Robinson D.,"In Bed with an Elephant:Some Experiences in Cross-sectoral Training Initiatives,1991−2004",*Archives & Records*,Vol.35,No.1,2014,pp.13−27.

④ Kriesberg A.,"The Future of Access to Public Records? Public-private Partnerships in US State and Territorial Archives",*Archival Science*,Vol.17,No.1,2017,pp.5−25.

⑤ Şentürk B.,"Kullanıcı Odaklı Arşiv Hizmetlerinin Temel Unsurları −Erişim",*Information World / Bilgi Dunyasi*,Vol.12,No.2,2011,pp.319−333.

分析,以期了解国外档案应急管理理论的研究发展,进而深化对国外档案安全理论研究的认知。

第二节 档案应急管理研究进展

一、应急管理研究综述

(一)我国应急管理理论与实践发展

近年来,"非典"疫情、禽流感、汶川大地震、2008 年南方特大雨雪天气、2010 年玉树地震、乌鲁木齐"7.5"公共突发事件,以及 2020 年新冠肺炎疫情暴发等各种自然与社会突发事件,都给我国社会带来重大的损失。我国政府已经把应急管理工作视为治国理政的关键因素,非常重视提升国家应急管理体系与应急治理能力现代化,而我国应急管理实践助推了我国应急管理理论研究的不断发展和完善。

1. 我国应急管理实践发展

据文献记载,我国历史上经历了无数自然灾害与社会灾害,也形成了许多有针对性的灾害预防与应对策略,比如赈灾、调粟、灾后政府放贷等救灾手段。

1949 年新中国成立后,我国先后成立了中央救灾委员会、中国国际减灾十年委员会(2005 年更名为国家减灾委员会)、国务院安全生产委员会等机构,其基本职责是处理安全事故以及突发事件来临时的紧急救援工作。2003年"非典"疫情发生后,我国真正意义上的"应急管理"正式开始。这个阶段着重关注的是我国突发公共卫生领域的突发事件应急管理。《国家突发公共事件总体应急预案》《突发公共卫生事件应急条例》都在该时期出台。2005 年,国务院应急管理办公室宣告建立。在《国务院关于全面加强应急管理工作的意见》中明确提出加强国家级应急平台系统构建。2007 年 11 月 1 日,《中华人民共和国突发事件应对法》正式实施。

2008年汶川大地震以后,我国公共管理领域应急管理研究逐渐深入,在探讨应急管理相关概念与基本问题基础上,开始对应急处置经验与教训加以总结,并逐步推进各种应急管理体系的建设。党的十八大以来,我国应急管理事业迈入新的历史发展阶段,基本形成了中国特色应急管理体系。2018年3月,我国应急管理部的成立推动了应急管理能力进一步提升。

2. 我国应急管理理论研究进展

中国文化历史悠久,应急管理思想也是源远流长。我国古代应急管理思想在"安而不忘危,治而不忘乱,存而不忘亡""居安思危,思则有备,有备无患"等名句中均有所反映。但我国真正意义上的"应急管理"或"危机管理"理论研究起步较晚。20世纪80年代中期,我国政府文件中首次出现了"公共危机"一词,将大亚湾核电站建设过程中的多次群体性事件定性为"公共危机"①。此后较长一段时期,我国的应急管理研究主要以自然灾害与社会事件的应对为主。

高小平将我国的应急管理发展分为三个阶段:萌芽时期(2003年以前)、快速发展时期(2003—2007年)、质量提升期(2007年以后)。② 目前我国的应急管理研究正在向综合化、纵深化方向发展。

20世纪90年代,我国公共管理学领域开始研究社会公共危机问题。《危机与危机管理》一文为我国首篇公开发表的相关文献,《危机状态下的政府管理》是我国首部出版的专著。在2003年发生"非典"疫情之后,基于社会活动和政府管理的迫切现实需要,我国应急管理研究快速发展。研究领域涉及政治学、经济学、公共管理学、信息科学、社会学、管理科学与工程等在内的多个学科。这一时期的研究代表作有《公共危机启示录:对SARS的多维审视》《危机管理:转型期中国面临的挑战》等。

从研究内容来看,我国应急管理研究主要集中在:第一,行政管理学,主要

---

① 陈振明:《中国应急管理的兴起——理论与实践的进展》,《东南学术》2010年第1期。
② 高小平、刘一弘:《我国应急管理研究述评(上)》,《中国行政管理》2009年第8期。

着眼于宏观视角研究社会应急管理主体。第二,社会学,社会学家基于中国复杂的社会现状和不断转型的社会问题,探讨各种突发性公共事件产生的原因、后果及应急处置方法。第三,多学科交叉应急管理,结合生命科学、社会科学、工程学以及信息科学等多学科理论进行应急管理理论研究。第四,各行业专项应急管理研究,针对不同行业,根据自然灾害、社会群体事件、公共卫生事件等不同类型突发事件展开案例分析和理论研究。

(二)国外应急管理研究进展

在当代社会,衡量一个国家综合国力和民族凝聚力的重要指标之一就是应对公共突发事件和危机的能力。因此,世界各国都致力于提高本国应急管理能力。目前在应急管理理论研究较为领先的国家有美国、加拿大、澳大利亚、日本、俄罗斯等,以此五国为代表,对应急管理在国外的发展状况进行综述。

美国政府对于应急管理极为重视,现代应急管理研究发源于美国的政府管理机构,美国的应急管理研究成果颇丰,而相关理论研究成果的系统性有待提高,多见于相关报纸杂志。美国应急管理主要分为三个阶段:第一个阶段始于1803年美国国会法案的颁布;第二个阶段以第二次世界大战的结束为起点。在此阶段,应急管理重点关注如何应对核武器攻击。美国国会于1950年在《联邦救灾计划》中赋予联邦政府帮助州政府救灾的权力。1966年颁布的《灾难救助法案》将救灾职责和权限拓展。20世纪60年代,美国开始对自然灾害的应对加以重视,肯尼迪任职期间筹划组建了应急准备办事处。1979年联邦紧急事务管理局(FEMA)成立,主要职责为应对所有自然与人为灾害的应急管理工作,实现应急准备、紧急响应和灾后重建全程参与。《斯坦福减灾与应急救援法案》于1988年颁布。2000年911事件后,美国国土安全部与应急管理署合并重组。2005年卡特里娜飓风后,美国国会在《卡特里娜灾后应急管理改革法案》明确了从联邦政府级别开始履行应急准备职责。除此之外,FEMA 重视应急管理技术应用,美国国家灾害事件管理系统就是由 FEMA 应急信息支持系统逐步发展而来。1993 年,美国总审计署和公共管理国家研究院联合公告,拟有效提高美国的灾害管理能力。由此见得,美国应急管理更加关注如何防范恐怖袭击,而对于自然灾害预防能力不足。但是其优势在于能够利用政府、市场和各种第三方力量开展应急管理,实现全民参与。

加拿大联邦民防机构于 1948 年成立。1998 年,第一个独立的公共部门——应急准备局成立,主要执行加拿大应急管理相关法案。加拿大实现了联邦政府、省及市镇三级应急管理联动,有效共享了各级、各类应急管理资源。此外,与美国相同,社会公众参与应急管理是加拿大的特点之一,所有公民都掌握在紧急状态下应当做什么,明白依据现实中紧急情况向各级政府请求帮助。① 加拿大政府为灾害应急管理投入巨额资金,如每年投入多达 10 亿加元用于清雪防灾。

澳大利亚的应急管理体系较为完善。该国应急管理对象主要为自然灾害,比如飓风、暴雨等。为此建立了完善的应急预案体系,国家总体预案、专项预案、不同行业预案等一应俱全并且不断在实践中完善,兼顾应急预案的全局性、原则性、针对性和可操作性。此外,澳大利亚拥有非常专业和高效的应急指挥平台和预警体系。

日本作为太平洋岛国,地理、气候条件恶劣,自然灾害发生频率很高,应急管理发展较早,1880 年就颁布了《备荒储蓄法》,是日本第一部针对防灾、治灾的法案。经过不断完善与自然灾害防护有关的法律,1961 年颁布的《灾害对策基本法》标志着日本防灾治灾的法律体系基本完善。日本也非常重视本国应急管理信息化,拥有覆盖全国的、功能完善的防灾通信网络。此外,还建立起了很多国际知名的防灾研究机构,如防灾科技研发所以及东京大学地震研

---

① 陈成文、蒋勇、黄娟:《应急管理:国外模式及其启示》,《甘肃社会科学》2010 年第 5 期。

究所等。日本对于火山灾害以及火灾等自然灾害的应急管理研究处于世界领先地位。[①]

俄罗斯同样属于自然灾害多发的国家,应急管理部门是"紧急情况部",主要负责各种突发事件的预防与救援。俄罗斯国内还建立了应急管理法律保障体系,《联邦紧急状态法》为紧急状态下行政权力和立法权力的超常使用提供了法律依据。

二、档案领域应急管理研究进展

(一)我国档案应急管理研究进展

在我国,中国知网知识资源总库(CNKI)是最大的全文数据库。笔者着重检索和选取了自 1987 年到 2018 年间中国知网知识资源总库中有关"档案突发事件应急管理"的全文文献,对其进行统计分析和研究。

首先,将"档案"和"应急"作为主题词进行检索,去除包括新闻等的非学术论文,档案领域与应急管理相关的文献有 88 篇,档案应急管理研究文献数量年度分布见图 1-9。

图 1-9 显示,在 2007 年之前,档案工作领域应急管理研究相关文献数量变化不大,整体不多,大约每年会发表 1 至 2 篇。自 2008 年起,发文数量逐步增加。自 2010 年开始,档案应急管理有关文献数量迅速增加,2011 年达到了15 篇。究其原因,这些年来发生了包括 2008 年的汶川大地震、2010 年的玉树地震以及甘肃舟曲特大泥石流等重大自然灾害,给我国档案事业带来巨大损失,这一现实促进了档案应急管理理论研究的快速发展。

然后,将"档案"分别与"风险""突发事件""危机""预警""灾害"等不同主题词组合,对中国期刊全文数据库展开高级检索,检索"档案应急管理"研

---

① 高速:《日本减灾科技研究概况》,2014 年 11 月 23 日,见 http://www.cigem.gov.cn/Read-News.asp? News ID=1852。

（单位：篇）

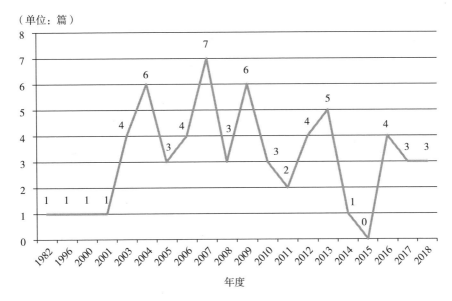

图 1-9　档案应急管理研究文献数量年度分布图

究文献,以期更准确而全面地掌握档案应急管理研究的现状。去除新闻报道等非学术类型的文章,共得到相关论文 158 篇。经过对文献深度阅读分析,发现当前我国档案应急管理研究主要有应急准备、应急抢救技术、应急档案管理和利用以及对国外相关研究经验的综述和借鉴等方面内容。相关文献研究涉及主要内容见图 1-10。

1. 档案应急准备研究

在我国档案应急管理研究中,档案机构应急准备工作相关研究占比较大,其重点内容主要涉及应急准备内容、应急预案构建探讨、应急资源准备等。

档案应急预案研究是主要研究内容之一。我国最早的档案突发事件应急预案研究论文发表于 1994 年,郁宗成翻译联合国教科文组织发布的《档案馆、图书馆的抗灾斗争——预防、预测与抢救》第一章内容,指出“一个档案馆或图书馆要很好地对付灾害,首要的事是制订一个抗灾计划”①,并详细介绍了

---

① 郁宗成:《档案馆、图书馆抗灾计划的制订》,《湖北档案》1994 年第 1 期。

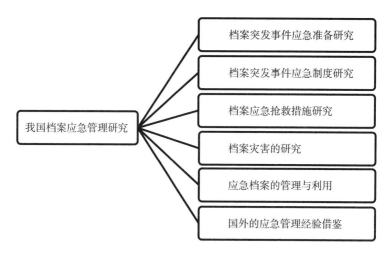

图 1-10 我国档案应急管理研究内容分类

图书馆或档案馆规划应对灾难计划的过程及相应内容。此后,学者对应急预案重要性①、预案内容②、制定方法③等加以探讨,明确"应急预案属于行动的指导性文件"。当前,我国亟须增强对应急预案全方位建设,形成档案突发事件相关的应急预案体系,从而降低突发事件发生概率。随着现代社会信息化水平不断提升,档案信息化的程度也日渐增加,数字档案馆的应急预案建设逐渐成为重点与难点。

档案应急资源的准备也是应急管理准备工作的重要环节,包括为了应对突发事件所做的人、财、物的准备。学者一致认为,档案工作者要有明确角色定位,不仅要有职业敏感性,更要做好突发事件前的信息积累工作,同时扮演好"普通的公务救援者""档案修复者""档案资料收集者""服务者"等多种角色。④ 除此之外,应急资金与应急物资的准备也不容忽视。

---

① 向立文、宋可、谢宗艳:《档案部门应急预案管理研究》,《档案学通讯》2012 年第 5 期。
② 杨丽娟、姜景波:《档案部门制定突发事件应急预案的思考》,《兰台世界》2007 年第 7 期。
③ 向立文:《论档案馆应急预案体系的构建》,《档案学研究》2010 年第 3 期。
④ 吴加琪、周林兴:《面向社会突发事件的档案部门应急管理体系研究》,《中国档案》2012 年第 7 期。

应急演练是检验应急预案有效性、不断提升应急准备能力的重要手段与途径,但目前我国档案界对档案突发事件应急演练的重视程度有待进一步提升。近年来,越来越多的档案馆开始进行应急演练规划,但跨地区、跨部门、跨系统的应急演练亟待加强,以形成长效机制和规模效应。①

2. 档案应急管理制度研究

中国人民大学赵国俊、张斌、徐拥军等早在2003年就发表了题为《档案部门应建立突发事件预防和应对机制》的文章②,对档案馆突发事件应急处置的机制加以研究。此后,不少档案学者在相关领域发表论文,探讨了档案馆突发事件的应急管理制度,根据灾前、灾中、灾后三个阶段,提出灾前预测监控机制、灾中抗灾机制和灾后恢复重建机制三大机制,③有学者还深入探讨预警机制,并将其分为预警预测、灾难风险评价、预警信息的发布、预警响应及预警四个阶段,④受到多数学者认可。

3. 档案应急抢救措施研究

近年来我国档案学术界对档案灾害后的应急抢救与修复技术的研究论文为数不多,一般在特大突发灾害以后才出现。关于档案灾害应急管理研究的论文主要集中在两个时间段。第一个时期是在1998年后,由于长江、松花江、珠江等许多江河流域发生了重大洪水灾害,档案工作者主要针对水灾档案的抢救修复,探讨远红外、微波杀菌杀虫机以及蒸汽烘干等技术方法。⑤⑥⑦ 第二个时期是在2008年汶川大地震发生后,我国赴一线灾区参与应急抢救的档案保护专家对抢救过程的经验进行了总结,大量相关研究论文发表在2009至

---

① 沈伟光:《档案部门搞应急演练为了啥》,《中国档案》2011年第8期。
② 赵国俊、张斌、徐拥军:《档案部门应建立突发事件预防和应对机制》,《档案聚焦》2003年第1期。
③ 李光铣:《构建档案管理防灾抗灾机制初探》,《北京档案》2010年第6期。
④ 于海燕:《档案灾害预警机制研究》,《档案学通讯》2011年第4期。
⑤ 冯惠芬、徐义全、胡新:《水火灾害后档案的抢救技术》,《浙江档案》1992年第10期。
⑥ 许小林:《运用微波杀菌灭虫机干燥水淹档案》,《中国档案》1998年第10期。
⑦ 王贺芹:《受潮档案的抢救与保护》,《湖南档案》1998年第4期。

2010 年间。孙洪鲁、王宜欣等详细介绍了地震之后应急抢救与修复受损的北川档案的经验,并且详细介绍了抢救修复过程。①

关于数字档案的应急管理,档案工作者一致认为应对重要数字档案进行异地异质备份。但是,异地数字备份制度还需要相关的法律加以保障。另外,已进行的异地备份工作还没形成系统的机制,缺乏统一的规范与标准。为了最大可能地降低突发灾害对档案的破坏,周耀林等设计了档案容灾系统,突出了业务流程管理思想的实践应用,统筹管理各类突发灾害的档案容灾工作。②

4. 档案灾害的研究

我国的自然灾害发生频率较高,为了做到"知己知彼,百战百胜",全面了解并掌握自然灾害对档案的破坏规律,有助于有针对性提前准备以降低风险。吴晓红围绕档案灾害,从整体性、联系性、层次性和最优化四个方面对档案灾害机理加以分析,提出构建档案灾害系统,为档案灾害的预防提供了理论参考。③ 王良城在研究中详细分析了我国水灾、火灾、台风、地震等灾害对档案的影响。④ 实践部门也通过抽样调查方法对汶川地震后受损档案的特征进行研究。⑤

5. 应急档案的管理

在对档案突发事件应急管理过程中,档案工作者建立了"突发事件应急档案",作为应急管理过程的原始、真实和完整记录,不仅包括可供后人参考的珍贵档案抢救修复的"病历档案",而且还有应急管理过程的第一手经验与教训,具有极为重要的价值。⑥ 因此,档案工作部门应充分开发、利用、共享应

---

① 孙洪鲁、王宜欣:《"北川受损档案"抢救与修复技术》,《中国档案》2009 年第 5 期。
② 周耀林、李姗姗:《基于 BPM 的档案容灾系统设计》,《档案学通讯》2011 年第 2 期。
③ 吴晓红:《系统论视角下的档案灾害研究》,《档案学研究》2013 年第 3 期。
④ 王良城:《自然灾害对档案的侵袭与应对策略》,《档案学通讯》2010 年第 3 期。
⑤ 袁可、喻宏贵、方秋生:《灾害受损档案抽样调查研究》,《档案学通讯》2015 年第 3 期。
⑥ 宋冰梦:《突发事件档案管理研究综述》,《浙江档案》2013 年第 7 期。

急档案资源,提供突发事件档案应急服务,为应急处理决策提供依据。①

6. 国外应急管理经验借鉴

国外应急管理经验和研究成果为我国档案应急管理理论与实践发展提供了宝贵借鉴。早在1992年,方新德介绍了美国部分档案馆在灾难前期、灾害中期以及灾后不同时期的具体应急措施。后来不断有学者分享国际范围内档案部门的应急管理经验和教训②③,并总结分析带来的启示④。

为了指导档案应急管理工作实践,国家档案局结合我国档案管理工作实际,制定并发布了《档案馆防治灾害工作指南》《档案工作突发事件应急处置管理办法》《档案馆安全风险评估指标体系》等重要文件,《档案馆应急管理规范》也于2020年7月正式颁布实施。此外,还先后出台了《地震掩埋档案应急处置的简要程序和方法》以及《地震受损档案的抢救方法》这两个重要指导性文件,以指导并规范灾害档案的应急抢救修复工作。

2008年汶川大地震后,中国人民大学信息资源管理学院课题组还撰写了《关于抗震救灾中档案工作的建议》,建议成立"国家抗震救灾档案工作组",领导地震灾害档案应急抢救工作,组织受损档案评估与抢救工作;加强受灾档案的收集与整理,完善档案灾害预警机制,以做好长远的档案灾害预防。

回顾国内档案应急管理研究工作,档案应急管理在我国档案领域已经开始被关注,也取得一定数量研究成果,但是目前大多停留在讨论"应该做"的阶段,深入探讨该"如何做"的文献则很少。而且多是泛泛探讨我国档案应急管理问题,缺少结合档案馆实际进行差异化应对策略探讨,我国对档案应急管

---

① 邹艳梅:《突发事件档案的管理与应急服务的互动构建》,《兰台世界》2012年第11期。
② 杨安莲:《国外档案机构应对突发事件的主要做法及其借鉴意义》,《档案学通讯》2009年第1期。
③ 黄霄羽:《国外档案部门抗震防灾经验分析》,《中国档案》2008年第7期。
④ 李斌、向立文:《美国档案应急管理及其启示——以"卡特里娜"飓风事件为例》,《北京档案》2016年第1期。

理的研究亟须提高广度和深度。

(二)国内图书、文博领域应急管理研究进展

图书馆领域的应急管理研究主要集中于分析图书馆的安全隐患、如何应对地震灾害[①]、火灾[②]等,以及图书馆管理人员应对突发事件的素质要求探讨[③]。早期多侧重于具体的技术措施讨论,近年来也开始从"管理"视角加以关注,通过对比国内外图书馆界针对突发事件应对措施不同探讨对我国的启示[④][⑤]。

博物馆领域的应急管理研究文献数量同样少,但更关注对突发事件的"管理"研究,如应急预案的内容设计、原则方法等方面的探讨[⑥],研究深度和广度仍需加强。

(三)国外档案馆、图书馆和博物馆应急管理研究进展

1. 国外档案馆突发灾害及其对档案的破坏

自古以来,各种突发的自然或人为的灾害如地震、飓风、火灾、水灾以及战争等都极为常见,给档案带来不同程度的破坏,给人类历史文明记忆造成"断档",这种遗憾在世界各国都较为常见。表1-3中列举了不同国家部分档案馆突发事件所产生的严重后果。

---

① 杜新中:《高校图书馆对地震灾害的应对及思考》,《大学图书馆学报》2009年第2期。
② 权丽桃:《浅谈图书馆火灾防范及应急措施》,《甘肃科技纵横》2009年第1期。
③ 钱静雅、何玉婵:《高校图书馆员应对突发事件的素质要求》,《科技传播》2011年第6期。
④ 朱荀:《中美重大自然灾害中图书馆界援助措施之比较》,《图书馆理论与实践》2009年第5期。
⑤ 张靖:《美国国立医学图书馆灾害应急信息服务与启示》,《图书情报工作》2016年第7期。
⑥ 刘晓艳:《制定博物馆纪念馆突发事件应急预案的原则和方法》,《中国应急救援》2009年第2期。

表 1-3 历史上世界范围内档案馆突发灾害对档案的破坏举例

时间	档案馆突发灾害	档案损害情况
1943 年 9 月	德国纳粹纵火波兰华沙古代文献中央档案大楼	馆藏档案中 90%纸质资料被烧毁
1943 年 8 月	意大利米兰国家档案馆受空袭	在 20 天内,全部馆藏档案被破坏
1943 年 1945 年	德国汉诺威档案馆、波茨坦档案馆、维尔茨堡档案馆受空袭	大多数馆藏档案被破坏
1956 年 11 月	匈牙利国家档案馆由于武装冲突引发火灾	司法部与相关法律部门文件、档案全部被烧毁
1961 年 10 月	巴伐利亚国家档案馆火灾	彻底烧毁档案长度超 300 米,超过 3000 米的档案被火和水损坏
1966 年 11 月	意大利威尼斯档案馆遭洪水	超过 6000 卷珍贵档案被冲入河水损毁
	意大利塔兰托档案馆遭洪水	4 万余份档案被水淹损毁
	意大利佛罗伦萨档案馆遭洪水	多达 2000 万卷档案、数十万份手稿遭水淹破坏
1978 年 7 月	美国圣·路易斯国家人事文件中心火灾	2200 余万份人事档案和从 1912 年到 1959 年的战争档案被烧毁,超 9 万立方英尺的文件被水淹浸泡
1982 年 1 月	加拿大蒙特利尔康克迪亚大学档案大楼发生火灾	馆藏档案全部被水淹浸泡,损失重大
1984 年 2 月	德国汉堡市档案馆火灾	长度超 350 米的档案、文件、书本及报纸被浸泡,部分被淤泥掩埋
1988 年	彼得堡列宁格勒档案馆火灾	烧毁图书 30 余万册,损毁、损坏档案多达 3.6 亿卷
2001 年 6 月	美国休斯敦的 O'quinn 法律图书馆遭遇艾利森热带风暴、洪水	超过 20 余万册图书和 120 余万卷缩微平片被破坏,经济损失高达 285 万美元
2005 年 8 月	美国卡特里娜飓风在密西西比州	Waveland 市 2005 年以前的资料仅 50 卷得以保存,Pass Christian 市仅保留了 60 份 2005 年以前的资料
2009 年 3 月	德国科隆档案馆倒塌	档案被掩埋,被抢救档案中 35%受到严重毁坏,一半档案中度破坏,只有 15%的档案受影响较少
2013 年 11 月	互联网档案馆旧金山扫描中心遭遇火灾	直接和间接经济损失 60 余万美元

续表

时间	档案馆突发灾害	档案损害情况
2018 年 5 月	菲律宾国家档案馆发生火灾	焚毁的建筑、计算机等设备、地契和其他重要文件价值约 1 亿比索,部分馆藏行政档案在灭火过程中被水冲浸湿

2. 国际图书档案机构对档案灾害研究的推动

近年来,国际档案界非常关注档案灾害对档案的损害和档案馆防灾减灾工作,由档案部门为应对各种突发灾害而制定的应急预案、指南及专题研究项目层出不穷。

国际档案理事会灾难防治委员会成立于 1993 年,理事会成立后发布了《灾害预防:正视风险》,介绍了档案突发灾害研究的初步成果。理事会于 1997 年组织编写、出版了《档案馆灾害预防指南》。

2002 年,国际蓝盾委员会(ICBS)发表了《国际濒危文化遗产保护的蓝盾计划》。同年,第 13 次国际档案理事会太平洋地区档案大会在我国举办,会议决议专门列出"灾害防范与应对"一章,建议太平洋地区的档案部门应当和蓝盾组织、太平洋岛屿论坛组织等共同制定太平洋备灾计划与网络。[1]

2003 年,国际图书馆协会联合会(IFLA)下属的"馆藏保护与保存组"发布了《国际图联灾害预防手册》,成为图书档案机构的操作指南。

2004 年,在维也纳举办了第 15 次世界档案大会,把"保护和防灾"列为优先策略之一,并对举办预防性保护、灾害预防等培训班以及制定灾害预防指南等问题进行了深入讨论,档案灾害防治与应急工作的重要性不言而喻。

2005 年,国际档案理事会东亚地区分会举办会议,主题是"极重要档案的管理与灾害预防"。2008 年,第 16 次国际档案大会专门利用一整天时间围绕"灾害与减灾"进行专题讨论。

---

① 王新才:《档案学研究进展》,武汉大学出版社 2010 年版,第 587 页。

除此之外,美国、加拿大、英国等国家档案馆也纷纷制定了各类灾害预防计划、指南,比如英国的《档案保护政策》《国家档案馆档案与手稿灾难保护计划》等,加拿大的《灾难预防与恢复》,美国的《紧急情况预防与应对灾害救援》《洪水与水害的应对措施》《纸质材料灾害预防、管理与响应概述》以及澳大利亚的《国家防灾预案与档案恢复策略》等,对各自档案突发事件应急管理实践进行指导。

3. 国外档案灾害应急抢救学术研究现状

为了解国际档案学界关于档案突发事件应急抢救研究的成果,对 Library,Information Science & Technology Abstracts(LISTA)数据库档案应急管理研究文献进行了检索分析。

（1）LISTA 数据库档案应急管理研究文献年度数量分析

选取 LISTA 数据库作为档案应急管理研究相关文献的检索源,检索"archives or records or files"AND "crisis or disaster or emergency",时间不限,进行高级检索,将检索结果中的书评、社论及无关论文剔除后共获得62篇有效文献,通过对这些文献进行统计分析了解国外档案应急管理研究的现状,详见图1-11。

（单位：篇）

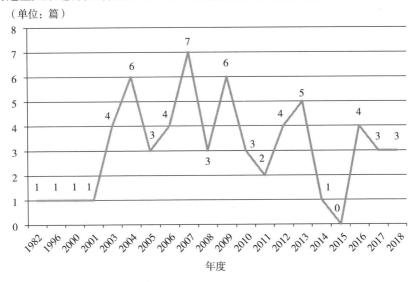

图 1-11　国外档案应急管理研究文献数量年度分布

自 1982 年起至 2018 年,国外档案应急管理相关论文年均数量并不多,2000 年至 2018 年年均分布量约为 3 篇,且呈现出波动变化的趋势。以 2000 年为时间节点,之后档案应急管理文献数量呈现明显的上升趋势,2007 年共 7 篇,是文献最多的一年。

(2)LISTA 数据库档案应急管理研究文献作者分析

62 篇相关文献的作者来自 17 个国家,其中明确标注地域信息的有 55 篇,有 1 篇文献为多国作者合作。文献的地域分布如图 1-12 所示,发文数量排名前三的国家依次是美国、德国及英国,其中以美国有 15 篇为最多,德国紧随其后有 14 篇,英国 10 篇,分别占比为 26.8%、25%、17.9%,说明这几个国家在档案应急管理研究方面较为领先,有较大的影响力;相比之下,其他国家发文数量明显较少,其中部分分布于非洲、印尼、伊拉克等气候多变或战乱地区的国家。档案应急管理研究检索范围内所分布的国家数量较少且不广泛,对其关注度及研究投入有待进一步提高和延伸。

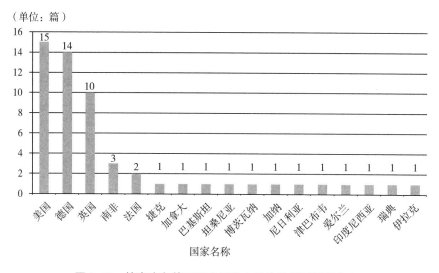

图 1-12 档案应急管理研究相关文献作者所属国家分布

(3)LISTA 数据库档案应急管理研究相关文献主题分析

一般认为,档案应急管理工作是针对档案突发事件的管理,突发事件发生频率相对较低,但一旦发生便会对档案安全产生高度的风险。因此,档案应急管理研究是档案安全管理理论研究中不可或缺且需高度重视的重要部分。通过对文献主题内容进一步分析,将检索到的 62 篇文献按主题划分为自然灾害应急、人为灾害应急及综合应急管理三类。综合应急管理研究主题文献数量最多,有 34 篇,占比达 54.8%,其次为自然灾害应急研究,有 15 篇,占比为 24.2%,人为灾害应急研究文献数量最少,为 13 篇,占比 21%。

为进一步了解档案应急管理研究文献主题的时间阶段发展规律,对不同文献主题按其时间分布划分为 2000 年及之前、2001—2010 年、2011—2018 年三个阶段进行统计分析,得到国外档案应急管理研究论文不同主题按时间阶段的分布(见表 1-4)。分析发现,自然灾害应急与人为灾害应急文献数量主要分布于 2001—2010 年之间,说明这个阶段档案突发事件较多,二者在各个阶段的数量分布都较为均衡,此阶段对自然灾害与人为灾害的应急管理研究较为重视;综合应急管理研究在 2000 年之后数量有了明显的上升且增长迅速,呈稳步增加趋势。总体来说,国外对档案应急管理的研究涉及广泛但有待延伸,在加强档案日常安全管理研究的同时,也要重视面对突发灾害时档案的应急管理研究,从理论研究与实践研究两方面共同推进,全面而深入地发展。

表 1-4　LISTA 数据库国外档案应急管理研究论文主题时间阶段分布统计表

主题类别		文献数量						总计
		文献阶段分布						
		2000 年及以前		2001—2010 年		2011—2018 年		
档案应急管理研究	自然灾害应急	2		11		2		15
	人为灾害应急	0	2	12	39	1	21	13
	综合应急管理	0		16		18		34
总计		2		39		21		62

文献中关于自然灾害应急研究的有 15 篇。自然灾害主要是由于自然现

象引起的地震、飓风、洪水、火灾等灾害,档案的自然灾害应急研究就是应对这些自然灾害所带来的档案安全问题,内容涉及各种突发自然灾害对档案造成的不同程度的破坏,各种自然灾害发生后不同国家和地区的应急处理状况,如2002年捷克国家多个图书馆遭受洪水侵袭①,大量档案材料受到水淹浸泡,国家图书馆和中央档案馆以及政府一级中央协调中心建立了受损纸质材料的咨询、协调和执行中心,应用冷冻、干燥等各种方法来抢救修复受损档案。还涉及自然灾害应急计划制定的重要性和保障档案安全作用的发挥,如开曼群岛国家档案馆实施的应对飓风破坏的备灾计划②,并成立国家飓风小组委员会,发起并监督大约70个政府部门的灾害控制计划。由于自然灾害具有突发性、强度大的特点,档案自然灾害应急研究是不可忽视的重要存在,无论理论研究还是实践总结,都需要研究人员高度重视与关注。2005年,卡特里娜飓风对美国相关地区档案资料形成毁灭性破坏,此后,美国的档案工作机构意识到了灾害应急管理的重要价值。美国档案工作者协会从2005年起开启了所谓的"Mayday"计划,在每一年的5月1日这天,宣传、号召档案相关人员基于职业和个人职责为保护档案安全贡献自己的力量,旨在提高档案部门和文化机构的防灾控灾意识,重点关注档案突发事件的应急管理,结合自己特点做好防灾准备和应急计划,提高应急管理能力。现在每年的5月1日,美国档案工作者协会都会开展一些活动,从而提醒档案相关人员和其他信息工作者,关注历史记录的重要性,关注防控灾害和应急准备。③

人为灾害应急研究方面的相关文献有13篇。人为灾害主要是由于人为

---

① Balík V., Polišensky J., "The National Library of the Czech Republik and the Floods of 2002", *Alexandria*, Vol.16, No.1, 2004, pp.17–24.

② Craig R., Selzer T., Seymour J., "There is Disaster Planning and There is Reality—the Cayman Islands National Archive(CINA) Experience with Hurricane Ivan 1", *Journal of the Society of Archivists*, Vol.27, No.2, 2006, pp.187–199.

③ Pearce-Moses, Richard, Yakel, Elizabeth, "The 'Mayday' Project: Promoting Disaster Preparedness", *OCLC Systems and Services*, Vol.23, No.1, 2007, pp.16–20.

因素引发的档案安全问题,包括人为失误和人为故意两种,该主题涉及不同类型人为灾害如盗窃、恐怖主义威胁、战争等对档案的破坏。如美国档案馆防盗措施的文献研究①、中东冲突中档案文化遗产的保护研究②等,都是为确保档案文化遗产的长久安全与价值的有效发挥。另外,还包括各国档案机构应对人为灾害所制定的计划和实施的举措,包括成立保护委员会、与其他机构的合作等。人为因素是影响档案安全潜在且不可控的重要因素,人为的失误可能会延误或破坏档案资料的保存及恢复活动,对不可替代的档案文化财产造成无法弥补的损害。在档案应急管研究中,要贯彻以人为本的理念,加强人为灾害的应急研究,及时发现安全隐患、消除潜在危险,以促进档案安全管理水平的提高。

综合应急管理研究方面检索到相关文献 34 篇,内容主要是针对档案保管中突发事件的应急管理,强调制定应急计划的实用性和可行性,既包括对传统纸质档案安全的应急保护,又包括对数字档案的应急管理。应急计划的制定涉及国家档案馆、地区公共档案机构等不同层级档案机构的灾害管理,也涉及档案馆与图书馆、博物馆等不同机构之间的合作。例如,有加拿大国家档案馆、图书馆、博物馆与联邦遗产机构合作批准建立的文化遗产保护计划③,加纳公共部门机构的档案保管和灾害管理研究④等。英国、德国、国际档案理事会等不同国家和机构也纷纷针对灾害控制计划进行了调研和制定工作,从国际视角出发的档案馆、图书馆和博物馆灾害管理的国际概况研究⑤,旨在为各

---

① Martin A.L. , "The Saying and the Doing: The Literature and Reality of Theft Prevention Measures in U.S. Archives—Part 1", *Library & Archival Security*, Vol.15, No.2, 2000, pp.27-75.

② Moustafa L.H. , "Cultural Heritage and Preservation: Lessons from World War II and the Contemporary Conflict in the Middle East", *American Archivist*, Vol.79, No.2, 2016, pp.320-338.

③ Guerin L. , "Canadian Emergency Preparedness Initiatives", *Library & Archival Security*, Vol. 18, No.2, 2003, pp.3-5.

④ Asamoah C. , Akussah H. , Musah A. , "Recordkeeping and Disaster Management in Public Sector Institutions in Ghana", *Records Management Journal*, Vol.28, No.3, 2018, pp.218-233.

⑤ Matthews G. , Smith Y. , Knowles G. , "Disaster Management in Archives, Libraries and Museums: An International Overview", *Alexandria*, Vol.19, No.1, 2007, pp.1-22.

国的灾害管理提供有效信息。应急计划管理的内容涉及组织联盟、人员规划、资金援助、实施保护等多方面,是应对档案安全天灾人祸的一种战略管理,如德国旨在协调灾后档案材料应急管理的马格德堡档案馆紧急联盟①、美国在1939年至1944年间成立的在国家紧急情况下保护联邦文化机构的文化资源保护委员会②;档案人员在灾害恢复项目中的培训研究③,以追求新的和可操作的知识,提高档案应急管理的专业素养。由于影响档案安全的潜在因素多种多样,且突发因素更加不可控,档案综合应急管理研究通过调研并制定全面的应急计划可以实现对突发灾害的有效预防及治理。Forbes(2003)在文献中提到,档案馆的应急管理工作应该是预防重于抢救,重点在于防患于未然,还列举了在坎特伯雷大教堂的档案馆和图书馆所开展的不同规模的档案突发事件应急演练,意在明确不同防灾计划在应急管理中的效果。

Silverman(2006)通过分析卡特里娜飓风和埃利森热带风暴造成的破坏性影响,明确提出构建国家文化遗产防灾中心非常必要,同时指出防灾中心的职责应该是对档案馆、图书馆以及博物馆工作人员进行应急准备培训,对国家、地区等不同专业机构间的联系进行协调,对档案突发事件的应急抢救计划持续进行改进。④

Craig(2006)对2004年开曼群岛伊万飓风时国家档案馆的应急管理进行研究分析,描述了飓风造成档案馆灾害的过程,详细介绍了该国家档案馆对飓风灾难的评价与修复重建工作,认为档案馆防灾抗灾计划对任何档案部门来

---

① Volkmar C., "Notfallverbund Magdeburger Archive", *Archivar*, Vol.67, No.3, 2014, p.256.

② Aikin J., "Preparing For A National Emergency: The Committee On Conservation Of Cultural Resources, 1939−1944", *Library Quarterly*, Vol.77, No.3, 2007, pp.257−285.

③ Passley C. E., "Determining Differences Between Archival Staff and Restorers Ranking of Training Topics for Disaster Restoration Projects", *Collection Management*, Vol. 38, No. 4, 2013, pp. 267−300.

④ Silverman, Randy, "Toward a National Disaster Response Protocol", *Libraries & the Cultural Record*, Vol.41, No.4, 2006, pp.497−511.

说都是不可或缺的。①

在欧洲,德国科隆城市档案馆被认为是规模最大的公共档案馆之一,对于德国乃至西欧地区都具备重大的文化价值和历史重要性。Iona 等(2009)在文献中详细介绍了科隆城市档案馆坍塌对馆藏档案造成的重大损失:至少有35%抢救出的档案被判定为濒危状态,50%的档案遭到中度破坏,另有15%的档案受到的损失较小。文中还描述了档案馆坍塌之后抢救档案的全过程,详细介绍了档案应急抢救修复以及灾害修复过程,经过6个月的不懈努力,成功地安全保存了长度达25公里的各类档案材料。Iona 等认为,档案馆坍塌事故之所以造成如此重大的损失,重要原因就是档案馆缺少针对档案突发事件的应急管理计划。②

Josephine Horner(2012)对新西兰档案馆和澳大利亚昆士兰州档案馆在2010年地震和洪水等自然灾害中采用的防灾和控灾措施进行了介绍和比较。

与大部分档案专家都重视应急管理计划的意见不同,Dixon(1988)认为最为高效的办法是档案工作人员深入学习和了解诸多档案馆应对突发灾难的相关经验,尽可能地提升突发灾难的应对能力,实践中不应当过多依赖灾难前的计划,这是由于当灾难降临时,难以确保档案工作者可以严格的根据计划进行抢救工作。③ Andolsen(2008)在文献中也提出了同样的观点,认为有效的演练和培训是确保按计划开展抗灾救灾的两个重要环节。事先的应急管理计划再完备也无法代替档案工作人员对自己在档案抢救恢复过程中的角色与职责

---

① Craig,Roger,Selzer,Tamara,Seymour,Josette,"There is Disaster Planning and there is Reality—the Cayman Islands National Archive(CINA)Experience with Hurricane Ivan",*Journal of the Society of Archivists*,Vol.27,No.2,2006,pp.187-199.

② Iona,Georgia,Plassmann,Max,"The Collapse of the Cologne City Archives",*International Preservation News*,Vol.49,2009,pp.19-22.

③ Dixon,Debra,"Information Salvage:The Tobacco Connection",*ARMA Records Management Quarterly*,Vol.22,No.1,1988,p.15.

的理解,演练和训练有助于保证在救灾时有效执行事前的应急管理计划。[①]
Onyeneke(2017)认为灾害预防措施不应仅存于纸面上,而应作为例行事项,
要求全员遵守并组织模拟演练以助实施。[②]

除传统档案外,计算机技术广泛应用和互联网普及产生了大量数字档案,
对企业数字档案灾害的应急修复,有很多专家进行了讨论。Balon 等(1988)
指出,一家企业如果没有数据灾难修复计划,一旦发生数字档案灾害,可能造
成企业破产。他们认为,企业数据灾难修复计划应包含成本与收益分析、存在
适当储存位置、制定行动计划以及对机会的检验和持续改进四个层面的
内容。[③]

第三节　国内外档案安全与应急管理研究述评

一、国内外档案安全研究述评

通过上述对国内外档案灾害应急管理研究成果的综述分析可以看出,有
关档案安全理论研究也遵循着固有的规律,随着时代的发展而不断向前推进,
透过这些规律可以发现国外档案安全保护理论研究发展的特点和趋势。

(一)加强数字档案安全研究,持续关注传统档案安全研究

伴随信息时代数字技术的不断发展,各国的无纸化进程持续推进,数字档
案数量也迅猛增加。由于数字档案存在本身不稳定、易被篡改等多重风险性,

---

① Andolsen,Alan A.,CMC,CRM,"The Pillars of Vital Records Protection",*Information Management Journal*,Vol.42,No.2,2008,pp.28–32.

② Onyeneke,Cajetan Okechukwu,"Impact of Disaster on Access to Records of National Archives of South East,Nigeria",*Collection Building*,Vol.36,No.2,2017,pp.63–68.

③ Balon,Brett J.,Gardner,H Wayne,"Disaster Planning for Electronic Records",*ARMA Records Management Quarterly*,Vol.22,No.3,1988,p.20.

如何确保安全长期保存数字档案是国内外档案领域亟须解决的难题,加强对数字档案安全的研究必然是未来关注和重视的一个问题。但是,由前述文献分析能够看出,目前国外对传统档案资源安全的研究热度不减,在档案安全理论研究中仍占有重要地位。各国档案工作人员都在对国内传统档案的环境安全、保护技术手段以及应急抢救恢复等实践工作持续开展研究。随着信息时代的不断发展,档案安全理论研究必然是传统档案与数字档案相结合,互相促进,共同发展。

(二)数字档案安全研究内容丰富,研究对象不断扩展

如前所述,数字档案安全已经成为档案安全研究的热点和重点。数字档案安全研究不仅包括对数字档案载体安全性能研究和内容的原始性研究,同样注重对确保长期安全存储数字档案的策略研究和风险分析;不仅对档案馆、图书馆数字档案的真实性、有效性进行研究,而且扩展信息时代数字档案的研究范围,比如将海量的社交媒体、自媒体个人数据等信息进行归档保存,将数字档案研究和保护的对象扩展到更为广泛而多样的大众数据,在扩展研究领域的同时使得档案工作更贴近大众,推动档案的社会化。伴随信息时代和数字化的不断发展,社会大众在新媒体等新的数据平台产生海量的个人数据,如何安全长久保存并且归档,必然会成为档案安全保护的新课题。此外,云计算、区块链技术、人工智能等新技术对数字档案安全的影响必然导致对数字档案安全的研究日渐深入、完善,内容也日渐丰富。伴随科技水平不断进步,这一趋势将愈发明显。

(三)档案安全管理与保护技术研究齐头并进,档案应急管理研究亟待加强

档案安全包括档案的信息安全与制成材料安全即各种档案实体安全。传统的档案保护与安全研究主要是对以纸张等为载体的档案进行保护与修复等

相关研究。伴随信息时代到来和互联网发展,大量电子文件产生,伴之而来的是档案内容与传统载体的分离,数字档案本身因其脆弱性、不稳定性和易篡改性等性质,档案安全范畴已拓展到对档案信息原始性、完整性及有效性等方面。档案安全研究也不再限于保护技术,更应该对人员素质、制度建设、技术进步等多种要素综合作用加强研究。所谓"三分技术,七分管理",国外档案安全研究也分为管理与技术两个方面,从相关文献统计来看,档案安全管理与保护技术研究并存。然而,档案应急管理研究的发展状况并不尽如人意,文献数量不多且内容多为突发事件或灾害发生后的抢救与修复实践,缺少对档案突发事件应急管理方面的研究,在这方面亟须给予更多的关注。与我国在档案安全管理研究方面更侧重安全体系的建设和对风险管理的概括性研究不同,国外研究更多注重对档案安全框架、应急策略及相关法律和标准的研究。国情和历史不同是引起这种差异的重要原因,国外各档案部门有较强的独立性,采用分散管理,而国内则采用集中管理,更强调档案安全管理的统一性和集中性,因此国内外在档案管理工作的侧重会出现差异。

(四)档案安全理论研究与实践工作并重,二者需要深度融合

理论研究与实践工作是档案安全工作对立统一的两个方面,理论研究成果可以指导实践工作,实践又是检验理论正确与否的标准,实践的进步同时又促进理论研究的发展。国际档案安全理论研究与实践工作方面都有大量成果。国外的研究多基于档案保护实践的案例展开。究其原因,国外从事档案安全研究的多为是档案部门工作人员,他们直接从事档案工作,针对实践中遇到的问题和案例开展相关理论研究,在数字档案发展与保护过程中更是如此。而在国内,从事档案安全保护相关研究的主力则是大学院校和科研机构,与实践密切融合程度需要加强。从实际来讲,档案安全理论研究的目的还是为解决实际工作中遇到的问题,理论必须与实践相结合。档案安全理论研究成果需要在档案实践工作中得以验证、推广,发挥理论指导作用;而档案实践工作

中遇到问题而产生的解决需求,也会形成强大的推动力,促进相关理论研究进展,这样形成良性循环,理论研究更加贴近实际,两者紧密联系,共同发展,促进档案安全领域成果日益丰富。

档案是国家和民族历史的珍贵记忆,档案安全理论研究与实践工作密不可分。在我国,档案科研工作者和档案保护工作者应当紧密合作,加强沟通,紧跟社会发展的趋势和步伐,在社会发展中使档案安全理论研究与实践工作深度融合,为社会、为国家、为世界保护好珍贵的文化遗产和历史记忆贡献自己的力量。

二、档案应急管理研究述评

通过对国内外档案相关的应急管理研究文献进行综述,得出如下结论。

第一,各类自然和人为灾害等档案突发事件频繁,对档案这一人类文明社会的珍贵历史记忆造成严重甚至毁灭性损失,必须重点关注档案突发事件与灾害的应急管理研究。档案工作实践性强,此领域的理论研究必须与实际紧密结合,协同发展。

第二,中国档案应急管理研究工作中出现了"四多"和"四少"。

首先是"框架研究多,机理分析少"。目前,我国档案应急管理研究多侧重组织机构的应急管理框架构建等,重点关注应急管理机制构建的重要性、应急管理机制、体制的内容及特点等,多属于理论描述性研究,即探讨"是什么""做什么",缺乏"为什么"的解释性研究,以及实践层面亟须的"如何做"等具体建议。对档案应急管理过程中突发事件发生发展机理、应急管理原理机制等缺乏深入剖析,因此本书将对档案应急管理相关原理、机制及其各要素相互关系开展进一步探讨。

其次是"管理制度研究多,技术措施分析少"。纵观国内档案应急管理相关研究成果,学者基于档案应急管理过程中发现的问题进行分析,提出策略建议,但往往浅尝辄止,缺乏理论研究深度,提出的策略建议往往在现实中缺乏可操作性。对档案应急管理过程中所涉及的技术问题更是很少涉及,相关成果更是数量有限。相比之下,国外相关研究成果多以各档案机构的应急管理准备、应急响应、应对等具体措施和指南为主,注重制定全面的防灾控灾计划。基于此,本书不只限于探讨档案突发事件应急管理中的传统技术应用问题,而且将对飞速发展的高新信息技术环境下档案应急管理体系中新技术的创新应用问题展开探讨。

再次是"定性研究多,定量分析少"。当前,我国有关档案应急管理的研究多以档案突发事件应对全过程中的应急准备、应急预案建设、需注意问题等视角进行定性探讨,缺乏对预案编制、管理、评价等的定量化指标研究,往往导致预案实施成效、机构应急管理整体水平在实践中难以科学评价,从而影响其提升进步。因此,在档案应急管理研究中应引入定量化评价体系,使相关理论研究更具备科学性,同时,也推动理论成果具有更好的科学性、严谨性、合理性与实践性。本书在后续研究中将大量定量化分析引入档案馆应急管理研究中,尝试构建档案应急管理预案、档案馆整体应急管理能力评价指标体系,进一步深化相关理论研究。

最后是"泛泛而谈多,具体措施少"。在已有研究中,多数成果是围绕我国档案馆应急管理现状泛泛而谈,提出的策略建议往往是放之四海而皆准,很少针对不同类型档案突发事件、不同类型和馆藏的档案馆提出具体、差异化的应急管理措施。所以,本书将基于对我国不同类型与特色的档案馆的分析,有针对性提出差异化、精细化的应急管理策略和建议。

第三,在档案应急管理领域,亟须强化对"一案三制"的研究。2003 年"非典"疫情以后,我国政府已经开始重视"一案三制"即应急预案、应急体制、应急机制和应急法制的研究,但仍旧有许多问题悬而未决。档案应急管理领域的"一案三制"研究既要借鉴公共管理领域的成果和经验,又要立足档案管理特点与实践,针对我国档案行政机构设置情况与行业特点,形成适合我国档案保护和应急管理的"一案三制"。

第二章　档案生态安全理论探析

档案生态安全是实现国家整体安全的关键,保障档案生态安全是档案工作实践中践行总体国家安全观的重要内容。深入探究档案生态安全保护的管理理论与技术方法,是档案学理论与实践发展的现实需要。

第一节　档案生态安全相关概念辨析

一、档案安全相关概念界定

(一)安全

安全是一个古老又新兴的话题,是人类生存和发展的基本要求。在不同时期蕴含不同含义,人们对安全的理解因时而异,因地而异。但是,安全问题一直伴随人类社会,对人类而言,始终不变的共识是安全第一。

安全(security)这个词汇最早出自拉丁语(securus,securitas,secura),是古罗马时代的卢克莱修和西塞罗共同提出的,最初指人类心理与哲学的精神状态,或是人类从悲伤中解脱的主观感受。《韦氏大词典》将其解释为,人和物在社会生产生活实践中没有或不受或免除了侵害、损伤和威胁的状况。"安全"的含义有两种,一是代表人类自身或者与之有关的事物的"安",即处于稳定状态,没有任何威胁存在;二是指人在主观感觉上的"全",即所关注的人或事物处于完整状态。① 也有人说,"无危则安,无损则全",安全就是没有损失、没有危险的状态。

国家安全学科中,"安全"也就是这样一种状态,即通过持续的危险识别和风险管理过程,将人员伤害或财产损失的风险降低并保持在可接受的水平或其以下。百度百科的定义为没有受到威胁、没有危险、危害、损失。但是在这里,何为"危",何为"损"? 不能很好地进行定量界定,另外绝对"无"的状态也不可能达到。

随着人类社会的发展,人们对于安全有了更加深刻的认知,并且从不同角度诠释了其具体内涵。

第一,"安全"指客观事物的危险程度能够为人们普遍接受的状态,这种解释确切地指出了安全具有相对性的特点,安全与危险是辩证的关系,当某种事物或者系统的危险性降到人们普遍接受的状态,就可以说,这种系统是安全的。

第二,"安全"指没有引起死亡、伤害、职业病,或财产、设备的损坏与损失,或环境危害的条件。该种解释来自美国军用标准 MIL-STD-882C《系统安全大纲要求》。该标准是系统安全管理基本思想的典型代表,也是美国军方为了提升军品生产企业的产品全生命周期安全性的纲领文件。②

第三,"安全"是指不因人、机、媒介的相互作用而导致系统损失、人员伤害、任务受影响或造成时间的损失。这样的解释更加深入地把安全的内涵扩充到了目的的达成或是时间的丢失。

安全问题主要表现在:一是经济损失较大。安全问题体现的最关键的结果就是事故,造成的经济损失巨大,甚至无法弥补。据统计,世界上出现的各种事故年度总计约 2.5 亿起,也就是说平均每一天有 68.5 万起,平均每个小

---

① 罗永仕:《生态安全的现代性境遇》,人民出版社 2015 年版,第 8 页。
② 景国勋、杨玉中:《安全管理学》,中国劳动社会保障出版社 2017 年版,第 4 页。

时有 2.8 万起,平均每分钟会发生 475.6 起。二是社会影响大。毫无疑问,事故的发生会造成家庭破裂、企业破产、社会不稳定、国家声誉下降等不良影响。三是影响周期长。事故特别是重大、特大事故所造成的影响短期内不可能消除,甚至引起久久难以平静的社会动荡。

　　安全分为广义的安全和狭义的安全。广义安全也就是所谓的"大安全",是以某一领域或系统为主的技术安全扩展到生活安全与生存安全领域,形成生产、生活、生存各个领域的安全,也就是整个社会的共同安全。狭义安全指某个领域或体系中的安全,包括核安全、矿业安全、交通安全、航空安全、生产安全、机械安全、建筑安全以及消防安全等,关注的是技术安全的概念,就是一般所讲的某个领域或体系中的安全技术相关内容。①

　　能够看出,随着时间的推移,对于安全的解释,也是一个逐渐扩展、逐渐深入的过程,由狭义到广义,体现社会文明不断向高层次发展。

　　人们对安全的认知,伴随科技以及生产力的不断发展而发展,对安全需求逐步增加。人类对安全的认识过程分为五个阶段。

　　第一,无知安全认识阶段:在远古时代,人类完全依附于自然,生产力极为低下,几乎没有任何主动的安全意识,对自然灾害毫无反抗与预防能力,只有动物性的躲避灾害行为。

　　第二,初级安全认识阶段:进入农业社会后,人类的生产力和科技水平有了较大的提高,对灾害有了防御的意识,但是由于生产力和自然科学水平较低,对于安全的认识停留在表面,是自发的、模糊的,从未探究过安全的内在规律,采取的安全技术措施也是简单的、被动的。

　　第三,局部安全认识阶段:大型动力机械以及能源在社会中应用,造成了危险因素以及生产力的同步增长,导致人们对于这些人为风险因素不得不更加关注和深入了解,并且选择有效的应对方法。在这个阶段,各个行业经过无

---

① 张景林、林柏泉:《安全学原理》,中国劳动社会保障出版社 2009 年版,第 12 页。

数次血的教训,逐渐形成了各自较为深入的安全理论与技术。但是这些安全理论与技术都是局部的、分散的,以至于人们对安全规律的认识停留在相互隔离、重复、分散和彼此缺乏内在联系的状态。

第四,系统安全认知阶段:伴随航空工业、军事工业,尤其是航空技术、原子能等复杂庞大机械系统的产生和完善,对此类生产制造和设备运行系统的安全问题,局部、分散的认识和较为单一的技术手段难以应对,因此必须通过深入揭示安全的本质规律并将其系统化、理论化,使之成为指导解决各种具体安全问题的科学依据,同时构建和生产力匹配的生产体系,完善安全技术手段。

第五,动态安全认识阶段:伴随高科技的迅猛发展,生产力发展迅速,机械系统的高度集成带给人类社会生产高效率的同时,也带给人类社会严重的安全隐患。高度集成的系统发生事故会引起巨大灾难。除此之外,已有的静态安全技术无法匹配高度集成系统不断发展变化的需求。因此,人类开始用动态的视角对待处理集成系统的运行,以满足安全生产的需求。进而,人类对安全的认识开始崭新阶段。

（二）档案安全

我国档案界目前没有对档案安全的确切定义。笔者根据上文安全的定义,认为档案的安全就是档案没有损失、没有危险的状态。但由于客观条件限制,达到绝对安全不可能。因此,档案本身存在的危险程度能够为人们普遍接受的状态即为档案安全。笔者在中国知网数据库对"档案安全"一词进行篇名精确检索,最早的一篇是 1981 年《档案工作》第 2 期刊载的《保卫档案安全是我们的天职》,文中虽未对档案安全下定义,但指出档案工作有两种任务,一种是"有限任务",一种是"无限任务",无限任务就是保卫档案的安全,即做好"四防"（防火、防盗、防虫、防潮）。1954 年国家档案局成立后,同年 12 月中共中央办公厅颁发的《中共中央省(市)级机关文书处理和档案工作暂行条例》中明文规定要"维护档案的完整与安全",随后"档案"多次出现在国家的文件、法规、法令中。如1996年通过修正的《中华人民共和国档案法》明确指出:"机关、团体、企业事业单位和其他组织的档案机构应配置必要的设施,确保档案的安全。"2000年国家档案局在《关于进一步加强档案安全保管工作的通知》中提出要"高度重视档案安全问题,深刻认识档案安全是我们事业的基础,切实加强对档案安全保管工作的领导。"2000年7月3日,国家档案局发布《关于在中央、国家机关进行执法检查的通知》,检查内容包括"是否确保国家档案的完整与安全"。洪跃华在《关于档案安全的回顾与思考》一文中对"档案安全"进行系统梳理回顾。2010年国家档案局明确提出,要建设档案安全保障体系。

与档案安全直接相关的就是"档案保护",但二者是有区别的。档案保护,保护的是档案,研究档案制成材料的损毁规律以及科学保护档案的方法途径。档案保护的目的是保证档案的安全,档案安全这个目标,不仅需要档案保护技术支持,同时也需要从管理、制度、文化等多方面进行努力。因此,从这个意义上考虑,档案安全的范畴包含档案保护。

(三)生态安全

生态(ecology)原指一切生物的生存状态,以及它们之间和它与环境之间环环相扣的关系。德国植物学专家俄涅斯特·海克尔(Ernest Haeckel)在1868年第一次明确提出生态学这一术语,他把环境因素纳入生物学研究,提出生态学的概念:研究有机体与其周围环境之间相互关系的科学,对分析有机体和其所处环境打下了重要的理论基础。海克尔指出,生态学是有关有机体和其周围外部世界(或者外部环境)的基本关系的科学。

英国植物生态学专家坦斯利(A.G.Tansley)于1935年首次提出"生态系统"这一概念。他认为,生物与环境形成一个自然系统。正是这种系统构成了地球表面上各种基本单元。他在《植物生态学导论》中提到,"我们所谓的生态系统,包括整个生物群落及其所在的环境物理化学因素(气候土壤因素等)。它们是一个自然系统的整体。"[1]生态系统依赖于生物和非生物,以及环境和生物群落不停地互相影响、互相作用、相互平衡而存在。此后,还有多位生态学专家为生态系统理论的完善和发展贡献了自己的力量。1962年蕾切尔·卡尔逊(Carson.R)在其作品《寂静的春天》中明确提到,生态系统一方面可以服务于人类,另一方面一旦受到严重破坏就会无法恢复,最终会威胁国家、社会安全、经济发展与人类健康。

生态安全的概念于20世纪70年代被提出,1977年美国环境专家莱斯特·R.布朗在其著作《建设一个持续发展的社会》中,最早将"生态"这一观念引入安全范畴之中。生态安全概念是在人类社会面临生态威胁且日益严峻之后才被关注的。但关于其含义,至今未形成普遍接受的定义。

概括说来,目前学者的研究主要从三个角度阐释。

第一,从生态环境的视角看,指出生态安全和环境安全含义相同。二者均指人类生存不可或缺的资源与环境安全。陈柳钦认为,生态安全就是国家、地区或者城市的居民生存安全的环境最小容量是否可以保证重大生态灾害得到抑制的状态。[2] 蒋信福认为,生态安全指一定区域内的人类赖以生存和持续发展的以环境资源为物质基础、以环保产业为救济手段的生态系统的综合平衡。[3]

第二,从生物安全的视角指出生态安全尤指生物的生态安全,并且指出生物的不同层次都存在生态安全问题。生态安全可以从狭义与广义两个视角加以理解。[4] 狭义上,生态安全代表的是人类生态系统的安全,重点关注人类生存所不可或缺的环境或生态条件。广义上,生态安全是包含人类生态、陆地生

① 余谋昌:《生态哲学》,陕西人民教育出版社2002年版,第20页。
② 陈柳钦:《关注和维护我国生态安全》,《节能与环保》2002年第30期。
③ 蒋信福:《入世对我国生态安全的挑战与战略对策》,《环境保护》2000年第2期。
④ 陈国阶:《论生态安全》,《重庆环境科学》2002年第3期。

态、景观生态、生态系统以及群落、种群等不同等级的生物学概念。其中某个生态层次受到破坏，这个系统整体的生态安全就难以保障和维持。某种程度来讲，所谓的生态安全代表的即人类生态安全。

　　第三，从人类社会的角度指出生态安全是经济、政治以及整个社会领域的安全，这种安全问题不单是对当代和后代人类的身体健康造成危害，还包括对全球、对人类的生存发展的不利影响。① 国际应用系统分析研究所于 1989 年提出要建设更优的全球生态安全检测体系，同时提出生态安全的基本内涵是：人的生活健康安乐基本权利、生活保障来源、必要的资源、社会秩序和人类适应环境变化的能力等方面不受威胁。② 可以说，生态安全的基本内涵包含两点，其一是人类的发展安全，其二是人类的生态安全与人类的发展安全。③

　　越来越多的学者指出，生态安全应当是人类社会和自然两方面共同的安全。许为义认为，生态安全问题是一个关系国家安全、社会安全、经济安全和健康安全等诸多问题的社会公共安全问题，早已不是纯粹的生态系统问题。④ 郑万生等提出，生态安全应当被认为是可以保障自然系统、社会系统以及技术系统相互作用与影响，具备自然系统的生态和自然资源潜力、生物圈的总体自我调整能力，对于灾难带来的危险性有一定防御能力。⑤ 张桥英等强调了生态安全是人类生态、自然生态生存与发展的风险多少，包含社会、人类、食品、资源、生物以及环境的基本安全。⑥ 关文彬指出，生态安全的反函数就是生态风险，生态安全指人类的基本生命健康、生产生活、必需资源，以及人类适应环

　　① 贾士荣：《转基因作物的安全性争论及其对策》，《生物技术通报》1999 年第 6 期。
　　② 邹长新、沈渭寿：《生态安全研究进展》，《农村生态环境》2003 年第 1 期。
　　③ 宫学栋：《实现环境安全的重要性及几点建议》，《环境保护》1999 年第 9 期。
　　④ 许为义：《全面关注"生态安全"问题》，《上海综合经济》2003 年第 6 期。
　　⑤ 郑万生、王继富、孙桂凤：《生态安全问题的全球观与战略对策》，《哈尔滨学院学报》2002 年第 7 期。
　　⑥ 张桥英、何兴金、卿凤：《气候变暖对中国生态安全的影响》，《自然杂志》2003 年第 4 期。

境变化的能力等诸多方面免遭威胁的状态。具体来说应当包含社会生态安全、经济生态安全以及自然生态安全,这些要素共同构成一个人工生态安全系统。①

因此,生态安全反映了生态系统的健康程度、完整性与稳定性,同时也反映了人类不受环境污染以及生态破坏等因素影响的状态。一个良好的生态系统应当具有稳定性和可持续发展性,不仅能够保持自身的基本构架,且对于外力的破坏作用具有一定的修复能力。但是功能不全或者不能正常运转的生态系统抵御威胁的能力较差,安全性稳定性较低。

生态安全也可以从狭义和广义两个方面理解。② 狭义的生态安全代表了半自然与自然生态系统的安全,也就是生态系统稳定性以及可持续性比较良好。在一个较为稳定的生态系统中,生态安全应当具备四个关键特质,具体来说包括具备稳定的物质信息载体,具备一定的自我修复能力,在特定的时空范围内具有稳定性,具备基本的生命演化特点。③ 广义的生态安全通过生态—经济—社会复杂的系统来研究生态安全基本问题,以国际应用系统分析研究所的概念界定为例,生态安全是指在人的生活、健康、安乐、基本权利、生活保障来源、必要资源、社会秩序和人类适应环境变化的能力等方面不受威胁的状态,包括自然生态安全、经济生态安全和社会生态安全,组成一个复合人工生态安全系统。

但是,生态安全不仅是一种状态,而且是一种过程,具有动态性。对生态安全的探讨,要同时关注生态功能的脆弱性与生态灾害的风险性。④

生态安全是指人与自然这一整体免受不利因素危害的存在状态及其保

---

① 关文彬、谢春华、马克明:《景观生态恢复与重建是区域生态安全格局构建的关键途径》,《生态学报》2003 年第 1 期。
② 董险峰、丛丽、张嘉伟:《环境与生态安全》,中国环境出版社 2010 年版,第 10 页。
③ 吴柏海、余琦殷、林浩然:《生态安全的基本概念和理论体系》,《林业经济》2016 年第 7 期。
④ 董险峰、丛丽、张嘉伟:《环境与生态安全》,中国环境出版社 2010 年版,第 11 页。

障,这种保障通过动态的生态系统管理来实现,并使得系统的脆弱性不断得到改善。① 一方面,在生态安全不利因素影响下,人和自然不会受到威胁与侵害,人类社会与自然系统能维持完整健康,保证可持续发展;另一方面,生态安全目标实现并不是静态过程,要经过长期不断升级、变化、更新来改善生态系统的不稳定性与脆弱性,让人和自然和谐共处,保持活力与健康。

生态安全基本来说包含三重内涵。其一是生态系统安全,也就是生态系统自我维持、自我演替、自我调控、自我发展的生态交替过程的基本规律,特别是在面临不良外界条件后可以自我恢复。其二是生态系统的修复与保护,经过生态系统的动态监管,避免生态系统出现退化的情况,不断地扩大生态资源规模,加强其稳定性与可持续发展能力。其三是生态风险管理,避免因为突发的生态危机事件导致系统严重损失的灾害发生,甚至连锁反应,最终导致社会动荡、经济衰退,从而严重威胁国家与地区安全。②

(四)档案生态安全

综上所述,档案的生态是指档案周围的主体、客体、主客体之间,以及它们与档案保存环境之间环环相扣的关系。这些相互之间的关系称为生态系统。

档案生态安全即档案生态系统的健康、完整与稳定。档案生态安全是指档案避免遭受不利因素危害导致其状态受到破坏的状态,同时档案生态系统的稳定性不断提升,脆弱性明显改善。一方面,档案生态系统在外界不良因素的作用下,档案客体本身不会受到损伤、侵害或威胁,档案生态系统维持健康、完整与稳定。另一方面,档案生态安全的实现是动态过程,生态系统需要不断改善脆弱性,从而保障档案及系统环境的健康、稳定与可持续发展的状态。

---

① 吴柏海、余琦殷、林浩然:《生态安全的基本概念和理论体系》,《林业经济》2016 年第 7 期。

② 吴柏海、余琦殷、林浩然:《生态安全的基本概念和理论体系》,《林业经济》2016 年第 7 期。

二、档案生态系统应急管理相关概念界定

（一）档案生态系统突发事件

档案生态系统应急管理研究是基于档案生态系统遭遇自然与人为突发事件而展开的。所以应当厘清这一概念的基本内涵，为后续研究奠定基础。

不同领域对于突发事件内涵的界定均有差异，通常来说，"突发事件"指不曾或难以预料而突然发生的事件。依照《中华人民共和国突发事件应对法》，我国公共管理领域将突发事件定义为"突然发生，造成或者可能造成严重社会危害"，"需要采取应急处置措施"的事件，具体可以分为社会安全事件、公共卫生事件、事故灾难以及自然灾害四种类型。档案界并未对突发事件展开细致划分，但是 2008 年国家档案局公布的《档案工作突发事件应急处置管理办法》中明确指出了突发事件即是"可能危及档案安全"和"严重干扰档案工作秩序"的事件。本书将"突发事件"界定为，一切能威胁或破坏档案安全、档案馆工作人员安全和干扰档案馆工作秩序，具有突发性、紧迫性、危害性的事件①。

档案生态系统中的突发事件可划分为常规性突发事件与危机性突发事件两种类型，均具有突发性、不确定性；对档案的破坏性；应急抢救的紧迫性等特征。档案生态系统主体对常规性突发事件的认知较为完善，但依然无法避免由于各类不确定因素造成的对档案的严重损害。所以，本研究把档案生态系统突发事件限定在档案生态系统运行过程中常规事件以外的所有突发事件，即危机性和常规性两类突发事件均在研究范围内。

（二）档案生态系统应急管理

追根溯源，"应急管理"的概念源于 20 世纪我国核电产业"核事故应急处

---

① 张艳欣：《档案馆应急管理体系构建研究》，中国人民大学 2015 年博士学位论文。

理"概念的引入。但是直至 2003 年爆发"非典"之后,"应急管理"这一概念才被广泛应用。"应急管理"的内涵界定有多种,学者分别以"应急管理目标""应急管理功能+目标""应急管理过程+目标"等不同方式进行界定。不管以何种方式界定,总体来说,主要分为广义与狭义两类。广义上的应急管理是一种综合管理体系,是为了应对各种突发事件而形成的"一整套理论、方法和技术体系"。狭义的应急管理是对突发事件进行应对的具体过程,也即对突发事件的"监测、预警、应对、控制和处理"。

一般来说,应急管理是纵向跨度大、横向综合性强的复杂问题,是一个持续的、动态的过程。档案生态系统的应急管理亦是如此。可以按照减轻—就绪—响应—恢复的 4R 模式将其划分为四个阶段。根据档案生态系统突发事件发生发展的不同规律,应急管理过程也一般对应呈循环往复的周期变化。一般来说,上一轮循环的"恢复"是下一轮循环的开端,整个周期形成 PDCA闭环过程,而每一个循环完成实现应急管理能力的上升,周而复始完成阶跃式发展。横向综合性强,是由于档案生态系统应急管理有关研究需要多学科相互交叉、融合与渗透,协同发挥作用。在应对类别广泛复杂的档案生态系统突发事件过程当中,可能会应用统计、政治、法律、环境科学、建筑、地理、天文、生物、物理以及化学、信息科学等多个学科知识,数字化、网络化、大数据背景下的档案生态系统突发事件应对,更需要先进的信息技术的支撑。以往档案学者大都主要以突发事件应对的"程序和方法"为研究重点。

因此,本书将"档案生态系统应急管理"界定为:为了最大限度减少和降低各种突发事件对档案生态系统的破坏,运用社会各界力量,在科学的应急管理理念指导下,运用现代科学技术,有效协同档案生态系统内外资源,形成的有效预防、控制和处理档案生态系统突发事件的整套理论、管理方法与技术体系。[①]

第一,需要明确的是,各级档案馆及其工作人员是档案生态系统应急管理

---

① 张艳欣:《档案馆应急管理体系构建研究》,中国人民大学 2015 年博士学位论文。

的主体,但同时还需要紧密联合档案生态系统同级政府以及各个行业的力量,实现资源共享与组织协同。不仅如此,还需要发挥群体智慧的作用,邀请行业专家、民间高手等共同完成档案生态系统的应急管理任务,保障档案的非常态安全。

第二,明确档案生态安全应急管理的核心目标。毫无疑问,档案生态安全应急管理的核心目标是面对突发事件尽可能采取应急措施保障档案资源的完整性,但在档案生态系统面临突发事件的情况下,首要保证系统主体——档案工作者的生命安全。

第三,档案生态系统应急管理,与安全生产管理、公共事业管理领域的应急管理理论既有联系又有区别,因为涉及国家核心信息资源——档案的安全保护问题,因而是具有档案行业特色的较为复杂的理论研究。当然,也需要借助其他领域的研究成果,共同推动档案生态系统应急管理水平的提高。

第四,档案生态系统应急管理要紧跟时代步伐,坚持创新理念,借助最新的科学技术方法与手段,提升应急管理的实效。

第二节　档案生态安全理论研究溯源

一、档案生态学研究进展

随着全球的生态问题日益受到广泛关注,生态学走进人文社科研究视野。社会科学研究者尝试借助生态学的相关理论思考、阐释社会生活问题。信息生态研究、档案生态研究逐渐增多。

正如倪代川、金波的表述:"档案生态问题的研究是借用生态学的理论与观念,借鉴相近的人文社会学科的理论研究成果,不断地把各种先进的观念融入专业学术探索工作当中。"①档案领域试图运用生态学理论视角观察、解决

———————————

① 倪代川、金波:《档案生态研究述评》,《档案管理》2011 年第 6 期。

档案管理问题。我国档案学者开始关注档案生态问题起始于薛春刚 1998 年发表的论文。在《档案信息生态系统的平衡与档案事业的可持续发展》这篇文章中首次提到,档案信息生态系统是指以实现档案信息的产生、积聚、传递、开发、利用等为目的,具有特定的结构和秩序的由各种要素组成的相互关系的总和,具有人造系统、开放系统和动态系统的特点。① 其组成因素包括设备、信息、人以及档案学理论等。也有学者提出,档案生态系统是社会信息群中的一个子系统,具备特殊的生态位。② 2007 年葛翠玲分析了档案生态系统的失调原因③,但从研究理论上没有较大突破。上海大学金波教授在国家社科基金研究成果中指出,"数字档案馆生态系统是指数字档案馆空间范围内的人与其生存环境相互作用而形成的统一的复合体"④。同时期发表了系列相关论文,系统深入地对数字档案馆生态系统问题加以研究。河北大学卞昭玲教授利用档案生态理论研究了居民健康档案的管理问题。马晴等从宏观视角出发,分析档案生态系统的主体要素、客体要素、环境要素,并分析档案生态系统主体与客体、主体与主体相互之间的关系。⑤

本课题研究以档案生态系统理论为基础,借鉴生态安全理论与方法,探究档案生态系统的整体、系统、长久的安全问题。

二、生态安全理论研究进展

(一)国际生态安全理论发展

世界范围内对生态安全理论的研究主要可以分为三部分。

---

① 薛春刚:《档案信息生态系统的平衡与档案事业的可持续发展》,《档案与建设》1998 年第 4 期。

② 吴端端:《档案的"生态位"》,《中国档案》2003 年第 7 期。

③ 葛翠玲:《档案信息生态失调原因探析》,《兰台世界》2007 年第 7 期。

④ 金波:《数字档案馆生态系统研究》,学习出版社 2014 年版,第 53 页。

⑤ 马晴、魏扣、郝琦:《档案生态系统构成要素及其关系研究》,《档案学通讯》2016 年第 6 期。

1. 20 世纪前期及以前的生态安全意识

工业革命之前,人类很少有意识地改造生态环境,更多的是依赖自然环境进行生活,基本不存在对生态的破坏。18 世纪 60 年代到 19 世纪中叶的工业革命,使人类利用和改造生态环境的能力增强,但同时改变了生态环境的组成和结构。工业文明的发展在使社会生产力迅速提高的同时,也开始不断暴露缺陷,人类过度开发自然资源,导致生态系统严重退化,环境恶化,出现酸雨、大气臭氧层被破坏、温室效应等系列生态危机。生态环境问题伴随工业革命的发展而不断恶化,威胁到人类生存安全,人们开始重视起来。

2. 20 世纪中后期的生态安全理论发展

生态安全理论第一阶段开始于 20 世纪五六十年代,由于生态环境问题威胁到人类安全、环境安全以及经济发展,国际社会于 1972 年召开斯德哥尔摩人类环境会议,通过了《人类环境宣言》,各国政府也将生态环境问题与人口、经济和社会发展问题统一对待。1975 年开始,以"生态安全"为主要方向的生态环境运动发生并席卷全球。联合国、欧盟、北约等国际组织和美、英、德、加拿大等国,围绕生态安全进行大量研究。第二个阶段于 20 世纪 80 年代伴随大规模生态破坏而开始。1992 年 6 月在巴西里约热内卢召开的联合国环境与发展大会提出《里约环境与发展宣言》,确定了环保领域的指导原则。第三个阶段为 20 世纪 90 年代初期,生态安全问题日益严重,国际社会和人类普遍达成共识,认为生态安全问题是国家安全体系的重要部分,必须维护生态安全。相关专家针对环境与安全之间的关系进行大量经验性理论研究。20 世纪 90 年代后期,不仅学术界,国际政治、经济和外交领域的研究人员、决策制定者等也均已经开始对生态安全问题进行探讨。美、英、德等国以及北约、欧洲安全与合作组织、欧盟等国际组织与研究机构也进行了许多探讨。

国际上有关生态安全的分析,核心是如何保持生态安全,研究人类安全和生态危机之间的内在联系，①最初从关注"环境变化"与"安全"的关系开始。1977年，莱斯特·R.布朗首次把"安全"理念融入环境变化的内涵当中，同时提出生态安全属于国家安全的重要构成部分。1987年，世界环境与发展委员会（WCED）在《我们共同的未来》报告中提出："安全的定义必须扩展，超出对国家主权的政治和军事威胁，而且要包括环境恶化和发展条件遭到的破坏。"

3. 21世纪以来的生态安全理论发展

21世纪以来，各国采取各种治理措施，全球生态环境保护方面出现积极变化，但仍旧十分严峻，总体恶化的趋势没有扭转。联合国在可持续发展首脑会议基础上进一步形成推动全球生态安全保护的战略措施，同时生态安全研究不断深入。

（二）我国生态安全理论发展

据史料记载，我国的生态安全保护意识自古就有。例如，秦汉时期已经有"厕所"建筑；资源保护方面，据《尚书》记载，舜在位时期，曾任命专门官员管理"上下草木鸟兽"，可见当时即有环境保护思想。近代，孙中山曾把清明节定为全国植树节。我国第一座污水处理厂于1923年在上海建成。在中国共产党的领导下，革命根据地也组织开展保护生态环境和自然资源的工作。1932年，《对于植树运动的决议案》以及相关规范性文件的出台，都体现了新中国成立前的生态安全意识。

新中国成立以后到20世纪70年代初，我国的生态环境问题并不突出，因此独立的生态环境保护工作还没有开展。1951年国家召开了全国卫生和卫生工程专业会议，明确了卫生部门在保护生态环境卫生方面的任务。1952年，我国掀起了爱国卫生运动的高潮。在农村，党和人民政府领导广大农民，治山治水，植树造林，治理黄河、淮河、海河，开展群众性的大规模的农田基本

---

① 吴柏海、余琦殷、林浩然：《生态安全的基本概念和理论体系》，《林业经济》2016年第7期。

建设,有效地改善了农业生产条件,增强了抗御自然灾害的能力。随着工业的发展,特别是第一个五年计划的完成,生态环境问题开始出现。伴随着大炼钢铁,强调"以钢为纲",我国的森林、草原、湖泊、野生动物等自然资源遭到严重破坏。

20世纪70年代,全国环境保护会议的召开标志我国环境保护事业的开端,提出了以"全面规划,合理布局,综合利用,化害为利,依靠群众,大家动手,保护环境,造福人民"为遵循的方针。同时,我国第一个全国性环境保护文件《关于保护和改善环境的若干规定(试行)》正式发布。① 在全国范围内逐步开展区域污染源调查、环境质量评价及污染防治研究,并逐步形成环境管理制度。1979年到1992年间,我国环境保护事业进入改革创新的新时期,环保政策、法规体系初步形成。环境保护基本国策确立,确定符合国情的三大环境政策。第三次全国环境保护会议努力开拓中国特色的环境保护道路,确定了八项中国特色的环境管理制度。国务院于2000年12月19日颁布《全国生态环境保护纲要》,不仅明晰了生态安全的基本内涵,而且第一次明文指出,保护国家生态环境安全,是生态保护最关键的目标。

21世纪以来,党中央提出可持续发展与科学发展观,党的十七大报告中提出的一项重要任务就是"构建生态文明",通过构建新的消费模式、经济增长形式以及产业结构框架,以节约能源,维护生态环境。2006年《中国的环境保护(1996—2005)》白皮书发布,国家环保总局结合当年世界环境日中国主题"生态安全与环境友好型社会"发布了《中国生态保护》,举办了中国生态高层论坛。

习近平在不同场合多次指出,生态环境保护是功在当代、利在千秋的事业,绿水青山就是金山银山,要把生态环境保护摆在更加突出的位置,使我国对生态保护的关注程度大幅提高。习近平在全国生态环境保护大会上强调,

---

① 王淑莹、高春娣:《环境导论》,中国建筑工业出版社2004年版,第9页。

必须处理好环境污染治理问题,不断推动生态文明建设步入新阶段。

生态学理论明确指出,要系统地看待与解决生态问题,不能"头痛医头,脚痛医脚",应该协同各种影响因素,找到标本兼治的治理方法。近年来,为了应对生态环境问题,国际社会基于社会—经济—自然环境的生态复合系统,提出系统解决生态环境问题的"生态系统管理"理念,并指出由单要素监管转变为多要素监管,从单一管理向综合治理的改变,实质是强调保护生态系统结构与功能,强调对生态保护进行统一监督和综合管理。生态学理论为课题研究提供了崭新的思路和丰富的理论基础。

第三节　档案生态安全理论研究内容

一、理论内涵——档案安全与生态安全的契合

如前所述,档案生态安全是指在一定时间或空间范围内,档案和档案生态系统能维持各自结构完整、功能正常和可持续发展。与此同时,各级档案生态系统之间、各级档案生态系统与周围各类生态系统保持动态平衡,各类生态系统可以为档案生态系统提供较为完善的生态服务,从而保证档案生态系统可持续发展,而档案生态系统也兼顾为其他各类生态系统提供支持与服务的安全保护体系。

一方面,档案生态安全是指在外界环境不利因素的作用下,档案不受损伤、侵害或威胁,档案生态系统能够保持健康和完整;另一方面,档案生态安全的实现,需要其所处生态环境的稳定性不断增强,脆弱性不断降低,从而达到档案及其生态环境处于健康和有活力的客观保障条件。

之所以将生态安全概念引入档案安全研究中,是因为生态安全与档案安全的内容与目标相契合。

第一,生态安全兼具动态性和状态性。生态安全是人类和自然和谐相处、

稳定安全的状态。但从根本上来说,生态安全是持续积累、持续改变、持续完善的动态过程。档案系统的生态安全也应该是动态性和状态性的综合,档案生态系统的主体为档案创造了良好的生态环境,实现档案静态安全。但是周围的生态环境会不断变化,这种变化可能引起档案的脆弱性不断改善,达到健康、有活力的永久保存的状态,为作为主体的人类服务;也有极大可能转变成不安全的状态,甚至出现重大生态灾害或事故。

第二,生态安全兼具相对性与绝对性。从本质上讲,人类无法承受生态安全风险带来的威胁或者损失,且当生态安全的某个或是数个系统阈值和人类生态安全需求不相符,生态系统就不复存在。此外,生态安全的相对性则意味着,安全只是一种相对的安全,并非绝对的安全,也根本不存在绝对的安全,追求绝对安全既不经济,也不可能。同理,档案的原始记录性与凭证作用决定了其一旦丢失和损毁所造成的严重危害是绝对的,但绝对安全也不可能做到,档案生态安全也有相对性。必须根据科学的评价体系进行决策,采用适宜的方法保障档案生态基本安全。

第三,生态安全兼具空间维度与时间维度。生态系统和时空有所关联,其主体为生物,是包括了多个变量、多个要素的较为庞杂的体系。因此,人类生态系统结构与功能的变化也会带来生态安全的变化。也就是说,生态安全根本上受到特定时空环境下的人类需要的生态因子的品质影响。档案生态安全同样如此,伴随时间的推移,社会发展与科技水平不断提高,档案生态安全影响因子也会不断变化。而横向来看,全球范围内,不同国家、同一国家不同地区,社会自然条件的不同,也会导致影响区域档案生态安全的生态因子有很大差异。因此,档案生态安全的保护也需要根据时空不同而差异化区分。

第四,生态安全是生态功能主体价值实现与生态功能客观存在的综合。生态功能本质上代表了自然生态体系与其构成物种形成的对人类生存发展具备推动效果的状态与过程,也就是自然生态系统在保持自身正常运转的过程中,也为人类提供环境、资源,以及产品与服务。而人类在利用生态系统过程中,也持续地探索生态系统的产品、调节、文化和支持等多种不同价值。人类保持自身发展的过程实际上就是利用生态系统功能的过程,包含两方面作用,一方面是人类活动损害生态系统功能,另一方面是人类对生态功能的主动保育以及修复。合理利用,则持久;反之,则逐渐消失。生态安全属于客观实际和主观判断综合的流程,属于人类在遵守外界规律的前提下,按照自我的需要,展现主观能动性持续改造生态的过程。同理,档案生态安全的实现也是在档案生态系统价值实现与客观功能存在的集合。一方面,档案生态系统发挥自身价值,为人类提供客观丰富的记忆,为人类社会各项活动的正常运转提供凭证。另一方面,人类在利用档案生态系统时,自觉或者不自觉地对档案生态系统产生破坏,但同时,又会发挥主观能动性,不断制定管理策略,采取各种技术手段,对档案生态系统进行修复。

第五,生态安全既是生态系统可持续发展过程,又是可持续发展的目标。生态安全的前提和基础是维持生态系统的自身安全。生态系统首先必须保持自身的健康完整与可持续发展,才能为其他生态系统服务。档案安全保护的首要目标也是保障档案自身的完整安全可用。档案生态安全的保障,有利于为其他生态系统提供可持续的服务,利于其他生态系统的发展;不仅如此,其他生态系统的可持续发展,也反过来加强了档案生态安全的稳定性。

第六,生态安全是一种重要的国家安全。当前,全球生态环境危机日益严重,生态安全保护缺失,不但极大阻碍社会进步与经济发展,更可能威胁人类社会的生存,生态安全是国家安全的关键构成部分。档案是国家、社会组织开展各项社会活动的真实、原始记录,具有凭证价值和社会记忆的功能。一旦损毁,影响正常的工作生活,甚至影响到组织、社会、国家的安全。因此,档案的安全也是一种重要的国家安全。

强调档案的生态安全,是强调档案生态系统中各因子的动态平衡,从更加整体的、宏观的、开放的和动态平衡的视角考量、实现档案生态安全。这一概念的提出有利于使档案与其所在生态系统的其他生态因子之间,以及各生态系统之间的关系更加和谐自然,从更宽广、更全面的角度保障档案安全。

二、核心理论观点

档案生态安全的本质包括两个方面:一是档案生态风险,二是生态脆弱性,二者缺一不可。档案生态风险是指档案生态系统中所发生的非期望事件的概率和引起的不良后果。例如,档案生态系统主体因素操作不当引起的档案信息泄露,生态系统受到地震、火灾等破坏导致的档案生态系统中的档案安全受到损坏,从而造成无法挽回的损失。档案生态风险具有不同程度的危害性、客观性与不确定性的特点。档案生态脆弱性是指在社会政治、经济、人文、科学技术等环境下,档案生态系统对于自然与社会环境的变化表现出的易于受到伤害和损失的性质。这种性质是档案生态系统受自然环境与人文社会环境相互作用相互影响的产物。

因此,档案生态安全的实现,是档案生态风险与生态脆弱性有效控制的结果。一方面,通过档案生态脆弱性的评价与分析,可以获知档案生态安全的威胁因子及其相互作用,通过档案生态脆弱性的改善与控制,可以做好档案生态系统日常的安全维护,即做好档案生态安全的常态管理。另一方面,档案生态风险表征了档案生态环境压力造成对档案的危害的概率与后果。对其控制,则需要关注突发事件和档案生态系统安全的内在联系,此外还包括突发事件出现之后的应急保护与抢救,即做好档案生态安全的应急管理工作,做好档案生态系统的非常态安全管理,从而保障档案生态系统的非常态安全。档案生态系统的常态安全保护与非常态安全保护,相互补充,共同促进和保障了档案生态安全。

做好档案生态系统安全的常态化管理,利用各种手段不断改善档案生态系统脆弱性,保护档案生态系统常态安全,即档案生态系统所处自然与人为、静态与动态生态环境的安全维护,直接避免或减少档案生态安全突发事件的发生,从而降低档案生态系统的风险发生。因此,档案生态系统常态化管理是非常态管理的重要基础。

传统应急管理理论更多围绕档案突发事件事前、事中、事后工作进行探讨,而基于本书的观点,档案生态脆弱性的改善,直接避免了档案生态系统风险的产生。所以,扩大档案生态系统的应急管理所涉及的范围,正好与档案生态安全保护的目标实现良好的契合,如图2-1所示。

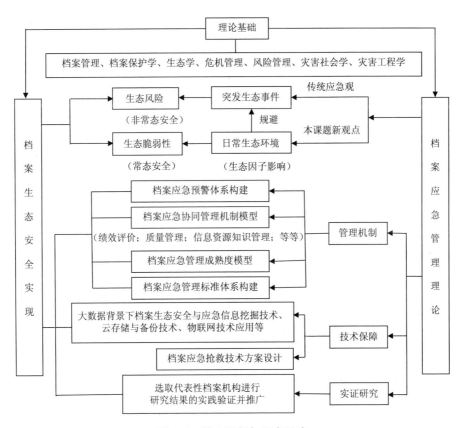

图2-1　核心思想与研究思路

档案生态安全可以分为档案生态系统常态安全与非常态生态安全。任何事物的存在状态都包括两个方面:即"常规状态"和"非常规状态",前者可简称"常态",后者可简称"非常态"。档案生态系统的运转也是如此,包括常态与非常态。在常规状态,档案生态系统在正常的自然环境、技术环境和社会环境中正常运转,按部就班地进展演变;档案生态系统主体对档案进行收集、整理、鉴定、存储、开发利用、安全保管以及为档案用户提供服务。针对这种正常的档案管理秩序与自然状态,采取常规档案保护与管理措施,确保档案不受损、不破坏、不丢失,从而实现档案常态安全。国家及各级档案部门的宏观指导,制定各种档案保护制度、规范、标准,确定有效的保障机制和管理模式,档案管理部门采取微观的档案保护措施,库房管理的制度标准以及采取的具体档案保护技术方法措施,保障档案常态安全的实现。

然而,在当今复杂的社会与自然环境下,非常态的档案管理秩序客观存在,档案生态系统会面临诸多突发档案生态事件,例如,自然状态中地震、洪水、暴雨等,社会状态中战争、火灾、偷盗、信息泄露等,都可能打破档案生态系统的常规状态,而成为非常规状态,必须关注档案生态系统在非常规状态下的安全,即非常态档案安全。

只有保障档案生态系统常态安全与非常态安全,才能确保档案生态系统全方位安全保护的实现。档案生态系统常态安全的保护,需要做好档案生态系统日常的安全管理,通过生态系统脆弱性的改善,实现常态安全保障。而档案非常态安全的保护,就需要管理好生态风险,做好应急管理工作。

三、档案生态安全的主要研究内容

档案生态安全理论研究的重要意义毋庸置疑,我国档案生态安全理论研究任重道远,需要在安全管理理论、复杂系统理论、生态学理论等研究基础上,科学界定内涵,明确研究的主要内容,建立系统的科学理论与研究方法,从而全方位保障档案生态安全。

为了形成档案生态安全保护战略,需要对基本问题有明确认识。具体而言,档案生态安全的主要内容包括以下几个方面。

第一,档案生态安全基本问题研究。这部分内容包括对档案生态安全的定义、本质特征、遵循原则与作用原理进行透彻深入探讨,规范档案生态安全保护实践中主客体的行为,奠定档案生态安全的理论研究基础,为进一步做好档案生态安全调控提供理论支撑。

第二,档案生态安全保护技术方法研究。这部分内容主要包括档案生态脆弱性的分析与评价,明确威胁档案生态安全的环境因素、生态因子及其相互作用机理,建立档案生态安全的预警监控系统;与此同时,完成档案非常态生态安全的风险应对、应急处置与抢救技术研究,从而建立档案生态安全的保障体系。

第三,档案生态安全维护和环境管理调控研究。当前人类活动引起了全球生态环境变化,自然灾害发生频率越来越高;社会矛盾加剧风险增大,信息技术日新月异,这些诸多新的变化导致了档案生态系统安全面临巨大挑战。除了技术因素外,如何从国家和行业层面采取战略行动,有效调控档案生态系统各种环境因素,以及规范系统主客体行为,最大限度减少对档案生态系统安全的威胁,是档案生态安全主要问题。需要利用生态学、生态安全学、管理学、档案学等多学科知识,从自然、社会、技术等多个层面建设档案生态安全的保障体系,科学管理和维护档案生态安全。

第四,档案生态安全的监督与评价研究。档案生态安全保障的可持续发展,需要建立完善的监督与评价机制,用科学的评价指标进行定量的评价,及时发现安全保障过程中存在的问题,为改善档案生态安全保护提供科学依据。推动档案生态安全水平不断进步。

档案生态安全保护是一个系统工程,这里仅从档案生态安全保护的核心问题出发进行探讨,随着实践工作的不断发展,也会进一步充实完善相关理论研究。

第四节　档案生态安全理论主要特点

一、档案生态安全的综合性

档案生态安全的综合性是指全部生态安全要素的安全性的综合。[①] 它是一个系统体系,受到多方面因素的影响,既包括自然条件,又包括人为因素;既包括社会因素,又包括科技因素。这些要素之间相互依存、相互作用、共同影响,推动档案生态安全。

档案生态安全的综合性在层次上具有区域性、整体性的特征。区域性是指档案生态安全是有针对性的,区域不同,档案生态环境不同,则档案生态安全的表现形式也不同,从而档案生态安全的保护措施也有不同。整体性是指把档案生态安全作为整体环境来考虑,局部的生态环境的破坏有可能造成地区内的整体性生态安全问题产生,乃至于对国家整体的档案生态安全的保护带来影响。档案生态安全的表现和性质、本质及产生的根源与后果,以及解决措施与途径等都具有区域性与整体性的特征。

二、档案生态安全的复杂性

档案生态安全的复杂性是指档案生态危机后果的严重性与档案生态破坏后抢救修复的长期性。档案生态受到破坏乃至生态危机的发生,直接威胁到档案生态的客体档案,尤其是超过一定"临界值",档案受到的破坏不可逆,纵然档案生态系统的主体无论付出多大代价都无法恢复,以至于危及社会安全甚至国家安全,造成无法弥补的损失或者破坏性极大的后果。档案生态受到创伤,即使可以恢复,或者需要付出更多的人力、物力与财力等巨大代价,或者

---

① 余谋昌:《论生态安全的概念及其主要特点》,《清华大学学报(哲学社会科学版)》2004年第2期。

需要花费艰辛长期的努,才有可能接近恢复原貌。

三、档案生态安全的战略性

档案生态安全在不同时期,不同的历史背景,不同的技术环境下,会表现出不同的状态,或是向和谐方向发展,或是呈恶化趋势。但无论怎样变化,对社会、国家、民族、区域、群体甚至个人,都发挥着不可估量的价值作用。全力保障档案生态安全,既是当代人的事情,也是人类延续的事情,既关乎某个机构和部门的发展,又关乎国计民生。因此,档案生态安全的治理和维护具有长期性和战略性。对档案生态安全的保护与治理,也需要有战略性思维。只有站到实现人类文化的传承与发展,站到实现国家、社会稳定与发展,实现区域及部门可持续发展的高度,去看待档案生态安全,才可能真正展现出档案生态安全的珍贵价值。

四、档案生态安全的动态性

世界上万事万物都是处在发展变化之中,档案生态安全也不能例外。而档案生态安全并不是一成不变的,随着社会、技术、人文等生态环境的变化,生态因子的发展变化在不同时期会呈现不同的发展态势,生态安全程度既可能越来越高,也可能呈恶化趋势。因此,不能仅正面地、静态地描述档案生态系统,还需要动态监测与评价,形成生态系统的动态控制模型。因此,维持档案生态安全持续向良性发展,关键是保证档案生态系统的各个环节,各个部分能得以充分控制。

综上所述,档案生态安全的保障是维持档案生态系统平衡,维持其正常运行的基础,对社会记忆的传承和文化的传播具有战略意义。档案生态安全理论研究也是社会发展和国家安全保障的必然需求之一。因此,深入研究档案生态安全理论,探讨实现档案生态安全的机理、机制及途径,厘清各相关因素的作用原理,并且制定策略加以实现,在当下是一个十分急迫的任务。

第三章　我国档案生态安全现状

实现档案生态安全的保护,在理论视角探讨概念渊源、技术方法的同时,更需要正视并且揭示档案生态安全的现实状态,感知问题。本章从环境、主体、客体等多角度分析风险所在,从而为档案生态安全保护提供实践依据,并且采取有效措施进行治理。

第一节　档案生态系统的内外部环境

档案生态系统正常运转,完成主客体的各项运动,均是在一定的环境下进行的。这些环境,既包括政治、经济、文化等社会环境、自然环境、技术环境等的宏观环境,也包括档案主客体赖以生存的温湿度、光、空气等的微观环境。宏观环境与微观环境共同促进档案生态系统良性健康发展。

一、档案生态系统的外部宏观环境

（一）复杂多变的社会环境

20世纪60年代,政治学家亨廷顿指出,现代性意味着稳定,现代化意味着动荡。后来,他的理念被深入诠释为:一个国家的现代化进程在人均 GDP

超过 1000 美元后,将进入风险高发期。德国的社会学家乌尔里希·贝克于
1986 年首次提出"风险社会理论",认为风险社会形成的原因之一是由于一个
社会科技领域的发展带动社会进步的同时也会产生一定的"负作用"。① 英国
学者吉登斯赞同现代社会具有风险性。他认为,社会的现代性是一把"双刃
剑",一方面,使我们的生活更为安逸舒适,但与此同时,"不平等的价值与权
力"等现代社会制度的变化也会导致新的风险的产生。② 他与贝克的观点如
出一辙,认为人类社会高新技术的发展虽然可以适度降低某些社会风险,但与
此同时,也会将超出人类认知范围的、前所未有的风险参量引入社会,导致社
会新风险不断出现。③

　　根据 2013 年发布的《中国社会管理创新报告》可知,"非典"疫情后我国
进入"突发事件高峰期"④。与此同时中国社会进入社会转型的重要和关键阶
段。伴随全球局势的复杂性和不稳定性增加,中国的崛起和不断发展壮大,国
内社会的转型发展,我国社会面临的国内外形势也越发严峻。正如习近平对
安全形势的判断,当下中国对外要维护主权,保障国家基本利益,对内要保障
社会安定、政治局势稳定,各类能够预测和无法预测的风险要素越来越多。⑤
此外加上信息化建设和全球化进程的推进,"风险社会的风险"在我国现代化
进程中均有体现。我国在外交、文化、经济、政治等不同领域面临前所未有的
挑战和压力,既有国际局势的改变带来的大国间的斡旋抗衡、周边环境错综复
杂,又有社会智能化信息化、经济全球化带来的非传统安全问题,我们的社会
进入前现代、现代、后现代共生的社会之中,从而出现"风险共生"现象,甚至

---

　　① ［德］乌尔里希·贝克:《风险社会》,何博闻译,译林出版社 2004 年版,第 20 页。
　　② ［英］安东尼·吉登斯:《现代性的后果》,田禾译,译林出版社 2011 年版,第 14 页。
　　③ ［英］安东尼·吉登斯:《现代性与自我认同》,赵旭东、方文译,生活·读书·新知三联
书店 1998 年版,第 4 页。
　　④ 连玉明、朱颖慧:《中国社会管理创新报告》,社会科学文献出版社 2013 年版,第 135 页。
　　⑤ 中共中央党史和文献研究院:《习近平关于总体国家安全观论述摘编》,中央文献出版
社 2018 年版,第 2 页。

有可能进入生态高风险期。

（二）灾害频发的自然环境

自古以来,无论是中国还是在世界范围其他国家,人类始终都在面临各种自然灾害的挑战。作为人类宝贵文化财富的档案资源在此过程中也遭受了不同程度损毁,给人类文明传承带来重大损失。随着人类对地球资源的过度利用,人类赖以生存的生态环境不断受到破坏,导致全球范围内的自然灾害多发频发,对于档案的灾难性破坏与日俱增。

第一,地震对档案的破坏最为严重。地震可以造成档案馆建筑的坍塌,档案馆内部装具装柜受损,进而直接使档案受到机械损伤而发生变形、破裂、破碎等。此外,地震引发的泥石流、山体滑坡、爆炸、水灾等二次灾害进一步增加了档案馆受破坏程度。地震还可能导致档案馆内部计算机、磁盘阵列、硬盘等重要数据存储的软硬件设备受到严重破坏,从而使电子数据荡然无存。1976年,震惊世界的唐山大地震不仅造成生命财产的巨大损失,而且导致了珍贵档案的重大损失。据不完全统计,市直属单位,包括中央、省属企业在内,86%的房屋完全坍塌,大约有90%的内部设施毁坏,90%的档案材料被掩埋,即使通过抢救和修复,最终彻底损毁的档案材料依然达到了30%之多,各种科学技术档案损失大约达到了25%。在2008年发生的汶川大地震当中,震后发生的崩塌、山体滑坡以及泥石流等二次灾害使当地的档案遭严重损毁。四川省118个档案馆遭破坏,受灾馆舍面积甚至达到了43915平方米;共有5511套(台)档案设备被破坏,档案受潮发霉严重。① 四川省内阿坝、绵阳、德阳、成都、广元、雅安6个重灾区的国家综合档案馆当中的珍贵馆藏的大约1/7,即612848卷档案被困于危房中;北川县档案馆在地震中彻底倒塌,约8.5万卷与"羌族历史"相关的重要档案被倒塌的楼房废墟和后山泥石流所掩埋,造成

---

① 王良城:《自然灾害对档案的侵袭与应对策略》,《档案学通讯》2010年第3期。

无法挽回的损失。2010 年 4 月,青海省藏族自治州玉树县发生的 7.1 级地震同样导致区域内的档案馆遭严重损毁,档案馆建筑都出现不同程度的裂缝。2013 年 4 月的四川雅安芦山发生大地震致使该地区周边的 9 个综合档案馆均受到不同程度破坏,受灾面积达 11456.46 平方米;214 套(台)档案设施设备损毁,经济损失达到了 3280 万元。①

第二,洪水、暴雨等水灾直接导致包括胶片、磁带以及纸张等档案制成材料受潮或者浸泡,如果不及时抢救处理,就会出现霉变变质、胶片粘连、纸质档案生"砖"等现象。② 2006 年伊通满族自治县的特大洪水灾害导致超过 6 万卷档案受损。

第三,台风也会致使档案馆建筑及其内部设施设备受损。伴随台风经常会有暴雨、海潮等出现,档案遭到海水、雨水浸透,引起不同程度损坏,严重者档案直接被台风吹走。海南省、浙江省都曾有过伴随台风出现的暴雨或者水灾,使档案馆库被海水淹没、档案在海水的浸泡下严重损毁的例子。③ 2016年,温州市受到台风侵袭,各地普降大雨,山洪暴发,泰顺县仕阳镇农经站、司法所保管的 300 余卷档案被淹,受损严重。广元市档案馆库房顶部垮塌,消防供水管道破裂,5 万余卷档案被水浸湿。剑阁县档案馆 3 万余卷档案被水浸湿。

第四,雷击对数字档案馆的危害比较严重,尤其是数字档案系统最容易受到破坏。由于雷击放电区的电流和电压都比较高,部分放电区可能会出现数百万伏的电压,电流强度也可能达到几百千安,感应雷引起的雷电浪涌是破坏电子计算机的关键因素,可以破坏周围 500 米以内的电子信息设备。上海某地的档案馆在 2004 年遭遇雷击,损失严重。④

① 张艳欣:《档案馆应急管理体系构建研究》,中国人民大学 2015 年博士学位论文。
② 国家档案局档案科学技术研究所:《新档案保护技术手册》,中国文史出版社 2013 年版,第 444 页。
③ 王良城:《自然灾害对档案的侵袭与应对策略》,《档案学通讯》2010 年第 3 期。
④ 顾林生:《雷击危害与档案安全》,《中国档案》2005 年第 9 期。

（三）日新月异的信息技术与媒体环境

1. 新兴信息技术带来的机遇与挑战

随着我国信息化建设不断深入,数字化、网络化与智能化成为不可逆转的趋势。新一代信息技术层出不穷。大数据、云计算、人工智能以及 2019 年两会提出的"智能+"等,在不断推动社会进步的同时,也会对档案生态系统的安全带来机遇与挑战。

（1）大数据与云计算技术带来的机遇与挑战

2006 年谷歌的执行总裁埃里克·施密特首次提出云计算,随后基于云计算的公共效用 IT 以及低碳技术逐渐引起世界各国专家学者的关注[1]。云计算可以被看作基于互联网为用户提供的共享资源池,用户可以随时、随地、按需、迅速地利用计算机设备、存储设备等。云计算也可以理解为利用互联网为用户提供存储空间、计算机软件以及硬件等各种服务,具有超大规模的数据处理能力、虚拟化、高度扩展性和通用可靠性,以及更优的用户体验性等诸多特征。云计算在档案管理中的有效应用,一方面能够帮助档案馆控制运营成本,将档案馆的核心人、财、物资源投入核心业务,有效提高资金使用效率。另一方面,有利于档案信息资源共享的实现,各级各类档案馆可以共同建立档案信息资源共享平台,实现最大化的共建共享,在提高档案馆服务水平、影响力的同时还能够避免重复建设和资源浪费,对档案馆持续健康和高效发展有重要的促进作用。

当然,云计算在档案馆的应用也会带来诸多安全隐患。业界关于云计算安全性的认知并不统一,其中一种观点是云计算的应用有利于安全性的提升。云计算作为数据存储与资源共享的中心,专业的工作人员负责信息安全防护与管理可以有效提高档案数据资源的安全性。此外,云计算平台允许数据在

---

[1]　冯登国、张敏、张妍:《云计算安全研究》,《软件学报》2011 年第 1 期。

不同服务器之间转换,因此即使有服务器出现故障,档案馆数据也不会因此而中止服务。① 还有一种观点是云计算的应用会使平台的复杂性增强,开放程度也会显著提升,集中统一的管理虽然效率更高,但是也更容易受到黑客的攻击,从而导致平台的安全性降低,风险水平随之提升。祝洁在《基于云计算的档案信息安全风险及防范策略》一文中,就对云计算环境下档案云存储平台中断、档案信息法律遵从问题、在使用云计算时选用云服务提供商、档案信息未授权访问、信息泄密等诸多档案信息安全风险加以论述。② 实践中,云计算安全事件也比比皆是。云计算发起者谷歌在 2009 年发生用户信息泄露事件,简单存储业务在 2009 年也曾两度出现中断,导致部分网站瘫痪。亚马逊也发生过严重的云计算安全事件——宕机事件。2008 年,美国《云计算安全风险评估》对云计算技术的安全风险进行总结和归纳,明确指出云计算的安全风险主要包括长期发展风险、调查支持风险、数据恢复风险、共享存储数据风险、数据位置不确定风险以及法规遵守和特权用户访问风险。③ 互联网作为云计算技术的基础,自身存在的诸如病毒植入、程序漏洞以及木马或者黑客入侵等安全隐患都会对云计算的安全性产生影响。

云计算对档案生态安全的影响主要体现为对档案信息安全的影响。一方面云计算因其低成本使用性、动态扩展性、资源共享性等特征给档案信息的存储与管理等方面带来积极影响;另一方面,由于云计算存储的虚拟性及服务的可持续性等因素的存在,使得档案信息安全存在一定的风险等。

首先,就积极影响来说,云计算依托互联网技术运行,在档案领域引入云计算技术,有助于推动对实体档案的数字化建设,促进实现实体档案信息内容的全面信息化。从长远来看,在一定程度上有助于减少对实体档案的反复调

---

① 方昀、郭伟:《云计算技术对档案信息化的影响和启示》,《档案学研究》2010 年第 4 期。

② 祝洁:《基于云计算的档案信息安全风险及防范策略》,《浙江档案》2017 年第 2 期。

③ 金童:《Gartner 发布云计算安全风险评估》,2010 年 8 月 1 日,见 http://wenku.baidu.com/view/6c31f2114431b90d6c85c729.html。

阅查找,可减少对实体档案的磨损,有助于保护档案实体的安全与完整。云计算具有动态扩展性特征,用户可以根据自己的需要来申请所需要的存储、计算以及网络等资源,省去了对软件的购买成本,可以按需拓展空间及应用,加之云计算具有强大的存储空间及计算能力,在对从源头起以数据形态存在的档案管理领域中应用云计算技术,可助力档案机构适应档案信息不断增长的存储需求,无须定期删减备份腾出空间来存储新增的信息,有助于档案信息存储的完整性。此外,档案机构通过采用可信、权威的云计算服务提供商,可以减轻档案机构内部 IT 人力资源欠缺的压力,降低了技术门槛,可助力解决部分档案机构存在的技术硬伤问题,同时还可降低档案机构对档案信息管理维护的成本,通过云计算可寻找更为专业的管理软件系统,对档案信息进行更为严密的保护,有助于保证档案信息内容的真实完整可信性。云计算技术支持异构,可以实现资源数据在不同系统间的读取,可在一定程度上解决档案数据的兼容性问题,保障档案信息数据的可读可用性。云计算的虚拟存储性特征,还有助于实现不同档案机构之间档案数据资源的汇集,促进档案数据孤岛问题的解决,有助于维护档案数据信息的完整性。

其次,就消极影响来说,云计算环境下,由于资源存储具有虚拟性,如在档案信息管理领域引用云计算,会面临档案信息托管方所在地方与档案信息实际存储地方在涉及档案信息管理的法律法规内容存在差异的问题,[①]即在其中一方的规定下档案信息可以被开放利用,而在另一方却属于隐私性信息不能被开放利用,这就很容易产生档案信息内容泄露的问题。我国有关云计算方面的法律法规尚不完善,档案数据信息因其具有重要的凭证、情报等方面的价值,在选择提供云计算服务的供应商时应格外的慎重。云计算服务供应商的信誉度、权威性及其技术、产品的安全性、稳定性、持久性等均会对档案数据信息的云存储安全产生重要的影响。云计算环境下,档案机构用户无法直接

---

① 祝洁:《基于云计算的档案信息安全风险及防范策略》,《浙江档案》2017 年第 2 期。

干涉管理档案数据信息所存储的载体介质,一旦档案机构选择终止与某一云计算服务供应商的合作,直接在云端退出时,如果云计算服务供应商的退出机制设计不完善,则很有可能存在档案数据的残留,从而致使档案数据信息泄露。云计算的重要特点之一是依托互联网运行,虽在一定程度上有助于推进实现对档案信息资源的共享,但与此同时并不能保证档案数据信息在利用过程中不被别有用心的人员篡取、滥用或损毁,这就对信息安全访问机制提出了更高的要求。档案数据信息存储于云端,档案机构这一用户方将失去对档案数据信息及业务系统的直接控制,档案数据信息和档案业务转移至云端后,档案数据信息的安全性主要依赖于云服务商及其所采取的安全措施①,如果档案机构这一用户方没有做到严格的监管,档案数据信息就会面临泄露的风险等。

云计算在档案领域的应用既有积极影响又有消极影响。但高新技术的发展趋势不可逆转,档案行业也需要顺势而为,充分利用云计算的长处与优势,善于并严格规避云计算环境下档案数据信息所面临的风险。整体上,档案生态系统在应用云计算时,应注意将谨慎的态度贯穿于从云计算服务供应商的选择到最后退出云计算服务的全过程,同时还应与档案生态系统内外部环境结合起来,力求保障云环境下档案信息存储与应用的安全。

(2)区块链技术的应用与挑战

近年来,区块链逐渐进入公众视野,社会公众关注日益提高,有关区块链的研究自 2015 年以来获得井喷式发展,2017 年引起各行各业的广泛关注,也成为金融行业的热点。尽管目前的技术还不够成熟,在其他领域的应用尚不广泛,但区块链技术应用仍呈现出强大生命力,发展前景十分广阔。

美国学者 Melanie Swan 在《区块链:新经济蓝图及导读》中将区块链技术应用对各个领域带来的影响分为 3 个时代或阶段,分别是以可编程货币功能、

---

① 中国信息安全标准化委员会:《GB/T 31167-2014 信息安全技术:云计算服务安全指南》,中国标准出版社 2014 年版。

可编程金融功能、可编程社会功能为特色的区块链1.0时代、2.0时代、3.0时代,现阶段区块链的应用正处于2.0时代前期,①并呈现出向区块链3.0时代过度的发展态势。区块链应用,从最初的数字货币扩展到更为广泛的金融领域,并且因其去中心化、不可篡改和可追溯性、去信任化及匿名性、开放性等特征被逐渐应用于诸如金融、教育、医疗、物联网、物流供应链、通信、共享经济等领域②(如图3-1所示)。

金融领域	•数字货币、征信系统、支付与清算、证券、私募、众筹等
教育领域	•档案管理、学生征信、学历证明、成绩证明、产学合作等
医疗领域	•数字病历、隐私保护、健康管理等
物联网领域	•物品溯源、防伪、认证、网络安全性、网络效率、网络可靠性
物流供应链领域	•信证信息安全、收寄件人隐私、物品溯源与防伪
通信领域	•社交消息系统,确保信息安全
社会公益领域	•智能合约技术:定向、分批、有条件捐赠等
其他领域	•人工智能、P2P金融、审计、大数据、拍卖、游戏、彩票等

图3-1 区块链的应用领域

①区块链应用现状

在国外,许多国家和政府也开始探索区块链技术应用,如美国有很多州政府都表示接受区块链技术和加密货币技术的应用并提出相关的法案,并大部分获得通过。此外,美国多个政府部门将应用区块链技术,提高透明度及工作效率,IBM以及微软等企业都于2017年提出要开始研究区块链技术在供应链物流以及食品安全等领域的应用;澳大利业政府在同年正式提出将区块链技

①　SWAN M.,*Blockchain.Blueprint For a New Economy*,USA:O'Reilly Media Inc.,2015,p.38.
②　王元地、李粒、胡谍:《区块链研究综述》,《中国矿业大学学报(社会科学版)》2018年第3期。

术纳入国家战略；英国在 2016 年发布的报告《分布式账本技术：超越区块链》中指出，英国除建立以区块链技术为基础的公共平台，还计划开发新的应用系统实现公共机构与政府的共同合作，更好为用户提供服务；日本政府为支持加密货币交易市场首创了区块链协会，是第一个区块链行业组织；俄罗斯政府同Sberbank 合作开展区块链技术的应用，主要用于文件的保存和转移，是区块链技术应用的重要案例之一；加拿大则建立了区块链创业社区，社区内聚集了大批区块链顶级人才，以促进加拿大区块链行业的发展；以色列明确表示已经决定利用区块链技术提高互联网的安全性，希望解决互联网安全问题。除此之外，区块链软件系统的应用使得所辖机构不能否认自己受到的管理局的信息。现阶段，很多国家已经意识到了区块链技术的重要意义，并开始研究以区块链技术为基础的央行数字货币，例如加拿大开展的法定数字货币实验以及荷兰的数字货币白皮书等①。

随着区块链技术的应用越来越广泛，我国政府对区块链技术的重视度也在不断提升，工信部在 2016 年出台了区块链技术与应用的白皮书。同年底，国务院正式宣布将区块链技术作为战略性前沿技术写入"十三五"信息化规划，指出未来将进一步加强对区块链技术的试验与创新，希望获得新技术的主导权。② 工信部在 2018 年出台了区块链产业白皮书，对我国区块链技术的发展历程进行了梳理，并对发展现状进行总结和概括，强调了区块链技术对实体经济发展以及金融产业发展的重要意义，在此基础上对我国的产业发展趋势进行展望。③ 2018 年 10 月，我国海南自贸区区块链实验区设立，采用"基地＋基金＋大会"模式继续发展区块链试验区。中华遗嘱库"遗嘱司法证据备

① 范灵俊：《区块链技术与应用现状及发展建议》，2018 年 5 月 28 日，见 https://www.idcbest.com/idcnews/11002016.html。

② 范灵俊：《区块链技术与应用现状及发展建议》，2018 年 5 月 28 日，见 https://www.idcbest.com/idcnews/11002016.html。

③ 吴明娟、陈书义、邢涛、刘海涛：《物联网与区块链融合技术研究综述》，《物联网技术》2018 年第 8 期。

案查询系统"正式上线,该系统是我国首次通过区块链技术为遗嘱进行司法存证服务。通过该平台,相关的数字证书、认证证书以及其他电子证据等都可以实时上传到相应的云存储空间而得到保全。在遗嘱发生纠纷时,既可以下载后以文件、光盘或以 U 盘等形式递交法院,同时也支持法官在庭审现场进行在线调取、播放、验证等功能。

综上所述,区块链目前主要应用于解决交易的信任和安全问题。区块链技术的分散式储存、不可篡改、安全性、可追溯性、可编程性,都使得它具有强大的发展生命力。

②区块链在档案领域应用研究现状

国外探讨区块链技术在档案领域的应用主要代表,有加拿大学者 Victoria Lemieux 以及美国专家 Cassie Findlay 等,从 2016 年到 2017 年短短两年时间,Victoria Lemieux 和 Cassie Findlay 发表了 8 篇论文。从研究内容来看,国外学者的研究集中于区块链技术在文件档案管理领域的应用存在的局限、可能遇到的问题以及应用的可行性等宏观领域的研究,比如文件档案管理领域区块链技术应用的优势、劣势研究等。[1] Victoria Lemieux 以洪都拉斯土地登记系统为例,分析了区块链技术在形成和保存可信电子文件方面的优势和局限性。[2] 此外,其他一些学者也对区块链在档案领域中的应用问题进行了探讨[3][4][5]。我国档案学者探讨档案领域的区块链技术应用相关研究成果逐年

---

[1] Lemieux V.L.,"Blockchain Recordkeeping:A SWOT Analysis",*Information Management Magazine*,Vol.27,No.1,2017,pp.20–28.

[2] Lemieux V.L.,"Trusting Records:is Blockchain Technology the Answer?",*Records Management Journal*,Vol.26,No.2,2016,pp.110–139.

[3] Cassie Findlay,"Participatory Cultures,Trust Technologies and Decentralisation:Innovation Opportunities for Recordkeeping",*Archives and Manuscripts*,Vol.45,No.3,2017,pp.176–190.

[4] Finra Staff,"What Is a Blockchain,and Why Should I Care?",2018–7–29,https://www.fool.com/investing/2018/07/29/what–is–a–blockchain–and–why–should–i–care.aspx.

[5] Kate Cumming,Cassie Findlay,"Report on Blockchain:Applications and Implications",2018–02–01,https://rkroundtable.org/2016/04/03/report–on–blockchain–applications–and–implications/2018–02–01.

增多。张珊等对区块链技术在电子档案管理中的应用加以探讨,提出区块链技术能够保障电子档案的安全、将电子档案信息与操作数据等相关数据资料进行有机的整合。① 刘越男等基于英国 ARCHANGEL 项目等项目,分析区块链技术应用于数字档案长期保存的优势、劣势和风险。②

③区块链技术应用于档案安全存储的必要性

信息技术飞速发展,数字档案安全问题比以往更加复杂。新技术环境下档案安全面临更大挑战。区块链技术具有保护数据不被篡改的特性,通过利用密码学技术理念保证数据传输及访问的安全,在通过各节点所达成的共识合约下,任何人都无法对数据进行修改和删除,这正好契合了数字档案安全保护的安全性需求。高新技术背景下电子档案数据面临更多不确定性,电子档案数据具有存储高密度性、系统依赖性、信息与载体可分离等特点,迫切需要一种技术或平台系统能够保护电子档案数据真实性,使其不被篡改。目前,我国主要采用中央式管理模式或机构来管理电子档案数据,虽具有无可比拟的优势,但对于档案安全来说,一旦中心系统或管理机构被侵袭导致瘫痪,全部的电子档案数据安全将面临严重威胁;再者,对于电子档案数据利用来说,集中中心化管理使得档案数据的利用更显烦琐,异地读取利用更显不便,且涉及电子档案数据真伪辨别等问题。区块链技术应用与档案安全保护需要达到很好契合。

同时,区块链技术在金融领域的成功应用给档案界引入该项技术提供了实践经验,档案界有关区块链技术的研究日益兴盛为引入该项技术提供理论支撑。区块链技术具有开放性、去中心化、去信任化及匿名性、不可篡改可追溯等特征,引入该技术到档案安全领域,将实现电子档案数据的分布式存储,实际上相当于构建了一个"档案数据安全共同体",同时还将实现档案数据的

---

① 张珊:《区块链技术在电子档案管理中的适用性和应用展望》,《档案管理》2017 年第 3 期。

② 刘越男、吴云鹏:《基于区块链的数字档案长期保存——既有探索及未来发展》,《档案学通讯》2018 年第 6 期。

开放共享,为开发利用电子档案数据资源、创新发展提供平台和机会。此外,由于区块链技术的开放性,能够帮助各节点档案管理机构或部门获取并分析了解公众利用需求,从而提供精准的档案数据利用服务,进而使得档案价值最大化。实践经验、理论指导、政治支持、技术优势等多轮驱动,为区块链技术在档案安全保护领域内的应用提供良好条件。

将区块链技术用于档案生态安全保护,一方面,将实现档案数据的分布式存储,异地多份式保存档案数据,可对档案数据起到备份保障作用。另一方面,将推进档案基础设施保护档案安全的整体水平,区块链去中心化分布式特征使得某一节点上档案数据即使发生被侵袭现象,也不会对全部的档案数据进行毁灭性破坏。而且,由于区块链自身具有开放性特征,分布式存储档案数据,有利于档案数据共享,使得档案利用更加方便快捷,促使异地读取数据成为一种常态化的可能,区块链技术通过密码学方式对各节点的档案数据进行维护,并通过利用区块链技术的非对称加密特性对档案数据进行保护,使其不被篡改,从而保证档案数据传输过程中的安全,并在档案数据隐私保护方面取得重大进展。此外,通过利用区块链技术的时间戳特性,还可对档案数据追踪管理,能够迅速验证数据信息的真实性,利用时间戳技术可在电子数据档案生命周期前期的生成阶段就为档案数据提供"身份证明"。以医疗档案数据为例,患者甲在进行某一项体检后形成记录,在下次再来体检时可以在生成数据信息的区块自动加盖时间戳,以此来有效证明档案数据的真实原创性等,进而有利于保护对档案原件的安全。档案区域块分布式存储,将不同于以往单纯的异地多份分布式存储,区域块分布式存储档案数据,将使得每一个节点上的档案数据信息动态都会同时被其他节点及时获知,避免了单一节点篡改档案数据问题的发生,使得档案数据信息真实可靠,有利于保护档案数据内容的安全可靠。若是各节点对所存储的档案数据达成共识,各节点档案机构既是整个档案数据分布式存储的参与者,又是单一节点提供档案数据证明或是两节点之间进行业务往来的见证者,可有效监督保护档案数据的真实性。各节点在总体上认定所存储的档案数据记录的有效性和真实性的相关标准,达成共识形成制度规章条约,将有力保护档案数据的真实性,防止档案数据被篡改,有效保护档案数据的合法有效性,也有助于电子数据档案自诞生之初就具有真实规范性,对电子数据档案实现前端安全规范控制。从档案价值层面来说,区块链分布式存储档案数据,将有利于解决档案开放共享问题,通过档案数据持有方的协作实现档案数据价值最大化,提高身份核验过程的安全性和效率,解决档案数据孤岛和档案数据隐私安全问题,有利于对档案数据完整性的安全保护。基于各分布式节点真实数据所形成的智能合约,将极大提升档案的利用效率,推动实现档案价值的最大化。

此外,区块链技术在档案领域的应用除对档案本身安全有所影响外,还将对档案存储场所——档案馆的应急工作产生影响。区块链分布式存储模式,各个档案馆可被视为一个个节点,各节点之间存储的档案数据都是同样完整的,区块链去中心化的特性使得其中某一节点的档案数据信息发生损坏后,其余节点不受影响,可进行"江湖救急"。此外,区块链的开放性特征使得各节点存储的档案数据是开放共享的,各档案馆就应急准备方案达成一致后即可利用区块链技术共享,所有档案保护措施或方案均可实现在线共享,将极大提升档案馆对危及档案安全的突发状况的应急工作的效率。由于其中某一节点数据出现变动篡改等现象,其余节点会实时获取动态变化信息,通过大数据分析等相关技术还可进行应急预防,制定应急预案,实施预防监测,从而进一步保证档案数据安全,使得档案数据应急管理更及时。在档案利用方面,分布式档案数据存储将极大便利异地数据获取利用,正因为区块链技术能够保证档案数据的真实完整不可篡改性,使得各节点上所存储的档案数据信息具有较高可信度,档案用户的在读证明、就业证明、学籍档案等即可进行及时取用,而不需用户到档案存储所在地进行调用,此项技术在档案领域的应用可在用户急需提供档案证明时起到有效应急的作用。此外,基于各个节点档案馆应急方法措施及预案等方面的真实性数据所形成的智能合约,将对区块链中各节点档案馆的应急工作开展具有指导规范作用,有利于对档案安全的全面保护,也可以有效解决档案真伪鉴定问题。

总之,区块链分布式存储档案数据,可使档案数据信息获得一种"公开的保护",档案数据被完整地分布式存储于多个节点之上,使得其中任一节点上对档案的更改与破坏,都会被其他节点获知,各节点对档案数据真实有效性进行认定并达成共识,可有效防止档案数据被篡改,基于各节点真实档案数据所达成的智能合约对整体的区块链档案数据存储具有指导规范作用,对档案来说,起到了安全保护作用,保证了档案的真实性和完整性,同时也保证了档案凭证作用的实现,维护了档案数据在新环境下的价值。各节点档案馆有关档案数据的实时共享,改变了传统式档案馆应急"各自为政"的状态,互通有无,树立典范式数据共享模式弥补档案馆应急工作方面的不足,将极大提升档案馆应急工作的效率。

2. 全媒体时代的机遇与挑战

随着信息技术的不断发展,信息的传播方式逐渐改变,渠道更多、覆盖更广、速度更快,"全媒体"的概念应运而生。在全媒体时代,信息资讯前所未有的丰富,人们获取信息的方式,前所未有的多样便捷。全媒体是将电视、广播、出版、网站、电影、音像等多种信息传播媒介进行有机融合,构建互联网、广播电视网、电信网络组成的三网融合的新型媒体信息传播渠道。通过全媒体,使用者可以利用手机、电视、电脑中的任何一个终端设备实现信息的发送和接受,利用手机互联网等移动设备还能够随时随地获取想要的声音、动画、影像、文字等媒体信息资源。全媒体主要体现两个思想:一是传播形态"全",即"在传播渠道上采用网络、声像、通信、文字等多种传播方式,在传播的媒体信息的表现形式上,全媒体将图、文、光、声、电等多种元素进行有机融合,从而立体、全面地将传播信息表现出来"[①]。二是媒体运营"全"。与传统媒体单一的渠

---

① 蒋晓丽:《奇观与全景——传媒文化新论》,中国社会科学出版社 2010 年版,第 2 页。

道、平台不同,全媒体是将所有的传播平台、媒体手段进行整合,建立一个统一、共通的大型传媒体系。因此全媒体报道已经不是传统媒体的单平台、单形态、单落点的报道,而是建立在多平台基础上的多形态、多落点的传播。总而言之,全媒体让信息无处不在、无所不及、无人不用,导致舆论生态、媒体格局、传播方式发生深刻变化。① 这些变化预示着全员媒体、全效媒体、全程媒体、全息媒体的新时代的到来。②

伴随着全媒体技术的广泛应用,越来越多的档案馆开始采用这项新媒体技术进行宣传和档案信息传播。例如,国内许多档案馆建立了自己的网站;一些档案馆还开通了微信公众号、微博等。随着全媒体浪潮的到来,我国的档案部门与时俱进,通过建立微信公众号、发微博等形式推进档案传播、宣传工作的展开。据名为"档案微平台研究"的微信号统计,全国已建的档案微信公众账号在 2017 年 1 月底已经达到 348 个。这表明微信公众平台作为新兴社交媒体,被广大人民群众所接受。

自媒体、全媒体技术在档案领域的广泛使用,使档案部门的信息传播形态拓宽、传播能力有了极大的提高;通过微信公众平台、微博等网络平台,档案部门可以直接向公众传递信息,极大地增强了文化传播能力。然而事物都有两面性,全媒体技术给档案部门带来便利的同时也带来了一定的风险。

首先,全媒体技术的应用使档案部门信息泄露的风险大幅增加。自互联网诞生以来,黑客攻击网站致使信息泄露、网站崩溃的例子屡见不鲜,档案馆信息传播同样面临这样的风险。此外,随着技术的进步,现在人们已经能够使用各种移动终端设备接入网络,随时随地地浏览网站、获取信息,档案信息泄露的风险进一步增加。一类是无意识档案信息泄露,即档案馆工作人员通过

① 搜狐网:《全媒体理念,时代所需》,2019 年 2 月 22 日,见 https://www.sohu.com/a/296363059_250573。

② 新浪网:《习近平的全媒体理念》,2019 年 2 月 19 日,见 http://news.sina.com.cn/c/xl/2019-02-19/doc-ihrfqzka7063323.shtml。

网站、博客、微博、微信等多种渠道进行日常的发布工作时,涉及馆藏信息泄露。因为这些看似不相关的、零散的信息遇到大数据时就变得至关重要。大数据是一种挖掘数据信息间内在联系的数据处理技术,利用其中的回归分析、决策树算法、神经网络算法、聚类分析等方法可以挖掘出这些"不相关"信息潜在的联系,导致信息泄露,而一旦被别有用心的人利用,就会产生严重后果,甚至威胁国家信息安全。另一类是有意识的档案信息泄露,通常为档案管理工作者,出于特殊目的使用手机等移动终端或智能设备,摄取馆内档案信息,随后将之带出馆外造成信息泄露;或直接将信息发送到微博、微信等公众平台,利用网络媒体使信息泄露。这些无意识或有意识的信息泄露风险,给档案部门带来了安全隐患。

其次,全媒体使得信息泄露事件一旦发生就难以销声匿迹。2000年以后互联网增加了信息共享的功能,这意味着信息只要被共享到互联网,就会飞速在网上传播蔓延。因此,一旦信息泄露,并被传至网上,档案馆便失去了对档案信息的控制,即便档案馆采取应急措施,将上传的源文件删除,这些信息仍然能够在互联网的某个角落找到。就像维克托的《删除》中诉说的那样:Google对我们的了解比我们自己能够记住的还要多。[1] "对于人类而言,遗忘是常态,而记忆才是例外;而随着数字技术的发展,这种平衡被打破……遗忘已经变成了例外,而记忆却成了常态。"[2]所以,档案馆在享受全媒体带来便利的同时,也要充分准备好对档案信息泄露突发事件的应对措施,尽可能降低这种风险带来的损失。

(四)日益严峻的网络与信息安全环境

伴随日新月异的信息技术发展,信息化和经济全球化相互促进融合,互联网融入社会生活各个领域、各个方面,已经成为国家发展的重要驱动力。正如

---

① [英]维克托·迈尔-舍恩伯格:《删除》,袁杰译,浙江人民出版社2013年版,第13页。
② [英]维克托·迈尔-舍恩伯格:《删除》,袁杰译,浙江人民出版社2013年版,第1页。

习近平所说,互联网是我们这个时代最具发展活力的领域,也是我们面临的最大变量。我国第 43 次《中国互联网络发展状况统计报告》表明,至 2018 年底,我国已经有 8.29 亿网民,占全国人口的 59.6%,手机网民也达到了 8.17 亿,占网民总数的 96.8%,可见,互联网深刻改变了人们的生产和生活方式。

但是,和其他高新技术一样,互联网也是一柄"双刃剑"。一方面,互联网技术造福人民,给工作生活带来便利,如视频通话、网络社交、物联网等的应用。另一方面,也带来诸多危害:隐私泄露、电信诈骗、国家信息安全等。从世界范围来看,网络安全的重要性日趋突出,网络安全已经渗透到文化、社会、经济、政治、生态、国防等多个领域。网络安全是关乎国家安全、社会经济稳定与人民利益的大事。党的十八大以来,我国确立了网络强国战略,加速了国内互联网普及,开拓了众多新型互联网业务。但是同时网络安全问题也日趋复杂。网络诈骗勒索等恶意攻击事件大幅增多,"网络武器库"泄露到网络空间后风险威胁凸显,应用软件供应链安全问题触发连锁反应等问题不断出现。而网络诈骗、侵害个人隐私、侵犯知识产权等犯罪行为屡禁不止,网络恐怖主义、网络监听以及网络攻击已经成了世界公害。一些国内外敌对分子企图分裂、遏制我国,使得我国的网络安全现状更加复杂①,特别是互联网技术在各行各业普及,意识形态和恐怖主义威胁与信息技术结合后给对我国信息管理等关键部门进行了广泛渗透,使信息安全工作的对象、领域、环境、手段发生了深刻变化。2013 年,美国斯诺登事件反映出美国不仅监听私人信息,而且还入侵其他国家的网络,网络攻击行动涉及全球超过 6.1 万顷的地区。② 美国棱镜计划的曝光表明我国的信息安全威胁不仅来自内部的违规非法操作,同时还面临外部入侵与攻击。

由于我国互联网技术起步较晚,基础设施建设的不完善以及核心技术掌握不足是国家信息安全建设面临的首要问题。美国利用其先进的信息技术主

---

① 周思远:《互联网+形势下党政机关信息安全问题研究》,《智库时代》2018 年第 48 期。
② 《斯诺登接受香港〈南华早报〉记者独家专访》,《南华早报》2013 年 6 月 12 日。

导世界互联网领域。① 目前,世界范围内的根服务器只有 13 个,其中,主根服务器只有一个,位于美国;其余 12 个辅根服务器中的 9 个在美国(欧洲 2 个,位于英国和瑞典,亚洲 1 个,位于日本)。此外,互联网名称与数字地址分配机构 ICANN 也设在美国。2016 年 4 月,习近平在网络安全和信息化工作座谈会上说明了核心技术的重要性:对一个互联网公司来说,不管它的规模、市值多大,如果核心原件依靠进口,那么就像是在别人的地基上建房子,不管房子多漂亮都经不起风雨。因此,我国必须加强对信息安全的自主可控。除此之外,国内的一些分裂分子、他国的间谍也在处心积虑地窃取我国机密信息、破坏网络信息安全。特别是档案部门,网页篡改、病毒传播、非法访问、黑客攻击等可能随时发生,再加上部分工作人员缺乏安全意识、操作失误等,网络信息安全已成为国家安全的关键因素。

当代社会,我国档案领域信息化建设也如火如荼开展。2005 年的《档案事业发展"十一五"规划》中就已经提出要加快档案信息化建设。原国家档案局局长杨冬权多次强调,充分利用互联网技术提高档案信息服务能力。② 当前,国内的信息化建设已经取得初步成效,数字档案馆、智慧档案馆项目等档案信息化建设也取得可喜成绩。随着档案部门信息化程度日益深化,一些潜在的安全隐患逐渐显现。比如,档案开发过程中的审核问题,档案馆数字化过程中的信息泄露问题,政府信息公开中涉及机密文件等。③ 2012 年底,广州某房地产公司曝出业主私人信息泄露的情况,这暴露出房地产行业对个人信息的储存、管理、保护不到位的问题。④ 不仅在国内,即使在发达国家,与信息档案安全问题相关的事故同样屡见不鲜。例如,1999 年,4.3 万份存于美国国家

---

① 连玉明、朱颖慧:《社会管理蓝皮书》,社会科学文献出版社 2013 年版,第 122 页。

② 百度文库:《中国档案信息化发展的现状与趋势》,见 http://www.idangan.com/Achievement_info.asp? id=273。

③ 杨冬权:《在全国档案局长馆长会议上的讲话》,《中国档案报》2014 年 1 月 7 日。

④ 中国广播网:《广州"房叔"泄密者被撤职 房地产档案馆致歉》,2012 年 12 月 22 日,见 http://sz.cnr.cn/szfwgb/shms/201212/t20121222_511617518.shtml。

档案馆的电子邮件丢失;①2009年,美国档案馆丢失克林顿总统时期存有工作人员和访客隐私信息的硬盘。② 这些案例无不证明高新信息技术环境下信息安全对于国家安全的重要性。

从我国的信息安全形势看,自改革开放以来我国经济迅速发展,取得骄人成绩,再加上长期和平的环境,部分人失去了居安思危的思想,这导致我国信息泄密事件高发。非授权用户拦截或监听、网络信息在传播途中被窃取、机密文件泄露的现象屡见不鲜。此外,我国自主研发的操作系统水平不高,大量依靠外国,使得我国的操作系统存在一定的安全漏洞。除以上这些外部因素,还会有人为失误导致的机密信息泄露,特别是在档案信息安全领域,目前我国档案相关部门和人员信息安全意识淡薄,在工作的过程中管理流程不规范,防范意识较低,监督机制不能落到实处,对于招聘的人员没经过筛选和保密培训,缺乏全面的档案安全管理思想,从而大幅增加了信息泄露的风险,一旦信息安全事故发生,就会给国家安全、社会安全、人民安全带来无法挽回的重大损失。

(五)日趋完善的社会政策环境

1. 国家日益重视信息与网络安全

互联网已经渗透到国民经济和社会各个领域,在给人类带来便利的同时也增加了信息泄漏的风险。保障网络信息安全成为关系国家经济发展、社会稳定乃至国家安全的重要战略任务。对国家而言,网络空间已逐渐成为继海洋、陆地、天空、太空四大空间之后的第五空间,以互联网为工具进行意识形态渗透会严重危害到国家的生存安全。

国家网络安全的关键就在于从顶层设计出发,制定网络安全战略并实施。

---

① 冯惠玲:《公共危机管理启示录——对SARS的多维审视》,中国人民大学出版社2003年版,第178页。

② 周颖:《美国档案馆丢失克林顿政府资料硬盘》,2009年5月22日,见http://article.pchome.net/content-887324.html。

我国政府对信息安全非常重视,相继发布了国家层面的信息安全战略与政策文件。2005 年至今,我国陆续发布了《国家信息安全战略报告》《2006—2020年国家信息化战略》《中华人民共和国国家安全法》以及《国家网络安全事件应急预案》,明确地宣布和阐述了我国对于网络空间发展和安全的立场和主张,对于指导国家网络安全工作、完善国家网络安全顶层设计具有重要意义。其中,2016 年发布的《中华人民共和国网络安全法》是国家网络空间治理的第一部专门性法律,是我国依法治网、确保国家信息安全的标志性事件,具有里程碑式的意义。

2. 信息安全保护政策相继推出

信息技术和网络技术飞速发展,在促进经济繁荣社会进步的同时,也带来了信息安全问题。信息安全是国家应急管理工作的重要组成部分,信息安全的保障要求不仅要保护信息本身的安全,同时也要应对不良信息引发的社会安全事件。

党和国家高度重视信息安全工作,先后推出了一系列重要决策和部署,相关法律文件数量多,涉及的行业和领域不断扩大,影响力不断提升。2000 年以来,国家相继发布了《互联网信息服务管理办法》《互联网上网服务营业场所管理条例》等相关文件,对网络平台上的信息服务工作制定了严格的制度约束。2003 年 9 月《国家信息化领导小组关于加强信息安全保障工作的意见》明确了信息安全保障体系建设的总体思路和要求,建立了国家网络与信息安全的政策框架,为各级地方政府的信息安全保障工作提供了方向。随后《电信和互联网用户个人信息保护规定》《计算机信息系统安全保护等级划分准则》《信息系统安全等级保护基本要求》《网络产品和服务安全审查办法(征求意见稿)》等一系列有关信息安全的相关政策和文件出台,为网络空间的安全管理提供了重要的立法、执法依据,对互联网信息安全保障工作有十分重要的意义,标志我国信息政策体系日趋完善。

3. 档案行业安全标准不断跟进

目前大多数的档案管理部门都有相应的规章制度,但由于受到以往档案管理思维的束缚及影响,制度中仍存在着不完善的问题。

目前,我国档案信息安全保障可以遵循的规范有《中华人民共和国档案法》《档案工作突发事件应急处置管理办法》《档案馆建筑设计规范》和《档案馆防治灾害工作指南》等,对如何有效地保护和利用档案,维护档案的安全与完整作出了明确规定。其中在有关数字档案安全保障方面,《电子文件与电子档案管理规范》《电子公文归档管理暂行办法》《CAD 电子文件光盘存储、归档与档案管理要求》《电子文件归档与管理规范》以及《缩微胶片数字化技术规范》等都从法律层面保障数字档案的安全。

这些标准自颁布以来,一直发挥着指导与规范作用,保障档案信息的安全,协调和解决在档案保护过程中出现的矛盾,更好地推动档案事业健康和可持续发展,但不足之处在于我国现有标准缺乏系统性和全面性,还未形成体系。特别是有关电子文件的形成、存储、传输、利用过程中的安全保密防范规范工作,安全管理措施还未落实到档案工作的各个环节,档案数据泄密,信息安全问题仍旧存在。具体而言,信息安全问题突出表现为档案法律与信息立法间整合度有待提高,缺少相互联系,导致档案管理实践中暴露出很多问题,相关的制度建设、法律建设、标准建设等方面的滞后问题亟待解决。表 3-1 为我国历年来档案安全标准举例。

表 3-1　我国历年档案安全标准

标题	批准日期	实施日期	起草单位
DA/T 4-1992 缩微摄影技术在16mm 卷片上拍摄档案的规定	1992/7/20	1992/10/20	国家档案局档案科学技术研究所
DA/T 5-1992 缩微摄影技术在A6 平片上拍摄档案的规定	1992/7/20	1992/10/20	国家档案局档案科学技术研究所
DA/T 6-1992 档案装具	1992/7/20	1992/10/20	国家档案局档案科学技术研究所 江西省档案局档案科学技术研究所
DA/T 7-1992 直列式档案密集架	1992/7/20	1992/10/20	沈阳档案局　沈阳飞机制造公司

续表

标题	批准日期	实施日期	起草单位
DA/T 11-1994 文件用纸耐久性测试法	1995/6/12	1995/10/1	国家档案局档案科学技术研究所
DA/T 15-1995 磁性载体档案管理与保护规范	1996/3/1	1996/10/1	国家档案局档案科学技术研究所 航天工业总公司档案馆
DA/T 16-1995 档案字迹材料耐久性测试法	1996/3/1	1996/10/1	国家档案局档案科学技术研究所
DA/T 21-1999 档案缩微品保管规范	1999/5/31	1999/12/1	国家档案局档案科学技术研究所 中国档案学会档案缩微复制技术委员会
DA/T 24-2000 无酸档案卷皮卷盒用纸及纸板	2000/12/6	2001/1/1	黑龙江省佳木斯市档案局
DA/T 25-2000 档案修裱技术规范	2000/12/6	2001/1/1	湖北省档案局
DA/T 26-2000 挥发性档案防霉剂防霉效果测定法	2000/12/6	2001/1/1	上海市档案局 上海市工业微生物研究所
DA/T 27-2000 档案防虫剂防虫效果测定法	2000/12/6	2001/1/1	国家档案局中央档案馆技术部
DA/T 29-2002 档案缩微品制作记录格式和要求	2002/11/29	2003/4/1	国家档案局档案科学技术研究所 中国档案学会档案缩微复制技术委员会
DA/T 38-2008 电子文件归档光盘技术要求和应用规范	2008/4/23	2008/7/1	国家档案局档案科学技术研究所 清华大学光盘国家工程研究中心
DA/T 43-2009 缩微胶片数字化技术规范	2009/11/2	2010/1/1	国家档案局
DA/T 44-2009 数字档案信息输出到缩微胶片上的技术规范	2009/11/2	2010/1/1	国家档案局档案科学技术研究所
DA/T 45-2009 档案馆高压细水雾灭火系统技术规范	2009/11/2	2010/1/1	上海市浦东新区档案局 上海市档案局 上海市消防局 上海东晓实业有限公司
DA/T 46-2009 文书类电子文件元数据方案	2009/12/6	2010/6/1	安徽省档案局 北京北大方正技术研究院有限公司
DA/T 47-2009 版式电子文件长期保存格式需求	2009/12/16	2010/6/1	安徽省档案局 北京北大方正技术研究院有限公司
DA/T 48-2009 基于 XML 的电子文件封装规范	2009/12/16	2010/6/1	安徽省档案局 北京北大方正技术研究院有限公司

标题	批准日期	实施日期	起草单位
DA/T 49-2012 特殊和超大尺寸纸质档案数字图像输出到缩微胶片上的技术规范	2012/11/15	2013/1/1	国家档案局档案科学技术研究所
DA/T 52-2014 档案数字化光盘标识规范	2014/12/31	2015/8/1	北京市档案局
DA/T 53-2014 数字档案 COM 和 COLD 技术规范	2014/12/31	2015/8/1	国家档案局档案科学技术研究所
DA/T 54-2014 照片类电子档案元数据方案	2014/12/31	2015/8/1	江西省档案局 国家档案局档案科学技术研究所
DA/T 55-2014 特藏档案库基本要求	2014/12/31	2015/8/1	国家档案局档案科学技术研究所 国家档案局馆室司 中央档案馆保管部
DA/T 56-2014 档案信息系统运行维护系统	2014/12/31	2015/8/1	国家档案局档案科学技术研究所 中央档案馆 沈阳东软系统集成工程有限公司
DA/T 57-2014 档案关系型数据库转换为 XML 文件的技术规范	2014/12/31	2015/8/1	国家档案局档案科学技术研究所 中央档案馆 沈阳东软系统集成工程有限公司
DA/T 31-2017 纸质档案数字化规范	2017/8/2	2018/1/1	国家档案局档案科学技术研究所 国家档案局信息管理中心 国家档案局技术部
DA/T 35-2017 档案虫霉防治一般规则	2017/8/2	2018/1/1	湖北省档案局 珠海市利高斯发展有限公司
DA/T 60-2017 纸质档案真空充氮密封包装技术要求	2017/8/2	2018/1/1	山东省档案局
DA/T 61-2017 明清纸质档案病害分类与图示	2017/8/2	2018/1/1	中国第一历史档案馆
DA/T 62-2017 录音录像档案数字化规范	2017/8/2	2018/1/1	国家档案局技术部 国家档案局档案科学技术研究所 北京中科大洋信息技术有限公司 上海中信信息发展股份有限公司
DA/T 63-2017 录音录像类电子档案元数据方案	2017/8/2	2018/1/1	江西省档案局
DA/T 64.1-2017 纸质档案抢救与修复规范 第1部分:破损等级的划分	2017/8/2	2018/1/1	中国人民大学档案学院 国家档案局技术部

续表

标题	批准日期	实施日期	起草单位
DA/T 64.2－2017 纸质档案抢救与修复规范 第2部分:档案保存状况的调查方法	2017/8/2	2018/1/1	中国人民大学档案学院 国家档案局技术部
DA/T 64.3－2017 纸质档案抢救与修复规范 第3部分:修复质量要求	2017/8/2	2018/1/1	中国人民大学档案学院 国家档案局技术部
DA/T 65－2017 档案密集架智能管理系统技术要求	2017/8/2	2018/1/1	河北省档案局 北京融安特智能科技股份有限公司 河北航安智能科技有限公司
DA/T 64.4－2018 纸质档案抢救与修复规范 第4部分:修复操作指南	2018/4/8	2018/10/1	国家档案局技术部 中国人民大学档案学院
DA/T 69－2018 纸质归档文件装订规范	2018/4/8	2018/10/1	国家档案局档案馆业务指导司 青岛市档案局
DA/T 70－2018 文书类电子档案检测一般要求	2018/4/8	2018/10/1	上海中信信息发展股份有限公司 国家档案局技术部
DA/T 71－2018 纸质档案缩微数字一体化技术规范	2018/4/8	2018/10/1	湖南省档案局 国家档案局档案科学技术研究所 湖南琴海数码股份有限公司

二、档案生态系统的内部微观环境

(一)档案建筑环境

档案馆是档案生态系统中保管档案客体最主要和最重要场所,因而其建筑安全是保障档案长久、安全、完整保护的最根本条件。我国自古以来非常重视档案馆建筑的设计,举世闻名的黄史宬、明代的后湖黄册库、汉代的石渠阁等皆是有力证明。档案建筑不仅要体现深厚的文化底蕴,更需要从功能上设计完善,最大限度满足档案保护的需要。因此,档案馆建筑既应该能初步抵抗地震、火灾、水灾、雪灾等自然灾害对档案的损毁,完成档案的快速转移,又能满足防盗、防水、防光、防空气污染、防有害生物、防尘等安全防护要求;与此同时,还应该跟上档案信息化的步伐,满足新型电子档案载体长期存储环境以及采取各种电磁屏蔽等措施。

　　党的十八大以来,我国对生态文明建设高度重视,作为生态文明建设的组成部分,绿色建筑理念应运而生。档案馆建筑是公共文化建筑的重要构成内容,因此一定要遵守"创新、协调、绿色、开放、共享"发展理念绿色环保理念,以维护档案生态圈的自然、和谐与可持续发展。我国制定的《绿色档案馆建筑评价标准》中对"绿色档案建筑"定义为:"在全寿命周期内,最大限度地节约资源(节能、节地、节水、节材)、保护环境和减少污染,为档案资料提供适宜、安全和便捷的存储空间,同时为档案馆建筑使用者提供健康、适用和高效的使用空间,并与自然和谐共生的档案馆建筑。"①绿色档案馆的建立使档案生态系统主体、客体、环境、建筑等协调发展,实现高效、低耗、经济、环保、集成与优化,从建设之初必须运用绿色生态理念,结合档案馆自身条件、定位、功能,合理采用被动节能与主动节能相结合的技术方案,最大限度地节约资源、保护环境和减少污染,实现档案馆建筑与自然环境和谐共生。我国档案界非常重视绿色档案馆建设。全国《档案事业发展"十三五"规划纲要》就提出档案工作要树立绿色健康的可持续发展理念。上海档案馆于 2011 年与国际档案理事会合作召开了关于绿色档案建筑的研讨会;2017 年全国绿色档案馆建设研讨会胜利召开。我国档案馆也逐步探索完成旧馆的绿色改造或者新馆的绿色建筑建设,如苏州工业园区的绿色节能档案馆、广州档案馆新馆建设都是典型成功案例。选择绿色低碳的档案馆址、绿色无污染的建筑材料,善用光伏发电、水空调、雨水回收等绿色节能技术,创造利于档案管理人员工作的绿色环境等举措,都是档案行业努力坚持绿色发展理念,实现绿色发展、循环发展、低碳发展的目标,也是维护档案生态圈良性发展的必经之路。

　　绿色档案馆建设的同时,伴随高科技发展,大数据、物联网、人工智能技术

---

　　①　中国国家档案局政策法规司:《绿色档案馆建筑评价标准》,2016 年 1 月 29 日,见 ht-tp://www.saac.gov.cn/gzcy/2016-01/29/content_128664.htm。

的不断发展,打造绿色、环保、节能、智能高度融合的智慧档案馆成为趋势。尤其是在"互联网+""智能+"的信息技术背景下,智能+库房,智能+档案设备,不仅可以改变原有档案库房环境,使库房环境更加绿色、健康,同时可以跟随时代发展,实现档案安全保管的智能化和智慧平台建设。

人工智能与大数据技术的深度融合,在不断推动社会进步的同时,也推动档案事业向前发展,不断实现档案馆的智慧化管理。人工智能技术在档案馆中的应用,不仅可以实现档案的智能化收集、分类、检索、提供利用等,更重要的是可以提升档案馆智能化安全防护的水平。日常档案管理工作中,指纹识别、人脸识别、虹膜识别等智能识别技术可以用于档案库房的门禁系统,加强入库人员的管理;智能监控技术可以用来实现对档案馆风险的动态监控,并且及时报警,以尽早发现档案安全问题,尽早采取预防措施,避免档案馆突发性灾害的发生;还可以利用智慧感知平台,对档案库房温度、湿度等进行智能调节,预测风险,从而实现对突发事件的有效预防。与此同时,将智能防火墙和智能入侵检测系统用于数字档案的保护中可以自主、智能完成病毒拦截和阻止网络攻击与安全审计管理等任务,从而保障档案生态安全。总之,绿色、智能、可持续发展的档案馆库环境是档案生态系统持续健康发展的重要条件。

(二)档案的理化生环境

影响档案生态系统安全的理化环境主要包括档案生态系统环境的温湿度、光照、灰尘、空气污染等因素。这些均是档案生态系统的常态环境,对档案安全影响很大。适宜的温湿度有利于档案的长久保存,根据《档案馆建筑设计规范》,我国档案馆库房温度控制在14—24℃,湿度控制在45—60%。高温不但能加速档案制成材料内部有害化学反应速度,而且加速环境中有害物质对制成材料的破坏作用。同样,高湿使纸质载体水解、字迹扩散,使各种载体生虫长霉等,破坏档案耐久性。随着科技发展,档案智能化库房建设,库房智能化温湿度调控成为可能,温湿度得到有效控制。光照可以给档案提供充足能量发生破坏性化学反应,而且有后效性,对档案的破坏更加持久,因此,档案保管工作一定要做好防光。此外,酸性或者氧化性污染气体如二氧化硫、二氧化氮、一氧化氮、氯化氢等有害气体与灰尘结合,不仅可以直接与档案载体发生各种化学反应,从而降低档案制成材料强度,而且容易引起档案粘连,形成"档案砖",对档案的耐久性影响巨大。关于雾霾对档案的影响,国家保护技术研究所荆秀昆曾撰文详细阐述。①

除此之外,生物因素如档案微生物与档案害虫,也是档案微观环境重要内容之一。霉菌是危害档案安全的主要微生物,不仅可以直接分解档案载体,而且霉菌新陈代谢过程中还会分泌有机酸,产生热量和纤维素酶,加速档案载体破坏,造成纸质档案粘连、字迹被遮盖等。国家档案局对我国纸质档案的霉菌种类情况进行调查,发现霉菌 23 属 92 种。近年来,档案保护研究者发表多篇论文探讨霉菌对档案的破坏。陶琴等对常见的霉菌如杂色曲霉、黑曲霉、产黄青霉、木霉等霉菌菌落进行研究,并提出利用环氧乙烷霉菌法与新洁尔灭消毒法等进行霉菌治理。② 档案害虫可以直接取食档案。陶琴等对档案窃蠹、烟草甲、毛衣鱼与薪甲科昆虫等档案馆常见害虫进行分析,并提出采用低温冷冻杀虫、真空充氮等无公害方法进行治理。③ 荆秀昆探讨了微波杀灭档案害虫的利与弊,详细阐释了微波杀虫的由来与原理,并指出,最好使用无公害方法杀虫,特殊情况可利用微波设备干燥水浸纸质档案或进行杀虫灭菌。④

档案理化生环境是档案生态系统档案客体依赖的基础环境,必须予以重视,采取各种手段控制在利于档案长久保存的范围内。

---

① 荆秀昆:《雾霾的产生及对档案的影响》,《中国档案》2014 年第 4 期。
② 陶琴:《霉菌对档案的危害及其防治技术研究进展》,《档案学通讯》2013 年第 6 期。
③ 陶琴:《档案害虫的危害性分析与综合治理对策》,《档案学研究》2014 年第 2 期。
④ 荆秀昆:《微波杀灭档案害虫的利与弊》,《中国档案》2015 年第 4 期。

第二节　档案生态系统主体的影响

　　档案生态系统主体指的是档案生态系统中所有与档案活动有关的组织或者个人,这些主体是档案生态系统流通的重要节点,扮演的角色不同,主要包括档案形成者、档案管理者、档案消费者与档案监管者。① 由于档案生态系统的主体——人,有思想、有独立行为能力,是最具有主观能动性的角色,因此,对于档案生态系统及其安全的影响也是最大的。一方面,档案生态主体对档案生态宏观环境与微观环境产生有利与不利影响,如,制定社会与行业的管理制度、政策、法律法规与标准,创造良好的档案客体微观环境,从而保障档案生态系统各项活动有条不紊地进行,保障档案客体安全。另一方面,档案生态主体出于各种意图刻意或者不自觉地采取的各种行为,对社会环境、自然环境等档案生态系统的宏观与微观环境以及档案客体产生不利影响,影响档案客体长期存储。篇幅有限,本书仅探讨档案生态主体对档案生态系统安全的不利影响。

一、档案生态系统主体安全意识影响档案生态系统安全

　　我国档案行业一直以来非常重视档案安全的保护,也采取了系列措施。一年一度的档案局馆长会议上,档案安全保护问题是一直被强调的重要问题。近年来,我国档案行业出台了系列档案安全标准、文件,以指导档案实践部门的安全工作。2018 年 12 月,国家档案局办公室发布了《档案馆安全风险评估指标体系》,以提高档案安全风险与保障能力;2019 年初,针对深圳档案中心的火灾事件,国家档案局印发了《关于深入开展档案安全检查的紧急通知》,文件指出各级各类档案机构都要对档案安全性进行全面、深入地检查,积极采

---

① 　马晴、魏扣、郝琦:《档案生态系统构成要素及其关系研究》,《档案学通讯》2016 年第 6 期。

取有效防范风险措施,切实做好应急工作。

　　档案生态系统安全分为常态安全与非常态安全。通过调研发现档案生态系统主体对于常态安全与非常态安全的重视程度与均衡度需要进一步提升。从理论角度来看,目前学界关于非常态安全保护的研究,也就是关于档案部门突发事件应对、应急抢救的相关研究,相对于档案常态安全保护研究来说还较少。非常态档案保护与常态档案保护都是档案生态安全保障的重要构成内容,缺一不可。尽管档案生态系统突发事件的发生概率较常态安全事件小,但是一旦发生,对档案安全就是致命打击,无可挽回。因此,应对突发灾害的意识丝毫不能松懈;科学技术发展迅猛,档案学者更应该进一步关注"互联网+"、大数据等新技术环境下的各种潜在风险引发的破坏档案的突发事件,做到未雨绸缪,提高应急管理效率,减少档案的损失。因此,进一步加强研究非常态安全保护问题、运行机制、标准、法律法规构建与完善问题不容忽视。总之,档案安全体系框架中各部分内容的研究均衡发展,有益于我国档案生态安全的长期保障。

　　从实践角度来看,通过走访调查和问卷调查了解到,目前我国档案生态系统主体——各级档案机构领导以及工作人员都对档案安全保护的重要性有所认识,但是在日常具体工作的落实上却存在一定差距,这是造成档案安全性不高的最主要原因。故宫博物院的被盗事件就是一个极有说服力的案例,值得档案行业反思。故宫博物院在 2011 年有 7 件文物被盗,这 7 件文物都是临时参加展览的展品,总价值超千万人民币。故宫博物院为了防止文物被盗采取了多种方式,内部安装了 3700 个烟感探测器、400 多个摄像头以及 1600 多个防盗报警器,①更有人防、技防、犬防、物防四道防线,但是文物被盗事件仍然发生。由此可见人在安全保护工作中扮演极为重要的角色。事实上,档案生态安全保护在很大程度上依赖生态主体自身的安全意识,如果生态主体自身

---

　　①　张建中:《要用"心"去抓档案安全——从故宫文物被盗想到……》,《中国档案》2011 年第 7 期。

没有较强的使命感与责任感,对周围环境中存在的危险因素的感知不够灵敏,那么就很有可能留下安全隐患,给系统安全造成严重的威胁。档案生态系统的生态主体的安全性主要受到两个因素的影响,主体的素质和主体的用心程度。在课题组调研时发现,有的档案工作人员就坦诚表达,不会操作基本的灭火设备;对档案危险源认知不足,对应急抢救知识不熟悉等。而调研数据显示,90%的受访档案馆认为,档案人员素质与档案安全系数密切相关,且档案馆的安全隐患主要在于档案管理人员档案业务人员安全意识缺乏,保护技术还有待提高、应急技术缺失等。这些人的因素,直接或间接影响档案生态系统安全。

必要的安全意识对于图书馆、档案馆、博物馆的安全均起到举足轻重的作用。2015 年初莫斯科社会科学信息研究所图书馆发生火灾,面积近 1000 平方米的房顶坍塌,15%的藏书被焚,包括大量古籍、联合国和世界各国近代国会文件等珍贵资料,其中有很多书籍资料因没有完成数字化而无法恢复。调查结果表明引起火灾的原因可能是电路发生短路。有报道显示,该图书馆在 2013 年就曾被消防部门认定建材不合格,建筑内无消防栓。俄罗斯图书馆、档案馆经常会失火,其救火设施不健全、防火意识淡薄是导致火灾频繁的原因。而究其根本原因,还在于国家图书馆、档案馆等部门对于火灾等突发灾害不够重视,缺乏必要的安全意识,从而造成无法弥补的损失。[1]

根据课题组的调研结果,目前我国档案机构对档案安全工作重视程度有了进一步提高,但是对于常态安全的保护重视程度高于非常态安全。究其原因,人们更重视自己亲眼看到的,只有自己经历的灾难才会印象深刻,对于还未形成突发灾难的潜在的风险不够敏感,缺乏风险防范意识。

二、档案生态系统主体行为影响档案生态系统安全

档案生态系统主体直接参与客体形成、传递、保管、服务、数字化长期保

---

① 新浪网:《莫斯科百年图书馆遭遇火灾》,2015 年 2 月 2 日,见 http://news.ifeng.com/a/20150131/43068544_0.shtml。

存、保护等各个环节的活动。在此过程中，即便有安全保护意识，但是出于个人能力、知识范围、主观意愿等多个方面，会采取有意或者无意的行为，引起突发灾害，损害档案的安全，甚至对档案生态系统客体造成毁灭性的破坏。实践中许多档案生态系统的突发事件均由主体行为失当引起。例如，火灾是档案机构最具破坏性的危险，档案馆火灾的发生大都由生态主体有意无意的行为引起。通过课题组的问卷调查发现，各个档案馆一致认为火灾是档案馆最可能发生的灾害，不管是自然还是人为因素引起。国家档案局课题组曾经作过调查，我国 26 个省、市、区档案部门均发生过火灾，占全部的 83%。[①] 1998 年12 月，我国某档案馆发生的重大火灾导致几千卷档案化为灰烬。

这些事件的发生，除少数是由于雷电引起，其他大部分均属于电气火灾，而电气火灾发生的根本原因是图书、档案、文物保护主体在日常的管理与保护工作中，没有做到很好的监督管理，也没有对主要的设备进行安全排查，并且未采取措施预防相关事故的发生，归根结底还是保护主体"人"的行为问题。

对于档案生态系统中的数字档案，目前档案工作人员在信息安全保障方面的意识不强，在查询信息和读取信息等工作过程中还有很多不足，系统主体因技术不到位或者操作不当，更容易由于无意识操作而引起数字档案的信息泄露、篡改、受损与丢失。

为了了解我国档案生态安全主体现状，笔者在课题研究过程中两次在全国范围内选取有代表性的不同地区、不同级别、不同类型的档案馆进行问卷调研或实地走访。这些档案馆在地域上，东、西、南、北、中部地区均有涉及；层次上，有国家级、省级、市级、县级档案馆；类别上，有国家综合档案馆、企事业档案馆、高校档案馆等。

通过 2015 年的分析访谈和问卷调查结果可以发现，在关于工作人员对档案馆突发事件应急管理的态度的调查中，65.8% 的档案馆工作人员认为对应

---

① 蔡学美：《档案馆灾害防治研究》，《中国档案》2000 年第 11 期。

急管理工作应该高度重视;26.3%表示应急管理工作是有必要的,但是重视程度无须过高;只有2.6%的被调查对象认为没必要进行应急管理,因为出现突发事件的可能性不大。由此可见,大部分档案馆工作人员对应急管理的重视度较高,对应急管理的重要性与必要性有一定的认识。但是更进一步的调查结果表明很多档案馆并没有真正落实安全保护工作,尤其是非常态安全保护工作往往浮于表面,针对很多工作细节的回答都能反映出档案馆的非常态保护工作不够细致,还需要进一步加强。例如,39.5%受访者表示档案馆没有专门负责档案保护的人员,44.7%的受访者表示档案馆开展了档案突发事件应急抢救工作;73.7%的被访对象表示档案馆并没有开展风险评估工作;50%的被访对象表示档案馆没有专人负责组织突发事件应对;在关于档案馆应急工作是否责任到人的调查中,有超过一半的被调查对象没有填写,有2%左右的被访对象表示档案馆的应急工作责任虽然分配到个人,但是责任描述并不明确,还有接近8%的被访对象表示往往是在发生突发事件之后才分配责任,仅有不到2%的被访对象表示档案馆的应急工作实现责任到人,并且每个责任人对自己的责任比较明确。21.1%的被访对象表示档案馆安排了不定期应急知识培训,15.8%的被访对象表示档案馆定期为工作人员提供培训,34.2%的被访对象表示没有应急预案、应急抢救知识培训。28.9%的被访对象表示档案馆按照应急预案定期进行演练,28.9%的被访对象表示档案馆虽然组织开展了应急演练,但次数较少。在关于档案馆是否针对突发事件的预防工作设置专门款项的调查中,仅有20%左右的被访对象表示档案馆为突发事件预防工作设置了专款。在关于档案馆专项应急经费在总支出中占比情况的调查中,约8%的被访对象表示档案馆的专项应急经费支出在总支出中的占比在10%到30%之间,有接近16%的被访对象表示专项经费支出占比低于10%。在关于如何提升档案馆突发事件的应急水平的回答中,81.6%认为应急意识需增强,71.0%认为需要增加专门的业务指导,50%认为"行业内缺乏统一规范化管理"。

而通过2019年初的第二次问卷调研发现,在国家档案局的领导下,档案实践部门的档案安全意识有了很大提高。

关于档案安全保护部门设置,近半数的档案馆专设档案安全保护管理部门并专人负责,一部分由档案保护技术科室(如档案保护处等)兼顾负责,仍有30%的档案馆未专设部门负责档案安全保护工作。档案安全制度方面,90%以上的档案馆有成文的档案安全保护制度,内容明确,或在整体档案规划中体现;少部分档案馆未制定成文的档案安全保护制度。档案馆多采用基础安全保护措施来保障档案安全,如异地备份制度、问责制度、保密制度、密级保护、监督制度,来控制业务风险,但隐私分类与保护、灾难恢复系统建设这两项措施只有少数档案馆有应用。

常态档案安全保护工作开展方面,日常基础保护工作开展充分,如库房温湿度、光线、空气质量有害微生物与档案害虫控制,档案修裱、数字化,数字档案资源长期保存,档案突发事件应急抢救管理,异地备份,这些工作均包含在日常档案安全保护工作内。而在档案网站、微博的安全访问保护、纸质档案脱酸方面的工作略显不足,只有少数档案馆将其作为日常保护工作内容开展。档案安全保护制度内容还欠全面,档案安全威胁因素多种多样,但相关制度设计显得单一、粗放。

数字档案保管方面,多数档案馆数字档案资源由本单位信息技术部门管理,少数外包交由云服务商管理。可以看出档案馆比较重视数字档案的安全保护,馆内均有涉密机房与防电磁泄漏措施,机房内有明确的环境安全管理以及人员安全管理制度,数字档案配有专用的数字存储介质、配有专业的网络端口安全防范系统与设备等其他保护措施。然而多数档案馆仍认为关于数字档案安全技术与数字档案安全管理方面的档案安全保护措施还有待提高。随着信息技术高速发展,媒体环境日益复杂,风险源也愈加多样、风险等级逐渐提高,档案馆内关于数字档案安全技术与数字档案安全管理方面的安全保护措施还有待提高,在数字容灾方面,只有个别档案馆能够实现。同时也必须加强应急管理,从技术维与管理维两个层面保障数字档案资源的安全。

档案馆对档案保护工作的投入,每年对档案保护技术的投入占馆内总投入的10%—30%的档案馆占比为70%,每年对档案保护技术的投入占馆内总投入的30%—50%的档案馆占比为30%。

档案安全隐患排查、宣传、培训工作方面,被访档案馆均定期进行档案安全检查,70%的档案馆已开展档案安全风险评估工作,定期开展档案安全宣传与培训工作,但当问到培训频率时,多数选择每年1次或者2次,少数每年3—4次或每季度1次。

应急预案制定方面,为应对档案馆突发事件,被访档案馆均认为档案应急预案的制定、修订和维护工作应由专人负责,且95%的档案馆已制定独立完整的档案馆突发事件应急预案,但这些档案馆中将应急预案向当地党委和政府、有关主管机关和上级档案行政管理部门备案的只占62%。

应急预案制定时间不超过3年的档案馆占68%,应急预案更新周期不超过3年的占80%。17家档案馆中仅有1家的应急预案在网上公开,其余仅在馆内工作人员中公开。全体员工100%掌握预案内容的档案馆占56%,部分员工能掌握50%以上预案内容的档案馆占44%。应急预案的适用范围多是火灾、水灾、地震、台风、偷盗等传统灾害,对于数字灾害、泥石流、火山爆发等却较少涉及,预案适用范围较狭窄,同时,预案内容也较为简单,针对性有待提高。

突发性事件事先预防、预案执行、事后评估方面,仅有半数受访档案馆按照应急预案组织定期应急演练,其余档案馆则很少组织或从未组织。在档案馆突发事件发生时,95%的档案馆有专门领导负责应对突发事件的组织工作,且应急工作责任到人,但档案馆人员对自己具体所负责任并不完全明晰。档案突发性事件发生后,对馆内应急管理工作进行专门评估的档案馆仅占60%。有75%的档案馆认为应急预案对突发事件应急抢救起到的作用非常有效,其余则认为效果一般。多数档案馆对馆内的突发事件应急管理工作持积极态度,认为非常必要,必须加强,但仍有部分档案馆认为这项工作应该做,不过重视程度不用太高。档案部门开展安全防范工作的重点仍然是局限于基础"八防"工作,对灾害的严重性与多样性估计不足。

档案馆对实际应急能力评估不足,突发事件发生后评估工作的缺失将导致档案馆对应急行动能否达到预期效果或取得效果的程度认识不足,极易忽略潜在危险,或者导致对应急资源完备程度与应急管理能力高低的误判。构建系统完整的应急管理评价体系从而实现对应急管理的"全程管理",形成前后衔接紧密的链条式应急管理业务流程,是当务之急。

在应急管理资金投入方面,仅半数档案馆设有专门款项支持开展档案馆突发事件的预防工作,款项经费在档案馆总支出占比较低,投入不足。由此可见,多数档案馆没有设立专门款项支持相关工作,国家综合档案馆资金来源主要是财政拨款,对于一般组织机构的档案部门,更是没有专门来源渠道。由此可见,我国档案机构欠缺多渠道的应急管理资金筹措机制,目前这种单一的资金运作方式往往无法满足突发事件来临时应急物资的及时供给。

根据两次调查结果发现,我国档案馆的生态安全与应急管理工作还存在诸多不足。尽管相关制度已经制定,但在实践层面上,工作人员并不是都熟悉自己所担负责任,对突发事件发生及其带来的危害认识不足,而且抱有侥幸心理,从上到下应急管理工作受重视程度还有待提高。档案馆需要把相关规定真正落实到行动层面,推动档案管理者同等关注档案常态安全与非常态安全,从而做好日常工作中的档案安全保护与各种突发事件前后的档案安全防护。

第三节 档案生态系统客体的安全

一、实体档案制成材料丢失与损毁

档案生态系统中的客体档案,受到生态环境与主体的影响,可能会发生各种安全事件。对于实体档案,一方面由于一切物质都处于不断发展变化之中,在保存过程中,随着时间的推移,势必受到周围理化生因素影响,各种性能会逐渐下降甚至损毁,称之为自然老化。比如,纸质档案由于发生氧化与水解反应,纤维素降解而耐久性下降;由于沾染灰尘污染物等而使纸张粘连形成"档案砖";受到有害微生物与生物侵蚀而发生降解或损毁;字迹由于受高温高湿、污染气体影响发生褪色、变色、扩散、转移等;胶片档案的影像层褪色、变色、形成色斑,甚至由于高温高湿而脱落、粘连;胶片档案的片基出现形变、污染等;磁性载体档案的底基老化、脆化、变形、断裂等,磁性载体材料出现脱落、剩磁、复印效应、信号丢失、噪声干扰、霉变等;光盘档案盘面出现形变、沾染灰尘等。这些现象虽然是由自然原因导致,但是档案管理人员通过加强档案的日常保护工作,提高保护技术水平,可以避免。

另一方面,由于人为因素导致档案的丢失与损坏。例如,档案生态系统主体在保管、利用过程中不小心对档案造成机械损伤,利用时沾染污斑、划伤光盘盘面;修复方法不当导致档案受损;甚至在利用时有意破坏档案、偷盗档案;突发火灾造成对档案的焚烧等。

不管是自然原因还是人为原因,为了维持生态系统安全持续发展,必须加强管理与新技术研发与应用,以应对突发事件对档案的损坏。

二、数字档案信息与系统安全风险

首先,与传统载体档案相同,不良环境可以导致数字档案存储载体损坏,信息丢失。比如,高温、高湿、灰尘、静电等环境,霉菌虫害、火灾、水灾、地震等灾害导致意外断电,电磁干扰、电磁辐射造成的信息泄露与丢失。

其次,由于数字档案对软硬件依赖程度高,因此软硬件各种故障都会对数字档案造成严重损坏。第一,档案存储载体损坏。档案不能脱离所有载体而单独存在,这一特性决定了对档案信息安全关注时不仅要注意信息,还要关注档案所依附的载体,特别是当数字档案所依附的载体遭到灭失或损毁,数字档案信息也将不可避免地遭到损坏或丢失。对档案载体的关注是档案信息安全的重要一环。通常而言,作为物理存在的档案载体因其设计目的、材料限制、保存环境等,其使用保存寿命是有限的,故相关研究对数字档案信息资源的载体安全问题给予特别关注。第二,信息系统不兼容。近年来信息技术发展速度极快,数字档案信息系统的兼容性有待进一步提高,导致数字档案信息在迁移时其原始性、真实性、完整性、可靠性以及可读可用性都受到影响。[①] 此外,计算机软件与硬件环境也会对档案的安全性产生影响,数字档案安全受到来自传输层、网络层以及物理层等多个层次的威胁,档案信息安全保障还需要进一步加强。

再次,计算机病毒感染。计算机病毒是数字信息系统的重大威胁,指的是能够执行的程序代码,可以攻击计算机的各个层面,有显著的攻击性、潜伏性和传染性特征。[②] 病毒一旦感染计算机网络就会对其运行产生影响,甚至会使系统直接崩溃,直接导致系统内部信息泄露或者丢失。此外,随着科技技术更新换代,威胁信息安全的风险因素越来越多,除木马植入和病毒入侵以外,系统运行故障等也会对档案数据产生破坏,对档案安全造成威胁,因此对数字档案的保护和防灾应该得到档案部门的高度重视。

最后,数字档案的人为风险。对于数字信息安全保护,三分技术,七分管理。而管理的主要因素首先就是数字档案信息的形成者、管理者与利用者都是具有主观能动性的人。对数字档案安全的威胁首先来自内部工作人员的风险。比如,档案生态系统主体人有意对信息系统进行恶意破坏、盗窃机密信息进行篡改;工作人员由于操作技能不足,缺乏责任心而使信息丢失或者泄露。其次就是档案生态系统外部黑客的恶意攻击。随着高价值信息越来越多,档案信息系统的价值随之增加,很多黑客将攻击目标转移至档案信息系统,黑客

---

① 王少红:《大数据时代下计算机网络信息安全问题研究》,《信息技术与信息化》2018 年第 11 期。

② 胡红霞:《档案馆自然灾害防治工作存在的问题分析》,《兰台世界》2012 年第 2 期。

在攻击成功后对档案进行信息内容的篡改、删减等操作,对档案信息的真实性产生影响,给档案信息系统造成极为严重的损失。[1] 此外,黑客还可以从档案信息系统获取海量的数据信息,使得信息泄露,产生难以预估的后果。

档案生态系统的三大主要构成部分——档案生态系统主体、档案生态系统客体,以及档案生态环境,相互作用,相互影响,共同决定了档案生态安全的状态。任何一个要素的任何一个环节出现问题,都会影响到整个系统的良性运转,破坏系统的安全。因此,在理论上应进一步加强对这几个要素作用机理的研究,在实践中更应该时刻予以关注,以保障档案生态安全持久健康运行。

---

① 戴玲:《电子档案安全存储及备份的技术选择》,《兰台世界》2011年第9期。

第四章 档案生态安全机制构建

档案生态安全保护具有较强的完整性和系统性,要构建档案生态安全也需要从全局出发,打破已有的节点控制,实现整个生态系统的无缝贯通。本章将对档案生态安全保护理论进行探讨,从脆弱性管理与应急管理两方面构建档案生态安全机制。

第一节 档案生态安全保护理念

档案生态安全包括常态安全与非常态安全,因此档案生态安全保护就需要实现常态安全保护与非常态安全保护。做好常态安全保护,需要识别档案系统的脆弱性,做好风险管理;而做好非常态安全保护,不仅需要在档案的日常维护中,注意减少引发突发事件的风险,更需要在突发事件来临时真正做好应急管理工作。在已有的研究成果中,档案安全保护过程中风险管理与应急管理的关系经常被割裂,往往片面强调阶段性任务,从而影响生态系统整体安全保护效果。档案生态系统常态化安全管理是非常态化安全管理的重要基础,因此应扩大档案应急管理理论的研究范围,正好与档案生态安全的目标实现良好契合。

一、档案生态系统突发事件与风险的概念辨识

美国学者 Allen H.Wiliett 首次将"风险"定义为"消极或者负面事件的不确定性"①。富兰克·H.奈特认为,风险指的是已知结果概率分布函数的不确定性,也就是可以预测但是不能确定的状态,不确定性则是指不能预测也不能确定的状态。② 美国教授 C.A.小威廉和 R.M.汉斯强调了不确定性与风险的区别,指出不确定性是指人们在认识或识别风险过程中的主观判断,风险则是指一种客观存在的状态。美国学者马伯莱认为"风险"可分为投机风险和纯粹风险③,纯粹风险强调的是其带来的损失,而不可能带来收益。本书中所述的风险就是纯粹风险。纯粹风险是客观存在的风险,无法消除,只能通过一定的方法将其控制、减缓或者转移。根据 ISO 2002,风险指的是某种事件发生的概率以及可能造成的影响的组合,风险的本质特点就是其危害性与不确定性。

风险由突发事件、损失与风险因素三个要素共同组成,其中突发事件是将潜在损失变成实际损失的直接原因;损失指的是风险所致的各种有形或无形损失;风险因素是指造成潜在损失的客观状态或者条件,三者之间的关系如图4-1所示。

风险与突发事件和危机之间既相互联系紧密,又相互区别,具体见图4-2。风险只是表达某一事件还未发生损失的可能性;危机的实质则是风险导致的已经发生的事件,从这个角度来说风险是产生危机的原因。只是这种因果关系是潜在的关系,只有在突发事件发生之后才会显现。危机的产生是

① Allen H.Willett,"The Economic Theory of Risk and Insurance",*The Economic Journal*,Vol.46,No.12,1902,pp.240-242.

② [美]富兰克·H.奈特:《风险、不确定性及利润》,王宇、王文玉译,中国人民大学出版社2005年版,第36页。

③ Alan Waring,A.Ian Glendon,"Managing Risk:Critical Issues for Survival and Success into the 21ˢᵗ Century",*Risk Management*,Vol.1,No.3,1999,pp.71-72.

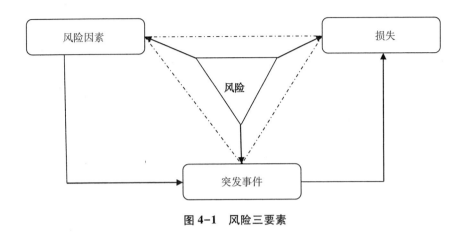

图 4-1　风险三要素

当风险积累到一定程度从而引起突发事件的爆发。所谓"冰冻三尺,非一日之寒",要避免损失严重的危机,对风险进行管理非常有必要。

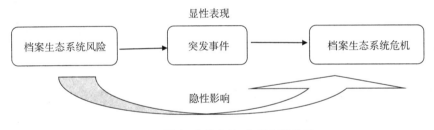

图 4-2　风险、突发事件、危机间的关系

档案生态系统的风险无处不在,比如有档案馆库选址处于不安全地带,库房墙体材料使用不当,消防设备不完善,电气设备老化,档案管理流程不规范,系统主体安全意识薄弱、技术水平低等,这些都是档案生态系统存在的风险,但却不是危机事件。只有库房受到地震、火灾的影响出现档案馆墙体坍塌、电气设备的线路老化引起火灾、工作人员缺乏安全意识导致信息泄露等情况下,危害档案安全的突发事件发生且严重损毁档案馆及馆藏档案,才属于危机事件。随着档案生态系统的运转,如果风险管控缺失,风险因素不断累积,出现档案生态系统危机的可能性也就增大。

综上所述,危机事件与风险、突发事件的含义接近,又有明显区别。本书通过对其含义进行辨析,使研究对象即档案生态系统突发事件的含义更加明确,从而说明风险管理与应急管理应该融合统一的必要性。

二、档案生态安全的实现——风险管理与应急管理的融合统一

如前所述,档案生态安全的实现需要做好常态安全与非常态安全。通过风险管理可以确保常态安全的实现,而通过应急管理可以实现非常态安全。因此,档案生态安全的实现,是风险管理与应急管理的融合统一。

(一)应急管理与风险管理的含义辨析

1. 应急管理含义解析

国内学者对应急管理的含义并无统一界定,很多学者从不同的研究视角对应急管理的含义加以阐述。从字面来看,应急管理中"应"指的是应对,"急"指的是突发事件,应急也就是指针对突发事件采取的包括预防、处置、抢救、恢复等在内的活动总称。钱秀槟等提出,应急管理是紧急情况下采取的系列措施,目的是尽快结束紧急状态。[①] 计雷与唐承沛等观点一致,均认为应急管理是突发事件预警、控制和处理的一系列过程。[②]

毫无疑问,应急管理是一种管理活动。学者斯蒂芬·P.罗宾斯等认为管理活动的本质就是为了与别人共同实现某种目标而进行的各种活动的协调。[③] 因此,可以将应急管理含义理解为"尽可能地减少突发事件造成的损失而采取的系列协调活动"。对档案生态系统而言,应急管理的终极目标就是保护档案资

[①] 钱秀槟:《政府网络与信息安全事件应急工作指南》,中国标准出版社2012年版,第9页。

[②] 唐承沛:《中小城市突发公共事件应急管理体系与方法》,同济大学出版社2007年版,第51页。

[③] [英]斯蒂芬·P.罗宾斯、玛丽·库尔特:《管理学(第七版)》,孙健敏译,中国人民大学出版社2004年版,第7页。

源的安全。因此,如何采取系列协调活动、提高管理效率是我们的关注点。

根据以上定义,应急管理的含义可以理解为"为了有效处置突发事件、减少损失而在突发事件的事前、事中以及事后采取的应对措施和手段"。这种含义表述强调具体的过程,但是没有从源头概括应急管理的本质,忽略了事件发生的相互联系。按照上述理解,应急管理就是忙于应对和处置已发生的突发事件,出现"房屋倒塌之后去应急救人,发生火灾之后去应急救火"的现象。在我国的档案管理实践中也存在诸如此类的问题。尽管很多档案馆已经意识到应急准备工作的重要意义,并且已经开展了部分应急准备活动,希望以此减少突发事件造成的损失,但是往往集中于对可预见的突发事件的应对,比如对发生过的突发灾害进行应急预案与应急资源准备等。这种工作缺少对突发事件产生原因的分析,导致应急管理工作无法取得预期效果。整体而言,我国当前档案馆的应急管理工作普遍存在"头痛医头、脚痛医脚"的情况,很少能做到追根溯源,从根本上预防、遏制灾害性突发事件发生。以火灾为例,绝大多数档案馆都配备了灭火设备,还针对火灾制定了专门的应急预案,还有档案馆组织工作人员开展应急培训,这些应急准备工作的确都有助于应急抢救成功率的提升。但是更进一步思考,如果对引起火灾的各种安全隐患进行分析、排查和总结,有针对性地做好预防工作,避免火灾,这样岂不是更加卓有成效?

2. 风险管理含义解析

风险的发生是由从致灾因子到产生风险源,进而导致风险,再到突发事件,最后到危机的过程。因此风险管理的实质就是管理相关风险,包括对风险发生规律的研究以及风险控制等,根本目的就是尽可能地降低风险。

对档案生态系统而言,风险可能存在于档案的归档、接收、征集、分类、保管和利用各个过程中,尤其是信息时代数字文件的脆弱性等性质使得人们对风险管理日益关注。风险管理就是对风险因素的识别、制定风险防控策略等过程,目的在于避免危害性较大的突发事件出现,尽可能地维护档案安全。风险管理在档案领域的应用是在参照其他领域研究成果基础上产生的。风险管理要想达到预期效果,就须做好突发事件的风险识别、风险评估以及风险控制等各项工作。突发事件同样是应急管理的对象,因而风险管理与应急管理二者之间既相互联系,又相互区别。风险管理过程中对风险源的辨识、风险评估等环节也是应急管理工作的重要构成内容。

档案生态系统的风险意识决定了其对风险的敏感度,也直接影响应对突发事件的能力。因此档案生态系统持续关注隐性常态风险并积极采取措施寻找风险源,就能很好将其扼杀在摇篮中,阻止风险源发展成为突发事件,从根本上杜绝危机的发生,减少损失,做到"有备无患"。这是"标本兼治"的应急管理理念,具有更强的主动性,可实现低成本、高效率的管理。

本书采用领结图对档案生态系统风险管理的作用原理进行说明,详见图4-3[①]。由图可知,档案生态系统的突发事件之前的风险控制与管理,"预防型"安全栅可以大大缩小危险源进一步发展成为突发事件的可能性,这样良

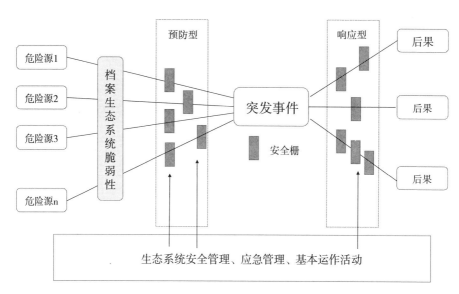

图 4-3　档案生态系统风险管理的"领结图"

---

① ［挪威］马文·拉桑德:《风险评估》,刘一骝译,清华大学出版社 2013 年版,第 91 页。

好的前端控制可以改善应急管理水平。然而,一旦系统的突发事件已经发生,即使采取应急措施,"响应型"安全栅发挥作用,突发事件带来的破坏性影响也不会马上消失,反而会呈惯性增大,增加应急管理的难度。

(二)应急管理与风险管理的辩证统一

风险管理、应急管理以及危机管理是既有区别又有联系的连续统一整体,在实践管理工作中不能割裂对待。虽然突发事件发生的频率不高,但却具有非常强的不确定性,应对突发事件的应急管理工作需要贯穿于所有的档案常态工作与非常态工作中。档案常态安全保护工作中应该体现应急管理的准备要素,将档案常态安全保护与应急管理过程前端融合,才能为非常态应急管理工作的展开奠定良好的基础。只有这样,两个环节相互融入,才能全方位提高档案生态系统应急管理的水平,从而达到保障安全的目的。

突发事件是档案生态系统风险变成危机的触发因素,对突发事件的应急管理也因此而成为整个流程的核心。而现阶段我国档案生态系统管理中,对应急管理的含义理解较为狭隘,不能完全概括其本应涵盖的各项关键工作,严重制约了应急管理水平的提升,不利于应急管理工作的健康开展。

本书将常态风险管理纳入应急管理流程中,明确"应急管理"是风险管理和事件管理辩证统一的过程,有效管理、控制风险源,并且根据现实情况进行全面风险识别,将风险分析结果作为编制应急预案的指导和依据,提高应急管理工作的主动性,真正实现应急管理的"全程管理",推动应急管理水平的提升。这与西方学者将应急管理定义为处理和规避风险的一门学科[1]的理念不谋而合。危机管理、应急管理和风险管理之间的关系可以由图4-4来进行表述。

党的十九大报告强调要在坚持总体国家安全观的基础上全面加强公共安全与应急管理工作,这与党的十八大报告强调"要加快形成源头治理、动态管

---

[1]　George H., Jane B., *Introduction to Emergency Management*, Oxford：Elsevier Butterworth-Heinemann,2003,p.18.

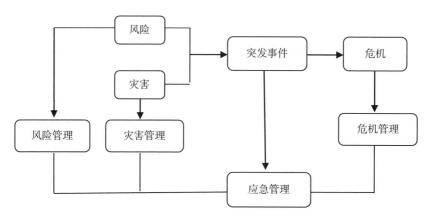

图 4-4　风险管理、应急管理与危机管理关系图

理、应急处置相结合的社会管理机制"是一致的,是档案生态系统开展应急管理工作的重要依据和指导。源头治理就是指加强"事前管理",积极采取措施查找风险源并先行完成治理,避免风险源进一步发展成为突发事件。

　　现阶段我国档案实践中的应急管理工作普遍存在轻预防、重应急的问题。虽然许多学者都强调风险管理的重要意义,但是这种观念在档案实践部门的制度管理中并未真正落实。通过调研发现,现阶段我国很多档案机构开展了一部分风险评估工作,但缺失相应的监督机制,使得预期效果大打折扣。海恩法则指出,每一起严重事故的发生,其背后必然已经有 29 次轻微事故,300 起未遂先兆,以及 1000 起事故隐患。同理,档案生态系统的各种突发事件也并不是突然发生、偶然发生的,必然与日常档案管理问题存在直接联系,这些突发事件的发生是偶然中的必然,就像俗语所说,"冰冻三尺非一日之寒"。由此可见,档案生态系统主体必须在档案常态安全管理中重视突发事件出现之前的各种征兆,在日常工作中认真排除各种安全隐患。总而言之,档案生态系统应急管理必须实现"端口前移",与档案常态安全管理环节深度融合,在可以感知察觉各种风险以及安全隐患的萌芽时期,以最小的成本最大限度地分散、转移、消除档案生态系统的风险,从而降低应急管理成本,这也是档案生态安全保护的最理想境界。

综上所述,档案生态安全的实现需要以档案生态系统风险管理与应急管理有机融合为基础,借助风险管理环节对突发事件的诱发因素追根溯源,借助各种档案管理资源,建立健全档案生态系统的"事前防范、事中反应、事后处理"完整流程,尽可能地减少损失,保障档案常态与非常态安全。

第二节 档案常态安全实现——档案生态系统脆弱性管理

加强档案生态系统的脆弱性管理,是实现系统常态安全的重要保障。本节以脆弱性概念辨析为基础,探讨档案生态系统加强脆弱性管理的原理与措施。

一、档案生态系统脆弱性含义界定

脆弱性原意是指"易受伤的"特性,引申为"弱点,攻击;易伤性;致命性;脆弱性"。脆弱性的概念源于自然灾害领域的相关研究[1],由 Timmerman P.最早于 1981 年提出[2]。他认为"脆弱性"指的是系统在灾害事件发生时产生不利响应的程度。联合国国际减灾战略委员会认为脆弱性指的是某个研究单元的一种状态属性,是危险事件发生后所导致的损失和破坏程度的决定性因素。澳大利亚应急管理署于 1998 年将"脆弱性"纳入应急管理领域,指出脆弱性"社区与环境对危险的易感性和康复力的程度"[3]。Schmidtlein 把脆弱性分为社会脆弱性和生物物理学脆弱性,其中社会脆弱性也被称为可持续性,指的是

---

① Janssena M.A., Schoon M.L., Ke W., "Scholarly Net Works on Resilience, Vulnerability and Adaptation within the Human Dimensions of Global Environmental Change", *Global Environmental Change*, Vol.16, No.3, 2006, pp.240-252.

② Bankoff G., Frerks G., Hilhorst D., *Mapping Vulnerability, Disasters, Development and People*, London: Earthscan Publishers, 2004, p.58.

③ Adger W.N., "Vulnerability", *Global Environmental Change*, Vol.16, No.3, 2006, pp.268-281.

与暴露发生相互作用导致事件变化的危险性;生物物理学脆弱性指的是某一群体或者个人的恢复能力,以及对可能发生的损失产生影响的物理背景或者事件特征。① 20世纪80年代以来,关于脆弱性的研究越来越丰富,逐渐发展成为生态环境领域研究的热点。我国对脆弱性研究始于20世纪80年代的生态学研究领域②,90年代后经济学、灾害管理以及生态学等多个领域开始进行"脆弱性"研究。不同研究领域对脆弱性的概念理解均有不同,因此也有多种表述。"脆弱性"这个概念在刚被提出时经常被认为是指物理易损性,V. Albino认为其是对破坏因素的敏感度③。随着脆弱性概念的应用,业界逐渐对脆弱性形成了统一的认识,即"脆弱性是一个系统的固有属性,是包含敏感、效率、暴露、应对能力和脆性等众多方面中一个或多个的概念的集合"④。

综合以上界定,结合档案生态系统自身特点以及本书研究目的,笔者认为,档案生态系统脆弱性指的是档案生态系统在面对不良的环境时的敏感程度及受到影响和损害的可能性。脆弱性是档案生态系统的基本属性,也可以称为系统的安全漏洞。脆弱性与干扰、暴露共同构成了档案生态系统发生突发事件的充要条件,亦即档案生态系统发生突发事件时,一定是外界不安全因素对系统产生攻击,借助系统已有的脆弱性,导致各种危害档案生态系统安全的突发事件发生。

二、档案生态系统威胁源与脆弱性评价

风险是危险源与脆弱性相互作用的危险暴露程度的表征⑤,也就是说,风

---

① Mathew C.Schmidtlein,Roland C.Deutsch,Walter W.Piegorsch,and Susan L.Cutter,"A sensitivity analysis of the social vulnerability index",*Risk Analysis*,Vol.28,No.4,2008,pp.191-219.

② 赵跃龙:《脆弱生态环境定量评价方法的研究》,《地理科学》1998年第1期。

③ V.Albino,A.C.Garavelli,"A Methodology for the Vulnerability Analysis of Just-in-Time Production Systems",*Int.J.Production Economics*,No.41,1995,pp.71-80.

④ Turner,B.L.,"A framework for Vulnerability Analysis in Sustainability Science",*Proceedings of the National Academy of Sciences of the United States of America*,Vol.100,2003,pp.8074-8079.

⑤ 童星:《中国应急管理:理论、实践、政策》,社会科学文献出版社2012年版,第449页。

险的大小就是档案馆脆弱性与危险源的乘积。危险源指的是引起档案生态系统各种突发事件的因素。具体而言,档案生态系统脆弱性就是指档案生态系统在不良环境中遭受损害的可能性与敏感性。档案生态系统的脆弱性分为技术脆弱性、管理脆弱性和物理脆弱性三类。脆弱性与危险源相互作用最终产生了风险,其中危险源是突发事件发生的决定性因素,但并不意味着危险源与突发事件的发生之间存在必然关系,也就是说危险源的存在不一定会导致突发事件的发生。在危险源相同的情况下,系统的脆弱性越大,就越有可能出现突发事件。就好比出现流感时,抵抗力差的人会更容易受病毒感染。

非常明显,档案馆生态系统的危险源是客观存在的,但是人们对危险源的感知却带有主观色彩,与档案生态系统主体管理人员的知识结构、意识观念、责任感等有直接关系。因此,档案生态系统的风险管理本质上是对危险源与脆弱性的管理。对于危险源,需要正确关注与感知系统所存在的风险,根据系统的工作情况分析其重要程度、危害、发生频率而确定采取合适的政策进行对待,以免出现"风险放大"与"风险过滤"的情况。

根据检索到的相关参考文献①,结合对档案实践部门的调研,对档案生态系统的风险源与脆弱性进行了分析,详见表4-1与表4-2。

表4-1 档案生态系统危险源举例

一级分类	二级分类	三级分类	危险源的表现举例
自然环境危险源	水灾	洪水、暴雨、海啸	档案建筑被水淹、火烧、坍塌等
	地质灾害	地震、泥石流、滑坡	
	其他自然灾害	台风、火山等	

---

① 张美芳:《档案馆危机预防评价体系的构建》,《档案学研究》2013年第4期。

续表

一级分类	二级分类	三级分类	危险源的表现举例
档案生态系统内生危险源	非人为因素	设备老化与故障;信息系统故障;机械电磁事故	电子档案管理系统由于自身缺陷导致的故障;计算机硬盘元器件损坏;网络服务器接口故障等;系统感染病毒等;电子设备坠落;电磁波泄露等
	人为恶意因素	偷盗、倒卖、破坏档案;破坏档案馆建筑与设备;非授权访问、窃取、拦截、泄露或篡改系统信息,使资源不可用	在利用中偷盗、篡改、翻拍档案;使用非法软件,如木马等访问或窃取信息;网页篡改;黑客行为;修改审计日记
	人为非恶意因素	无意识系统操作错误;软硬件故障或错误;信息传输错误;可否认和抵赖;档案修复过程中的误操作;日常维护过程中的误操作	工作人员对档案管理系统误操作、误删除等;误操作在网站泄露档案信息;软件设计缺陷、漏洞等;档案信息在被传输过程中的错误(如,在线归档时的错误);审计技术不完善导致的错误;档案修裱时误操作导致档案原件的破损、字迹洇化、"档案砖"揭裱时对档案的损坏;去污、去酸有机溶剂的泄漏导致火灾等等;熏蒸杀虫过程中杀虫剂的泄漏导致火灾、人员中毒等
档案生态系统外生非自然危险源	非人为因素	档案馆馆外环境不佳;电力、水、通信等服务中断	存在电子辐射源;处在空气污染源的下风方向;周围有易燃易爆场所;有高压电线;停水、停电、断网等
	人为因素	战争、爆炸;偷盗;档案信息泄露;破坏档案馆建筑与设备;非授权访问、窃取、拦截、泄露或篡改系统信息;使资源不可用;云计算服务商非法操作	焚毁档案;档案丢失等;利用、档案数字化、外包过程中翻拍、非法复制档案;使用非法软件,如木马等访问或窃取信息;网页篡改等;黑客行为;修改审计日记;非法获取、买卖、泄露档案信息

表4-1表把风险源的来源作为分类依据。也可以将其分为隐性与显性风险源,二者是相对的,会随着环境变化而相互转化。比如某一风险源在某个档案馆表现为隐性风险源,但是对另一个档案馆而言很可能就变成了显性风险源。随着档案生态系统主体认识水平与业务水平的提高,抗风险能力也不断增强,对显性风险源与隐性风险源的认识也更加深刻,同一风险源还可以实现从显性与到隐性的变化。近年来信息技术更新极快,数字档案的安全性不断提升,所以数字档案的风险也会随之降低,未来某一时间这种风险源可能就

表4-2　档案生态安全的脆弱性

一级分类	二级分类	三级分类
硬件脆弱性	档案馆建筑脆弱性	档案馆建筑耐火级别、防震指数、防雷指数是否达标
		档案馆(库)独立出入口设置情况
		无用于气化化学药品进行杀虫、灭菌工作的专设房间
		采暖、通风、空调设备等准备情况
		档案馆建筑围护结构是否符合保温、隔热、防潮、防尘、防水等标准
		档案馆建筑电线线路老化、明线电路、双路供电设置情况
		计算机机房温湿度、空气清洁度、防辐射、防磁、防静电设备达标情况
	档案馆设备脆弱性	建筑防火设施是否完善;是否设有火灾自动报警设施;消防给水系统是否完备;档案库内是否有明火装置、电炉等存放;是否有易燃易爆品存放
		安全监视监控、防盗报警系统等安防系统安装情况
		给水排水设施、通风、空调、管道系统、电气设备是否完善达标
		是否具备温湿度自动控制系统
		计算机、通讯与网络设施是否安全保密;相关软件系统是否具有系统访问控制、加密等信息系统安保措施;保密性能是否达标
		电子档案、磁性载体档案是否有防磁设备保管
		档案装具材料是否符合标准,如采用不燃烧材料或难燃烧材料制成

续表

一级分类	二级分类	三级分类
管理脆弱性	管理理念与文化脆弱性	主要领导及工作人员对档案安全、档案馆应急工作重视与支持程度
		是否形成保护档案安全的文化氛围;是否经常有相关宣传、教育活动
	管理制度脆弱性	是否有专门机构负责档案安全与应急工作;是否由主要领导专门负责;是否有专职档案安全保护与应急管理人员
		档案馆是否有基于档案管理流程(收集、整理、鉴定、保管、利用、修复、数字化、外包等过程)中的档案安全保护制度
		是否有基于档案管理流程的档案安全保护规范与指南,用于指导日常保护工作
		是否有工作人员安全技能培训制度
		是否有电子文件/档案管理制度、系统访问控制制度
		是否有电子文件/档案备份制度、容灾制度
		是否有档案突发事件应急准备、响应与抢救相关制度
		是否有档案馆监督、审计制度、奖惩制度
	管理措施脆弱性	日常档案保护是否到位:对馆库线路、门窗、设备等按期检查
		对档案定期普查、抽查等检查
		对磁性载体、光盘、电子档案载体等定期转录、迁移等
技术脆弱性	传统载体档案的安全保护技术脆弱性	工作人员日常档案安全保护技术是否过关;破损档案的去污、去酸、加固、揭裱、修裱技术是否被工作人员掌握
		受损档案的抢救恢复技术的掌握程度
	数字档案的安全保护技术脆弱性	工作人员计算机技术的掌握程度;网络安全技术、访问控制技术、加密技术、防病毒、防黑客等安全技术的掌握
		档案信息系统审计技术的掌握与应用
		数字灾害后数字档案恢复技术、容灾技术的掌握与应用程度

表现为隐性。与此同时,新的风险源也会出现,如果没有科学的应对,该风险源就表现为显性风险源。由此可见,风险源的显性与隐性表现会随着具体情况的变化而变化,所以需要从多个角度出发分析风险源的重要性,提高风险管理水平。

三、档案生态系统脆弱性管理

档案生态系统风险管理被视为应急管理的前端,诱发突发事件的风险具有强突发性、危害性和偶然性等显著特征,因此可将传统的风险管理过程融入脆弱性与风险源的分析,设计出基于危险源与脆弱性分析的档案生态系统风险管理框架,详见图4-5。

根据前文关于脆弱性以及危险源的分析,档案生态系统在进行风险管理时需要综合考虑自身建设情况,确定突发事件的潜在风险、前期征兆。风险是脆弱性与危险源共同作用产生的结果,因此在日常工作中不仅要积极采取措施降低档案生态系统脆弱性,还应该尽量实现对档案生态系统风险源的全面控制。

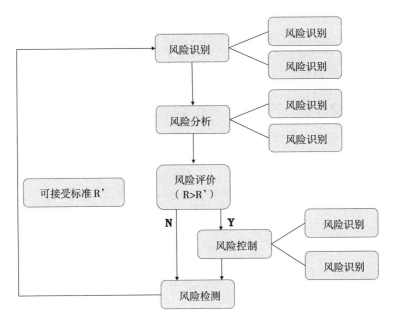

图4-5 基于危险源与脆弱性的档案生态系统风险管理框架设计

档案生态系统危险源的作用主要受到两个因素的影响,分别是危险源的发生概率和破坏程度,本书应用风险矩阵法对其进行评估和计算。

风险矩阵法是公共风险评估领域比较权威并且应用广泛的一种评价工具,是 20 世纪 90 年代中期由美国空军电子系统中心开发的。以此为依据进行档案生态系统的风险源的分析与评估,详见图 4-6。

概率 / 后果	1非常罕见	2很少发生	3可能发生	4时有发生	5相当平常
5灾难性	6	7	8	9	10
4重大损失	5	6	7	8	9
3严重破坏	4	5	6	7	8
2破坏	3	4	5	6	7
1轻微破坏	2	3	4	5	6

图 4-6　档案生态系统风险源的矩阵图

在图 4-6 中,横向表示档案生态系统危险源发生的概率,纵向表示危险源的破坏程度。根据档案馆生态系统的情况,结合危险源的发生概率将其破坏程度划分为六个级别,每一个单元格为定性评价结果,即为危险源破坏程度与发生概率的组合。根据测算,档案生态系统危险级别"2—5、6—7、8—9"分别对应表示低、中、高危险级别。

结合表 4-2 ,我们将档案生态系统的脆弱性表示为硬件脆弱性、管理脆弱性与技术脆弱性的总和。根据这三类脆弱性的指标,将其划分为三到五级,并进行赋值。根据脆弱性的强度将其划分为极低、较低、一般、高和极高五个等级,对应的值为 1、2、3、4、5。因此技术脆弱性、管理脆弱性和硬件脆弱性的最高值分别为 5,系统整体的脆弱性的最高值即为三者叠加为 15,详见表 4-3。

在表 4-3 赋值的基础上叠加脆弱性和危险源的实际赋值,计算得到相应的档案生态系统风险值,在 6 到 50 之间。根据数值大小对风险源进行排序即可得到档案生态系统的风险等级顺序,以此为依据进行风险管理。实际档案馆在有限的资金资源支持下,合理部署,制定相应的治理规划,根据风险等级按照从高到低的顺序对风险源加以控制。在对风险等级进行划分时还需要注意风险等级划分的精细程度,风险等级划分不宜过细,以免影响风险管理工作的开展。风险大致分为极低风险、低度风险、中等风险、高度风险和极高风险五个级别,在此基础上制定相应的风险控制策略,重点关注中等以上风险。

表4-3　档案生态系统脆弱性分级

脆弱性等级	划分依据	脆弱性赋值
极高	根据表5-2所示的档案馆脆弱性进行自查,达标的指标占全部指标1/5及以下	5
高	根据表5-2所示的档案馆脆弱性进行自查,全部指标的1/5—1/2达标	4
一般	根据表5-2所示的档案馆脆弱性进行自查,全部指标的1/2—4/5达标	3
较低	根据表5-2所示的档案馆脆弱性进行自查,全部指标的4/5及以上达标	2
极低	根据表5-2所示的档案馆脆弱性进行自查,指标全部达标	1

档案生态系统的风险管理强调源头治理和动态管理,对其进行脆弱性分析和风险源管控也应该随着档案生态系统的生态环境变化而变化。要根据不断更新的各项指标对档案生态系统的风险进行动态、客观地评价。本书研究的基础是我国档案行业颁布的系列相关标准、国家信息安全规范、指南等文件,同时参考了国家档案局2018年底颁布的《档案馆风险指标评估体系》的内容。

风险管理是档案生态安全应急管理的重要基础,现阶段我国档案馆普遍存在应急预案效果不佳的问题,主要原因就是各级档案机构缺少量身定制的个性化的"风险管理",所以我国档案生态系统的常态安全保障的主要任务之一,就是加强风险管理。

第三节　档案非常态安全实现——档案生态安全应急管理

档案生态安全应急管理是实现档案非常态安全的主要途径,本节内容探讨档案生态系统应急管理的概念与原理。

一、档案生态安全应急管理研究对象的科学界定

(一)档案生态系统突发事件的内涵与分类

突发事件是近年来我国多个研究领域耳熟能详的一个名词。社会对应急管理的需求不断提升,国内学者对突发事件的关注程度与重视度也越来越高,很多学者从不同角度出发对突发事件的内涵进行阐述,研究内容也更加深入。

"突发事件"的定义分为广义和狭义,广义上指突然发生的事件,一方面强调速度快,另一方面强调难以应对;狭义指"天灾人祸"。从字面看,"突发"指突然发生、难以预料;"事件"指历史上或社会上发生的不平常的大事。尽管《现代汉语词典》对"事件"的定义没有褒贬色彩,但是在各个领域的学术研究中,突发事件则更多指破坏性事件,包括人为事故、自然灾害等难以预料的突发事件给组织或者系统带来的破坏性影响。关注突发事件,是因为其往往会对档案馆和个人带来重大影响,造成严重损失。

林毓铭①、寇丽平②等学者将突发事件的内涵分为狭义和广义两种。尽管表述稍有区别,但观点基本一致。广义上泛指在某种外在因素支配下,在组

---

① 林毓铭:《常态与非常态视域的应急管理》,知识产权出版社 2012 年版,第 54 页。
② 寇丽平:《应对危机——突发事件与应急管理》,中国人民公安大学出版社 2013 年版,第4 页。

织或个人意料之外或者在其认知范围外发生,对其利益造成直接或间接损失的事件。这种损失往往是负面的,要求立即处理,防止事态恶化。狭义视角强调对社会、组织或者个人带来严重威胁和负面影响的事件,也就是说,狭义的解释更强调了危害的严重性,破坏性极强,政府应该妥善利用资源防止威胁发展成为突发事件,同时引导社会力量做好风险应急准备和管理工作,尽可能减少损失。《中华人民共和国突发事件应对法》将突发事件分为四类,分别是社会安全、公共卫生、事故灾难以及自然灾害事件。

以上主要是公共管理领域对突发事件的研究。毫无疑问,档案馆属于社会公共文化机构,但是其职能和管理对象有其特殊性,因此对档案生态系统的突发事件的应对以及管理,要根据行业特点和自身工作发展规律来区别对待。

我国国家档案局2008年颁布的《档案突发事件应急处置管理办法》中明确指出,突发事件指的是"可能危及档案安全"和"严重干扰档案工作秩序"的事件,具有突然性、不确定性、不可预料性;对事件的应对具有紧迫性;事件结果具有危害性。为了研究范围一致性,可将档案生态系统突发事件定义为:一切能威胁或破坏档案安全、档案馆工作人员安全和干扰档案馆工作秩序,具有突发性、紧迫性、危害性的事件。

根据档案生态系统突发事件发生的起因,可将其细分为人为因素与自然灾害引起的突发事件两类。自然灾害引起的事件指的是由于档案生态系统自然灾害造成的危害档案安全的事件,如海啸、泥石流、洪涝以及地震等。人为因素引起的突发事件可以进一步分为无意识和有意识的技术灾害两类。具体而言,无意识技术灾害是指由于档案生态系统主体知识技术水平有限、误操作等无意识行为造成的危害档案安全的事件,比如空调发生故障、电力中断等等;有意识的技术灾害指的是档案生态系统主体为了获取利益或者实现某个目标而故意制造的突发灾害事件,比如黑客攻击、盗窃、爆炸以及战争等。档案生态系统的突发事件分类详见图4-7。

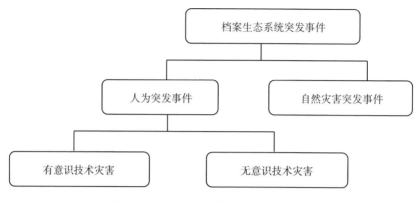

图4-7　档案生态系统突发事件的分类

(二)档案生态系统突发事件相关概念的辨析

1. 突发事件与危机

《辞源》中将"危机"界定为"潜在的祸端"。《现代汉语词典》中"危机"包含两种含义:一是"严重困难的关头",二是"危险的根由"。西方学者认为,"危机"源自医学术语,危机的本意指的是人濒临死亡,游离于生死之间的一种状态。现指至关重要,需要立刻作出相应决断的状态。国内学者认为危机的汉语语义能够很好地体现其内涵。从字面含义来看,危机是危险与机遇并存,处理得当,转"危"为"机",反之,危在旦夕。① 丁烈云②、薛澜等③也都认同这种观点,即认为危机是一个过程,具有一定的可防性与可控性。④ 在此,"危机"被看作"过程",指一种非常的状态,对应英文翻译为"crisis",即"困难或危险的时刻或不稳定状态"。

---

① 　[美]菲克:《危机管理》,韩应宁译,经济与生活出版事业公司1987年版,第3页。

② 　丁烈云:《中国转型期的社会风险及公共危机管理研究》,经济科学出版社2012年版,第8页。

③ 　薛澜、张强、钟开斌:《危机管理:转型期中国面临的挑战》,清华大学出版社2003年版,第6页。

④ 　Boris Porfiriev, "Managing Crises in the EU: Some Reflections of a Non-EU Scholar", *Journal of Contingencies and Crisis Manangement*, No.13, 2005, pp.145-152.

也有部分学者认为,危机为"emergency",是"事件",强调危机爆发的时间点,即在某个"点"上的"突发事件",因此危机在本质上与突发事件存在很多共同点。巴顿、罗森塔尔也都认为应该将"危机"看作"事件"。① 将危机看成某一个点,就能容易明确判断危机发生时刻,从而为管理部门制定决策提供依据。有学者认为"危机"是"危机事件"的简称,而本书将危机与危机事件加以区分,将"危机"定义为一种非常的状态,"危机事件"指的是可能对组织造成威胁、伤害的事件,二者不同。

"危机事件"与"突发事件"也是相互联系与区别的一组概念。突发事件强调突发性,无论是档案领域还是公共管理领域都是指在短时间内突然发生的大事件;并且具有一定的危害性,可能对组织或者个人造成危害。与突发事件相比,危机事件的破坏性更强,规模一般也比较大。由此可见,突发事件与危机事件存在重合的部分,二者的关系见下图4-8。

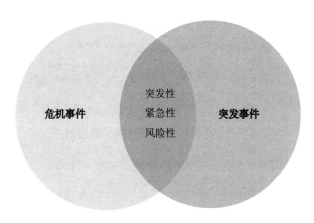

图4-8　突发事件与危机事件的关系示意图

危机事件与突发事件有共同点,但也存在明显差异。一方面,突发事件不完全等同于危机事件,部分突发事件会发展成为危机事件,突发事件的发生规

---

① Rosenthal Uriel, Charles Michael T., *Coping with Crises:The Management of Disasters, Riots and Terrorism*, Springfield:Charles C.Thomas, 1989, p.46.

模与危害程度对组织和个人造成严重损害,才会导致危机事件的产生。档案馆发生的火灾属于突发事件,若档案馆及时灭火施救,并且档案馆舍及其馆藏档案未受影响和损害,则这起火灾不能称为危机事件。

另一方面,也并不是所有的危机事件都是突发事件,部分危机事件具有渐进性,并非突然发生,从罗森塔尔对危机事件的类型划分即可清晰辨别其异同。如文火型危机事件就没有突发性,罗森塔尔对危机事件的分类情况见下图4-9[1]。

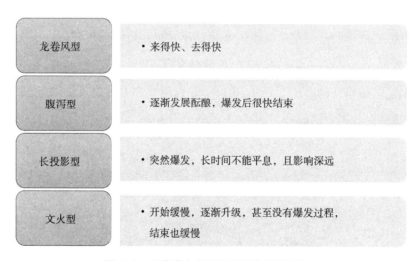

图4-9 罗森塔尔关于危机事件类型划分

在探讨档案生态系统安全时不考虑文火型危机事件,主要针对突发性的危机事件展开研究。档案是一种原始记录,一旦被破坏,其证据性就会受到严重影响,因此其规模、破坏作用即使对组织没有达到毁灭性影响的小规模突发事件同样可能给档案安全带来巨大损失。因此,无论是档案安全保护理论研究还是档案安全保护实践,都必须重点关注各种档案突发事件的起因、影响因素及其内在规律等。

---

① 林毓铭:《常态与非常态视域的应急管理》,知识产权出版社2012年版,第3页。

根据事件的不确定性大小,将档案生态系统事件分为常规事件与突发事件两类。常规事件指档案生态系统内部较为稳定的事件,不确定性较小,具体则是指档案部门收集、整理、保管、利用、保护等各个基本管理流程的日常工作。另一类则是突发事件,发生的不确定性较高,如漏水、断电等人为技术灾害引起的突发事件以及火山、海啸或者地震等自然灾害引起的突发事件等。根据不确定性的大小又可以将其进一步细分为常规性突发事件和危机性突发事件。

具体而言,档案生态系统常规性突发事件也具有突然性,但是由于档案生态系统主体对该类突发事件的原因以及演变规律有一定的了解,系统主体可以基于自己掌握的知识在一定程度上实现对这类事件的灵活应对和有效控制,如突然断电、系统瘫痪、水管崩裂等均属于常规性突发事件。而危机性突发事件的不确定性相对更强,指的是档案生态系统很少遇到甚至没有遇到过的突发事件,系统主体对此类事件往往并不了解,也无法掌握事件的演变规律,所以不能及时采取有针对性的措施,因此其破坏性往往更强。比如美国911事件以及我国2008年的汶川大地震等都给档案馆带来了毁灭性的破坏。

对档案生态系统而言,常规性突发事件与危机性突发事件都属于突发事件,共同点在于均具有紧迫性、破坏性以及不确定性和突发性等特征,但是,二者也存在不同之处。常规性档案突发事件在档案生态系统运行过程中发生的可能性较大,发生的频率也较大,不确定性较小,但是该类事件发生、演变规律为档案馆工作人员所熟知,即使发生,也易于被控制,成功实现应急处置。正是源于此,档案生态系统对该类突发事件会积累越来越多的应急管理经验,提高应急管理质量,使其破坏档案安全的不确定性越来越小。危机性档案突发事件则与常规性档案突发事件特征相反,详见表4-4。

表 4-4　档案生态系统常规性突发事件与危机性突发事件区别

特征属性	常规性档案突发事件	危机性档案突发事件
发生概率	大	小
发生频率	较高	较低
潜在风险	较低	较高
应急可控性	易于控制	难以控制
应急准备	完备性较高	完备性欠缺
典型案例	馆舍漏水、系统瘫痪等	911 事件、汶川地震等

常规性突发事件与危机性突发事件之间既有区别又有联系,并且可以相互转化。危机性突发事件虽然发生概率低,但如果在这类事件发生之后对其进行分析和研究,总结其演变规律,逐渐为该类事件积累应急管理经验,就有可能将其转化为常规性突发事件。相反,信息技术的飞速发展与社会环境日益复杂,使档案长久保存面临更多更严峻的挑战,常规性突发事件的不确定性复杂性也会随之而增加,当这种不确定性上升到一定程度,常规性突发事件也会转化为危机性突发事件。除此之外,现阶段我国很多档案馆对常规性突发事件的管理不够重视,应急准备工作没有得到落实,导致常规性突发事件的危害性增强,从这个角度来说常规性突发事件也有可能转化为危机性突发事件。

本书所说档案生态系统突发事件指的是除常规事件之外的一切突发事件,包括危机性突发事件和常规性突发事件,所以应急管理工作也应该是对常规性突发事件和危机性突发事件两类事件的管理。

2. 档案馆生态系统突发事件与灾害

我国古代有天灾人祸的说法,人们往往将"灾害"与"天"联系在一起,主要指地震、旱、涝、虫、雹等造成的祸害。① 本质就是自然灾害。伴随社会进步,灾害的内涵不断丰富,很多新兴事件也被纳入灾害的范畴,比如黑客攻击、

---

① 梁茂春:《灾害社会学》,济南大学出版社 2012 年版,第 30 页。

病毒入侵等,完全超越了"自然的力量"。西方国家认为灾害既是"自然的或技术的风险",又是"社会正常运行的例外"。① 灾害是人力与自然力量的加和,这与突发事件的内涵一致。突发事件的内涵更加丰富,具有更强的概括性,只要是突发的、人们意料之外的都能称为"突发事件"。

二、档案生态安全应急管理创新理念

当今世界发展迅速,科学技术日新月异,多变的社会环境致使档案管理的生态环境变得更加复杂,给档案生态安全带来了新的挑战,要求档案生态安全系统必须与时俱进,积极吸收先进技术,以全新的理念建立更加完善的管理机制,以应对高速变化的档案生态安全环境。

(一)协同应急管理

1. 协同管理思想

协同这个词最早起源于古希腊,具有合作、协作的意思。在我国,协同一词最早见于汉书《律历志》中的"咸得其实,靡不协同"。现在协同一般指的是两个或两个以上的集体或个人,通过协调、合作、同步,共同完成某一目标。

美国战略管理专家 H.伊戈尔·安索夫在《公司战略》一书中首次提出协同概念。安德鲁·坎贝尔等指出协同可以使"企业整体价值大于各组成部分价值的简单加总",产生 1+1>2 的作用,"模式的有效性部分源于规模经济带来的好处"。②

1971 年,"协同"概念由德国著名物理学家赫尔曼·哈肯在《协同学:一门协作的科学》中正式提出,标志着协同学诞生。目前,协同学是一门社会科学与自然科学交叉学科,是社会学、经济学、管理学等多个学科研究的理论基础。

---

① E.L.Quarantelli, *What Is a Disaster? Perspective on the Question*, London: Routledge Press, 1998, p.137.

② [英]安德鲁·坎贝尔:《战略协同》,任通海译,机械工业出版社 2000 年版,第 87 页。

而控制论、系统论、信息论又是协同学的重要理论研究基础。在研究方法上，协同学通过建立数学模型，采用统计学原理和动力学原理进行研究，其目的是探究开放系统运行过程中系统由无序向有序变化的一般规律。

现代的协同理论一般从以下三个方面展开研究：第一，协同效应。该效应指的是在一个系统中，多个子系统之间产生的相互作用、相互影响，也称为"集体效应"或"整体效应"。"协同作用是系统有序结构形成的内驱力"。在社会系统、自然系统等复杂的开放性系统中，系统与外界环境进行物和能量的交换，随着时间推移达到一定的临界状态，各个子系统开始相互作用，产生协同效应，推动系统整体向某一特定方向发展，从无序变为有序，形成稳定的系统结构。第二，序参量原理。这是描述系统有序程度的物理量，是系统研究的核心理论之一。在系统从无序向有序的发展过程中，可以找出一个从无到有的物理量，这个物理量能够反映出系统的新结构，即序参量。通过对序参量变化的控制，就可以控制系统的演化过程。① 第三，自组织原理。在没有系统外界条件干预的情况下，开放系统会按照内部子系统之间的相互作用，自发的形成新的稳定的有序结构，自组织原理就是指组织内部子系统按照一定规则组成新系统。

协同论有助于用崭新的思路对生物进化、各类自然现象、社会变革发展等问题的一般规律进行探究。② 我国学者白列湖将协同论应用于管理学中，探讨管理活动中各管理对象如何相互协同，提出管理协同理论，对提高国内企业管理水平有重要意义③。现代社会更加注重团队合作，个人的力量需要与集体相结合才能发挥应有的作用。这就给现代组织提出了新的要求，组织要发展，就必须做好内外部协同管理工作。对内，协调组织内部各方力量，充分发挥各个部分的作用。对外，重视组织外部的协同工作，寻求外部合作提升组织竞争优势。同时组织还要积极探索发展过程中的序参量，通过科学的管理和

① 白列湖：《协同论与管理协同理论》，《甘肃社会科学》2007 年第 5 期。
② 李曙华：《从系统论到混沌学》，广西师范大学出版社 2002 年版，第 166 页。
③ 潘开灵、白列湖：《管理协同倍增效应的系统思考》，《系统科学学报》2007 年第 1 期。

相应的措施对"序参量"进行有效控制,保证组织正常、有序、健康的发展。

2. 档案生态系统应急管理中的协同管理思想

(1)档案生态系统应急管理需要协同

我国档案生态系统是一个独立而开放的系统,复杂的社会环境、自然环境与技术环境,都对档案生态系统安全形成威胁,迫切需要档案管理部门建立起完善的档案安全与应急管理制度。参照协同思想,在做好档案生态系统应急管理工作时,需充分考虑到档案馆中工作人员、内部环境、社会环境、自然环境等子系统间的相互作用,协调好它们之间的关系,发挥各个子系统的作用。这就要求在进行应急管理制度建设时,要注重顶层设计,从整体的角度出发对各个部分的应急管理工作进行详细的、有针对性的设计,同时注意不同的子系统应急管理措施相协调。在制定了应急管理制度后,一定要将之落实,通过组织培训、演习等措施增加工作人员对应急制度、方法的了解,培养员工良好的应急管理意识和能力。只有充分协调好各子系统的关系,让各子系统相互协作、相互促进,以档案管理应急工作为中心,通力协作,才能体现协同的作用,甚至达到1+1>2的效果。反之,如果不能协调好各子系统之间的关系,就有可能使子系统间相互掣肘,增加档案生态系统的内耗,使其处于混乱无序状态。因此,档案生态系统争取做好内外部的协同,才能克服自身系统缺陷,提升应急管理水平。

(2)档案生态系统协同应急管理应注意的问题

首先,加强序参量的管理。在系统自主演变的过程中,序参量是反映、影响这一过程的重要因素,对其演变结果起着决定性作用。因此,在档案生态系统应急管理工作中,特别要注意分析影响要素,从中找出对系统应急管理工作起着决定性意义的序参量,通过对其严格控制和把握,确保系统健康、稳定地向有序的方向发展。

其次,加强涨落导向的管理。系统的发展是动态变化的,系统中微小的变化会使系统演化结果天差地别。因此对于档案生态系统来说,同样应重视偶然因素的影响,防止由于偶然因素导致应急系统在涨落起伏的过程中发展方向的改变。当前档案生态系统环境日趋复杂,具有较高不确定性。这就要求系统主体密切、持续关注系统临界值的细微变化,加强对已知序参量的管理,防止难以控制的变量成为序参量,减少不确定性因素带来的影响,使档案生态系统的应急管理工作整体可控,始终保持正确方向。

最后,加强互动性的管理。互动性是系统内部子系统交互的程度,良好的互动性可以使子系统间的协同作用倍增。在一个系统中,任意一个子系统随时都可能对另一个子系统产生激励或者阻碍。所以档案生态系统的应急管理工作,要对各子系统的交互性进行管理,促进正面影响,加强子系统间的激发作用;消除负面影响,减小子系统间的抑制作用。促进同向合作,相互配合,减少内耗,提高应急管理的时效。

3. 档案生态系统协同应急管理的具体实现

(1)应急管理信息与知识协同

充足、准确的信息可以消除不确定性,是档案生态系统主体领导者迅速决策、工作人员采取措施的重要基础。档案生态系统遇到突发事件后,为了避免损失,需要第一时间为领导提供全面、准确的事故信息以及充分的关联知识,协助其作出正确、科学的决策,因此系统需要应急管理信息与知识的协同。

做好档案生态系统的应急管理信息协同,首先就要实现多机构多部门的应急信息资源共享。一是各级档案生态系统与政府及其相关部门之间应急信息资源共享。二是不同层级档案生态系统,以及同级生态系统内部的应急信息资源共享。共享的信息资源包括应急基础设施信息、危险源信息、应急救援机构信息、应急知识与经验信息等。通过信息共享可以极大程度提升提高应急管理的效率、节约管理成本,避免重复劳动。实现应急信息资源协同构想,就需要国家档案行政领导机构进行统一管理,通过顶层设计,建立健全相关制度、规范及其相关保障。在具体的建设方案上,可以借鉴我国卫生信息化建设经验,基于规范一致的行业标准建设行业内信息共享平台(见图4-10),为应对各种突发事件,做好档案生态系统内外的应急管理信息资源准备,确保不时之需。

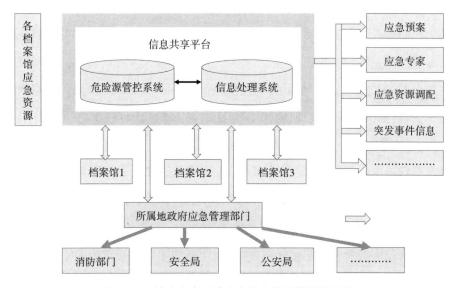

图4-10　档案生态系统应急信息协同模型构想图

国内学者对信息管理和知识管理之间的联系进行了相关研究,乌家培认为:"信息管理是知识管理的基础,知识管理是信息管理的延伸与发展。"[1]在完成了应急管理信息协同共享的建设后,就需要在此基础上进一步开展应急知识协同管理,通过完善知识协同提升应急管理的深度与广度。应急管理知识协同则指的是在信息共享平台中对应急管理信息进行归纳、分析,同时借助政府、社会的力量,通过信息共享、知识创新等手段实现对各类突发事件建立完善的预防、应对措施汇总,并且利用大数据技术深度挖掘,形成可供参考的多种类型的应急管理知识产品,便于为档案生态系统遭遇突发事件时提供多角度、多层次的参考信息,辅助应急决策,发挥应急信息与知识的价值。从本质上来说,应急管理知识协同就是知识管理与应急管理的协同,需要借助知识

① 赵农:《基于知识管理的工程项目管理研究》,苏州大学2007年博士学位论文。

管理的相关知识和规律实现。

首先,优化档案生态系统中的应急管理知识存量。知识存量,就是定时点档案生态系统的应急管理知识总量,是依附于档案馆的工作人员、设备和组织结构中的所有知识的总和。档案生态系统的应急管理知识存量,一方面依赖于本系统内主体专业知识、应急管理实践经验积累等多种途径,进行再升华、再加工;另一方面来源于对系统外部相关信息与知识资源的获取。在实践工作中,我国幅员辽阔,不同地域、不同层次档案生态系统自然环境、人文环境有着较大的差异,面临的威胁也大不相同。这就使得各级档案生态系统面临的突发事件发生的可能性、复杂性增加,从而导致各种档案突发事件的产生机理、危害、应对措施不同。因此,对档案生态系统而言,如何在保证丰富的应急管理存量与保证知识"精度"之间找到平衡。

优化档案生态系统知识存量,首先需要对档案生态系统应急管理知识载体的内在逻辑和形式进行剖析,发现内在规律,找到知识缺口,从而达到完善知识结构的目的。然后对应急管理知识进行整合、提取,完善知识库的建设资源。最后对原有知识进行加工整合,使应急管理知识库在突发事件来临时实现知识协同。

其次,建设档案生态系统间应急管理知识平台。首先完成档案生态系统内部应急管理知识系统的建设,继而建设不同馆际的应急管理知识平台。在建设过程中,利用通信网、有线、无线网、卫星、微波通信系统等通信网络的有效协同与集成,以硬件和相关信息技术软件为技术支撑,作为知识积累和交流的综合平台,并且在应急状态下为多档案生态系统协同应对决策提供有效的信息支持和知识支持。

2. 档案生态系统应急资源协同

档案生态系统应急管理中资源准备极其重要,正所谓"兵马未动,粮草先行"。档案生态系统应急资源协同已经成为趋势。要提高档案应急管理水平,首先应该重视档案生态系统的物质基础——应急管理资源建设,这也是生态系统健康、持续发展的需要。伴随档案生态系统面临的环境日益复杂,突发事件发生的种类和程度的变化给应急管理工作带来巨大压力。如果每个档案馆均配置齐全完备的应急资源,不仅占用大量的资金和管理费用,还会导致大量应急资源闲置,造成浪费;此外,独立配置应急信息资源,必然会形成低端应急物资大量配置而高端应急资源配置不足的局面,这又会导致档案系统难以应对大型突发事件;最后,由于突发事件发生的随机性,应急资源的需求(时间、地点、种类、数量等)也具有很大的随机性。不仅如此,由于我国对档案馆的资金投入十分有限,档案馆的资金只有很少一部分能够用于应急管理,这与日益增长的应急资源需求产生了巨大矛盾。档案生态系统应急资源协同就是应对这种资金不足与需求增长之间矛盾的重要方法,档案馆在合理配置本馆应急资源的基础上,加强与周边地区档案馆的互动与共享。因此,实现档案生态系统的应急资源协同是保障档案馆生态系统应急管理工作低成本高收益运行的一项重要工作。

档案生态系统的应急资源协同包含三个方面的内容:第一,应急物资资源的协同。这部分的协同由国家档案行政管理部门负责,通过建立物资资源调度平台对各级档案系统的应急物资按照区域进行登记、规划、管理,根据实际情况进行协调和配置,达到资源合理分配利用的目的。第二,应急技术资源的协同。借助档案馆应急信息与知识管理系统,建设应急信息技术资源库,共享GIS、GPS、数字预案技术及其他最新的信息技术,以备应急救援共享使用。第三,应急人力资源协同。建立档案馆突发事件应急管理专家库,统一登记专家材料以便应急时的无偿调用研制应急方案;同时建立应急救援专业队伍信息库,以便档案馆突发事件来临时的就近调用,提高应急响应速度。

总而言之,档案生态系统应急资源协同管理的关键在于各级档案生态系统的积极配合,对自己的应急资源不能敝帚自珍,通过档案生态系统对应急资源中的人力资源、物资资源的统一管理、合理调配以及信息技术资源的共享,满足不同机构的应急需求。

（二）智慧应急管理

1. "智慧应急管理"是大数据时代的应然趋势

"智慧"的本意是辨析、判断、发明和创造的能力。2010 年，IBM 公司首次提出了"智慧城市"这一概念。"智慧城市"指的是利用各种先进信息技术理念，实现城市智慧式管理与运行。然而，有人质疑，认为过分强调"智"——智能技术，忽视了"慧"——人的作用。对此，欧洲提出将"智慧生活、智慧环境、智慧管理、智慧流动、智慧人群、智慧经济"作为评价"智慧城市"的标准。[①]

智慧城市的建设给档案馆带来前所未有的发展契机。近年来，档案馆作为重要公共文化事业部门，纷纷开始了"智慧档案馆"的建设探索，这也是我国智慧城市建设的重要组成部分，是"开启智慧城市记忆之门"的必然需求。

在对智慧档案馆建设的探索过程中，各地档案馆分别在智慧技术应用、档案资源挖掘、提升数字档案馆功能等多个领域进行了研究。[②] 在 2014 年举办的智慧档案馆建设座谈会上，与会的南京、珠海、青岛档案馆专家均对智慧档案馆建设展开探讨。以青岛市为例，对未来的智慧档案馆的设想是智慧管理、智慧收集、智慧服务、智慧监督，能够自主完成档案工作。青岛市档案馆提出"智慧档案馆是采用物联网、云计算等新技术智能管理多元化档案资源、具有感知与处置档案信息能力并提供档案信息泛在服务的档案馆模式，并将此概念作为基点开展研究工作，构建智慧档案馆概念模型"。青岛智慧档案馆的建设目标就是实现智慧收集、管理、服务、保护与监督等高度智能化的档案管理工作。[③]

伴随着云计算、大数据等先进的信息技术发展，智慧型档案馆已是大势所

---

① Smart-City Webset，"Samrt City"，见 www.smart-cities.eu。

② 吴绪成：《浅谈大数据背景下的第四代档案馆建设》，《湖北管理》2013 年第 9 期。

③ 杨来青、徐明君、邹杰：《档案馆未来发展的新前景：智慧档案馆》，《中国档案》2013 年第 2 期。

趋。智慧档案馆能够智能完档案馆收、管、用以及保护各个环节工作,统筹智慧城市档案信息资源,提供更加智能化、个性化、优质化的档案信息服务。同理,在智慧档案馆中,应急管理工作也应当向智能化发展,利用先进的信息技术和网络平台构建探索智慧应急管理之路。

2. 档案生态系统"智慧应急管理"

顾名思义,档案生态系统的智慧应急管理就是指利用先进的信息技术实现对档案生态系统实时监测、智能化感知风险,并对突发事件智能化响应、处置、抢救处理。在"智慧应急管理"这一概念中,"智"和"慧"分别有不同的含义,"智"指的是"智商",即档案馆应对突发事件的自动化、智能化,也指其采用的云计算、物联网等新兴信息技术。"慧"则指的是"情商",即工作人员的文化创造力和灵性。智慧应急管理本质上就是利用现代信息技术来提高对突发事件的预防、监测、处理能力。

智慧应急是全面感知智能化的应急。物联网技术将传感器安装在档案馆库房的建筑、设备、馆藏档案中,将档案生态系统中主体、客体、环境等各个要素联系在一起,将它们快速、无缝连接。这些传感器就像是智能系统的"触手",能实时收集、管理相关信息,如确定馆藏档案的位置、保管状态、老化状态等信息,以便及时、准确地发现风险因素并进行自动化处理。借助这些传感设备可以迅速实现对馆内温湿度调控、实体追溯、安防监管等各种工作,从而辅助采取各项预防措施。因此,有人将这样的智能系统比作传说中的"千里眼""顺风耳"和国外的"水晶球",能灵敏地感知风险。

智慧应急是档案管理智能化的应急。首先,实体档案馆、数字档案馆、智慧档案馆的馆藏档案借助智能系统连接起来,进行统一管理、分配,而且转变为可实施监测、利用的数据信息,并且将这些信息资源进行组织、挖掘、管理。再者,借助云计算、大数据、物联网等高新技术及平台实现跨系统、跨馆际、跨行业、跨区域的应急信息资源共享,能够最大程度上为生态系统主体提供应急管理信息服务,更好地辅助档案突发事件来临时的决策,使档案领域的应急管理更好融入智慧城市背景下的应急管理平台中,实现应急管理能力的提升,有利于解决现阶段档案馆应急信息体系与系统碎片化及信息共享与互操作困难的局面,增加了"水晶球"的广度与深度。

智慧应急也是决策智能化的应急。人工智能的技术就是利用高新技术模拟、延伸和扩展人类的智力活动,协助人类进行决策。档案生态系统应急管理信息与知识的协同、共享,为应对突发事件提供更精准、全面的信息,从而提升了分析问题、解决问题的能力,必然提升应急管理成效。同时,大数据技术在档案应急管理领域的广泛应用,可充分实现海量应急管理数据的挖掘,厘清其潜在联系,并且能进一步总结归纳与创新应急管理知识与规律,形成新的信息与知识资源,为应急管理工作提供高效、创新的解决方案,从而进一步提升了"水晶球"的信息处理与应用能力,导致服务速度加快,服务宽度拓展,服务深度增加。

智慧应急与智慧档案馆建设相辅相成。一方面,智慧档案馆建设为档案馆智慧应急管理实现提供了土壤和条件,而档案馆智慧应急管理的实现,进一步确保档案资源在高新信息技术条件下的长久安全保存,是智慧档案馆正常运行的保障。另一方面,智慧应急不仅能够在突发事件发生后快速作出响应,减小突发事件带来的损失,还能够通过对档案馆的实时监控获取实时信息,然后与数据库进行比对,提前发现突发事件的预兆,做好预防工作,最大程度减少突发事件带来的危害,达到保障智慧档案馆安全运行的目标。综上所述,智慧档案馆与智慧应急二者联系紧密、不可分离,前者是后者的基础,后者是前者的保障。在青岛的智慧档案馆规划中,就包含智慧应急系统的部分,即建立"档案智慧保护平台",通过信息平台将档案馆的容灾中心、备份中心等安全机构与馆藏档案联系起来,进行实时监测、保护。

总而言之,档案生态系统在进行应急管理建设时需要秉承协同应急管理与智慧应急管理两种创新理念,这是档案生态系统应急管理工作不同侧面应坚持的理念,两者相互联系、相互补充,共同促进档案应急管理工作的发展。

（三）差异化应急管理

1. 差异化应急管理原因

我国幅员辽阔，自然环境多样，不同区域的地质条件、自然状况、灾害类型等也不尽相同，甚至可以说是天差地别。所以，为了更好地应对各区域、各层次档案生态系统的突发事件，减少其带来的损失，对各地的自然环境、易发灾害、气候特点的研究是十分有必要的。

西南地区常见的自然灾害包括水土流失、干旱、洪涝、山地地质灾害、地震等。西南干旱中心在云南中部和北部；西藏南部、云南西南部地震活动强度大、频度高；洪涝主要发生在四川盆地西部；云贵川和西藏东部上千万方的崩塌、滑坡常有发生。

中南地区常见的自然灾害有台风及风暴潮、洪涝、水土流失、干旱等。中南大部分地区近30年发生干旱20—25次，平均每年受旱30次；入侵我国的台风有半数是在广东登陆；中南大部分地区多涝。

华东地区濒临海洋，常见的自然灾害有海啸、台风、洪涝、风暴潮、地震等。洪涝灾害分布较广，涉及华东绝大部分地区；台湾是我国地震活动强烈地区，山东东部、福建沿海地震活动也比较强烈。黄淮平原是全国干旱最重的地区之一；台风登陆以台湾、福建居多，而且60%为强台风。

西北大部分地区是黄土高原，属于多地震地区，再加上地处南北地震带北段，经常发生滑坡、地裂缝、水土流失、地震、病虫鼠害等灾害。此外，西北地区拥有大量的风沙区，风沙、干旱等灾害非常严重，每两到三年就会发生一次大型的旱灾。

华北平原地处地震带边缘，地震发生频率较高。在过去的半个多世纪里，华北平原发生了许多破坏性的地震，如1976年7月28日河北滦县7.1级地震，1976年7月28日河北唐山7.8级地震，1966年3月22日河北邢台7.2级地震等。此外华北平原是我国水患最多的河流——黄河的所在地，因此华北平原时常发生洪涝灾害,除黄河以外,还有淮河、海河等水患多发点河流,水旱灾害频繁进而带来土地盐碱化等多种灾害。

东北地区多为山地,森林树木较多,常见的自然灾害多为森林灾害,如森林火灾、农作物病虫害、森林病虫害。有时也会发生地震、洪水等大型自然灾害。其中最为严重的就是地震灾害,1975 年辽宁出现了 7.3 级大地震。

由此可见,各地常见的自然灾害种类不尽相同,甚至差别很大。各个地区的档案馆应该根据各自所在区域的地理、气候特点,分级、分区域有重点的进行灾害的防御,在人财物资源精细化利用的基础上提高应急管理的精准度,减少自然灾害带来的损失。

表 4-5　我国分区域主要自然灾害分布

地域	主要灾害	包含省份
东北地区	地震、农业气象灾害、虫害、森林火灾	辽宁、吉林、黑龙江
华北地区	洪涝、干旱、地震、盐碱、虫害	北京、天津、河北、山西、内蒙古
西北地区	旱灾、水土流失、暴雨、滑坡、地裂缝、虫鼠害及地震	陕西、甘肃、宁夏、新疆、青海
华东地区	洪涝、干旱、台风、地震及海啸	上海、江苏、浙江、山东、安徽、江西、福建、台湾
中南地区	洪涝、台风、水土流失、干旱	湖北、湖南、河南广东、广西、海南、香港、澳门
西南地区	山地地质灾害、地震、干旱、洪涝、水土流失等	四川、重庆、贵州、云南、西藏

2. 应急管理差异化策略

加强我国档案生态系统应对突发事件应急管理工作,固然需要从制度、体制等多方面进行统一规划,对于提高管理效率有一定成效。但是,基于我国自然、社会的多方面因素,"同中求异",施行差异化管理也是提高档案馆生态系统应急管理能力的重要思路。各级档案部门在遵循必要的国家与行业制度规范外,可以尝试差异化的管理策略。具体来说,就是各地方档案部门在遵守国家、行业制度规范的基础上,应当自行探索,设计量身定做的应急管理机制。

差异化管理是一种多元思维,强调组织中主体、环境等存在差异性因素,从而要求组织进行管理与决策时依据差异区分对待。差异化管理突破"整齐划一"的管理模式,更关注多元目标的管理,强调各个要素之间的协同,从而从整体上降低管理成本。差异化管理更加适合我国地域辽阔、各级档案机构设置复杂多样等条件下的多元化档案应急管理工作。

一般来讲,我国突发事件的引发原因有两大类:一类是人为因素,另一类是自然灾害。我国自然灾害种类很多且发生频繁,在档案应急管理工作中占据着很大比重。表4-5呈现了我国频发、多发的自然灾害类型,从中可以看出不同地域常发的自然灾害种类有着很大的不同,比如有的区域海啸灾害频繁,有的区域则不可能发生。应急管理工作应该针对各地特有的环境条件,制定差异化的管理方式。

(1)应急管理研究差异化

由于我国自然灾害发生的地域化区别较为明显,我国档案生态系统突发事件的应对研究也可以实现区域化,强化区域性灾害应急能力提升。所谓应急管理研究区域化就是从档案生态系统的顶层设计,根据区域特点或者灾害分类,形成档案应急管理联盟,建设目标相近或者一致的研究团队,集中优势力量,发展具有地域特色或者灾害种类研究特色的差异化应急管理理论。同时,借助如前所述的协同应急管理平台,实现研究与应用成果共享。

需要强调的是,进行差异化应急管理研究要以信息共享机制为前提。差异化应急管理研究的本意是集中区域内核心研究力量,缩小研究范围,集中优势力量各个击破,提高研究的深度,减少研究的重复。待研究完成后,将研究成果整合汇总,即可获得一套完整的突发事件应急管理知识体系。因此,必须有国家档案领导机构完整的资金与人才保障机制予以配合,以达到效率和成绩最大化。

（2）应急管理资源准备差异化

由于我国用于档案应急管理的资金有限，难以完全配备完善应急资源的要求。再加上各地突发事件种类不同，发生频率也不同，如果全部配备还会造成大量的资源浪费。因此有必要进行应急管理资源准备的差异化，即在一定区域内将资金进行统一管理，根据各区域档案系统主要突发事件的类型、频率，对该区域内应急资源的种类、配置进行合理规划，区域必备的应急设备单独购买，再对各档案馆利用率高的应急设备进行专项购买，而价格高昂、使用频率低的设备可进行联合配置，共同拥有。这样就可以把有限的资金用在关键的地方，实现资源利用最大化。同时应当要注意资源的共建、共享建设，确保共建共享落到实处。

（3）应急管理能力评价差异化

档案生态系统应急管理科学、规范的评价活动有助于提升管理水平的提高。档案生态安全应急管理能力的评价是对自身应急管理水平的定位，是提升应急管理水平的重要方式之一。评价需要结合生态系统的应急资源配置、应急预案建设等多角度进行。如前所述，由于各类档案生态系统生态环境与应急管理的差异化，对其评价也无须按照统一标准进行，可以根据各级各类档案系统自身特点进行个性化评价。评价重点在于所在地区发生频率较高的突发事件，降低其他概率较低的事件所占比重。这种差异化的评估方式能够减轻档案生态系统的负担，使其将更多的人力、物力放在主要矛盾上，强化对关键问题的应急管理能力。

我国的管理方式与发达国家存在一定差异，自新中国成立以来长期采用粗放式的"整齐划一"的管理方式。这种管理方式操作简单，但效率也值得商榷。这就迫切要求我国的管理机制向精细化发展，差异化的管理就是一种精细化的管理方式，通过差异化的管理能够充分调动个体的积极性，提高其工作效率，进而降低成本、提高收益。著名心理学家波诺玛曾经说过，提高管理效率的关键在于选择一个有弹性的管理者。所以，在应急管理工作中应当大胆尝试,采取弹性化的差异性管理方式。

　　档案生态系统应急管理工作的成效很大程度上取决于应急管理理念。协同应急管理理念横向拓宽了应急管理工作的"边界"。档案生态系统资源协同以及馆内各系统、部分间的协同,对人、财、物、信息等应急资源进行合理分配,可以提高应急管理的效率。智慧应急理念是保障应急管理高效实现的途径和手段。差异化应急管理使应急管理的颗粒度越来越精细。协同应急管理、智慧应急管理与差异化应急管理三个理念分别从不同角度对档案馆的应急管理工作进行优化,这三个理念并不冲突,而是相互促进的,任何一个理念都难以单独支撑现代档案应急管理工作,只有综合秉承三个理念,相互促进才能够推动档案应急管理能力的稳步提升。

三、档案生态安全应急管理相关机理

(一)档案生态系统突发事件发生发展机理

　　对档案生态系统应急管理的客体——突发事件发生、发展规律的透彻理解,是做好应急管理工作的前提和基础。而当前,我国档案界对此研究较少。陈安曾经构建了公共管理领域的突发事件的机理体系[1],如图 4-11 所示。应急管理和突发事件机理的共性称为一般性机理。一般性机理又分为原则性机理、原理性机理、流程性机理与操作性机理四种类型。原则性机理表示应急管理和突发事件发生的基本特征;原理性机理表示应急管理和突发事件的发展规律;流程性机理表示的是应急管理过程所遵循的一般逻辑与突发事件发生发展的内在逻辑;操作性机理是在流程性机理基础上,描述突发事件或者应急管理变化在约束条件下实现的最优化途径。突发事件的发生发展机理与应急管理机理相互联系、相互影响。

　　研究档案生态系统突发事件与应急管理的机理有助于从本质出发,有针

---

① 陈安:《应急管理的机理体系》,《安全》2007 年第 6 期。

对性制订系统内的应急管理策略,从而解决根本性应急管理问题。但是,过于详细的机理类别分类研究,又有可能导致"舍本求末",不利于抓住重点。因此,本书仅探讨突发事件与应急管理的一般性机理与档案行业的专业性机理两个方面。

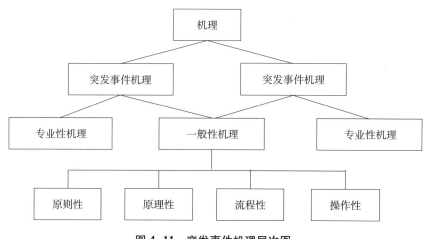

图 4-11　突发事件机理层次图

1. 档案生态系统突发事件发生发展的一般性机理

尽管突发事件的发生具有紧急性、危险性、偶然性的特点,但仔细分析,仍旧有其自身发展规律可循,深入了解其规律,可以采取有效预防治理措施进行有效干预。档案突发事件的机理解释也是档案生态安全应急管理研究的重要内容。

由于研究视角不同,突发事件可以有多种分类方式。《中华人民共和国突发公共事件应对法》将突发事件分为公共卫生事件、社会安全事件、自然灾害和事故灾难四类。本书重点关注从发生原因角度进行分类,主要分为速升式与瀑布式。顾名思义,速升式突发事件,强调"突然发生",事件发生的前期准备时间极短,且发展迅速,猝不及防,损失严重。例如,台风、洪水、地震等均属此类。而瀑布式的事件,几乎没有准备时间,一触即发,破坏性影响达到最大,顷刻又下降到零点,在档案生态系统的突发事件中比如炸弹的爆炸等。如图 4-12 所示。

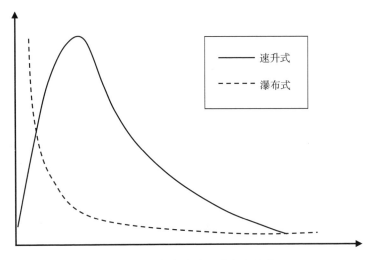

图 **4-12**　**突发事件的两种发生方式**

（1）突发事件发生的机理阐释

第一，基于熵理论的档案生态系统突发事件发生机理。档案生态系统突发事件发生既有其偶然性，也有其必然性。对一个完整的系统来说，必然存在脆弱性，容易受到外界干扰或者威胁而导致受到损害。系统威胁的严重性增加到系统无法承受的程度时，突发事件就会发生，系统也受到严重影响或者部分损毁。这里的环境威胁可能来自自然环境，比如洪水、台风、地震等；也可能来自人为因素，例如黑客、偷盗、火灾等。档案不良环境的威胁、系统的脆弱性以及档案暴露于不良环境这三方面因素是突发事件发生的必要且充分条件，缺一不可。如果把档案生态系统比作人体，环境威胁比作病毒，那么人体抵抗力就是系统中最薄弱环节，恶劣环境使体质虚弱的人更易致病。所以，档案生态系统的脆弱性，暴露在威胁环境导致系统无法承受时，就会导致突发事件发生。还可以从微观角度出发，利用熵理论对系统突发事件的发生机理进行阐述。

1865 年，德国科学家克劳修斯首次提出"熵"的概念，他将之定义为衡量物体能量分布混乱程度的物理量。随后，众多学者用"熵"这一概念描述系统有序程度,有序程度高的系统熵值小,无序程度较高的系统熵值反而大。对一个封闭的系统来说,总是由有序向无序发展,即熵值不断增加。比利时的普利高津对开放性系统的熵值进行研究,引入了负熵这一概念。他用 ds 表示开放性系统的总熵,而 $ds = ds_i + ds_e$,其中 ds_i 指的是系统不可逆过程产生的内部熵,且 ds_i 永远为正。ds_e 指的是系统和外部环境交换的熵,既能为正,也能是为负。如果 ds_e 为正,那么系统的总熵为正且不断增大,系统向无序方向发展,系统退化。如没有外界干预,系统的熵会逐渐增加至临界值,最终崩溃。反之,如果 ds_e 是负的,则有三种情况:若在数值上 ds_e 绝对值小于 ds_i,此时系统的总熵逐渐增大,系统向无序方向发展;若 ds_e 绝对值等于 ds_i,此时系统的总熵不变,系统保持平衡;若 ds_e 绝对值大于 ds_i,此时系统的总熵逐渐减小,系统向有序方向发展。这就是普利高津——耗散结构原理。

  档案生态系统是一个开放性的系统,其中同样有"熵"存在,系统的正常运转会产生一定的内部熵,使系统的总熵增加;而系统主体的工作人员对维护工作、保障系统安全的资金、设备投入则相当于向系统中引入负的外部熵。在理想状态下正的内部熵与负的外部熵相互抵消,系统总熵不变,系统保持稳定运行。但是现实情况并不可能是处于理想状态下一成不变,当档案生态系统遇到不良影响,如档案安全保障不足(员工懈怠、档案馆资金不足、设备故障等),管理水平下降,自然环境恶化(地震、雾霾等),系统产生的内部熵就会增加,此时输入系统的外部负熵就不足以抵消内部熵的增加,从而导致系统总熵不断增加,系统向无序的方向发展。当系统的熵值达到临界状态时,只需要受到外界的轻微干扰(显性或隐性诱导因素),就会变得混乱无序,出现突发事件。这时就需要档案生态系统应急管理人员及时发现问题,按照应急预案、利用应急设备对突发事件进行抢救处置,这个过程就是给系统输送额外负熵的过程,此时外部负熵将超过内部正熵,使系统总熵逐渐减少,系统向有序方向发展,逐渐恢复到正常状态。档案生态安全应急管理工作的中心目的就是如何减少系统内部正熵,必须采取措施减缓生态系统客体的老化,或者投入更多的人力、财力、物力,进行制度、策略、技术调控与干预,从而增大外部负熵输入,使系统达到新的平衡(见图4-13)。

从上述的分析过程可以看出,档案生态系统中突发事件就是系统内部熵的增加导致的系统混乱;而对突发事件的预防、应急管理就是积极采取措施,从系统外部输入负熵,抵消内部熵增加的作用,从而保持系统熵值的稳定。因此对档案生态系统的应急管理过程就是分析引起系统熵值增加的诱因并且及时有效控制,确保档案生态系统的平衡平稳运行。

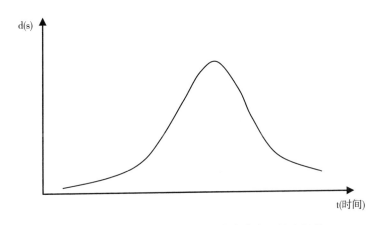

图4-13　档案生态系统熵随突发事件发展演变规律

第二,基于社会燃烧理论阐释档案生态系统突发事件发生机理。根据化学知识可知,燃烧属于一种比较剧烈的氧化反应,并伴随发热和发光。物质满足以下三个条件才会燃烧:首先,有火源,能为燃烧提供能量,如电火花、火等,强烈摩擦也是火源的一种;其次,需要有可燃物质,如棉布、纸张、木材等含碳氢氧的有机物;最后,还需要有助燃物,如氧气、氧化剂等帮助燃烧或者支持燃烧的物质。2001年,牛文元从社会物理学视角提出社会燃烧理论[①],认为自然界中燃烧的基本原理可以被用于解释无序、动乱等不稳定社会状态。在社会中,人与自然以及人与人之间的不和谐关系就是造成社会不稳定的燃烧物质;

———————————

① 牛文元:《社会物理学理论与应用》,科学出版社2009年版,第177页。

社会中引起强烈反响的突发事件就是"火源",也被称为导火索;社会媒体传播的各种不实、歪曲的信息就是助燃剂。如果人与人、人与自然之间的关系非常和谐,那么社会也非常稳定,这是一种最佳的理想状态。与之相反,如果人与人、人与自然的关系不和谐,对社会是"负贡献",燃烧物质开始形成,而随着这种不和谐程度加深,燃烧物质积累到一定量,在其他两个条件具备时随即爆发。

社会燃烧理论也可用以阐释档案生态系统突发事件的形成机理。档案生态系统本身是社会的重要构成部分。随着工业化进程不断加快,档案生态系统所处的自然环境逐渐恶化,如果档案生态系统主体之间、客体之间、主体与客体之间,以及主客体与系统之间的关系非常和谐,具备良好的氛围,工作人员具备专业的知识对档案进行管理,既能为用户提供高质量的服务又可以保障档案安全,那么档案生态系统的社会环境就会非常稳定。与之相反,若档案馆服务意识、安全意识不强,管理制度缺失,工作人员服务水平欠佳等,导致档案被窃取或者破坏,甚至部分用户也可能为了谋取私利而篡改档案信息,这些"燃烧物质"不断积累。而在信息技术飞速发展的当今社会,用户信息环境极为丰富和复杂,自然环境也复杂多样,助燃剂和点火温度这两个条件都非常容易满足,档案生态系统发生突发事件的各项条件很容易具备,一旦发生会给档案系统造成难以挽回的损失。

通过上述分析可以发现,要想避免档案生态系统出现"燃烧"的情况,就必须加强档案生态系统的应急管理工作,建立、健全档案生态安全保护的长效机制,定期开展抽查和检查,对风险进行评估,及时发现并消除"燃烧物质",同时对系统内外部的助燃剂进行监控,及时采取措施进行引导和控制,这样才能真正解决问题,实现标本兼治的理想状态。

(2)突发事件发展演变的机理阐释

突发事件的发展指的是突发事件开始到结束的整个变化过程,在此过程中突发事件的影响力、波及范围以及发展程度都在不断变化。突发事件的发展主要包括以下三种情况:第一类是"短暂发展",突发事件发生后迅速结束,比如地震等；第二种情况是"持续发展"，即事件持续时间相对比较长，威胁程度不断加强，危害范围不断扩大，如火灾等；第三种情况是"间断发展"，事件发展变化过程可能会出现间断，但并不持续，如雪灾。此外，根据发展模式不同，突发事件还可以分为辐射式、连锁式、周期式、随机式、迁移式以及这五种模式的混合模式。①

突发事件一旦发生，事件还会发生演变，因量变的积累产生质变，从而引发新的突发事件。通常来讲，危害严重的突发事件，更倾向于产生演变。演变通常被分成触发型和自发型。自发型突发事件分为蔓延与转化。触发型突发事件分成耦合与衍生。

转化和蔓延都是由某一个突发事件引起的突变。突发事件的转化机理指的是一种突发事件的发展导致其他突发事件的产生，新的事件代替原有的事件，原有事件不再存在。而蔓延指的是突发事件本身的发展扩大了影响范围并且引发其他类似事件，导致新的事件和原有事件并存。例如，某档案生态系统的信息中心计算机系统感染病毒，其他相关部门系统将会接二连三遭到病毒感染，这就是蔓延。蔓延一般情况下不易察觉，如不立刻处理，就会引发更加严峻的灾难。

衍生和耦合都是因为突发事件本身之外的因素导致。衍生机理指的是一件突发事件的产生作为引发另一类突发事件发生的诱因，两种突发事件有偶然的关联。例如，地震产生后带来的后续灾难，如泥石流、水灾、海啸、火灾、爆炸等，带来的危害不亚于地震。比如1960年智利发生地震之后，海啸继而发生，导致海边建筑都遭严重破坏，损失惨重。此外，地震会引起建筑倒塌，动物尸体随处可见，有害病菌传播，人们感染病毒致病的可能性大大提高。同时，霉菌会对档案造成严重破坏。地震带来的火灾、水灾、毒气泄漏都是次生灾害。地震连同次生灾害，使档案信息资源遭到严重破坏。

---

① 陈安、刘霞、范晶洁：《公共场所突发事件的应急管理研究》，《科技促进发展》2013年第2期。

耦合机理是由于突发事件本身、环境因素、系统因素等共同作用,导致突发事件的加剧。其本质特征是两个突发事件相互作用和影响,从而产生更大危害。例如沿海地区某档案机构发生火灾,而此时如果正好赶上台风登陆,从而出现"风助火威,火借风势"的现象,加剧火灾的破坏性,即为耦合现象。整个流程如图 4-14 所示。

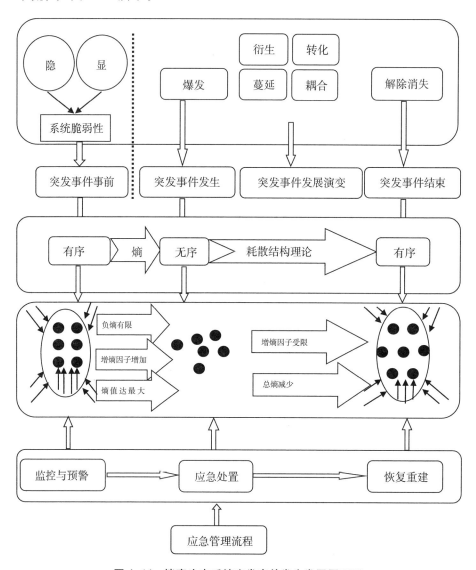

图 4-14　档案生态系统突发事件发生发展原理图

对档案生态系统的突发事件产生的一般机理进行探讨,是生态系统进行应急管理,面对突发事件及时正确决策的前提和基础,而如何进行路径选择、过程阻断、终止隔断、隔离、解耦等应急管理措施,要结合突发事件发生发展的一般机理与专业性机理,进一步进行规划设计,制定最优化策略。

2. 档案生态系统突发事件发生发展的专业性机理

档案生态系统的突发事件专业性机理,是指根据档案生态系统所遇到的各类突发事件及档案行业特色形成的应急管理的内在规律。① 和公共管理行业不同,要做好档案突发事件的充分应急准备,不仅要全面把握突发事件发生发展的一般规律,还要结合档案行业特色,清晰把握档案突发事件的发展规律,才可能真正达到全面保障档案生态安全的目的。

结合档案生态安全现状的调查结果发现,火灾作为各级各类档案馆预防的第一重要灾害,一旦发生,对档案破坏严重且修复困难。加之近年来国内外图书、档案、博物馆界火灾事件层出不穷且损失严重,对世界文化遗产保护造成了严重影响。因此,选择"火灾"作为突发事件专业性机理分析的目标。

火灾是在时间上和空间上失去控制的燃烧造成的灾害。档案生态系统客体——馆藏档案目前还大都以胶片、光盘、磁性载体、纸张等作为载体存在,由于其化学成分均以碳、氢、氧为主要组成,都是易燃、可燃的物品。一旦发生火灾,档案原件很快就会被烧毁,鲜有抢救修复的机会。所以火灾对于档案来说是毁灭性的灾难,是防灾的重点之一。

我国从古至今一直都有关于档案火灾的记录。1852 年,湖北抚院衙门失火,所存档案一应被毁;而后户部又突发大火,连烧三天三夜,档案全部被毁;1928 年,北洋直隶公署突发大火,所存档案全部被破坏殆尽;1948 年,国民党南京军用地图库发生火灾,致使大约 180 万张各类地图被毁。最近几年国际知名建筑巴黎圣母院、巴西博物馆等接连发生火灾,损失严重,教训惨痛。这

① 张艳欣:《档案馆应急管理体系构建研究》,中国人民大学 2015 年博士学位论文。

些国内外的教训都警示我们,火灾对于档案的严重影响不容忽视。而要做好应对火灾的各项准备,首先就必须了解火灾发生发展机理,从根源上进行预防控制。

(1)档案生态系统火灾发生机理

档案生态系统火灾机理可以分成蔓延机理、发生机理等。其中,发生机理可以从本质原因、客观原因、主观原因三方面进行探讨。档案生态系统火灾的本质原因是能量意外释放。20世纪60年代吉布森和哈登尝试用能量意外释放理论解释事故发生的物理机理。他们指出,生活中电能、化学能、机械能等等各种能量都会因为意外释放带来危害,突发事件发生的原因就是这种非正常的或是非预期的能量释放,造成严重危害。若是周围环境中的客体无法承受这种能量,就会产生损毁。对档案生态系统来讲,由于主体疏于防范,不能及时发现火灾隐患,馆内的电线线路短路、漏电、静电都能引起能量相互影响、相互转换,以化学能、电能、热能等方式释放,对馆内的档案、装具、建筑都造成破坏,更危害人身安全。产生的化学能,比如二氧化碳、氨气、一氧化碳等,不仅会让人中毒陷入昏迷或是窒息,还会对周边环境带来污染,馆中弥漫的有毒气体又进一步损害档案,导致档案载体受损,降低耐久性。

引起档案生态系统产生火灾的客观原因可以分为如下几点。

首先是档案生态系统中档案建筑出现问题。年代久远的档案建筑,多是砖瓦木结构,耐火级别较低,而且内部构成均为易燃的油漆、木头等,容易引发火灾。

馆内电路时代久远、绝缘线路腐化严重、电气线路长期超载,使得线路极易引发火灾。通常导线温度低于65℃时的电流是安全电流,若是高于65℃,就是超负荷,导致绝缘层和周围可燃物引燃。资料记载①,若是导线中经过数

---

① 高合义:《电气线路超负荷引发火灾机理及预防对策》,《消防技术与产品信息》2007年第6期。

值为高于安全电流 2 倍的电流时,导线线芯的温度会提高到 300℃,以至于可能会产生烟雾。若导线内经过达到安全电流的 2.5 到 3 倍的电流时,线芯温度会高达 700℃,线芯发红,引燃绝缘层。若绝缘层一直受高温影响出现碳化,变成半导体,使线路发生漏电或是短路,温度上升,引起火灾。随着科技发展,扫描仪、复印机等现代化办公设备,空调、恒温恒湿控制仪等高科技含量设备在档案建筑中的普遍应用,增加了馆内电路压力,这些因素成为导致电路短路变成电线起火的主要诱因,占档案馆火灾致灾原因的 79.6%。据资料显示新中国成立后到 20 世纪 90 年代末,我国档案馆共发生火灾 40 多次,均是因为电路问题导致的。比如 1998 年初,西南某档案馆因为电路问题引发火灾,几千卷档案全部烧毁。①

　　档案建筑中的部分照明灯具发出的光波处于紫外线波段,若是灯管内壁的荧光粉因为年代久远而掉落,或是分布不均,都会导致紫外光释放。紫外光能量高,对于档案载体破坏作用大。部分档案馆和阅览室曾将白炽灯作为照明工具,白炽灯发光率只有 7—20%,绝大多数电力都被转化为热量,从而导致灯具周边温度提高,如果距离灯具位置太近,也极易引发火灾。

　　其次是生态系统馆藏本身相关的问题。馆藏档案基本都是以磁带、纸质、光盘、胶片等作为载体,材质都为含有氧、氢、碳等的高分子化合物,在富含氧气的环境里极易引燃,产生烟雾,同时出现气相火焰。磁带盒与磁带盘均为聚苯乙烯合成,燃点较高,热量释放很快,是比较危险的要素之一。所以,档案建筑中易燃物品过多增加了火灾出现的可能性。

　　此外,纸质材料的档案不仅能够出现大火烧毁,还会出现阴燃。阴燃是没有火焰的缓慢燃烧,会产生烟,同时温度会上升,因此非常隐蔽,不易被发现。纸质档案去污过程中使用的苯、丙酮等有机溶剂均为易燃物质,易引发火灾。特别是明火被熄灭后,余热会引发阴燃,发生二次火灾。

---

① 杨战捷:《档案馆应注意防止电气火灾》,《中国档案》1999 年第 2 期。

从主观原因来看,档案馆生态系统主体重视程度不高,工作人员缺少防范意识,监督管理工作不到位,缺少完备的防火制度等都是火灾的隐患。通过项目组调查发现,尽管各个档案实践部门都把火灾作为第一防范灾害,但是真正的落实却还不到位,甚至有工作人员表示,至今不会操作基础防火设施。此外,馆中工作人员用火不当、未熄灭的烟头都会是引发火灾的隐患。火灾发生的专业性机理如图4-15。

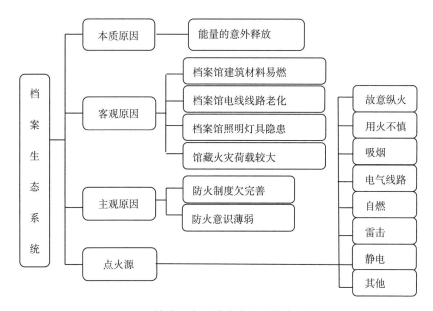

图4-15　档案生态系统火灾发生的专业性机理

档案生态系统馆库起火后,最初在起火点和周边可燃物燃烧,范围较小,起火点周围处于高温,馆库的温度总体不太高。此时火灾蔓延速度较慢,如何继续发展有三种可能。第一种情况是,若火势未能扩散到其他的可燃物,火势会越来越小直至消失,但这种情况在实践工作中出现概率很小,因为馆藏档案大多数都于密集架中存放,相互之间间隔很小,火势会急速蔓延。第二种情况是,档案馆处于密闭空间,通风量很小,火势会逐渐减小直至消失。通常情况下档案馆馆藏档案保存于适宜的温湿度环境,一般采取较好的密闭措施,所以大火不易燃烧。但是即便没有通风,馆藏档案属于可燃物的太多,因此大火通常不会自己消失。第三种情况是,档案馆通风良好且可燃物较多,迅速增大了火势,周边可燃物全部燃烧。馆内温度迅速提升,而馆藏档案基本都是以碳、氧、氢等元素构成的载体,容易被引燃,所以这种情况需要被重点关注。

在火灾出现到猛烈阶段,火灾燃烧越发剧烈,点燃范围增大到整个房间,馆内环境温度急速上升,到达一定值时,馆内弥漫的可燃气体会进一步燃烧,席卷全部可燃物,火势更大,温度更高,这种情况被称为轰燃,标志着火灾全面爆发。这时馆内保存的档案全都被烧,破坏力最大。工作人员务必要在轰燃之前逃离,否则有生命危险。轰燃后火焰和高温烟气快速蔓延,严重危害档案建筑,导致整个建筑或是部分发生倒塌。这一阶段维持的时间取决于馆内可燃物的数量、材质、通风情况等。综上所述,因为档案馆库中藏有大量可燃物,火灾发生后不及时加以控制,后果会不堪设想。

在火灾扑灭阶段,档案馆内可燃物以及可燃物燃烧释放的有毒气体逐渐消失,燃烧速度也逐渐降低,馆内温度随之降低。当馆内的温度到达最高燃烧温度的80%时,火灾进入熄灭阶段。

从空间维度来看,档案馆中火灾蔓延可以有多种途径。第一种途径是水平蔓延。依据《档案馆建筑设计规范》等,档案建筑主要结构必须防火级别足够高。档案建筑若是没有设置水平防火分区,大火就会在水平方向蔓延。所以,档案建筑,尽可能在水平空间充分利用防火门、防火墙等进行防火分区,来阻止火势蔓延。第二种途径是档案建筑内部联通的吊顶,极易为火势蔓延提供条件并且不易被察觉。第三种途径,火灾通过可燃物品蔓延,例如利用隔墙、吊顶灯、地毯等易燃物蔓延火势。第四种途径是档案馆的"洞口",要么其位置间隔不合理,要么缺少必要防护措施,如管道穿孔处没有使用易燃烧的物品,普通防火卷帘没有水帘等。此外,火灾还能够利用建筑内电梯井、竖井、楼梯间、窗间墙等进一步蔓延扩散。档案馆中设置的空调系统应该安装防火阀,不采用可燃物质作为保温层或是风管,否则会导致通风管内引燃,还会吸入大量火焰燃烧产生的烟雾,导致距离着火点较远的地方也会出现烟雾,有可能引发更大范围的灾害。

(2)档案生态系统火灾破坏档案的机理

火灾对档案造成的威胁严重程度不言而喻。若是火势不能及时控制,馆藏档案会全部被烧毁至荡然无存。即使火势被控制,被大火损毁的档案也是难以修复。火灾对档案的损坏具体表现为间接损坏和直接损坏。

首先是直接破坏。直接破坏具体指的是火灾带来的高温辐射热危害档案及建筑。有资料显示,一个起火的房间中,火焰生成的烟雾温度将近100℃,若是地下建筑,温度会达到1000℃甚至更高,不但对人体造成极大的伤害,还会引起档案馆建筑倒塌、损毁档案载体。即使档案载体没有被烧毁,高温也会使纸质档案、磁性载体档案、光盘档案等多种档案载体受到影响加速老化。

其次是间接损坏,表现为档案馆藏档案载体燃烧时释放的化学物质的危害。比如,火灾导致档案载体、档案架等燃烧,材料分解生成的烟雾由温度很高的气、液、固体混合而成,大都是不完全燃烧和完全燃烧后得到的物质。档案馆起火的时候,火灾烟雾扩散速度远远大于火势蔓延速度,且烟雾自身温度很高并含有有毒成分,火灾死亡人员中50%以上的人死于火灾产生的烟气。火灾的烟气不光对人员伤害大,对馆藏档案危害也较为明显。

火灾产生的烟雾危害人体健康,对馆藏档案损害也极为显著。虽然引发档案馆建筑火灾的原因不同,生成的烟雾成分也各不相同,一般来说,主要有以下三方面危害。第一是燃烧和热解产生的气体危害。因为档案制成材料大多数是高分子化合物,富含氮、氧、磷、碳、硫、氢等元素,燃烧时很容易生成一氧化碳、五氧化二磷、二氧化碳、氰化氢、二氧化硫等。其中二氧化硫、一氧化碳、二氧化碳等均属于酸性气体,很容易和空气中的水结合生成酸,危害各种档案制成材料,造成其耐久性下降严重。如档案载体材料或是棉花发生阴燃时易产生氰化氢,而氰化氢为杏仁味、无色的有毒气体,对档案、人体危害极大。此外,因为胶片档案载体、磁性档案载体含聚氯乙烯、聚四氟乙烯等,燃烧时会生成氟化氢、氯化氢、溴化氢等强酸性气体,会对档案载体带来极大损害。如氢氟酸对光盘档案损害最为严重。含有三聚氰胺、聚氨酯、甲醛树脂等含氮塑料在燃烧会释放氨气、一氧化氮、氰化氢、二氧化氮等有害气体,都是损坏档案载体的重要物质,具体如表4-6所示。第二是燃烧与热解后产生的悬浮颗粒,也就是烟粒子的危害。烟粒子主要是炭黑、焦油粒子、高沸点物质的凝缩液滴,它们在空中悬浮,造成环境污染的同时,也容易承载污染气体后直接危害档案,为日后档案形成"档案砖"埋下隐患。第三是剩余空气。

表4-6　各种常见物质燃烧产生的有毒化合物

常见物质名称	燃烧时产生的有毒气体
含碳化合物	CO_2、CO
木材、纸	丙烯醛
聚氯乙烯	卤化氢(HX)、CO_2、CO、Cl_2、$COCl_2$
聚苯乙烯	苯、苯胺、CO_2、CO、CH_3CHO、
皮革、含氮塑料	氢氰酸(HCN)
三聚氰胺、尼龙	氨气(NH_3)
环氧树脂	CO_2、CO、CH_3、丙酮
酚树脂	CO、NH_3、XCN
尼龙	CO_2、CO、CH_3、XCN

(二)档案生态系统应急管理周期变化机理

档案生态系统的突发事件,从发生、发展到结束是一个完整的过程,通常可以被看作一个完整的生命周期,其中每个阶段的表现形式、危害各不相同,对应不同的应急管理方法。参考大卫·尼尔的研究,早期国外相关研究学者对突发事件生命周期的划分如表4-7所示。

表 4-7　国外学者对突发事件生命周期的划分

代表人物	生命周期模型	突发事件生命周期
卡尔（1932 年）	四阶段	初始或前驱阶段 混乱和解体阶段 调整和重组织阶段 混乱延续阶段
鲍威尔（1954 年）	七阶段	灾前条件、警报、威胁、冲击、估损、抢救、救助、恢复
斯托达（1968 年）	八阶段	灾前、警报、疏散、安置、短期恢复、长期恢复
巴顿（1970 年）	五阶段	灾前、监测与预警、无组织自发响应、有组织社会响应、灾后长期复原
达因斯（1970 年）	三阶段	灾前条件、应急状态（如警报、威胁、冲击、估损、抢救、救助）和灾后时期（恢复）
米勒提、德拉贝克和哈斯等（1975 年）	六阶段	准备/调整、预警、灾前早期行动、灾后短期行动、恢复、重建
美国联邦安全管理委员会（MPRR 模式）（1985 年）	四阶段	预防、准备、爆发、恢复
史蒂文·芬克（1986 年）	四阶段	潜伏期、发生期、蔓延期、衰退期
米卓夫（1994 年）	五阶段	酝酿期、爆发期、扩散期、处理期、善后期

　　其中,米卓夫通过研究将应急管理周期分成信号侦测期、预防与探测期、控制损害期、恢复阶段及学习阶段五个阶段,构建了突发事件生命周期模型。我国学者林毓铭依照这个模型,将应急管理周期分为以下五个阶段:防范勘测期、计划监控期、控制执行期、调整恢复期、学习重建期。

　　之后也有不同国家学者对应急管理活动周期加以研究。1978 年,美国全国州长联合会(NGA)建议将应急管理过程分为减灾、准备、响应、恢复四个阶段;2003 年,联邦危机管理署提出"灾难生命周期"的概念,在"生命周期"的"预备、应对、恢复、灾害缓解"这几个环节都设有不同的详细应急任务;2004 年美国国土安全部将应急管理过程分成"预防、准备、响应、恢复和减灾",后又改为"预防、保护、响应、减灾和恢复";2007 年美国消防协会把 2004 年修改的版本扩展成"预防、准备、响应、恢复和减灾"。

我国公共管理领域应急管理学者薛澜等把突发公共事件分为预警、爆发、缓解以及善后四个过程。[①] 与突发事件的不同阶段相对应,应急管理任务不同。预警期任务是防止事件进一步恶化;爆发期任务是及时有效控制防止事件影响和范围扩大;缓解期任务是降低应急措施的强度并尽快恢复正常秩序;善后工作的任务是评价整个事件。

毫无疑问,对应急管理任务进行阶段划分具有重要的现实意义。不仅有利于掌握应急管理规律性科学问题,而且可以作为应急管理实践工作的理论依据。然而当前的划分方式是否合理,存在一定争议。[②] 比如,将不同阶段区分开来的标准不明确;不同阶段的划分界限不够明确,影响阶段划分;对划分对象突发事件与应急管理认识不一致等。

如果将档案生态系统突发事件的不同阶段,划分过粗,不利于应急活动专业化程度提高。如果划分过于精细,那么在实际应急管理工作中就很难实施。因此,可以将档案生态系统突发事件的生命周期分为四个阶段,分别是潜伏期、爆发期、持续期以及消退期。应急管理工作相应的也可以划分为四个周期,分别是应急准备、应急响应、应急处理以及应急恢复。具体见图4-16。

(1)潜伏期

档案生态系统突发事件的潜伏期就是档案生态系统内部的突发事件发生之前。这些事件的发生并非偶然。一般来说,人为性突发事件均是由日常运转过程中存在的风险不断累积,达到系统无法承受的某种程度而爆发产生。举例来说,由于档案生态系统内部包括灭火、警报等设施不够完善、建筑物不符合标准、采取的安防措施不到位、工作人员缺乏足够的安全意识,这些因素

---

① 薛澜、钟开斌:《突发公共事件分类、分级与分期:应急体制的管理基础》,《中国行政管理》2005年第2期。

② Neal D.M.,"Reconsidering the Phases of Disaster",*International Journal of Mass Emergencies and Disasters*,Vol.15,No.2,1997,pp.139-264.

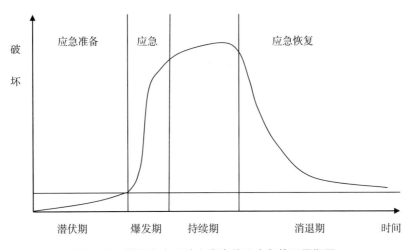

图 4-16 档案生态系统突发事件及应急管理周期图

都可能导致档案生态系统突发事件的发生。这些因素中一部分具有显在性,因此较为容易被察觉;另一部分是隐性因素,很难被人们察觉,并且可能形成各种灾害的继发原因。虽然在台风、地震这类自然灾害发生的时候,档案机构通过各种手段进行灾害应急都无法完全避免,但是在灾难发生前及时进行预测预警,并且采取措施,都可降低灾害带来的破坏性影响。因此,在此阶段,档案生态系统主体必须把应急管理思想端口"向前移动",更加主动地开展风险管理工作,尽早识别阻止、监测、遏制各类引发突发事件的危险因子,使用不同的手段进行风险防范,以控制突发事件发生的几率。另一方面,档案管理人员要做好预测、预警工作,做好应急资源保障等充分的应急准备,降低突发事件发生后对档案的损毁。

(2)爆发期

档案生态系统突发事件的爆发期是档案生态系统运转过程中,由一定诱因引起,使突发事件的潜在风险由隐性变为显性,并迅速大规模爆发,给档案安全带来巨大威胁。通常而言,档案生态系统内发生的突发事件大多具有很强的不确定性,所以在突发事件刚刚爆发时,档案生态主体在上一阶段开展的应急准备工作是否充足与及时、相关管理人员能否在第一时间赶到现场,预案是否完整可行,以及应急资源是否完备,应急信息能否及时准确的传达等,都会直接影响到档案生态系统内应急管理工作的效果。所以爆发期的应急管理工作最困难最艰巨,是对应急准备工作的良好检验。

(3)持续期

在档案生态系统突发事件持续期,突发事件影响范围进一步扩大、对档案产生的危害会进一步加剧,但是发展势头已经逐渐减小或者停止。如若应急准备工作较为完善,主要领导决策正确迅速,应急队伍配合得力,这一阶段的维持时间会大幅减少,应急管理工作就会可控轻松,这也是应急管理前端控制的优势所在。在这一时期,一方面要在保证生态系统主体人身安全的前提下,继续采取控制措施避免突发事件的影响扩大,防范次生灾害。与此同时要将档案进行转移,对受灾档案采取应急抢救修复。

(4)消退期

档案生态系统突发事件的消退期是突发事件的发展态势已经得到有效控制,但对档案破坏还会继续。这一阶段中心任务是开展对受损档案进行鉴定修复等工作;此外要加强对系统内突发事件的控制力度,研究突发事件对馆藏档案造成的各种直接或者间接的损伤。此外,档案生态系统必须要对突发事件发生原因、应急管理与抢救修复整个过程进行分析和评价,形成成文的总结报告,有针对性地提高应急管理水平。

将档案生态系统突发事件的整个生命周期进行阶段性划分,同时根据生命周期安排应急管理活动和任务周期,明确任务,防止各阶段任务在时间上的重叠,为档案生态系统应急管理实践提供理论借鉴。

深刻理解档案生态系统应急管理相关机理,有助于在应急管理实践中,从事物本质出发,科学制定符合事物发展规律的制度、策略,以实现对档案生态系统突发事件的有效预防,从而经济高效地做好应急管理工作,保障非常态档案安全。

第五章　我国档案生态安全
应急管理机制实现

　　档案生态安全实现的重要途径之一就是在生态系统内部实施有效的应急管理,如何使档案生态安全应急管理的理论研究更贴合我国档案安全与应急管理实践,形成可操作性的策略,使理论"落地、开花、结果",正是课题研究的主要内容之一。

　　全面提高档案生态安全应急管理能力是一个系统工程,需要协调整个档案生态系统内的各个环节,从法律、政策到制度、实施全方位协调发展,形成一个结构合理的全面、统一、高效的系统。本章将以档案生态系统为核心内容,从档案生态应急管理体制、应急管理机制、应急管理技术、应急管理文化、应急管理信息和应急管理资源保障六方面讨论提高应急水平的策略,促进档案生态安全应急管理水平有跳跃式的发展,提升我国保护档案安全的综合能力。

第一节　应急管理制度之维——体制与
法制的相互支撑

一、刚性的档案生态系统应急管理体制

（一）应急管理体制的含义

　　根据《辞海》定义,体制是国家机关、企事业单位在机构设置、领导隶属

关系和管理权限划分等方面的体系、制度、方法、形式等几个方面的总称。而《现代汉语词典》对"体制"的定义则是"国家机关、企业、事业单位等的组织制度"。

我国学者对于应急管理的体制有不同观点,有的学者持"大体制观",陈安等认为根据其功能体制可以划分为行政责任与社会责任系统、应急响应与评估系统、资源支持与技术保障系统和防御避难与救护援助系统。[①] 也有学者持"小体制观",薛澜等认为急管理体制是指政府相关的机构设置。[②] 王宏伟指出应急体制是应急体系内部的组织制度,主要体现在机构设置、职能配置、与职能相应的事务管理制度及权力划分等方面。[③] 根据 2007 年实施的《中华人民共和国突发事件应对法》规定,我国实行"国家建立统一领导、综合协调、分类管理、分级负责、属地管理为主的应急管理体制"。

档案生态安全应急管理的实现,必须要以完善的制度体系为保障。档案生态安全应急管理体制应该是不同层级、不同地域的档案生态系统为应对突发事件而建构的应急管理组织制度,包括各级档案应急管理机构及其隶属关系、权责关系、组织体系和相关制度。在"体制"一词中,"体"指用于容纳一定事物的空间,"制"则是事务在空间里活动必须遵守相应的规则。档案生态系统中应急管理体制所表现的是档案生态系统中应急机构所组成的框架,是一个静态的系统。体制形成要架构相应的组织体系,形成实体框架结构,也要对框架内的机构上下级关系进行界定并进行相应的权力划分和责任分配。体制问题是社会管理中非常关键的一方面。同理,档案应急管理体制对于应对档案生态系统突发事件意义重大。应急管理体制包括应急管理所必需的不同层级机构设置,如领导机构、日常办事机构、应急管理专家组成等及其明确的权

---

① 陈安、上官艳秋、倪慧荟:《现代应急管理体制设计研究》,《中国行政管理》2008 年第8 期。

② 薛澜:《国家应急管理体制建设:挑战与重构》,《改革》2005 年第 3 期。

③ 王宏伟:《中国特色应急管理体制的构建与应急管理部的未来发展》,《中国安全生产》2018 年第 6 期。

力与责任分配。

目前,我国学者对体制与机制的关系问题看法并不统一。总体来看,我国学者对于二者关系有三种认识,即二者存在并列、包含及等同这三种关系。可能受公共管理领域的"一案三制"中体制、机制与法制并列的看法影响,多数学者较认可的是应急管理体制与机制是并列关系。钟开斌指出,体制就像计算机系统的"硬件",而机制则是系统的"软件"。① 另外一种认可较多的是包含关系,即"体制"包含"机制"。戚建刚认为应急管理体系是一种制度体系,包括应急管理机构、权力和机制。② 还有部分研究者认为体制和机制含义完全相同。

尽管机制与体制从字面上看仅有一字之差,但二者的内涵却有很大差异。应急管理体制强调的是构建应急管理组织制度,而应急管理机制更多在于研究应急管理工作得以正常运行的具体策略与措施。正如前文所述,应急管理机制更像计算机赖以体现其功能的各种软件,合理运行的机制可以确保应急管理体制流程正常运转。应急管理体制必须是相对固定和稳定的,而应急管理机制则可以有更多的灵活性和可变性。应急管理的体制对应急管理机制有一定的约束力和限制,应急管理机制在体制内的合理运行和不断创新有利于确保体制发挥应有作用并保持长久的生命力。因此,对应急管理体制进行创新和改革比起对机制的变革要困难得多。

(二)我国应急管理体制发展脉络梳理

档案生态系统应急管理体制的构建,离不开应急管理宏观环境的影响,对我国应急管理体制的发展进行了解,对于在档案生态安全领域建立科学的应急管理体制有重要意义。

我国应急管理体制从无到有、从小到大,经过不断发展完善,体制建设取

---

① 钟开斌:《应急管理"机制"辨析》,《中国减灾》2008 年第 4 期。
② 戚建刚:《行政应急管理体制的内涵辨析》,《行政法学研究》2007 年第 1 期。

得了巨大进步。纵观其发展变化,我国应急管理体制建设大体分为三个阶段。[①] 第一个阶段是新中国成立后至改革开放初期,这个阶段为单一型应急管理体制,即由某一个专门主管机构负责应对某一类别的灾害,其他部门在需要时参与相关工作。这种体制对于该机构管辖范围内的突发事件应对成效显著,但其缺陷也显而易见,随着突发事件向综合性、复合型演变,超出单一机构的应对范围,会因协调能力不足或出现管理空白区域而无法应对。第二个阶段是改革开放至 2003 年"非典"疫情期间,这个阶段应急管理体制为议事协调机构和联席会议制度,目的是有效应对日益复杂的突发事件。第三个阶段是 2003 年"非典"疫情后至今,被称为综合应急管理体制。在这一阶段,我国非常重视应急管理工作,不断推进"一案三制"工作,在各级行政部门设立应急办,与议事协调机构和联席会议制度相互补充,形成综合协调性应急管理机制。

目前,我国的应急管理机制还存在很多无法协调的问题。比如原来国家应急管理办公室依托政府办公厅设立,应对突发事件需协调平级或者上级时力度不足。我国将自然灾害、人为事故灾难、公共卫生和社会安全突发事件进行分类管理,尽管责任明确,但是在面对现代社会跨界、综合、复杂的突发事件时常显得无能为力。另外,应急管理职责、力量、资源过于分散,政出多门且管理职责交叉与空白并存,缺乏有力而高效的组织协调,降低了应急管理的效率,也增加了政府管理成本。

鉴于此,根据《深化党和国家机构改革方案》的精神,国务院将原本分散在安监、国务院办公厅、公安、民政、国土、水利、农业、林业、地震等部门的灾害管理职能进行剥离,将国家减灾委、国家抗震救灾指挥部、国家防汛抗旱总指挥部及国家森林防火指挥部加以整合,经第十三届全国人大一次会议批准,于

---

① 张爱华、郑武、吴大明:《关于建立健全应急管理体制的思考》,《中国安全生产》2018 年第 5 期。

2018 年 3 月设立了应急管理部。作为国务院机构的组成部门,应急管理部直接由国务院领导,在国家层面进行整体规划,编制总体应急预案并进行演练,一旦出现重大特大灾害,应急管理部将快速响应,统筹安排,统一指挥开展应急救援工作,以保护人民生命财产安全,尽最大可能地降低损失。2018 年 9 月 29 日,海南省应急管理厅挂牌,随后,江西、河北、福建、辽宁、四川等省应急管理厅也陆续挂牌。截至 2018 年 11 月底,共有 31 个省市、自治区应急管理厅(局)挂牌。

我国应急管理体制改革,顺应了综合防灾减灾救灾的时代发展要求,是我国积极应对日趋复杂的安全风险挑战、赢得战略主动的重大举措,使我国应急管理工作的系统性、整体性、协同性不断增强,为化解我国重大特大突发事件风险,优化整合应急管理资源,进一步做好综合防灾减灾救灾工作提供强有力的组织保障,推动我国应急管理体制在高效运转中形成"统一指挥、平战结合、专常兼备、灵活便捷"的中国特色。

(三)我国档案生态安全应急管理体制构建

建立科学的档案生态安全应急管理体制是提高档案部门应对突发事件能力的关键因素,而档案系统应急管理体制的建立必须在国家应急管理体制改革不断深入的背景下进行。

1. 档案生态系统应急管理体制现状与问题

档案生态系统应急管理组织的结构是指全国各级档案生态系统中应急管理工作相关机构设置与相应权力和职责的划分。建立科学的档案生态系统应急管理体制是常态应急管理工作的基础,同时,这也是非常态环境下对突发事件进行应急管理的主要依据。通过对国内部分档案馆进行电话、实地走访调研与邮件问卷调查发现,当前国内档案馆应急管理在体制建设上还有待进一步提高。

第一,应急管理机构设置亟须加强顶层设计。在实地调研档案馆应急管理工作的过程中发现,约有81.6%的档案馆工作人员认为有必要在档案领域设立专门机构指导档案馆突发事件应急管理,而这类专门机构的设立远非某个档案馆可以实现,必须要有国家层面的设计,成立相应的专门机构并对岗位职责进行明确分工与规定。

目前,我国档案领域突发事件的应对,主要是突发事件发生后由档案部门各个岗位抽调人员临时组成应急工作小组,进行应急处置。这种临时应急工作小组的模式类似管理学的矩阵式组织结构,紧急应对档案突发事件时的能力明显不足,最大的缺陷就是工作缺乏连续性,而是在突发事件发生后针对当时情况就事论事给予应急处置,基本属于“头疼医头,脚疼医脚”,当本次突发事件处理完成,工作人员都会回归原岗位。在这种模式下,应急管理工作小组的人员组成、结构、权责关系、运行机制都不固定,难以实现应急管理工作的长效化,这样的工作组也难以站在国家顶层的立场上思考问题。因此,大多数档案部门对突发事件的应急管理是建立在策略性思维上,缺乏基于我国档案领域整体发展现状进行考虑后形成系统的、具有科学性的长期规划。在日常应急工作中,也往往缺乏清晰的工作计划、工作时间表乃至工作目标,工作起来随遇而安,遇到突发事件慌张应对。古语云:“不谋万世者,不足谋一时;不谋全局者,不足谋一域”。不管是档案应急管理理论研究还是实践工作,都应该秉承战略性思维,前瞻性考虑机构设置问题,事先设计好目标、途径与方法,站在档案系统、领域甚至是我国应急管理工作的高度,按照预先设计的“蓝图”,去解决问题,即运用“战略思维”,进行“顶层设计”。

在当前的档案应急管理实践中,一方面,档案行业对应急管理缺少统一的规划设计,缺乏行之有效的组织机构和管理体系,因此无法实现我国不同档案馆间的信息资源共享,难以对档案突发事件进行统一的应急管理,各档案馆单打独斗,各自独立开展应急管理建设,造成应急管理资源的大量浪费。另一方面,因为顶层设计的不足,不同部门之间难以有效地开展合作。在很多发达国家都有专门组织机构对图书、档案、文物与文化遗产进行保护工作,这些机构有共享的统一平台。发达国家的这些经验很有借鉴意义,我们也可以在国家档案相关部门主导下,从制度与机制上进行设计,以使档案馆与图书馆、博物馆、文化遗产保护等文化机构通力合作,搭建统一平台,通过信息互通与密切协作,达到资源共享,共同提升应急管理水平。

对我国档案生态安全应急管理体制的设计要实现横纵结合,双向加强的策略。横向上注重与同级政府相关部门的合作;纵向上,档案行业内部也应该上下贯通,对应急管理体系的架构、应急管理水平评估等进行系统科学规划,从而保障档案安全应急管理工作有的放矢、有条不紊地进行。

目前来看,尽管我国档案行业国家领导部门对应急管理工作重视程度逐年递增,从国家档案局的内设机构看,暂时没有专门的应急管理办公室或者有类似职能的机构。从省档案馆来看,一是没有专门负责档案应急管理的机构,二是现有的机构设置亟待优化整合。例如,某档案部门涉及档案安全保护的职责与任务被分配到了三个部门。韦伯在官僚制理论中十分重视专业化管理,诚然,强调每个专业部门各司其职,专业化分工可以提高工作效率。但是,这种专业化管理也存在一定的弊病。在实际工作中,各部门只围绕自己部门的工作重点、权力与利益展开工作。这样影响资源共享的实现,最终导致工作效率低下。如前所述,进行应急管理必须秉承全局观,应急预案制订的前提是要整体了解档案系统当前的安全情况以及面临的潜在风险,充分认识档案生态系统的脆弱性。但在实际工作中,部门职责的限制,使应急预案的制定脱离档案馆系统实践,导致提前制定的应急预案往往难以在实践过程中得到运用,也就导致应急管理效率低下,管理效果大打折扣。一旦档案馆遭遇突发事件,临时建立领导小组,也只能解决突发事件现场问题而不是进行常态化应急管理,这也在很大程度上限制了应急管理水平的提高。

第二,档案馆应急管理职责有待进一步明确。从国家层面看,目前我国还缺乏专业性的法律法规对相关档案部门应急管理的权力与职责进行界定。从省市层面看,一些档案馆的部门职责分配中,往往由安全保卫处制定应急预案。应急管理是一个系统工程,既包括应急管理预案,更包括相应预案的顺利实施,这样一个完整过程才能确保应急管理效果。而目前对档案馆应急管理职责尚不明确,应该对应急管理的准备工作、应急抢救及应急管理后评估等进行职责的划分,以确保应急管理工作高效开展。

第三,应急管理效率有待进一步提升。我国应急管理体制改革后不再保留"属地管理为主"的表述,但是地方应急管理建设与水平提升具有重要作用。受现有常态管理体制中的"条""块"结构的影响,各级档案生态系统更注重"条",即档案行业上级领导部门的管理,缺乏和当地政府的有效沟通与协调,导致档案馆所属地区应急资源分散,缺乏有效整合,使用效率并不理想。

2. 加强档案生态系统应急管理体制建设的建议

结合詹姆斯·汤普森在《行动中的组织:行政理论的社会科学基础》一书中关于"组织要想获得一定的理性就必须借助结构"的理念①,笔者认为,必须建立高效率的科学理性的应急管理组织架构才有可能解决以上问题。对此,提出以下建议。

第一,要逐步完善顶层设计,建立"统""分"有度、"实""虚"结合的档案生态系统应急管理机构。

当前突发事件发生的频率较高,复杂程度不断提高,而目前各级档案生态系统的应急管理组织机构却不够完善,难以应对当前的复杂形势。因此,必须从顶层设计方面着手,才能使我国的应急管理建设逐步完善。我国档案生态系统亟待设立一个"统""分"有度,"虚""实"结合的常设应急管理部门,以其权威性和综合性进行专业化的统一管理。

"统"即国家档案局的统一指挥,在档案行业顶层设计中首先要考虑的是保证国家最高行政管理部门对全国档案安全应急管理工作实行统一指挥。档案生态系统的应急管理需要设立一个独立部门作为各级档案馆应急管理的统

---

① ［美］詹姆斯·汤普森:《行动中的组织:行政理论的社会科学基础》,敬乂嘉译,上海人民出版社 2007 年版,第 165 页。

一指挥者。这个部门应该有专门赋予的权力和明确的权威,能够迅速整合各种应急管理资源;这个部门应该具备专业的应急管理知识,可以制定档案领域应急管理的战略规划和方针政策;在平时可以进行应急管理准备工作,在面对突发事件时拥有果断决策和统一指挥的能力。这样一来才能够体现统一指挥的优势。"分"是指各级各类档案生态系统应急管理主体在国家档案应急委员会领导下行使其常态应急管理职能,各司其职,有序而高效地完成常态与非常态状况下的应急管理工作。

"实"指的是档案应急管理委员会,作为国家档案局常设下级部门,档案应急管理委员会设有专门的办公室,拥有法定的名称和充足的权限,有科学的决策保障系统和规范的运行方式,在遇到突发事件时拥有排除干扰的权力,实现应急管理的自治。所谓"虚"是指档案应急管理委员会应由国家档案局局长或技术部主任担任,下设执行主任作为常态化应急管理的直接领导负责日常工作。一旦遭遇重大突发事件,应急管理的工作转为应急管理委员会领导,行使其法定权力,履行职责。

基于以上分析,笔者对档案生态系统应急管理的专业化组织架构进行了设计,如图 5-1 所示。在组织架构中,在国家层面的国家档案局所设立的应急组织部门必须设置独立的实体部门并有专职人员。基于对档案行业应急管理成本与绩效的考虑,其他下属各级档案馆应急管理委员会与办公室可以单独设立或在人员不足时参照以上论述进行"虚实结合"的设置,这就要求必须对各地方档案馆组织结构进行合理的优化改革。换句话说,可以在各级档案系统中建立档案安全管理部门,专门负责本级档案生态安全保护与应急管理,这样从"上"把握档案安全工作方向,有效确保应急管理工作整体得到实施。档案安全管理部门可下设档案常态安全保护、应急管理及抢救与修复技术三类部门。该层次应急管理委员会的成员可以由本级档案系统的最高行政管理领导或者档案安全管理部门的领导担任,这就是上述所谓的"虚"的含义,这些兼任应急管理委员会成员不仅要负责应急管理,更重要的是在相关法律法

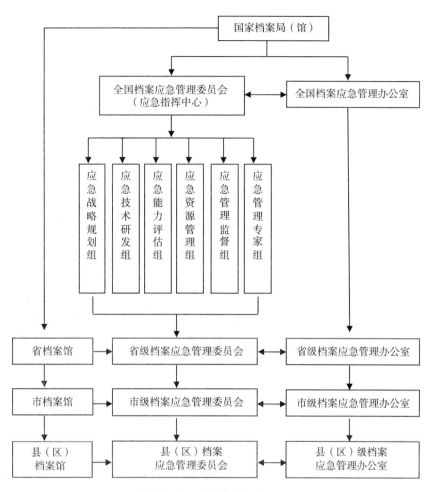

图5-1 档案生态系统应急管理专业化组织设计

规的约束下把应急的理念坚持贯彻到常态的档案安全保护工作中去。省、市、县各级应急管理委员会一方面要做好常态的档案生态系统突发事件应急管理准备,同时要进行常态化的档案安全与保护工作,并按时逐级向上汇报,接受上级管理和监督。此外,各级应急管理委员会还有一重要职责,就是与本地政府的应急管理厅(委员会)实现有效对接,负责日常事务的联系与沟通,以实现突发事件应对时的协同应对,做到"专常兼备"。档案系统的常态化应急管理部门在积极做好各种档案突发事件应对的同时,也要横向争取各种同级专门性、专业化救援力量的支持。

第二,根据相应的法律法规确定档案生态系统应急管理机构的职能与权力,即相应部门在档案安全应急管理全过程必须利用各种措施,分配好应急管理的职责和开展各项工作需拥有的权力。以上述构建的档案馆应急管理创新体制为例,笔者分析了应急管理各部门职能。各级应急管理机构职能与权力的确定,必须有相应法律法规支持,赋予应急管理部门所需要的临时权力。国家档案局(馆)各个机构的职能分工如表5-1所示。以此类推,省、市、县各级档案馆应由本层级档案馆长担任应急管理委员会核心领导,总体负责该层级应急管理工作,进行非常态应急管理的决策与管理。委员会应该常设执行主任,负责全面管理常态下档案应急管理准备工作并对各部门工作进行协调。委员会的成员可以由档案馆安全管理部门人员兼任,合理分工。该层级应急管理委员会应常设办事机构如应急管理办公室,该办公室必须是独立存在的实体机构,有专职人员进行日常管理工作。省、市、县各级档案应急管理委员会及其应急管理办公室对应急管理进行协调、分工,有效的执行该机构的职能。

构建合理的档案生态安全应急管理体制的目的就是要在制度层面加以规定,确保档案生态安全应急管理工作在实践中能够高效地展开。因此,为解决档案生态系统应急管理体系的核心问题,必须首先建立权威的指挥机构,根据相关法律法规明确其职能和权力,在实践中具体落实管理责任,逐渐完善和规范相应流程,才能有效提升应急管理水平。

表5-1　国家档案局(馆)应急管理机构职能设计

机　构	职　　能
全国档案应急管理委员会(应急指挥中心)	国家档案局负责指挥协调全国档案应急管理的机构。统一领导我国档案馆应急管理工作;贯彻落实国家应急管理的政策与法律;全国档案应急管理总指挥中心;委员会核心领导为国家档案局主要领导兼任,具有紧急状态下决策权;下设委员会执行主任,主持常态下档案馆应急管理工作

机　构	职　　能
全国档案应急管理办公室	全国档案应急管理委员会的常设办事机构,负责统筹全国档案馆应急管理工作,主要负责档案馆日常性应急事务管理和应急管理响应与协调
应急战略规划组	负责制定我国档案馆应急管理工作的发展目标、战略规划部署以及规划的实施;档案馆应急管理的制度、标准、规范的制订;应急预案的制订与管理
应急技术研发组	负责我国档案馆应急准备(风险监测与评估)、预警、响应、抢救恢复全过程所需的应急技术的研制、开发与应用,包括传统抢救修复技术与现代信息技术
应急资源管理组	负责我国档案馆应急管理资源(财政、物资、信息、人力资源)的统一管理、调配;相关宣传、培训与教育
应急管理监督组	负责对我国各级档案馆应急预案、应急准备、应急效果等应急能力的监督与评价;突发事件调查与分析
应急管理专家组	负责作为档案馆应急管理理论指导,突发事件应急处置中的决策顾问

二、健全的档案生态系统应急管理法制

中国的治国方略是"依法治国",在档案应急管理中同样需要利用法律手段加以规范和治理,这是应对突发事件强有力的保障手段。要高度重视应急管理法制建设,实现既对应急管理主动负责,又实现对其科学担责。

应急管理法制是常态法制在实践中的必然延伸,它是国家或地区针对突发事件的应急管理而制定关于处理国家权力、公民权利以及国家权力和公民权利关系的法律法规总和。① 应急管理法律法规赋予国家机关及其相关机构在紧急状态下行使的紧急权力,具有很强的时效性,应急结束,相应法律法规即不再适用。应急管理的法律法规在紧急状态下具有高于常态法律法规的法律效力。

我国社会高度重视应急管理的法制建设方面,自1954年戒严制度开始,

---

① 莫于川:《加强应急法制 建设法治政府》,《今日中国论坛》2007年第11期。

已经颁布了一系列关于社会应急管理的法律法规,初步形成了应急管理法制体系。2004年,第七届全国人民代表大会对《中华人民共和国宪法》进行了修订,把戒严状态修正为紧急状态,为制定各类社会紧急状态应急法律法规体系提供了根本的法律依据。2007年11月1日,《中华人民共和国突发事件应对法》正式颁布实施。通过立法的形式和程序,把我国对各类突发事件的应急管理策略规定为社会都必须遵循的行为准则。《中华人民共和国突发事件应对法》中规定了应对突发事件全过程的基本程序,从各类突发事件的共性出发对突发事件的应急处置进行了制度上的设计,规定了应急管理的基本制度、准则和管理方法,是我国应急管理法制化的标志。由于不同行业突发事件在表现、危害及应急处置的机制和手段上都各不相同,为了使应急管理法律更有针对性并适应行业特点,针对这种情况逐步制定了不同行业和领域的应急管理相关法律法规。比如,在突发自然灾害领域有《中华人民共和国防震减灾法》《破坏性地震应急条例》等;公共卫生突发事件领域有《国家突发公共事件总体应急预案》等;社会安全类突发事件领域有《戒严法》等;事故灾难性突发事件领域有《核电厂核事故应急管理条例》《消防法》等。

因此,档案行业除了遵守国家应急管理法律,也需要针对本行业特点,制定相关的法律法规,保障本行业的应急管理工作有序高效开展。制定档案生态系统突发事件应急管理的法律法规具有重要意义,它是各种强制性的规定、行为规范和指南。前文把应急管理体制在应急管理中心作用类比于计算机系统中的"硬件",把应急管理机制比作"软件",应急管理法律法规就是这些"硬件"和"软件"合理匹配和有效运行的有力保障。在档案生态系统出现突发事件时,相应法律法规为应急管理提供制度保障,确保应急管理决策部门在紧急状态下正常运转,为决策部门进行授权,使其在紧急状态下的权力和决策行为具有合法性。同时,根据相应法律法规对相关部门权力的应用进行监督,避免权力滥用。正如温家宝在我国第一次应急管理工作会议上所说,越是在紧急时刻,法制就显得越重要。通过不断完善应急管理法律法规,促使应急管理逐步实现制度化、规范化和常态化。

本书所说档案生态安全应急管理法制是指由国家立法部门或国家档案主管部门制定、由国家保障强制实施、用来规范我国档案生态安全应急管理工作所有法律法规的总和。①

目前,我国关于档案界围绕突发事件应对的法律还亟待完善,还有很多方面欠缺。1987 年 9 月通过的《中华人民共和国档案法》是中国档案工作的基本法律,其中并没有明确针对应急管理的法律规定,仅在"第五章 法律责任"中规定了对档案丢失、损毁、倒卖等行为的惩罚措施。2020 年 6 月新修订的《档案法》在"第六章"中"第四十四条"指出:"档案馆和机关、团体、企业事业单位以及其他组织发现本单位存在档案安全隐患的,应当及时采取补救措施,消除档案安全隐患。"尽管对档案安全隐患的监督与管理提出了明确意见,但针对档案馆突发事件发生后的应急管理工作,没有进行明确的阐述与规定。而 2008 年国家档案局正式出台的《档案工作突发事件应急处置管理办法》则明确规定了档案馆突发事件应急预案内容、应急管理措施、档案部门的职责、信息报告制度等方面内容。这一管理办法成为我国档案馆突发事件应急管理主要的参考依据。但是,《档案法》与《档案工作突发事件应急处置管理办法》都缺少从法律上赋予档案机构应对突发事件时组织、调动各种应急管理资源的明确权力,导致我国档案应急管理实践中权责不明,从而使实施效果大打折扣。

建立健全档案生态系统领域应急管理相关法律法规是逐步完善应急管理法制化的前提。首先,在国家修订《档案法》时要增加档案应急管理工作内容;其次,亟须制定并实施专门的《档案馆突发事件应急管理条例》,从法律法规层面赋予各级档案部门应急管理所需的权力及相应免责规定;再次,对《档案工作突发事件应急处置管理办法》进行修订与完善,适当增加、细化相关内

---

① 冯惠玲:《电子文件管理国家战略》,中国人民大学出版社 2011 年版,第 304 页。

容以提高该办法的可操作性。此外,还要逐步制定档案信息系统安全的法律法规,为信息时代的数字档案系统突发事件的应急管理提供法律依据。将档案馆应急管理预案的地位提升至法律法规的层面也是完善应急管理法制所必需的。应急管理预案本质是为各级档案应急管理部门划分了权力与职责,保障档案馆在法律法规的规定下应急管理具体方案的实施。在应急法制健全过程中,可以将《档案馆突发事件应急管理条例》看作目前法律法规空白的弥补,在一定情况下可以以案代法,在实践工作中对预案进行检验,逐渐完善后确立为相应法律法规。在实践工作中逐步实现应急管理法制化。

我国目前的档案生态安全应急管理工作亟须一套着眼当前、立足长远的应急管理法律法规的指导,因此必须尽快健全应急管理法制,从而补短板、强弱项、防风险,以法治思维和法治方式推动档案行业应急管理工作发展。

三、完备的档案生态系统应急预案体系

(一)档案生态系统应急预案体系的价值所在

制定档案生态系统应急预案意义在于通过对突发事件的高效应急处置,尽可能降低突发事件对档案生态系统中馆库损毁、馆藏资料损毁及人员伤亡等损失程度。

应急管理预案要在突发事件发生前制定,目的是根据预案做好应急管理准备,遇到突发事件时紧急启动预案进行响应,达到以常态管理的方法实现应急管理的目的。回溯历史,我国古代就有应急预案思想。春秋时期的《孙子兵法·计篇》中写道:"夫未战而庙算胜者,得算多也;未战而庙算不胜者,得算少也。多算胜,少算不胜,而况于无算乎!"其中"算"的含义就是事前的思考和准备,准备充分才能确保立于不败之地。《礼记·中庸》中记载:"凡事豫则立,不豫则废",凡是要做好事前准备才能成功。现代社会应急预案最早出现在第二次世界大战期间,英国等国家政府为了应对战争,尽量避免平民百姓

的伤亡而制定的民防计划。战后,这种预案思想逐渐扩展到自然灾害和技术灾害等领域。① 档案生态系统的应急管理要想真正做到有备无患,也必须制定并逐步完善应急预案。应急预案体现了档案生态系统应急管理所秉承的理念和思想。如前所述,由于当前我国档案应急管理相关法制还有待完善,鉴于应急预案的特殊指导性作用,建议可以在一定情况下"以案代法",为档案生态系统应急管理工作提供制度保障。

档案领域的应急管理预案根据执行主体划分,可以分为国家档案总体应急管理预案和省、市、县各级档案馆应急管理预案;根据应急预案的功能分类,可以分为综合应急管理预案和专项应急管理预案。为了及时有效地应对档案生态系统突发事件,档案馆需要有完整而系统的应急管理预案体系。该体系绝不是多项不同预案的简单叠加,而是要进行顶层设计,对各层级情况综合考虑,既注重对档案生态系统进行整体规划,又关注各层级预案之间互相协调,不同层级、不同地域之间档案部门做到层级错落有致、内容优势互补。

从根本上来看,编制应急预案就是将突发事件的隐性因素显性化。档案馆在现有认知范围内,了解既往档案生态系统突发事件的规律,总结以往应急管理的相关经验,对其进行提炼和理论加工,将成果应用于制定应急管理预案,使之成为具有一定约束力的规定性文件,为发生突发事件时应急响应、抢救恢复行动进行指导和提供参考。经过这样的事前准备,档案部门可以在现有认知水平内,高效及时地对突发事件作出应急反应,通过合理的应急管理最大限度地减少突发事件的不确定性带来的危害。但是,即便有了完善的应急管理预案,仍不能保证解决所有档案生态系统内潜在的问题。过去曾有过或有一定预见性的突发事件,对制定预案有参考价值,但是应急预案的制定并不能解决档案馆的所有应急问题,尤其是对不确定性极高、历史罕见的突发事件不能很好奏效。因此,需要应急管理人员根据已有经验进行学习推理,现场预

---

① 刘铁民:《突发事件应急预案体系概念设计研究》,《中国安全生产技术》2011 年第 8 期。

案或者决策,必要时进行修正。总之,套用一句俗话:预案不是万能的,但是没有预案却是万万不能的! 构建并逐步完善一个全方位、多层次的档案生态系统应急管理预案体系,将为更好地进行档案生态系统突发事件应急管理打下坚实的基础。

(二)我国档案应急管理预案建设现状

2008年10月,国家档案局正式颁布《档案工作突发事件应急处置管理办法》,在此之后,省、市、县各级档案局(馆)都制定了自己的应急预案。笔者对不同行政区划的各级档案馆网站进行了调查研究,分析如下。

第一,档案生态系统应急预案适用性有待提高。通过对各档案馆网站信息公开以及课题组实地调查分析,各级档案馆应急预案存在形式上"千篇一律"、内容上"简单重复"的问题。很多档案馆在制定预案时效仿、复制《档案工作突发事件应急处置管理办法》。制定档案应急预案应该紧密结合本级档案系统实际情况,认真对危险源、可能发生的突发事件进行综合定性、定量评估,才能针对性地制定预案。此外,目前国内大部分档案应急预案都是针对常规突发事件而制定,但现实中对档案生态系统造成巨大危害的突发事件却是不可预测的非常规、非程序化事件,如果不经过严密分析和科学撰写,就无法制定应对突发事件的详细、明确、具体的具体措施,更无法明确具体责任人的权力与职责,而应急预案的核心要义恰恰是解决非常态条件下"谁来做"和"怎么做"的问题,目前多数公开发布的应急预案无法满足这一要求,出现突发事件时无法发挥应有作用。除此之外,部分现有应急预案篇幅短小,有的甚至寥寥数百字,缺少具体应急措施,对于突发事件的预防、准备与应对均无法起到具体指导意义,更无法在紧急时刻起到有效参考作用,没有可操作性。国际上,美国在应急预案制定方面的针对性和可操作性都很强,值得借鉴。例如,美国《南加州灾难性地震应对方案》长达120页,针对可能发生的7.8级以上的强地震,从预防、应对和长期恢复三个阶段制订了详细的准备方案,也规定了启动预案以后要做些什么。方案清晰阐明了在地震发生后可能需要提供的 15 大类信息,包括洛杉矶警方通过直升机调查的重要设施、港口、机场、政府大楼、医院建筑等。在该方案中,还包括了对于不同地震情景和受灾情况的模拟,应对灾害的针对性、可操作性都很强,值得我国档案部门参考学习。

第二,档案生态系统应急预案体系完整性欠缺。目前,中国在档案工作领域还没有形成统一完备的档案应急预案系统,主要表现之一就是在预案形式上、名称上没有统一标准。比如,我国现有档案应急预案的名称五花八门。已经公开发布的如《档案馆预防冰雪应急预案》《档案馆防汛应急预案》《档案馆受冲击应急预案》《档案馆自然灾害与突发事件应急预案》《档案馆救灾应急预案》《档案馆防盗应急预案》《档案馆应急疏散预案》《档案馆网络与信息安全应急预案》《档案馆信息泄露应急预案》等,预案名称缺乏规范性,表达含义缺乏明确性、一致性。从预案内容上,没有形成层次分明、系统完整的体系。当重大突发事件发生时,其危害和影响范围达到一定程度,需要启动的远不止单项的预案,而是包括综合预案和专项预案在内的一整套预案体系,才有可能对突发事件进行及时有效的应急管理。在一些发达国家,已经逐步形成了"战略级—行动级—战术级—现场级"四级预案体系架构,满足不同层面应急管理工作要求。而在我国,只有少数几个省既有综合预案又有专项预案,系统性和层次性也远远不够。而在现有的各级各类预案中,仍旧存在内容重叠而又前后矛盾的情况,相互关联性和衔接性欠缺。档案部门构建的应急预案体系建设尚未与属地政府部门相融合。由于我国区域行政管理采用属地化管理的模式,受其影响,档案工作与所属地应急管理部门融合性欠佳,档案部门与所属行政区域政府部门很少能共同完成应急预案的制定,一旦发生突发事件,档案部门与政府部门联动性欠缺,使应急工作捉襟见肘。

第三,档案生态系统应急预案可操作性缺乏有力支撑。档案生态系统应急预案的制定,需要相应科学的指南、管理办法、评估体系等对其效果给予政策和技术支撑,既可以用于指导编写应急预案,又可以对应急预案给予科学的管理与监督。目前国内在档案领域应急预案方面,缺少完整的指标评价体系和专职的监督机构。档案生态安全应急预案的实践应用需要相关法律保障,赋予应急管理领导及工作人员特别的授权与法律地位,以保证紧急状态下能迅速决策,争取时间。

第四,档案生态系统应急预案持续更新机制有待完善。2008 年汶川大地震之后,我国档案部门和各级档案馆都陆续开始编写本部门的应急预案。经调查分析,除少数档案馆的应急预案规定了更新周期,多数档案馆应急预案没有修订时间,导致内容老化无法适应复杂多变的社会环境,从而势必影响应急预案的效果。应急预案的制定不是一劳永逸,需要随着现代社会及行业的变化、应急管理体制、法规的变化而不断更新,2018 年我国应急管理部组建后,形成了"统一指挥、专常兼备、反应灵敏、上下联动、平战结合"具有中国特色的应急管理体制,比以往更注重风险管理和控制,应急职责也发生了变化,档案生态系统的应急预案也应在此背景下随之修改、完善和修订。

(三)国外档案应急预案经验借鉴——以美国档案馆为例

发达国家对突发事件的应急管理工作起步较早,有许多实践经验和理论研究成果可供借鉴。美国是一个非常重视应急管理的国家,在档案领域的应急预案管理工作也非常到位,因此,对美国档案馆应急预案加以分析,以期对我国档案应急预案建设提供借鉴。

美国应急管理工作中非常重视应急预案的制定,既有综合应急准备指南又有专门的应急准备指南(Comprehensive Preparedness Guide,CPG101)[1],为不同部门制定应急预案提供一般性指导。美国档案领域早在 20 世纪 80 年代就开始重视应急预案的制定,专人负责应急计划。2001 年 911 事件后美国档

---

[1] Aniskoff,Paulette,Lumpkins,Donald M.,"Comprehensive Preparedness Guide (CPG) 101 Version 2. 0:Developing and Maintaining Emergency Operations Plans",2015-01-15,http://www.fema.gov.

案部门规定对重要文件要实行异地存储,制定了重要文件异地存储标准或指南,如《密西西比档案与历史部异地存储标准》《纽约地方政府非现行文件异地存储指南》等。2005 年卡特里娜飓风使美国档案遭受重大损失,各州档案部门都加强了对档案突发灾难的重视,在官方档案网站公布应急计划。

美国档案机构在应急预案方面的工作有以下特点。

1. 注重预案的实用性和可操作性

美国档案部门的应急预案结构采用"一主三附"的基本框架:"一主"指的是基本预案,其中明确规定了档案馆职能、面对突发事件时的操作程序及其依据;"三附"指的是应急功能附件、支持附件以及突发事件附件。档案馆突发事件应急处置是多部门协调合作完成。在三个附件中,应急功能附件和支持附件是对各应急部门工作职责的描述,在本质上都可以说是跨部门的小型协作应急预案;突发事件附件实际上是档案部门为了应对特定突发事件而设计的小型专项应急预案。这些应急预案在结构上具备很强的灵活性,随着档案应急管理工作经验不断积累,可以对预案及时调整,通过增加附件的数量使内容更加丰富。

美国档案馆中应急预案内容全面,步骤清晰,有很强的可操作性。应急预案包括以下内容:制定预案的目的和过程等;应急管理机构设置、职责及成员联系方式;应急响应的标准和流程;灾后重建与档案恢复;对预案的演练和修订。尤为突出的是应急预案对应急管理机构设置与职责、应急响应流程中的操作程序阐述非常具体而清晰,[1]使得应急预案有很强的可操作性,这也是大多数应急预案篇幅长的主要原因。例如,在宾夕法尼亚州档案馆制定的《灾难预防计划》中,对档案馆应对飓风、水灾、爆炸、恐怖袭击等不同类型突发事件所采取的操作措施都作出了明确的规定。档案部门不仅将馆内外应急救援人员、机构的联系电话都列入《紧急情况电话表》中,还明确规定了在遇到突

---

① 豆丁网:《我国突发事件应急预案的缺陷及其完善》,2016 年 1 月 2 日,见 http://www.docin.com/p-1223987276.html。

发事件时值班人员通知救援队伍的先后顺序。在预案中标有不同类型馆藏档案所在的详细位置,并对抢救档案的次序进行了明确规定。预案还对灾害受损档案的转运作出了极为详细的规定,比如,需使用塑料材质的搬运筐(箱)作为转运工具;书籍或案卷需以展开的状态放置于搬运筐(箱)内,每筐(箱)内只能放一册书籍或一份案卷;如果案卷过水粘在一起,将其视作一个案卷处理,不要试图将其分开。预案中类似规定不一而足,详细之至,档案馆工作人员抢救档案时严格按照应急预案中的规定实施抢救工作,从而有效地减少受灾馆藏档案的损毁。

2. 制定应急预案程序的法制化

关于应急预案的制定程序,在美国的法律中已经有明确的规定,主要包含五个步骤:危险描述;确定目的;确定任务与应对措施;搭建组织机构;确定各项义务。① 法律法规对应急预案制定者在每一步骤中需完成的任务都作了明确规定。其中,应急准备指南(CPG101)是各应急预案制定与修订的指南性文件。② 该指南明确规定制定应急预案的部门要对预案进行定期或不定期审查,如有相关标准或内容更新、应急管理领导者或组成人员发生变化、应急相关法律修订或新的法律法规发布以及对应急演练或灾后经验教训总结都要修订到新的应急预案中,确保应急预案具有很强的可操作性。此外,在美国还有一些州政府还设置了专门指导该州制定各级应急预案的机构,如俄克拉荷马州。

3. 重视不同部门间的协调与合作

协调与合作意味着档案部门内部或与相关部门之间在制定应急预案或进行应急管理时应统一行动,密切合作。在美国国家档案馆发表的《纸质材料

---

① 李雪峰:《美国国家应急预案体系建构及其启示》,《中国应急管理》2012 年第 7 期。

② Aniskoff, Paulette, Lumpkins, Donald M., " Comprehensive Preparedness Guide (CPG) 101 Version 2. 0: Developing and Maintaining Emergency Operations Plans" , 2015 - 01 - 15, http://www. fema.gov.

灾害预防、管理与响应概述》中提到制定应急预案过程要由各相关协作部门共同参与；①乔治亚州档案馆制订的《灾难预防计划》中明确规定档案馆必须设置专职联络员负责联系、协调其他部门工作，而该人员必须与附近的消防队、急救中心、交通运输等紧急救援机构以及拥有真空、冰冻、干燥等特殊装备的机构保持通畅的联系，确保在突发事件发生时档案馆能够在第一时间获得应急援助。《全国应急响应计划》中同样强调应急管理各部门间的协调与合作，在制定预案时必须考虑与其他预案间的关系以合理的确定预案内容。② 美国国家档案馆同样严格遵守《全国应急响应计划》的有关规定，制定预案时考虑与其他应急预案的相互协调，使预案的内容科学合理，协调一致，形成很好的联动机制。

4. 重视预案的更新与修订

美国的《国家应急反应计划》对应急预案演练、更新与修订都作出明确规定，要求相关人员必须定期或不定期对应急预案的内容进行审查，必要时进行更新与修订，保持其在实践中的实用性和可操作性。应急预案不能仅仅是一个"死"的文件，必须根据档案馆的实际情况变化、面临突发事件风险变化等不断进行修订和更新，比如工作人员变动、新的应急危险描述、对相关法律的修订或新的法律法规出台、应急演练或灾后应急管理经验总结等，无论哪方面出现变化都必须及时进行更新与修订。

（四）我国档案生态系统突发事件应急预案体系优化设计

1. 优化档案生态系统突发事件应急预案内容

应急预案是档案生态系统突发事件来临时转危为安的桥梁，其内容科学合理是预案发挥预期作用的关键。制定应急预案时必须结合各档案馆所处环

---

① October，"A Primer on Disaster Preparedness，Management and Response：Paper-Based Materials"，2015－02－05，http：//www. archives. gov/preservation/emergency－prep/disaster－prep－primer. pdf.

② 苏苗罕：《美国联邦拨款的法律规制及其启示》，《公法研究》2014 年第 1 期。

境和面对的潜在突发事件风险,实现应急预案内容的个性化和差异化。这就要求各档案馆对自身所处的地理环境、人文和历史进行研究,了解其所处区域自然灾害发生的风险、人为灾难的特点等,评估突发事件发生概率与潜在后果,差异化的制定应急预案。制定预案是一个复杂的科学过程,不能简单模仿、复制,所制定的预案必须要经过专家评价、应急演练、修订等多个环节,才能保证应急档案具有实践上的实用性和可操作性。

此外,在制定应急预案时还要真正体现"预"的含义,实现"端口前移"。从本质上来说,目前我国档案馆的应急预案大都以"响应型"为主。也就是说在应急预案中除目标与原则等内容外,更多突出的是对突发事件来临后的应急响应措施。事实上,之所以要制定应急预案的目的就是利用已知的确定性因素消除或减少突发事件带来的不确定性结果。因此,在制定应急预案过程中应强调对突发事件风险的分析和描述,清晰阐述预防突发事件应采取措施,加大应急管理准备内容的比重,突出应急预案对于突发事件的预防作用。

2. 优化档案生态安全应急预案体系

优化应急预案体系首先要对应急预案进行顶层设计。合理的顶层设计,可以对应急预案体系框架结构、方向等总体把控,有效避免在制定应急预案时出现各单项应急预案上下不连贯、不对接,档案部门应急预案与属地政府应急预案内容重复或者产生冲突等问题。因此,在进行顶层设计时要注意在行业范围各层级档案部门上下级之间有效沟通,统一协调应急预案的名称、内容、流程乃至格式规范,保证同类或同级档案馆突发事件应急预案的一致性和通用性。同样,档案部门与属地政府之间也必须进行多方有效沟通,使档案部门的应急预案与所属地政府部门应急预案在内容上形成互通互补,应急管理响应上才有可能形成联动。这不是轻而易举的事情,有赖于国家层面的顶层设计,消除部门之间、层级之间的壁垒,实现应急预案体系中各因素的协调统一。另外,优化应急预案体系还要重视纵向的联络,对不同类型的应急预案比如综合性应急预案与专项预案、战略性预案、操作性预案、传统档案应急预案与数字档案应急预案等进行优化组合,形成多类型预案并存、层次结构合理的档案生态系统应急预案体系。

3. 优化档案生态系统应急预案支撑体系

档案生态系统应急预案的优化离不开良好的支撑体系。首先,档案馆应急预案编制前应首先建立档案馆的风险评估体系。档案馆应急预案的编写必须在对档案馆风险认知基础上完成。另外,为了保证应急预案质量的持续提高,须建立一套科学合理的应急预案事前、事后评价指标体系,可将定性方法与定量方法相结合,真实客观的评价预案体系质量,以保证突发事件来临时预案作用的发挥。建议国家级档案行政主管部门统一领导,组织对各级各类档案机构应急预案内容进行评估和鉴定,督促进行持续优化和改进。为强化应急预案的权威性,保障其在突发事件发生时能够实施,国家立法部门还应该针对档案部门应急的特点对相关法律进行修订或出台新的法律法规,为应急预案的制订、实施创造良好的生态环境。

4. 优化档案生态系统突发事件应急预案修订机制

首先,加强"平时"的演练与评估。应急预案是否能如期发挥作用,不仅由制定水平决定,更重要的是看工作人员的执行力度的高低。通过对调研的应急预案进行分析,发现少有可操作性强的步骤。因此,建议我国档案领域也要效仿美国政府对地方政府应急预案的要求,在对档案馆应急预案的自评与他评过程中,必须能满足三个方面:一是应急预案一定要经过应急演练,二是通过应急演练发现存在的问题,三是把发现的问题与修正意见及时更新,作为预案评价依据。

其次,持续、动态的对应急预案加以改进。美国档案应急管理实践中对应急预案更新和持续改进的做法同样值得我们借鉴。其在应急准备指南(CPG101)明确规定要对任何应急预案进行定期或不定期的审查、更新和修订,其周期不能超过两年。[①] 同样,我国档案部门也应该随着社会环境的发展

---

① 刘铁民:《突发事件应急预案体系概念设计研究》,《中国安全生产技术》2011年第8期。

变化,自身应急管理水平的提高,不断对新发现的不合理或错误的内容与条款进行修改,使档案馆的应急预案更加符合时代特色,使档案部门实际工作与时俱进,只有这样,才能保证档案馆应急预案的强大生命力。可参照 PDCA 循环模式,完成对应急预案进行动态修订。美国质量管理学家戴明设计的 PDCA 循环(戴明环),目的是按照 Plan(计划)、Do(执行)、Check(检查)和 Action(处理)的顺序加强质量管理。经过方案制订、应急演练、事后评价、持续改进四个步骤,实现周而复始动态循环,应急预案的有效性大幅提高,从而带动档案馆应急管理水平阶梯式增长。

(五)新技术背景下我国档案生态安全应急预案体系建设

目前,我国档案领域内的应急预案大多都停留在文本形式。计算机、互联网等新技术融入我国档案生态安全应急预案建设,可以极大丰富应急预案的形式,提升应急预案功能效果,从而提升我国档案应急管理水平,数字化应急预案和可视化应急预案就是初步尝试。[①]

1. 数字化应急预案的含义

目前,数字化应急预案还没有统一的定义。数字化应急预案并不是简单地将原来文本形式的预案进行扫描、录入到计算机系统中形成数字化版本,而是要在应急预案实施过程中融入现代信息技术,根据突发事件的发展演变形成系列自动操作程序。例如,可以利用三维仿真技术或现场监控来推测事件的发展态势,形成智能化的应急处置策略,从而帮助决策者提高决策准确度。

近年来,数字化应急预案技术的研究日益增多,一般将其发展分为三个阶段,即应急预案电子化、可视化及智能化。[②] 应急预案电子化就是将其原文本格式转化为电子文件;应急预案可视化的过程是运用图文影像、视频监控等形

---

① 张艳欣、李治伟:《企业档案应急预案可视化研究》,《档案与建设》2018 年第 1 期。

② 张超、裴玉起、邱华:《国内外数字化应急预案技术发展现状与趋势》,《中国安全生产科学技术》2010 年第 5 期。

式完成应急预案的数字化存储;应急预案智能化是指建立在应急管理平台上,充分实现与突发事件现场实时互动,通过智能化分析协助决策,是一种先进的动态预案管理。

数字化应急预案技术有着显著的优越性,是传统的文本预案难以企及的。

第一,可实现对文本预案的图形化、流程化表现,使预案从"墙上"走下来。

第二,能够即时通过突发事件现场及其发展变化,灵活且有针对性地制订相应的应急处置方案。

第三,可以根据突发事件应急管理的走向动态调整应急方案措施,并在第一时间通知管理人员。

第四,可以支持案例库、知识库运行,智能化地为决策者提供参考意见,使最终的应急决策更加科学合理。

第五,能够利用计算机技术对文本预案的结构要素进行数字化存储,实现知识的显性化。

第六,历史数字化应急预案可以为应急演练与培训提供参考。

第七,根据对突发事件应急管理的结果,不断对原应急预案进行更新完善。

当然,只靠数字化应急预案本身并不能够实现上述功能,要借助应急管理平台、结合其他知识管理系统,才能够提高应急管理决策的质量和应急管理的水平。

2. 应急预案的可视化

(1)可视化应急预案的必要性

我国当前档案应急预案主要以传统文本形式存在,主要是档案部门对突发事件的分析性描述和应急管理职责分工的叙述,往往缺乏实用性和可操作性,难以发挥预期作用。而可视化应急预案有文本形式预案不可比拟的优点,恰好可以解决此类问题。

档案应急预案的可视化,即预案内容以可视化的方式展示,也就是综合运用各种先进的信息技术,包括计算机图形处理和显示技术、全球定位系统、地理信息系统、遥感技术等,将文本形式预案转化成三维图形或图像等多维度的数字形式。在应急预案的演示、模拟与执行过程中实现人机交互处理,帮助应急管理领导作出正确决策。结构化应急预案本质上来说是通过数字化文本应急预案,将其关键点进行结构化,综合利用模型库、知识库、案例库和现场监测监控信息等,通过特定方式与预案进行关联、链接或嵌入,形成一种基于信息系统的智能的结构化预案形式。与结构化应急预案相比,可视化应急预案是利用应急管理领域的数字模型和算法,智能化分析突发事件相关信息,利用地理信息系统监测现场变化,从而设计出智能可视化方案,并对生成的可视化应急预案进行动态调整与优化。①

如前所述,传统的应急预案存在诸多缺陷,如预案中应急处置不能根据突发事件的演变即时作出相应调整;在文本应急预案中难以对突发事件的种类、发生时间、应急管理人员三方面之间做到逻辑上的关联,以至于诸多应急预案中存在应急抢救措施细节缺失或者可行性无法验证;文本应急预案受制于其载体,应急预案的内容不能方便、及时地传递和共享,不利于档案突发事件发生后相关机构的经验参考与借鉴;受经济条件和环境条件制约,很多文本应急预案难以进行有效的演练,虽然能够对火灾、水灾等模拟突发事件进行演练,但是其费时、费力,经济成本较高,演练频次、规模明显受限。对飓风、地震一类非常态的突发事件难以进行有效演练。这样一来,难以有效验证应急预案中的应急管理措施是否有效。

可视化应急预案则可以综合使用大量数据库,应用虚拟现实技术、互联网

---

① 童庆、张敬谊、陈诚:《应急指挥系统的结构化和可视化预案研究》,《计算机工程》2011年第13期。

技术、多媒体技术等多种先进的信息技术,①将可视化操作引入文本档案的实施中,在传统文本应急预案的基础上使图、文、声、像、动画等元素共同发挥作用,将可能危害档案的突发事件的空间环境、灾害场景信息、档案部门职责、应急准备、应急资源、应急响应措施等所有档案部门应对突发事件的内容,均以二维或三维场景的形式展示,不仅将原有的应急处置流程、管理规范、职责分工等固定信息以及相互之间的逻辑关系直观、清晰展现出来,而且可实现预演功能,在突发事件真正发生时,可视化的应急预案系统可以智能化地根据实际受灾情景的变化而动态调整,利用大数据、物联网等新兴技术实现应急决策的推送。实现应急准备、应急行为、应急资源、应急结果的全程可视化操作。这样,档案部门既能依托可视化应急预案做好诸如档案部门的风险管理、脆弱性管理、应急知识培训与演练、应急救援知识共享等应对突发事件的准备工作,又能在突发事件来临时实现受灾信息的及时推送、辅助决策、应急资源调配等多种目标,提高档案部门应对突发事件的能力和效果。② 而且,依托可视化应急预案进行模拟演练,使档案部门上到领导者、决策者,下到具体档案管理者都能亲临其境,感受各种突发灾害的模拟场景,认识到其对档案的危害之严重,更能提高应急管理的重视程度,而且能充分发挥主观能动作用,群策群力,完善已有应急预案,使其更加完善,应对突发事件更高效有力。

(2)可视化应急预案的构建

可视化应急预案包括三个层次的内容。第一层为基础支撑部分,该层次由技术数据、基础数据、业务数据组成。第二层为可视化应急预案的内容,由日常档案风险的实时监测与管控、应急演练培训、灾害推演、决策支持四部分组成。第三层是可视化应急预案所具有的功能,包括可视化功能、监管—监控

---

① 杨迎、张体强:《火力发电厂应急预案可视化及模拟推演系统开发研究》,《工程建设与设计》2017 年第 3 期。

② 刘安福、盛志喜:《重大自然灾害应急管理中地方政府的信息发布机制研究》,《山西档案》2009 年第 2 期。

功能、人机交互式演练功能、智能决策功能(见图5-2)。

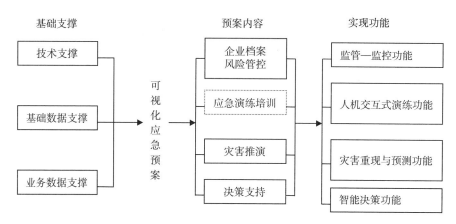

图5-2　应急预案可视化内容及功能图

①可视化应急预案的基础支撑

从图5-2中能够看出信息技术和数据是应急预案可视化的基础支撑。可视化应急预案用到多种关键信息处理技术,如全息场景构建技术,将不同类型数据进行叠加、重构等处理,建立三维模型,通过数字技术真实模拟应急管理现实场景和业务流程;物联网技术,通过传感器来搜集外部环境信息,设置合理的预警阈值,对其进行监督、管理和反馈;人机交互技术,应急管理人员应用各种信息技术接收、处理相关信息并作出相应反馈,实现有效的人机互动,开展相关工作人员的培训,可以帮助及时有效地优化应急预案的内容;音频、视频采集分析技术,收集传输并分析灾害现场的各种信息来判断灾情的严重性,帮助有效决策;灾害趋势推演技术,主要用于分析突发事件灾害的发展态势,根据其分析结果,调整决策,合理分配应急资源,最后对推演结果的数据进行统计等。

数据支撑包括基础数据支撑和档案馆业务数据支撑两方面内容。基础数据支撑主要针对的是专项应急预案以及结构化应急预案。专项应急预案是专门用来解决综合应急预案未涉及的各个不同类型具体灾害的应急程序。通过将文本型应急预案数字化,逐级分解应急预案,将其中的关键节点结构化就形成了结构化应急预案。其中最重要的步骤就是准确把握应急预案的总体结构和应急管理流程,利用特定方式,把模型库、案例库、知识库的数据库内容和现场监控得到的信息相关联或互相嵌入,形成智能化的结构化预案形式。① 档案馆业务数据支撑包括档案系统主体人、财、物等各种数字化与非数字化数据和信息,以及对这些数据的来源分析、结构分析、价值分析以及风险和脆弱性分析,还有档案系统客体相关信息,这些数据成为构建可视化应急预案模型的基本数据条件,并进一步开发设计出业务活动所需要的突发事件模拟演练系统。

②可视化应急预案的内容设计

首先,档案风险监测与管控。利用可视化应急预案进行应急管理,可以利用上文中描述的三维模型数据库、档案业务数据库以及多媒体数据库等,构建与之关联的智能化管理平台,通过音视频搜集及分析相关信息,实现对档案生态系统的管理环境、安全隐患、常态与非常态突发事件的远程、实时、全程的监控。应急管理系统一旦发现风险水平超过了预先设置的预警数值,立即向相关应急管理人员发出预警。遇到突发事件时,应急管理主体可以通过实时交互的三维场景及时查询突发事件的相关信息,如突发事件的位置、种类、强度、各类传感器的实时数据等,并且能根据具体灾情,迅速从已有的数据库进行匹配,推荐出匹配程度最高的应急预案,便于应急主体及时响应,为应急管理提供强有力的支持。

其次,应急演练与人员培训。可视化档案应急预案最主要的功能之一就是借助智能仿真系统模拟和再现档案生态系统突发事件的情况,对各级工作人员的应急管理行为进行模拟,对各种档案突发灾害和人员行为的数值进行模拟,最大限度模仿或者再现档案突发灾害情景。借助协同演练技术,档案管

---

① 童庆、张敬谊、陈诚:《应急指挥系统的结构化和可视化预案研究》,《计算机工程》2011年第13期。

理人员实现仿真场景中与系统进行交互式演练。可视化的方式,方便各级决策与指挥人员、档案管理人员、应急管理人员从客户端直接进入演练模式,自主选择角色参与对受灾档案抢救,并且可以直观地观测到应急措施的效果,这样可以检验和评估应急预案的可操作性和实用性,以发现应急预案中的漏洞,修改和调整应急预案的内容。直观的视、听、感等感官冲击,让人亲临其境般感受灾害的破坏性作用,更提高大家对突发事件的应急管理工作的重视程度。借助企业可视化应急预案的帮助,档案部门应对突发事件的演练更加科学化、智能化,从而使档案部门应对突发事件的能力和水平得到提高。

人机交互式演练包括两个方面,即新型灾害的模拟和经典灾害的模拟。新型灾害主要针对信息网络环境下可能出现的灾害,如病毒勒索、信息泄密、恶意操作等。通过对各类档案突发事件的研究,了解其事件发展规律和流程,进行预先定义,过程中可对应急各要素随时调整,增加应急预案的灵活性和可操作性;经典灾害的模拟是为了应对火灾、水灾等经常发生的灾害进行演练,通过设置灾害场景,演练人员进入灾害场景并实施各项操作,以达到优化专项预案和提升应急主体的应急管理能力的目的。

再次,档案突发事件的推演。档案可视化应急预案的重要内容之一就是档案灾害的推演。档案灾害推演是一种定量分析,对档案部门应对突发事件过程中产生的大量应急管理与救援数据进行归纳建模,形成档案突发灾害数学模型,并对其不断地验证和优化。基于情景分析模型的推演模拟与态势演播技术,档案生态系统的突发灾害会真实再现。借助计算机辅助,应急演练场景随着应急响应流程不断推进、应急救援措施的实施而不断变化。当灾害一旦发生,利用基于情景分析模型的推演模拟与态势演播技术,加入时间矢量,借助计算机辅助,通过音视频采集的数据及传感器反馈的数据,对当前灾害进行可视化的演绎分析,能够迅速匹配、比对,确定灾害的级别和损害程度,并且对企业档案灾害的发展趋势、对档案的破坏作用以及次生危害等进行预测,以供档案管理人员进行决策。

借助档案突发灾害推演,应急主体可以直观清楚掌握档案突发事件的发展趋势、影响范围、救援实施效果等内容,以帮助演练人员在电脑中清晰追踪了解事态变化,从而进一步把握企业档案突发事件的发展态势。

最后,应急管理决策支持。基于上述三个版块内容,可视化应急预案利用多媒体、虚拟现实等技术,实现了预案环境、预案任务以及预案进程的可视化。当档案生态系统突发事件发生时,不仅可以为决策者提供突发事件的动态情况,而且通过大数据、云计算等信息技术,在数据库中可进行相关灾害的数据收集,对发生的突发灾害发生、发展趋势可视化演绎和分析,进而评估已有应急预案的可行性。最后,根据突发事件灾情推演的结果,智能化推送出最优应对应急预案和有针对性的行动方案,为领导及应急决策者提供直观、形象的决策支持服务,帮助应急管理领导者身临其境,迅速进入角色,更好地履行领导职能;同时,也为一线档案管理人员应急处置给予及时的指导和反馈,以便从上到下高效控制突发事件的发展,最大限度减小突发事件对档案管理工作的破坏性作用。

③可视化应急预案的功能与实现

可视化应急预案对于提升档案应急管理能力的作用显而易见,而其功能的良好发挥,依赖于档案部门从文本应急预案到可视化应急预案系统构建的全程参与。首先,档案部门需要做好文本型应急预案的准备工作。可视化应急预案的基础是结构化应急预案,文本应急预案是结构化应急预案处理的基础。因此,档案部门需在对本部门的档案风险全面辨识的基础上形成个性化的文本应急预案,使应急预案具有针对性。另外,应急文本预案需要将组织机构、应急设备、应急规范、处置流程等应急要素罗列完备,且具有关键节点的知识表达特点,方便结构化处理。其次,档案部门需要建立种类齐全的应急管理知识库,为可视化提供全面的信息支撑服务,如档案部门基础信息知识库、部门风险源数据库、应急预案数据库、地理信息数据库、应急资源数据库、应急案例数据库以及应急专家数据库等多种数据库,为应急预案智能化处理提供数据基础。最后,先进的信息技术是实现应急预案可视化强有力的保障手段,大数据技术、物联网、计算机虚拟现实技术、三维可视化技术、地理定位技术、智能分析等多种技术的综合运用助推企业可视化应急预案功能实现。因此,档案部门工作人员不仅需要丰富档案安全知识与技能,还需要完善信息技术知识结构,提升专业素养,以便更好做好档案生态系统应急管理工作。

综上所述,面临日趋复杂的安全管理环境,档案可视化应急预案的构建,使档案部门原本的文本应急预案更加直观、预案要素的逻辑关系清晰、易于理解,而且便于灾害信息共享、灾害推演与预案动态调整,为档案部门应对突发事件灵活决策提供良好的智力支撑,从而提升档案生态系统应急管理水平。

第二节　应急管理机制之维——预防与
管控的合理安排

一般来说,机制指组织内部各个部分相互作用的方式和过程。其中"机"通常指策略、方法,而这些策略、方法经过实践的检验之后,较为稳定地固定下来成为制度后,就由"机"转变为"制"。因此,有研究者认为应急管理机制就是一种为应对突发事件所采取的"制度化、程序化的应急管理方法和措施"[1]。从根本上看来,应急管理机制是以应急法制和制度为基础的应急管理工作流程;从外在形式看,体现档案生态系统的应急管理部门的各种具体职能;从工作重点看,侧重在应对档案生态系统突发事件过程中应急管理主体如何更好防范与处置相关工作;从管理目标看,应急管理机制建设就是用以规范应急管理整个流程,完善工作制度,实现档案生态系统的应急管理规范化、系统化和科学化。生动地说,突发事件应急管理机制就像是一套"软件",通过规范、翔实的工作流程,体现应急管理相关法律制度与应急预案的思想,使档案馆应急

---

[1]　钟开斌:《应急管理"机制"辨析》,《中国减灾》2008 年第 4 期。

管理职能与任务得以实现,使应急管理法制与体制"具体化、动态化与规范化"。本质上,机制就像一只"无形的手",对组织内部的运行要素进行支配、协调和影响,对组织各种目标的实现形成无形的潜在推动力。组织成员无法看到其作用过程,只能看到最终机制的最终结果。

一、预警机制

我国2018年应急管理体制改革以后,更加注重"平战结合"和"专常兼备"的指导思想,这对档案行业也是重要启发,提示各级档案机构在应对档案生态安全突发事件时要注重风险预防和管控。

(一)档案生态安全预警含义界定

预警,英文名称为"early-warning",本意是"预先警告"。最早源于军事领域,指通过雷达、飞机、卫星等各种手段提前发现敌情,并将其进攻威胁程度报告给指挥部,以提前采取各种措施加以应对。后来预警逐步被应用到政治、经济等领域。

档案生态系统发生突发事件绝非偶然,而是生态系统安全变化从量变到质变的发展过程。"预警"也不能简单称为"应急预警"或"突发事件预警",应对档案生态系统从全局、全过程、全方位进行动态监测,建立预警系统,发出生态安全警报,为相关部门提供决策依据。"预警"即在档案生态安全保护过程中,档案管理保护主体根据已有的知识、经验准确感知风险,并且进行分析、评价、推断、预测,及时将警报信息上报相关部门,提示警惕风险,采取相应防范措施,避免突发事件发生或降低其对档案生态系统造成的影响。因此,档案生态安全预警就是指在致灾危险因素引起突发事件之前,由相应的应急管理部门将相关风险提前向有关部门及领导者汇报或发出警报,必要时根据应急预案提前采取措施进行预防,也就是古代文化中"防患于未然"思想在现代档案领域的体现。

（二）档案生态安全预警特点

档案生态安全预警不同于一般的生态安全评价与预测,有其自身特点。

第一,专指性。档案生态安全预警主要集中于对生态系统产生负面影响和危害,威胁生态安全的预测,只关注生态因子的恶化状态和过程。也就是说,着眼点和落脚点在于先知和警觉,感知所有可能出现和将要出现的风险因子,警示危害,从而有时间化解危害。

第二,动态性。档案生态安全的预警不是静态和一次性的,其主要任务是持续监测及预测致灾因子演化趋势和程度,根据相关因素变化及时调整监测重点。预警在时间、变化速度、发展程度等多维视角数据的取值也是动态变化的。

第三,深刻性。档案生态安全预警的实现以对生态系统安全现状、致灾因子演化趋势等现实状况进行大量前期调研、分析与认识为实现基础。因此,生态安全预警揭示的生态系统的安全问题本质及变化规律更加深刻准确,对于档案生态安全水平的提高具有更集中的调控作用。

（三）档案生态安全预警的主要内容

档案生态安全预警主要包括预警分析和预控管理两方面。预警分析主要指对引起档案生态系统退化、恶化的致灾因子的辨别、分析以及评估,并予以提示和警告。预控管理则是根据预警分析取得的结果,对档案生态系统内可能引起突发事件或者危机的致灾因素或者征兆进行调节、控制,避免灾害发生。预警主要内容框架图,见图5-3。

在预警分析中,"警义"指确定预警监测的目标,包含"警素"及"警度"两方面含义,前者是描述警情的主要指标,后者指警情的严重程度。档案生态安全预警分析过程主要从档案馆库环境、技术环境、档案管理业务流程、档案系统主体意识和行为等多个侧面选取观测目标,对风险因子进行清晰的掌握和评估,确认警情的发展状况。

　　马怀德对档案馆风险因子进行了介绍,他指出应急主体对突发事件的应对能力等于其对突发事件的认知能力与反应能力的总和。其中认知能力指对各类档案生态安全风险的理解和预见力,是基于应急主体对突发事件的全面认知和判断,这种认知是基于对突发事件有关信息的感知、收集、记忆、学习和处理而得出的①。因此,预警的基础就是对档案突发事件风险的全面感知。

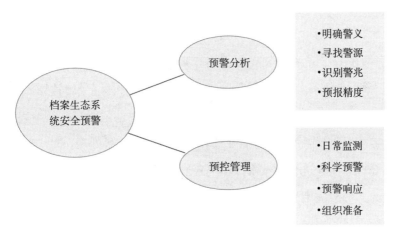

图 5-3　档案生态安全预警示意图

　　寻找警源即分析警情产生的根源,在该阶段主要是根据以往的经验与应急管理知识对引起警情的原因进行分析和辨别。识别警兆指的是对警素进行分析,辨别出有可能导致警情的先兆。然后,进一步分析警源与警情,以及警源与警源之间的相互耦合的关系。预报警度即为预报警情发生的程度。在本阶段,主要先作出预测,然后根据警限转化为警度,直接由警兆的警级预测警素的警度。

　　预控管理是对预警分析中已经明确的警情和警兆指标进行日常的监测与

---

　　① 马怀德:《完善应急法制　为构建和谐社会奠定制度基础》,《中国应急管理》2007 年第4 期。

控制,根据监测情况判断可能出现的档案生态安全危机,及时采取预防性处置措施。在对档案生态系统进行预控管理过程中,要对各类突发事件风险因子进行监控。主要是借助日益进步的信息技术和各种科学手段,利用既往对突发事件的认知,对各类风险因子实时地进行监测与跟踪,对所获得的数据进行分析处理。在此过程中,预警指标的科学选择与指标体系的建设是关键,必须选取档案生态系统运行过程中反映影响馆藏安全的敏感指标,建立预警指标体系,并且设计标准的阈值。在监控过程中,不断监测相关数据、信息的变化,一旦发现相应的指标超过临界阈值,即开始对未来可能发生的突发事件的危害、概率等作出评估,继而对是否发出警报进行决策,最后实现预警。

另外,对于监测范围,除了需定期收集日常性风险信号的常规监测,还应对特定危险源进行特殊监测,或者对引发突发事件的危险源进行突发性的随机抽样监测,尽量做到数据的准确,以便做到早发现、早处理。对于监测手段,则需要综合利用先进科学技术,建立有效的监测网络系统,保障监测的科学准确。因为有的致灾因子及其诱发先兆较为明显,可以直接观察获得,但是更多的诱因则需要利用先进的仪器以及科学的预警分析模型,借助长期的统计数据或者计算机模拟等完成,从而精确作出分析预测。如此做好日常监测,才能为下一步的科学预警奠定基础。

科学预警的意义在于及时准确地把经过监测和分析取得的警报信息向有关部门发出警报,实现预警机制的现实意义。应急管理部门对收到的预警信息进行分析和决策,第一时间向应急体系内各环节发出警报。信息技术大发展使信息传播链条大大缩短,可以实现在向应急领导者汇报预警信息的同时把同样信息传递给各级相关责任者。

预警信息在预警响应环节转化为具体的应急行动。在预警响应中,需根据预先设定好的预警级别采取相对应的响应手段,避免过度响应或响应不足。在我国,《中华人民共和国突发事件应对法》明确规定突发事件预警级别有四种等级,由低到高用蓝色、黄色、橙色及红色表示,代表了其危害大小和紧急程度由轻到重的四个级别。对突发事件预警等级进行明确规定和准确把握可以为应急管理提供决策思路和有力指导，以便快速定位、决策与采取适宜的救援行动，化解风险或减小损失。

组织准备为整个预警管理提供基本的组织保障。组织准备包括规定预警管理系统的组织结构和运行方式、制定相关规章制度以及为突发事件应急管理提供各种准备，以达到对预警管理活动提供保障的目的。

因此，预警分析主要目的是发现和识别风险，实现"找错""识错"，预控管理则是监测预警分析提供的风险信息并及时作出相应行动以纠正错误，即"纠错、治错"。预警分析和预控管理在时间顺序上存在明确的逻辑关系，两者良好的互动构成了预警机制的主要内容。

二、响应机制

档案生态系统应急响应与处置是指为应对档案突发事件所采取的相应措施，目的是尽快控制和减少对档案生态系统所造成的危害。突发事件一旦发生，档案生态系统就进入非常规应急管理状态，这时需有一套科学完整的管理流程和工作步骤，以有利于突发事件的应对，避免在突发事件前穷于应付，不知所措。应急响应，一方面要解决迫在眉睫的问题，另一方面还需要进行必要的协调与支持行动。当然，应急响应活动不一定开始于档案生态系统的突发事件发生之后。当档案生态系统预警信息发出，突发事件经过先期验证不可避免，应急响应即可启动，比如台风、海啸。当然，也有应急响应是在突发事件发生之后，比如地震，由于科学技术有限，可能从预报到发生只有短暂的几分钟甚至几秒钟，如档案信息系统安全事件，应急响应很可能发生在突发事件发生之后。

档案生态系统发生各种突发事件后，必须采取各种积极有效的措施，保护未受损档案、抢救已受损档案。在进行应急响应时，必须贯彻以人为本、预防为主，统一领导、分级负责，快速反应、协同应对的原则。一是快速反应，科学应对原则。一旦事件发生,相关决策者必须在有限的时间迅速作出决策,带领相关人员,调动多方力量,调集所需资源,果断采取措施,在最短的时间内控制事态。必须分秒必争,不能有任何延误,努力将危害与损失降到最低程度。二是灵活应对、最小损失原则。现场指挥人员要根据实际情况调整对策,处理突发的危险不能以新的不必要的损失为代价。三是平战结合,以平备战原则。各级各类国家档案保管机构要善于将突发事件后的经验教训进行积累,按照"战"时要求指导"平"时突发事件的预防工作。四是系统联动,资源整合原则。档案应急管理工作应该充分合理利用馆内外资源,进行突发事件的预防与应对。

对档案生态系统突发事件进行应急响应要注意以下问题。

一是需要对突发事件发生的相关信息进行收集与研判。档案生态系统应急管理人员对突发事件快速处置的前提是对突发事件及其事发现场情况有正确的把握和认识,因此,为了控制突发事态蔓延扩大,应该首先准确获取突发事件现场信息,一方面,及时将信息上报给决策指挥部门,为其应急决策提供重要的信息资源;另一方面,大致判断突发事件类型,引发原因,对危险源进行排查和评估,以避免引起次生灾害。另外,还需要根据现场判断所需应急抢救资源,并且积极准备,如灭火设备、电水泵、电风扇、去湿机等必要的设备及用具。

二是需要应急管理机构的领导进行应急决策。尽管档案馆在应急准备时制定了较为完善的应急预案,对档案生态系统可能发生的突发事件的应急方案进行了设计,但是由于突发事件高度不确定性的存在,应急响应不仅是常规紧急程序的延伸,同时需要不同层次的应急管理主管领导根据突发事件现场情况进行非常规状态的非程序化决策。一方面,根据突发事件现场情况启动相应的应急预案,另一方面,应急管理决策者需要根据突发事件的现状进行迅速决断和判断,预测发展趋势,形成档案生态系统突发事件现场应急处置方案,安排应急现场的救援行动,对突发事件现场进行先期处置,比如,关闭水源、电源,调度抽水泵,使用灭火器等。总之,要明确部署应急工作"由谁做、做什么和怎么做",确保管理、任务、责任和执行到位。现场应急决策是应急管理机制最核心的步骤,很大程度上决定应对结果。

三是需要科学及时地实施应急处置。档案生态系统的突发事件应急处置,一方面有赖于同级社会相关部门的支援与配合,比如,档案馆发生火灾,需要属地的消防部门进行积极协助;地震后的档案馆的应急处置也依赖于同级政府配备相关人员、解放军等协助档案的搬运、挖掘等;与此同时,由于档案的特殊价值,需要档案保护的专家给予技术上的抢救方案。因此,应急处置工作,需要在档案生态系统应急管理主管领导的协调下,迅速召集档案保护专家、技术人员等,对档案载体本身采取应急抢救措施,以使档案受到的破坏性作用最小。比如,对于传统载体受灾档案,可以设立临时恢复区,用于紧急抢救受灾档案。指导人员把受灾档案转移到临时恢复区,采取先期的抢救措施。如水灾后的档案,可以进行迅速冷冻,争取时间,分批处理,防止档案滋生霉菌。对于档案馆信息系统的突发事件,可将所涉及计算机系统与网络断开,将提供已发生安全事件的性质和原因的信息文件备份;检查操作系统和应用是否改变,并检查配置文件和用户文件;重新恢复补丁和与安全相关的配置文件;等等。

三、恢复重建机制

恢复即是"恢复原状"。在突发事件的威胁、危害得到有效控制或消除后,档案生态系统应急管理从响应处置转变为恢复重建。一方面是恢复,档案生态系统的运行重新恢复常态,并且继续采取相关措施,防止突发事件的次生、衍生事件的危害;另一方面是重建,档案生态系统因突发事件的影响而不能恢复的建筑、设施根据更高的要求与标准进行重新建设。例如,地震后档案馆库建筑的重新建设;档案装具、档案保护设备的重新购置;等等。还有就是馆藏受损档案的进一步抢救修复。在应急响应阶段,主要任务是将受损档案转移至安全区域,并对受损档案采取初步的抢救措施,而利于长久保存的各种抢救恢复措施无法——在响应阶段完成,只能恢复重建。在该阶段,需要进一步召集档案保护、应急抢救专家对受损档案进行"会诊",制订详尽的受损档案修复方案,并且组织专业人员进行抢救修复。

从类型上,对档案生态系统进行恢复重建包括短期恢复与长期恢复。短期恢复往往在突发事件发生以后迅速展开,也经常会与应急响应相重合,比如受损档案的抢救;档案馆下水管道的检查与维修;档案馆内通信设施的修复;等等。短期恢复可能是几个小时、几天或者几周。另一种是长期恢复,往往需要持续数月或者数年。例如,受损严重档案的抢救恢复,需要经过冷冻、霉菌、加固、修裱、数字化等,需要较长的周期。例如2008年汶川地震发生两年后,受损档案仍旧在四川档案学校处于被修复过程。再如,档案馆建筑的维修与重建,持续的周期更长。

从内容上,档案生态系统的恢复重建工作包括制定档案馆库的恢复重建规划;制订受损档案的抢救修复方案;实施突发事件后的善后处置;对突发事件的起因、经过等相关情况进行评估,总结应急处置的经验与教训,并且进一步制定下一周期应急管理的整改规划。

需要指明的是,恢复重建不仅是对档案馆原有状态的恢复,而且是从长远来看新的发展,结合突发事件带来的经验和教训,开展恢复重建工作。例如,档案馆建筑的重建可根据行业规范,建设高抗震级别、绿色、环保、节能的档案建筑。在2008年汶川地震后,当地档案馆发现传统的五节柜对档案的保护比新式的密集架效果要好,因此,在购置档案装具时可以进行适量调整等。

值得一提的是,恢复重建的一项重要内容就是对突发事件的调查报告,这是恢复重建工作的重要基础。真实、客观的调查报告,有利于真实追溯事件发生全过程,帮助探明发生原因,是事后明确和追究责任主体责任并进行相应整改的依据,也是进一步开展重建工作的参考。因此,完整、客观、翔实的调查报告要注重还原事件细节、不回避事实,要真正提出有针对性、可操作性的整改措施。这样才能真正达到恢复重建的目的。

四、激励机制

"激励机制"是在组织系统中,激励主体系统运用多种激励手段并使之规范化和相对固定化,而与激励客体相互作用、相互制约的结构、方式、关系及演变规律的总和。激励机制在档案生态系统应急管理中的作用同样不容忽视。我国古代明医扁鹊在同魏文王论医道时提到他们三兄弟的医术"长兄最佳,仲兄次之,我最差",但事实上扁鹊的名气最大,这令魏文王十分好奇。扁鹊对此解释,"长兄常在疾病尚未发作前就为患者医治好,重在预防,只有家里人知道他的医术,其他人反而不了解。仲兄则是在疾病早期进行治疗,取得好的效果,病人反而认为自己病不重,仲兄只能治小病。而我则经常治疗晚期或严重的疾病,世人见到我进行扎针、放血、做手术等复杂治疗就认为我医术好,名气自然较大。"

这则故事形象地说明了当前我国档案生态系统内应急管理的问题。应对档案生态系统的突发事件,理应从源头做起,做好档案生态系统的日常安全管理工作,及时控制危险源,预防突发事件发生,这就是成绩。但是实际工作中更注重眼见为实,依据现有的激励机制,默默无闻地工作以避免突发事件发生鲜为人知,成绩被忽略,而真正突发事件来临后大张旗鼓地应急响应与处理却常常被给予表彰。实际上,在档案生态安全管理工作中有很多像长兄"治未病"那样,重视日常安全管理,及时发现、控制危险源,或在监测与预警中及时发现突发事件的苗头,积极采取干预措施,用简单的措施或很小的代价就能避免突发事件的情况,这种情况反而往往不被重视。也即是说,由于应急管理工作特殊的性质,现有激励机制重视以灾害应急管理结果为奖励的标准和依据,反而全面优秀的突发事件准备工作却被忽视。因此,为促进档案生态系统应急管理能力提高,需要尽快建立、改进相关激励机制,向日常安全管理倾斜,激发应急管理各环节的内动力。这也符合前述在应急管理方面"端口前移"的精神。要根据应急管理工作的特殊性,量身定制特殊的奖励评价指标,改变"应急管理工作做得好"的评价标准,改变单纯把突发事件后的应急抢救英雄作为奖励对象。例如,在制定奖励政策时,可以综合考虑日常安全应急意识的培养,日常应急培训表现、风险管理的意识与行为,以及根据本单位不发生突发事件的实践这些因素,制定相应的物质奖励与精神奖励制度,激发档案生态系统主体将档案安全保护与应急管理思想变为常态,融入日常工作,甚至创新性地开展日常应急管理工作,真正努力避免突发事件的发生。另一方面,有奖就要有罚,要严格突发事件的责任追究制度。对于档案生态系统内的突发事件,事前失察、事中失措、工作不力、失职渎职,致使突发事件演变激化,造成严重威胁档案安全的,必须逐级追究责任,严肃处理。

因此,必须改变现有的激励机制,奖惩得当才会激发档案应急管理人员的积极性和内动力。一定程度的精神激励和物质奖励能促进工作人员主动自觉做好全程应急管理工作,尤其是突发事件发生前的应急准备工作,这是降低突发事件应对成本,最大限度减小风险,提高整体应急管理能力的必要手段。

第三节　应急管理技术之维——传统与现代的完美结合

狄德罗在其经典著作《百科全书》中将"技术"定义为"为某一目的共同协作组成的各种工具和规则体系"。这一概念体现了技术的目的性、多元性和社会性。技术服务于管理,现代档案馆的应急管理离不开技术的支持。档案生态系统应对突发事件的应急管理能力与水平的提高,除了需要在必要的法律、制度、机制等方面不断完善,还有赖于应急管理技术的不断发展,以作为应急管理体系的重要支撑。先进的应急管理技术是实现档案生态系统应急管理的必要条件。世界各国也日益重视高端技术在应急管理中的应用。档案馆作为保存社会原始记录的"重地",更需要结合传统的档案安全保护技术与现代的高精尖信息技术来保证档案馆从突发事件的预防,到来临时的应急抢救,再到修复还原等全程应急管理的实现。高新信息技术的不断应用,必然会给档案馆带来应急管理创新理念。因此,档案生态系统应急管理不仅需要"战略"提高,更需要"战术"支持,必须重视相关技术的研究与应用。

一、现代应急信息技术

随着科学技术日新月异地发展,大数据、云计算、物联网、区块链等新的信息技术成为信息社会发展的重要驱动力,也必然成为提升档案安全与应急管理能力的重要手段,实现应急管理智慧化。

(一)大数据技术提升档案生态系统应急管理能力

大数据发展日渐成熟并具有强大生命力,其发展与计算机和信息技术的进步密切相关,既可以说是一种数据集,又可以被视为一种信息技术。有关大数据的概念最早出现于 20 世纪 80 年代美国未来学家阿尔文·托夫勒所著的《第三次浪潮》中,但由于那时 IT 产业及信息技术的发展应用尚不成熟,此概念并未引起重视,也未对其进行深入研究。直至 21 世纪初期,随着计算机技术、互联网技术的快速发展,信息技术及其相关材料呈现爆发式增长,与此伴随而来的是相应的数据处理技术面临迫切需求。自此以来,大数据技术的应用日益得到重视,并显现出潜在而又旺盛的生命力。2008 年,《自然》杂志社出版了有关大数据的专刊,对大数据的数据处理技术及其所面临相关问题进行了讨论等,此时期大数据概念得到进一步延伸发展,至 2012 年以后,大数据进入快速发展的阶段。2012 年 3 月美国政府发布《大数据研究和发展倡议》,该倡议内容不仅对美国本国及社会产生重大影响,同时也在全世界范围内产生广泛影响。

大数据技术发展至今在概念上仍存在一定争论,未获学界统一公认。总体来说,大数据概念可被划分为立足技术领域视角的技术型及非技术型两大类。前者将大数据定义为一种数据集，是具有容量庞大、种类繁多、存取速度快以及应用价值高等特征的数据集合。维基百科将大数据定义为一个过于庞大且复杂的数据集，因其具有较高复杂度而导致传统的数据处理应用软件难以处理并解决，面临捕获、存储、分析、搜索、共享、传输、可视化、查询、更新数据，以及信息隐私和数据源等方面的挑战。而非技术型定义则认为，大数据是数字化时代的新型战略信息资源，是驱动创新不可或缺的要素，日益改变着人类社会的生产和生活方式。①

我国于2014年3月首次将大数据写入政府工作报告；在2015年10月召开的党的十八届五中全会中明确提出"实施国家大数据战略，推进数据资源开放共享"。这表明我国已将大数据视作战略资源并上升到国家战略层面。2018年5月，习近平在中国国际大数据产业博览会的致辞中再次提出，全面实施国家大数据战略，助力中国经济从高速增长转向高质量发展。在大数据战略指导下，档案领域的应急管理工作借助大数据技术的支持，也会不断提升。

大数据技术是提升档案生态安全应急管理能力的重要基础。

第一，应用大数据技术，可以有效提升预警能力。利用大数据技术，可实现对档案生态系统内外各类数据的深度挖掘，找到数据之间的关联，从而更有效地预知各种潜在风险，提升预警能力。传统的风险监测系统，在感知单项风险时也会报警，比如温度过高、湿度过大等孤立的单项的因素超过标准会被报警，但是忽略了各种风险因素的关联，比如温湿度协同作用，再加之某些空气污染物的存在可能引起档案馆内某些物质的自燃等，也就是说，传统的系统无法自动将各种风险因子关联起来，自动匹配，发现各种风险因子协同作用形成新的致灾因子。孤立的风险因子可能不足以导致突发事件，因此即使报警，也容易被忽略。因此，常常会出现所谓的"黑犀牛事件"。所谓"黑犀牛事件"是

---

① 朱扬勇、熊赟：《大数据是数据、技术，还是应用》，《大数据》2015年第1期。

指太过于常见以至于人们习以为常的风险。灰犀牛体型笨重、反应迟缓,你能看见它在远处,却毫不在意,但一旦它向你狂奔而来,会让你猝不及防,直接被扑倒在地。类似这种风险并不神秘,却更危险,是由于人们对这种单项的报警习以为常,从而漠视。而利用大数据的分析关联技术,可以基于档案馆自身现状以及发生过的各种突发事件进行同类信息的收集、检索、匹配,寻找风险相关的各种关联信息,分析形成可能出现的风险,并及时预警,提示管理人员进行相关准备,达到档案生态系统突发事件预防的目的。

第二,大数据技术可以辅助应急管理主体迅速正确决策。大数据具有 4V 特征①,具体来说,一为价值(Value),即大数据价值巨大但其价值密度低;二为时效(Velocity),即要在所希望的时间内及时完成相关大数据的分析处理;三为多样(Variety),即大数据的来源及其形式具有多样性;四为大量(Volume),即海量的大数据,就现有技术水平来说,数据量要达到 PB 级别以上②。大数据的 4V 特性,对档案生态系统的应急管理提供了强大的识别、评估、监测能力。利用大数据技术,通过对时间、空间、属性等维度的聚类分析,可以对突发事件的发生、发展、演化方向及演化规律进行准确预测,并且可以实现持续动态跟踪,一方面可以防止次生灾害和衍生灾害发生,另一方面可以实现迅速对同类事件处理方案的检索分析,智能化生成应对突发事件的决策方案,并且以文字、图表或者多媒体等多种形式呈现,最大限度为应急管理者有效决策提供充足信息。

随着技术不断发展,大数据融合技术不断受到关注。孟小峰等提出,大数据实际上是一个"离散数据→集成化数据→知识理解→普适机理凝练→解释客观现象、回归自然"的价值链。③ 大数据融合实现了从大数据中发现知识、

---

① Pettey,C.,Goasduff,L.,"Gartner Says Solving 'big data' Challenge Involves More than Just Managing Volumes of Data",2016-6-21,http://www.gartner.com/newsroom/id/1731916,2011.

② August,"What is Big Data(Villanova University)",2015-5-8,http://www.villanovau.com/resources/bi/what-is-big-data/.

③ 孟小峰、杜治娟:《大数据融合研究:问题与挑战》,《计算机研究与发展》2016 年第 2 期。

按照知识的语义逻辑对其进行关联、继而融合形成更接近人类思维的知识,大数据融合包括数据融合和知识融合两个步骤。数据融合用动态的方式统一不同的数据源,将数据转化为知识资源。通过模式/本体对齐、实体识别、冲突解决、数据溯源等四个步骤,利用反馈迭代机制,不断消歧、追溯融合结果的数据来源、及时纠错,最终动态地对多源数据信息进行搜集、整理,将其转变为知识资源。在知识融合过程中,对数据融合阶段形成的知识抽象和建模,继而对表层知识进行推理,获得显性深度知识,然后对显性深度知识进一步归纳、推理获得隐性深度知识,最后继续解释分析,归纳出普适机理。通过双环互动逐步解决大数据融合问题,提升大数据价值。将大数据融合技术应用于档案生态系统应急管理领域,不仅将各行业相关应急管理数据有效整合,形成知识资源,而且对相关知识资源进行不同力度的阐释,将知识资源按照可理解性与可领悟性分成不同层次,利于人们应用。

(二)云计算技术协助实现档案应急管理资源共享

云计算被认为是继大型计算机、PC、互联网之后的第四次信息技术革命。美国国家标准与技术研究院(MIST)将云计算界定为"根据云计算用户所需,可方便地使用网络、服务器存储、应用及服务等各种计算资源,并按使用量计费;提供计算资源的运营商甚少管理与干预,并特别强调云计算不间断的可用性"[1]。根据维基百科,云计算主要指计算机系统资源的随需可用性,尤其是数据存储和计算能力,无须用户直接主动管理,该术语通常用于描述因特网上许多用户可用的数据中心。[2] 实际上云计算就是一种利用互联网实现的虚拟化的超级计算模式,该虚拟化的计算模式以实现资源共享为最终目的,并只需投入较低的成本即可获得高效能收获,云计算是对资源池里数据的自动管理,

---

[1]　NIST, " The NIST Definition of Cloud Computing ", http://csrc. nist. gov/publications/nistpubs/800-145/SP800-145. pdf.

[2]　Wikipedia, "Cloud_computing", https://en.wikipedia.org/wiki/Cloud_computing.

在云计算环境下,众多计算机与服务器连接起来,即便没有拥有该项数据资源的用户也可以按需求随时随地调用云计算资源池里面的数据。云计算的核心思想是实现资源的集中共享,并以最低的成本、最少的管理、最少的交互按需迅速配置资源并交付服务,满足资源使用者个性化和动态扩展的现实需要。通过云计算技术,广大用户可以享受到软件应用服务、互联网络服务、服务器资源存储以及各种数据服务,并根据自己的能力付费使用相关数据,同时,用户完全无须关心数据的物理位置。云计算具有超大规模的数据处理能力、虚拟化及高度扩展性、通用可靠性、可定制、用户透明、节约成本等良好特性。

云计算不仅可以为用户提供丰富的数据资源,还面对大众或有需求的机构组织与个体提供各种云存储服务。按照所提供的计算资源不同,云服务有三种模式:云软件即服务(SaaS)、云平台即服务(PaaS)和云基础设施即服务(IaaS)。SaaS 主要提供软件服务,基于互联网的软件服务,用户可省去对软件的购买,只要拥有互联网即可使用多项软件服务;PaaS 搭建良好的服务平台,用户可根据指定的编程语言和工具通过云平台将获取或自创的应用程序传输并部署在云计算相关基础设施上;IaaS 不仅向用户提供 CPU、网络及存储等丰富的计算资源,还支持用户在云平台上根据自身的需要布置系统和软件。

云计算具有用户按需自助服务、高带宽访问、资源池化、资源与服务的弹性扩展、服务可计量等一系列特征,这些特征使得云计算特别适合应用于突发应急事件的管理。云计算技术为档案信息资源建设和管理提供了强大的技术支持,通过虚拟网络的服务器极大提高了档案馆数据处理和存储能力,云计算技术在提升档案馆档案资源的共享与利用水平、拓展服务空间的同时,对于提高档案馆应急管理水平方面也必将起到强大的推动作用。

作为一种服务化的计算模式,云计算为应急管理提供了新的思想和强有力的辅助手段,如"云应急"。"云应急"是指基于云计算的数据存储处理方式和服务理念,充分利用计算机技术、互联网、物联网、人工智能辅助决策等各种先进信息技术手段,在档案生态系统安全保护领域形成一种新的智慧应急模式,构建档案生态系统应急云服务平台,有效地对应急资源进行调配和管理,更好地实现应急资源可控性和可扩展性。"云应急"可以起到以下作用。

第一,"云应急"可以充分实现档案生态系统应急资源的共享。借助云计算的核心思想、运营模式与相关技术,充分实现对应急管理信息进行调配。美国通用电气公司曾经的"掌门人"韦尔奇创造了"无边界"组织,即打破企业内部门之间、权力之间的界限,就像拆除了楼房房间之间的墙、楼层之间的隔层,形成"无边界"组织。传统环境下,档案馆的应急信息资源开放性差,难以共享。借鉴"云"思想,构建档案应急管理云平台,可打破地区与地区之间、部门与部门之间的"壁垒",使在实践中分布于不同机构的应急资源,由云计算系统进行统一存储、处理和管理,逻辑上实现统一调配,使应急管理资源得到合理配置。应急信息拥有者只要开放访问接口,即可实现档案应急信息共享,实现多源异构信息按需汇聚问题,从而提高应急管理效率。除此之外,分散在各个档案馆的应急管理信息资源也可以如法炮制,达到最大范围的信息共享,作为档案馆应急决策的依据。

第二,"云应急"可有效解决档案应急管理中平战结合的可扩展系统问题。档案生态系统突发事件具有高度不确定性与演变复杂性,对平时突发事件的预警、监测、评估与战时的应急决策间的衔接有相当高的要求。传统条件下,档案馆突发事件发生后的相关数据难以跟踪与获得,因此在预测过程中关键信息高度缺失,影响预测的准确度。相比之下,"虚拟资源中心"依托于云计算技术,可实现稳、准、快、全地收集突发事件的相关数据与信息,从而实现对突发事件的动态跟踪。此外,云计算系统能够聚合分散的计算资源和决策分析模型逻辑,在突发事件短时间按需弹性扩展资源服务,而在平时,资源需求较少时动态释放部分资源,以实现节能效果,云计算系统具有良好的动态伸缩能力。因此,在我国云计算技术发展如火如荼之际,档案馆也需要一朵"应急云",大幅提高应急管理主体快速反应与决策能力,使应急管理工作协同、有序、灵活、及时、高效进行。

档案云应急体系结构主要包括基础设施、平台和软件服务三个层次。基础设施层为档案生态安全主题服务;平台层为档案生态系统主体以及系统提供开放的平台服务;软件层为档案生态主体——研究人员、应急决策以及大众提供软件服务等。

档案云体系架构涉及很多关键技术,主要包括:第一,体系架构。面向服务的体系架构(SOA)是云应急架构的核心。SOA 是将系统资源模型封装为服务,此外还有一系列的网络通信协议规范、接口标准化工具、服务封装等,例如 SOAP、XML(可扩展标记语言)、WSDL(网络服务描述语言)、SCA(服务组件模型)等。第二,支持云应急平台的物联网嵌入技术,如 RFID(无线射频识别)技术、PML 技术等。除此之外,还有虚拟化技术、智能匹配与动态组合技术等。第三,情景感知、分析技术,如主动感知技术等。第四,对应急资源和过程封装技术、云应急过程的服务化等。第五,云应急决策支持技术。这些技术的应用,有助于应急服务云平台的构建,从而实现应急联动部门统一调度。

(三)物联网技术助推档案应急管理智能化

顾名思义,物联网即"物物相连的互联网"。美国麻省理工学院学者于1999 年提出"传感网是 21 世纪全球发展的重大机遇"。"物联网"(Internet of Things,IOT)是使世间万物互相相连的网络,是在互联网基础上对物与物相连接的延伸和扩展,利用各种设备和技术,达到在任何时间、地点使人、计算机和物之间的互联互通。物联网是综合各种技术和装备如全球定位系统、射频识别(RFID)技术和红外感应技术以及各种信息传感设备,采集并监控任何需要的信息,通过计算机和网络技术实现物与物、物与人的广泛连接,对其间的联系和传递实现智能化的识别和控制,由此生成一个更加智慧的生产和生活体系。① 可以说物联网是真正实现了"信息世界与物理世界的无缝连接"。

---

① 中国物联网研究发展中心:《中国物联网产业发展年度蓝皮书(2010)》,中国科学院物联网研究发展中心 2011 年发布。

目前,美国、俄罗斯、澳大利亚、日本等多国已将物联网应用于交通管理、公共服务、智能农业、智能城市、网络安全等领域。2009 年末,我国公布了"中国五大新兴战略产业",其中就包括物联网。我国高度重视物联网技术的发展,先后颁布了一系列法规政策及标准,如《物联网"十二五"发展规划》《国家重大科技基础设施建设中长期规划(2012—2030 年)》《国务院关于推进物联网有序健康发展的指导意见》《信息安全技术物联网安全参考模型及通用要求》《信息安全技术物联网感知层网关安全技术要求》《信息安全技术 物联网数据传输安全技术要求》《信息安全技术物联网感知层接入通信网的安全要求》等,以保障物联网技术健康发展。经过近十年的发展,我国物联网标准化与技术研发取得一定成果,相关产业初步形成了相当的规模,在包括国防军事、公共安全、公共医疗卫生、工业控制与环保、金融、物流、交通等诸多领域广泛推广应用。[1] 近十年来物联网发展的经历说明,物联网可以促使人类社会现实世界与信息世界形成紧密联系,紧密融合在一起,实现物理资源、信息资源、社会资源的全面协调,势必对我国社会工作与生活带来巨大变革,对档案生态系统安全与应急管理也将起到巨大推动作用。

物联网技术应用也将对档案实体管理产生重要影响。物联网在档案管理过程中的应用,有助于帮助档案组织机构监控档案管理工作整体的业务流程,避免产生档案缺损、丢失等情况的发生;物联网智能标签技术的应用,可实现对实体档案的快速查找与定位,在改善档案用户体验同时,提高档案工作效率,最大限度地减少对不相关档案的翻动,一定程度上保护实体档案的存储状态;通过物联网的智能传感器装置,可对档案存储环境,如温湿度条件、空气质量情况、档案库房出入情况、档案工作过程等方面进行实时智能监测与管控,进而保障档案实体存储安全。此外,将物联网技术应用于档案密集架、档案基础设施设备、库房消防系统及设备中,实现与终端的实时连接,可在通过 RFID

---

[1] 广州市社会科学院:《广州蓝皮书:广州创新型城市发展报告》,社会科学文献出版社 2017 年版。

技术感应发现险情时,进行远程操控,通过红外监控、视频监控与档案密集架等的联动,切实保障实体档案安全。智能监控系统可在发现非法入库房的人员时启动警报,并自动抓拍保存非法人实施其行为过程的图片与视频,对实体档案进行 24 小时不间断的安全保护。

如前所述,档案生态系统安全需要引入"智慧应急"的理念,物联网技术则是实现这一理念的关键性技术基础,通过综合应用前述技术与设备,建立档案生态系统应急管理物联网,进而实现对应急主体、馆藏档案资料、应急资源准备等进行有效的监测、定位、追踪,并追溯记录。

建立档案生态系统应急管理物联网,就是要利用 RFID 装置、红外感应装置、航空航天遥感、视频监控、GPS、地理信息系统、激光扫描器等各种传感设备,采集档案突发事件的各种信息,形成巨大的无所不包的网络,以实现自动、实时地识别、定位、追踪,监控突发事件动态及相关信息。应急管理物联网具有全面感知性、智能处理性、可靠传递性等特征。一是全面感知性,应急物联网技术通过 RFID、传感器、定位器等技术手段对物体信息实行实时捕获和收集,物联网技术中拥有类型众多的传感器,这些传感器均为信息源,可以连续不断地实时捕获收集不同内容不同格式的信息;二是可靠传递性,应急物联网技术仍是依托互联网技术运行,通过有线或无线网络的融合,对数据信息进行实时传送或实时动态捕获收集,进而实现数据信息的交互,同时,为保证数据传输及获取的准确与实时性,物联网技术需能够对接各种互联网协议;三是智能处理性,即物联网通过传感器与智能处理技术的结合,来满足用户的需求,不断扩展应用领域。通过各种传感器捕获收集大量的数据信息,通过模糊识别、云计算等诸多信息技术对其进行分析和处理,以提供智能决策。

"物联网"可以被看作虚拟的互联网扩展到现实的物理世界,经过"感、传、知、用"四个环节,完成对物理世界的感知和互动,在档案生态系统应急管理中发挥作用。

"感"即感觉,可以视为互联网感知物理世界万物的触手,由感知层感知档案生态系统物理环境内的数据、事件、设备等多项数据,是物联网获取物理世界信息的主要方式。二维码技术、传感器技术、射频识别技术等是这一过程的关键性技术。

RFID 通过射频产生电磁波的能量传递进行通信,将软件系统和嵌入式芯片在物理载体上安装制成 RFID 标签,然后采用大规模集成电路计算及通信技术、电子识别等,通过读写器实现对各种物理世界中载体的非接触识别,从而达到控制物理世界中物理载体信息的目的。该技术可以自动识别、定位追踪,具有非接触、远距离、多目标、封闭性好、适应性强、易于安装和携带、存储数据容量大、信息读写方便、可识别高速运动物体等优点。传感器技术是利用由敏感元件盒转换元件构成的传感器对档案馆环境的温度、湿度等信号进行自动检测和识别,并且形成相应的电信号。①

使用"感"的功能,可以对档案馆建筑及馆内各种风险源进行实时感知和监控,对各个危险因子进行智能化分析,提高对危险源监测的连续性和准确度,并且对可能引发的突发事件进行提前预警,以避免突发事件的爆发,从而提高预警效果。

比如,对档案馆建筑设置电子标签,可以存储该建筑的各种基本信息,包括档案馆结构参数、使用信息、消防设施相关信息以及档案馆周围环境信息等,以备突发事件来临时的决策参考。将物联网的"触角"延伸到档案馆建筑内部各个房间,在合适位置安装传感器、探测器,可以自动采集档案馆内部环境的温度、湿度、烟雾浓度、有机、无机的有害气体浓度等,实现档案馆环境变化的智能感知;对馆藏档案进行 RFID 标签设置,存储该实物档案的存放地点、理化性状、来源、内容等信息,不仅能实现档案馆馆藏的实体有效管理,还可以实现档案的定位与追踪,避免档案实体被盗、被毁等各种安全事故,有效发挥"感"的作用。

---

① 刘克胜、董学杰、吴柳滨:《自动识别技术在物流信息化中的应用》,《物流科技》2003 年第 5 期。

同时,可以实现对应急抢救资源的监督和控制。通过 RFID 技术可以及时对应急资源的数量、性能、分布状况以及运行状态实时跟踪,比如档案馆防火设施的数量、分布、性能等数据,应急照明灯的数据、安全疏散口的开启情况等,从而保证应急资源在关键时刻能以良好状态被利用。

"传"指感知到的数据信息在物联网上进行传输和交换。感知层探索收集档案生态系统的风险数据信息,通过各种通信技术传递到应用层,再由应用层对数据信息加以分析并形成相应的控制信息并传回感知层。信息的传递主要通过电话、电视系统、光纤网络等有线及无线通信技术完成。其中,紫峰(ZigBee)是一种低速度、短距离、低能耗、低成本的无限网络技术,应用较为广泛。

"知"是物联网技术的主体和核心,是物联网的智慧层,相当于物联网的"大脑",其主要性能是将感知层搜集相关数据信息之后,利用数据挖掘、云计算等多项先进的技术自动整合、归纳、剖析,智能化处理后形成信息集合,完成智能化的"数据—信息—知识—决策"的演变过程。

"用"指的是应用层,即智能层形成的各种信息的高效利用,是物联网技术应用与档案生态系统应急管理有效结合的关键,提供给档案馆应对突发事件的各种行动参考与决策支持,是物联网应用到档案馆的目标和价值体现。

总之,基于档案生态系统应急管理物联网"感、传、知、用"等技术,研发基于物联网的档案馆突发事件应急管理系统,将灾害预警报警、危险源管理、应急资源管理等统一纳入档案馆的物联网应急管理系统中,可以为有效提升档案生态系统应急管理水平提供强大的科技支撑。

(四)区块链技术提升档案应急管理综合治理水准

区块链技术使用时间戳和密码技术,以链条的形式将数据块融合在一起转换成为无法篡改、复制的数据链,该数据链在网络节点上采用 P2P 协议进行储存,并应用共识机制分散存储到不同的分布式数据库中。区块链技术作为比特币的底层技术,区块链网络没有中心节点,各节点地位平等,把某一节点在特定时间段内的交易信息封装为区块,把各个区块用散列技术进行链状连接,形成链状结构,组成安全性极高的分布式账本。①

区块链可分为公有区块链、私有区块链和联盟区块链三大类。参与公有区块链的各节点基于共识机制遵照系统规则接入网络,各个节点可以自由加入,在统一的规则下确保共有区块链正常运行;私有区块链仅限于个人或者公司内部使用,按组织规则设定,数据的访问和使用有严格权限控制;联盟链是仅限于联盟成员参与,按照联盟规则来制定读写权限、参与记账规则等。

区块链技术经过不断开发,已形成"分布式、免信任、时间戳、非对称加密和智能合约"五个特征。② 应用区块链技术也可以为档案生态系统领域应急管理提供新的思路和解决方案,具体可以体现在以下四方面。

第一,分布式存储技术减少电子档案数据存储风险。区块链的分布式存储模式中,数据存储在多个网络节点,每个节点都存有整个区块链的副本,每个节点之间通过加密通讯与信息共享,各个节点信息使用不受地域与空间的限制,互为验证、互为备份。利用区块链技术将电子档案数据存储于分布式的虚拟网络,完全避免单独进行异地异质备份。当某个节点遭到攻击,或者遭遇断电、病毒、硬件故障等突发事件时,档案数据不会丢失,也不会影响提供数据服务,其他节点可以完全实现替代服务。去中心的"可信交易平台"摆脱了依赖中心节点提供服务的弱点,避免了突发事件带来的档案数据丢失、服务中断等多种风险。

第二,利用智能合约技术实现档案生态系统自动化预警。利用区块链的"智能合约",不仅可以建立档案机构与政府以及消防、气象等多个地方组织机构的联盟节点,充分实现相关部门的信息传递、信息处理、信息共享等,借助

---

① 张孝荣、杨思磊:《区块链方案白皮书:打造数字经济时代信任基石》,腾讯研究院 2017年发布。

② 龚鸣:《区块链社会》,中信出版社 2016 年版,第 7 页。

外力提升预警能力;而且在档案系统内部,还可以根据自动共识机制,建立点对点的档案馆各个设备的连接,形成自我调节和维护的网络节点,根据档案保护的技术标准设定节点的控制信息,当连接到节点的馆库设备异常,节点信息超过设定阈值时,系统将会根据节点反馈信息进行自动处理,并且自动将实时信息上报,通知维修部门进行维修,提升自动化预警水平。

第三,区块链的互操作性与透明度有助于多方协调应急资源。如上所述,区块链通过点对点的连接可以实现跨组织机构的通用平台或系统,突发事件来临时,可以不通过中心机构的组织,以最快速度提供点对点的应急物资、人员、资源等的协调与共享,使应急资源以最快速度运送到最需要的地方,同时可以追踪救援资源流向,从而综合提高应急管理效率。

第四,区块链的时间戳有助于档案突发事件追责。时间戳一般是一个字符序列,唯一性的表示出某个时间,表明在此时间之前该数据就已经是可验证的完整数据。区块链技术将交易信息按照时间顺序封装成区块,每个区块各自有其时间戳,不同的区块之间通过散列技术连接形成相应的链状结构,形成无法篡改和复制的数据链。因此,将档案系统日常管理数据进行记录、分析,由于突发事件发生后,各种数据无法被篡改,从而保障了各种数据的真实性,实现数据的可追溯性,可以用于回顾突发事件过程并作为追责的依据。

总之,随着技术的不断成熟与完善,区块链技术在档案生态系统应急管理中的应用必将为其提供越来越强大的技术支撑,不仅实现电子档案数据的安全存储,有效协调应急管理资源,而且可以实现应急管理工作可追溯,综合提升应急管理水准。

二、数字档案信息安全应急响应关键技术

随着信息技术的不断发展,数字档案信息及其所在的信息系统容易受到各种威胁而导致信息安全事件。我国国家标准化指导性技术文件(GB/Z20986-2007)将信息安全事件分成七大类,分别是有害程序事件、网络攻击

事件、信息破坏事件、信息内容安全事件、设备设施故障事件、灾害性事件以及其他信息安全事件。① 为加强对数字档案信息安全事件的应急响应,综合应用各自先进的信息技术是必要的技术基础。

(一)入侵检测技术

入侵检测(Intrusion Detection System,IDS)是通过对行为、安全日志或审计数据或其他网络上可以获得的信息进行操作,检测到对系统的闯入或闯入的企图。用于监测不符合安全策略的计算机网络行为,可以通过对安全日志、数据行为等进行监测和审计,实现第一时间发现对系统的入侵行为或闯入企图。入侵检测通过监测和发现未被该系统授权的行为或异常情况并及时上报来保证该计算机系统安全。入侵检测系统硬件和软件由两部分组成,具备监测并响应、威慑、攻击预测、损害评估以及起诉支持的功能。

基于对入侵检测的原理不同,入侵检测法可分为基于神经网络、基于计算机专家等不同入侵检测方法。入侵检测过程主要包括以下计算机行为:实时监视操作系统,跟踪用户行为,经分析数据及时发现不符合安全策略的行为;评估数据文件是否完整;对系统结构和操作系统弱点进行审计;对不正常的行为模式进行统计,分析其攻击性;识别已知的攻击模式和行为并对监测到的入侵行为及时发出报警。

(二)备份技术

随着计算机技术的广泛应用,数字档案馆如火如荼的建设,档案馆电子文件、档案及所依赖的信息系统的安全被档案学者广泛关注。火灾、地震、电力中断等自然与人为的突发事件,都可以造成档案馆机房、信息中心及其信息系统工作中断、甚至损毁,导致信息丢失,如何安全存储电子文件、档案,以保证

---

① 中华人民共和国国家质量监督检验检疫总局、中国国家标准化管理委员会:《信息安全技术 信息安全事件分类分级指南》(GB/Z20986-2007),2007 年 6 月 14 日。

其遭受突发事件后能迅速得到恢复,容灾备份技术是各个档案馆必须应用的技术。

数据备份是指把数据从系统主机硬盘复制到其他如硬盘、服务器等存储媒介以防止数据丢失或破坏的过程。数字档案备份即应用计算机技术对档案电子文件数据、信息管理系统、数字档案进行复制并在硬盘、异地服务器等进行备份存储,以确保在发生突发事件数字档案受损时可以在短时间内恢复档案数据,保证档案数据的安全性,降低突发事件对档案的损害。档案生态系统备份包括各档案信息数据库、数字档案源文件、业务系统配置文件、操作软件以及服务器等内容。

依据不同的标准可以将档案备份分为很多种。依运行模式不同可分为静态备份和动态备份;依信息更新频率不同,可分为死备份和活备份;依备份过程中是否同时对用户请求进行响应,可分为热备份和冷备份。热备份指的是数据同步备份,数据完整,有效性较好,可同时对用户的需求进行响应,其成本较高;冷备份是指系统对之前一段时间的档案数据信息进行备份,定期对备份进行更新,在备份过程中无法对用户的请求进行响应,备份速度较快、成本较低。目前,我国多数档案馆多采用光盘、磁带、硬盘等离线备份的形式进行冷备份。

当前,学术界应用较多的分类方式是全备份、增量备份和差分备份三种形式。全备份指的是对档案系统内全部数据进行完整复制,这种模式备份过程和数据恢复过程都较为简单,用时较短,但需要的存储空间大,不同备份数据的重复率高,每天或较高频率的进行全备份是不现实的。增量备份指的是只对上一次备份之后改变的数据进行备份,这种模式需要的存储空间较小,但是受多种因素的影响,数据恢复速度比较慢。差分备份指的是仅备份上一次全备份之后发生改变的信息数据,此种模式以全备份为基础,存储空间需求相对较小,数据恢复的速度比较快。因此,在实际工作中可将三种方式相结合,根据数据增长速度需求,以每周、每月或不同周期进行全备份,周期内以每天或更小周期进行增量备份或差分备份。这样一来,既能保证以较高频率进行数据备份,又减少了对存储空间的需求,在突发事件后数据修复也可得到相对较好的结果。

依据存储地理位置还可将档案备份分为本地备份和异地备份。本地备份是将档案信息系统或数据保存在本地的存储介质上,但是这种方式仍旧不能避免洪水、地震等不可抗力因素的破坏。因此,2009年全国档案馆工作会议就要求各级国家档案馆进行异地备份,即将档案信息系统及数据备份保存在异地的存储介质中。一般遵循"相距300公里以上,不属同一江河流域、同一电网、同一地震带的地方"的原则。目前,根据国家档案局的要求,副省级市以上档案馆在开展异地备份工作方面已取得积极进展,有47家档案馆全部结成对子,互为异地备份,详见表5-2①。

表5-2 我国副省级市以上档案馆异地备份结对情况举例

档案馆	异地备份档案馆	档案馆	异地备份档案馆	档案馆	异地备份档案馆
北京	陕西	黑龙江	河北	杭州	大连
天津	广州	上海	重庆	西安	济南
河北	黑龙江	江苏	湖南	宁波	长春
山西	河南	安徽	浙江	厦门	武汉
内蒙古	吉林	福建	广东	青岛	深圳
辽宁	广西、宁夏	江西	海南	沈阳	成都
吉林	内蒙古	山东	湖北	广州	天津
贵州	云南	四川	甘肃	哈尔滨	南京

近十年来,我国在数字档案备份上投入巨大,也已经取得了一些突破,但仍面临很多问题和挑战。比如,互为备份的档案馆相关制度不完善,档案馆的

---

① 国家档案局档案科学技术研究所《新档案保护技术实用手册》编委会:《新档案保护技术手册》,中国文史出版社2013年版,附录一。

备份缺少相关标准和规范性文件;备份机构的规模、工作开展水平参差不齐,有的档案馆专门成立备份管理机构,有的由信息化或保护技术部门承担;大多档案馆没有开展对已经备份数据的监督与检测。[1] 整体而言,我国档案领域的备份工作处于探索及逐步发展阶段。

随着我国数字档案馆建设规模逐渐扩大,大数据时代档案馆接收的数字档案也会呈指数级增长,因此,海量数字档案的安全存储,对容灾备份技术的要求也越来越高。而目前我国绝大多数档案馆还只是采取手工方式,将现有档案的磁带或光盘备份送到异地,这种传统的备份方式,当突发事件真正来临,数据恢复起来不仅时间久,而且效果差。再者,档案异地备份也是一项系统工程,相关备份中心库房建设、介质购买,以及技术研发,均需要充足资金作为保障,这与当前档案馆有限的经费来源形成巨大矛盾。另外,我国目前只有一部国家标准《信息系统灾难恢复规范》(GB/T20988-2007)与一部行业标准《档案信息系统运行维护规范》(DAT 56-2014),对我国档案行业的灾备工作提供了政策支持,但档案信息系统灾难恢复和备份的专门政策法规还未出现。因此档案馆应该尽量去探索新的备份方式。

近年来,伴随云计算技术发展,云存储被广泛应用。目前,由云储存技术已经衍生出云备份,一般来说,云备份通过集群应用、网格技术或分布式文件系统等功能,将网络中大量各种不同类型的存储设备通过应用软件集合起来协同工作,共同对外提供数据存储备份和业务访问的功能服务。档案馆可以利用互联网,将档案通过云存储,备份到网络中,作为本地备份的补充。这样一来,一份数据借助云计算就可以实现本地备份、数据中心备份,以及远程数据中心备份三种,使数据丢失最小化。利用云技术的大容量、云服务扩展能力,档案馆的核心数据不仅实现本地保存、异地备份,还可在在不同地区、不同数据中心多处远端服务器内进行容灾备份,大大增强档案馆的防灾能力,保证

---

[1]　许桂清:《电子档案异地异质备份现状及应对》,《档案学研究》2018 年第 8 期。

数字档案信息的安全性和完整性。这种方式高效可靠,而且可以节约管理成本,有效缩短灾害数据恢复时间。

国内档案学者针对云备份也已进行了以下相关研究,提出构建我国档案行业内的数字档案云备份体系的相关建议[①],各级档案馆可根据现实需要构建私有云,对档案数据信息进行管理和存储、备份。王欢等提出将连续数据保护技术用于云备份,可实现对病毒侵袭、地震、火灾等各种灾难引起的数据丢失的恢复。[②] 由于该技术适于私有云的松散耦合非对称备份架构,因此基于该云架构的档案馆正好可以借助该技术,连续捕捉和保存数据状态的变化,实时将数据更新保存到云备份服务器,恢复任意历史时间点的数据,保证档案数据在各种故障或灾难下的安全。云备份将是档案行业容灾备份的发展方向。

云备份首先面临的是数据安全问题,相关的网络数据中心绝不能出问题。目前一般企业采取向云服务提供商采购云服务进行备份的方式,具有部署快速而且成本低廉的优势。但当前服务模式存在对云服务提供商的长期可靠性的依赖和远期维护成本高昂的问题,一旦云服务提供商出现终止服务或泄密以及云备份服务采购单位经费不足,数字档案的长期安全性将无从保证。另一方面,由于兴建云存储基地要进行基础设施建设并需要大量的信息技术支持,建设高水平和大容量的云存储基地费用要求将是天文数字。由档案馆自行构建自己的私有云进行档案数据信息云备份以保证其安全性是不现实的。基于此,在已将大数据列入国家战略的背景下,应站在国家战略的高度看待档案数据信息云备份,进行国家级的战略投资,依靠国家级可靠的云存储基地或建设档案行业的私有云来对档案数据信息进行云备份,实现档案数据的长期保管和完整性及安全性。

---

① 陶水龙:《档案数字资源云备份策略的分析与研究》,《档案学通讯》2012 年第 4 期。
② 王欢、李战怀、张晓:《支持连续数据保护的云备份系统架构设计》,《计算机工程与应用》2012 年第 1 期。

（三）加强数字信息容灾技术应用

容灾,最为简单的解释,就是对灾难的容忍。通常指在距离相隔较远的两地(一个是提供正常业务运行的数据中心,另一个是随时接管部分或全部服务的灾备中心),建立功能相同的信息系统,系统之间可进行状态监控和功能切换。当某个或多个系统因灾难而停止运行时,可将其全部功能切换到另一地点,使该系统正常运行。当计算机信息系统遭遇各种突发事件,如地震、火灾、战争等而发生故障或处于非正常状态时,能为系统的恢复提供方法与环境的系统。备份侧重于数据的安全,容灾关注系统业务应用的安全。备份为"数据保护",容灾则是"业务应用保护",备份是容灾的一部分。档案馆的容灾目的就是提高档案馆信息系统承受突发事件打击的能力,使档案管理信息系统受灾后仍旧能保持持续或间断运行的能力。

按照保护程度可将档案生态系统容灾分为数据级容灾、应用级容灾与业务级容灾。档案馆数据级容灾,即建立异地容灾备份中心,对档案数据信息进行远程备份,确保档案数据信息在突发事件时的安全性和完整性。该方式下费用较低,构建实施相对简单,但数据恢复时间比较长,不能保证业务连续性。档案馆应用级容灾要求距离较短的其他地区有一套完全相同的档案数据信息系统,平时作为异地备份系统,在突发事件发生时,可以迅速替代原来系统,保证业务正常运行,保证业务的持续性,可以100%恢复业务数据,档案用户不会感知业务系统的中断。档案馆业务级容灾则不仅包括对档案信息系统的备份与恢复,还包括办公场所等所有业务活动的备份与恢复。

真正的容灾必须满足"3R":一是"Redundance",即冗余性,当系统发生故障后有替代系统支持数据通畅传输;二是"Replication",即容灾系统必须能实现数据的全部复制;三是"Remote",即作为容灾备份的系统必须相距较远距离,避免距离过近遭受同一突发事件的破坏。

结合 Share 78 容灾备份国际标准相关内容①,可将档案馆容灾系统分成 7 级,如表 5-3 所示。

对容灾系统恢复能力的评价主要有恢复时间指标(RTO)和恢复点指标(RPO)②。RTO 是恢复时间目标,用来衡量业务系统的恢复能力,指信息系统遭遇突发事件破坏后恢复到可运行状态所需要的最短时间。RPO 是恢复点目标,用来衡量容灾系统的数据冗余备份能力,指信息系统允许的最大数据丢失量,如图 5-4 所示。

表 5-3　容灾系统级别

级别	容灾方案
0 级:无异地备份	本地保存,无异地数据备份
1 级:实现异地备份	有关键数据异地磁带备份,无备份中心和灾难恢复计划
2 级:热备份站点备份	有热备份能力,对关键数据按站点进行异地备份,有灾难恢复计划
3 级:在线数据恢复	有备份中心,通过网络通信系统对关键数据进行异地备份和恢复
4 级:定时数据备份	通过网络通信系统定时对数据进行异地备份
5 级:实时数据备份	应用数据复制技术和镜像技术实现数据的实时异地备份,可迅速恢复数据
6 级:零数据丢失	通过网络对全部数据实时异地备份,突发事件发生时可自动切换系统,实现灾难恢复

根据建设地域不同,档案馆容灾可分为同城灾备、异地灾备、"两地三中心"灾备。以档案馆为中心进行业务数据存储,将数据同步复制到与档案馆

---

① 中国存储网:《Share 78 容灾国际标准介绍及 Share 78 七层次说明》,2015 年 12 月 23 日,见 http://www.chinastor.com/baike/dr/12231U152015.html。

② 新华三集团:《容灾系统建设》,《IT 领航》2010 年第 13 期。

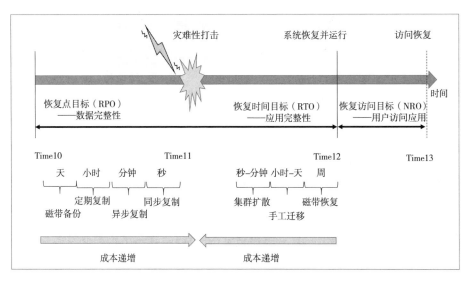

图 5-4　容灾恢复能力指标图示

同城建立的灾备中心,与此同时,异步以镜像复制到异地灾备中心,实现可用性和灾难备份,保持业务连续性。

这些模式是以一个灾备中心为主,主数据中心用来承担业务数据。其中一个数据中心运行,另一个数据中心用于备份相关数据、配置与业务,当灾难发生时才启动工作状态。区别于前者,为了充分运用两个数据中心,最大限度发挥其作用,出现"双活"数据中心,两个中心均承担用户业务,互为实时备份,可最大限度避免资源浪费。同理,"多活中心"可以多个数据中心同时运行,抵抗各种灾难的破坏。基于云计算的"双活中心"可通过虚拟化技术,统一原始业务数据和容灾备份数据资源,按业务流量需求动态地分别向生产应用和容灾备份分配数据资源。这样,基于云计算的"双活"容灾系统,能够实现跨数据中心服务器的强大功能,实现零停机实时迁移,最大限度降低突发事件的危害。

建设适合的容灾系统要应用多种信息技术,主要有远程镜像技术、以太网存储区域网络(IP SAN)、快照技术、Cache 技术等,以下对其进行简单阐释。

第一,远程镜像技术是容灾系统的技术关键,也被称为远程复制技术,是保持信息系统数据源与容灾备份数据实现同步和灾难恢复的技术基础。远程镜像是通过网络在远程异地的磁盘或服务器上对信息系统数据源完整复制存储,形成一个镜像视图,存储在两个不同位置的数据互为镜像,分别称为主镜像系统和从镜像系统,两者存储完全相同的数据信息。依据镜像形成的过程不同,远程镜像技术可分为同步远程镜像和异步远程镜像。同步远程镜像技术对主、从镜像数据复制可达到实时、同步。异步远程镜像技术需要在后台进行,远距离复制、传输,该过程基本不影响本地系统。

第二,IP SAN 是基于标准的 Internet 协议(TCP/IP 协议)的专有存储区域网络,允许多台服务器访问共享块存储设备,可以实现网络内存储设备与计算机的数据存储与传输。基于 IP 的 SAN 技术通过 TCP/IP 网络,把主数据中心 SAN 中的信息远程复制到灾备中心的 SAN 中,当灾备中心数据量过大时,还可以利用快照技术将其备份到磁带库或光盘库中,可跨越 LAN、MAN 和 WAN,成本低、可扩展性好。

第三,快照技术能够在某一时间点拍摄存储系统并形成一个数据映像,在存储设备故障时通过快照技术在短时间内将数据信息恢复至拍照时间点。快照技术可跨越 WAN、MAN、LAN,扩展性较好,成本较少。目前,远程镜像技术与快照技术联合使用,可将远程存储的数据转移到光盘库、磁带库中。

第四,Cache 技术是为了解决 CPU 和主内存速度不匹配而发展的高速缓冲存储器技术,是目前应用最为广泛的缓存技术。应用 Cache 技术,可以将数据信息以数据库(Database)形式进行缓存,当用户再次查找该数据信息时可直接使用缓存中的数据,缩短访问时间。

三、档案应急抢救技术

档案生态系统遭遇突发事件后,各级档案系统应急管理机构应在保证人员安全的前提下,尽快对受灾档案进行应急抢救,临时处置并转移至安全处,第一时间组织专家进行抢救恢复。

（一）传统介质档案灾后应急抢救技术

档案生态系统内馆藏档案在遭受水灾、火灾、地震等突发事件后,应尽快采取措施进行处理与抢救,以减少损失。我国档案保护领域在受灾档案的抢救方面积累了丰富的经验,尤其是在 2008 年汶川地震后对受损档案的抢救,更是在实践摸索中创新了抢救方法。

在此,仅以水灾、火灾、地震后模拟介质档案的抢救为例来阐述档案生态系统突发事件后应急响应技术的应用。

水灾后档案的抢救。水灾后的纸质档案应尽快冷冻,以防止发霉,温度控制在−20—30℃,然后采用真空冷冻干燥,不超过−37.8℃,进而进行系列消毒、去污处理直至干净。水灾后的胶片档案首先需要检查照片或胶片是否粘连,然后洗净,风干,或者先化冻再风干;水浸的磁带需要用毛巾擦干带基,烘箱烘干;硬盘被水浸立刻请具有专业资质的单位进行开盘检查、修复及恢复数据。水浸光盘也务必在 48 小时内清洗干燥,越快越好。之后用蒸馏水再清洗,进而从光盘中心沿半径方向朝外边缘擦拭,最后再用蒸馏水洗净。

火灾后的档案抢救技术。该技术仅用于炭化档案。首先利用干托的方法进行修裱加固,然后翻拍,翻拍后选用高反差显影液、定影液冲洗,最后在复印机上放大。

以上仅以水灾、火灾后的受损档案为例说明档案馆突发事件后的应急抢救技术的重要性,而在实际的抢救工作中,需要具有丰富经验的档案保护技术专家根据档案的受损状况,进行检查、鉴定,然后确定抢救修复方案,进而利用丰富的经验,对受损档案实施科学有效的抢救措施,最大限度地将损失减到最小。

（二）数字档案的应急恢复技术

1. 网页被篡改的应对技术

国内大多数国家级档案馆都已经设置了专业网站,均有可能面临黑客攻击导致网页被篡改。如遭遇网页被篡改,需采用以下方式应对。

第一,直接用 Ping 命令检查网站状态,判断其是否被劫持,与运营商进行沟通,快速清除主服务器内出错的域名解析缓存,如遭遇域名攻击,需及时更新相应服务器解析数据。

第二,应用工具软件对局域网网络协议进行分析,审查 APP 数据,判断其是否异常攻击网站,可以直接本地登录网站服务器,检查网页内容是否被篡改。

第三,通过检查日志文件,确认攻击方式。比如可以分别通过检查内容管理系统日志、网络审计日志、Web 应用,判断所遭受攻击的具体方式。

第四,寻找系统潜在漏洞,包括主机操作系统漏洞、网站应用代码漏洞、内容发布系统漏洞等。

第五,全面剖析,实时监控网站运行,应用防篡改技术防止遭遇新的攻击。

2. 恶意程序传播应对技术

一般将携带恶意代码的程序称之为恶意程序,恶意程序攻击可以破坏计算机操作系统、窃取敏感信息、操纵受干扰计算机对联网的其他终端进行攻击。如遭遇恶意程序攻击,可以采用下述方法予以应对。

第一,初步判断恶意程序传播方式,首先需要明确受到恶意程序感染的主机数量,根据受感染主机数量分析恶意程序属于非传染型、半自动传染型还是自动传染型。

第二,切断恶意程序的感染途径,将受感染主机从局域网络中断开连接。

第三,应用专业程序对所有受感染主机进行扫描,识别、隔离及清除恶意程序。

第四,对目前数据库不能识别的新恶意程序及时联系计算机病毒企业等专业机构进行处置。

第五,针对系统感染恶意程序的原因,安装补丁文件,修补系统漏洞,防止恶意程序的再次入侵。

（三）数据破坏应对技术

存储在系统里的档案管理数据的丢失或损坏，可能由多方面原因引起，如人为错误、软件错误、存储设备问题等等，可表现为介质不可读或者是文件丢失或者不完整。介质不可读时一般要送专业机构进行处置，对于文件丢失情况，采取以下步骤。

第一，对受损原始数据制作镜像盘，通过镜像盘进行数据恢复，如能正确修复再对原始数据进行修复。

第二，对于丢失文件，首先查找是否被转移隐藏到别的位置，另外就是应用工具软件尝试恢复各类文件数据。

第三，如不能成功恢复文件，可将镜像盘交给专业的数据服务机构进行修复处理。

总之，档案生态系统在对各种突发事件应急管理时，首先对突发事件类型、档案种类及承载媒介、损害程度进行评估，确定合理的应急抢救修复策略，合理应用各种现代与传统档案保护及应急管理技术，最大程度上减少损失，修复档案。

第四节　应急管理文化之维——观念与行动的协调统一

随着现代社会的发展，档案生态系统面临的突发事件千变万化，其不确定性有增无减，其发生、发展无法预料，仅依赖完备的应急预案与严格的应急管理程序还不够，这样会使整个应急管理体系欠缺弹性。在这些规定性因素之外，还必须重视文化力的作用，重视档案生态系统应急管理文化建设，使系统内人员的应急理念由规定转化为一种自觉，以更积极、更主动的态度对待应急管理工作。

一、档案生态系统应急管理文化是提高应急管理能力的推手

(一) 应急管理文化的含义

"文化"原意为耕作、培养、教育、发展出来的事物,与自然事物相对,后来被引申,意为耕作。"人类学之父"爱德华·泰勒对文化定义为"包括知识、信仰、艺术、道德、法律、习惯以及作为社会成员的人获得的一切能力和习惯的复合体及全部"[①]。从哲学的视角看,文化是人们经过长期培养后,内化为一种内在的、稳定的、机理性的属性,不自觉地反映到人的各种外在行为中,并且从深层次制约和影响个体的行为方式。

而应急文化即是将文化各个要素与应急管理过程相融合,从而形成"应急管理文化"这样一个有机统一的整体,是文化的一个分支。因此,可以这样定义档案生态系统的应急管理文化,广义上,是指档案生态系统在开展应对突发事件的应急管理实践中所创造的物质财富和精神财富的总和;狭义上,是指包括档案生态系统应急管理相关的思想意识、价值观念、行为规范、组织制度、人员素质等的总和。

档案生态系统的应急管理文化,隶属于档案文化。王英玮教授将狭义的档案文化界定为"档案实体文化",所指为"档案信息及其载体"。而广义的档案文化包括"档案实体文化"及其管理和利用这种文化的"活动方式"与"档案事业"。[②] 档案应急管理活动是为了有效保护狭义上的"档案实体"免受突发事件的损坏而采取的各项活动,毫无疑问属于档案事业重要组成部分,而应急管理文化也可以看作档案生态系统应急管理工作的重要组成,自然也包含在档案文化范畴内。笔者曾提出档案安全文化同样隶属于档案文化[③],档案安

---

① 转引自王英玮:《档案文化论》,中国人民大学出版社 1998 年版,第 203 页。

② 王英玮:《档案文化论》,《档案学通讯》2003 年第 2 期。

③ 张艳欣:《档案安全文化初探》,《档案学通讯》2013 年第 5 期。

全文化同样也包含应急管理文化。档案生态系统应急管理活动的目的是为了有效预防、响应突发事件,并且在突发事件发生后积极恢复重建,这一系列活动的最根本目的就是为了防止突发事件对档案带来的损毁,有效地保护档案生态安全。可以这样认为,档案应急管理文化是档案生态系统防灾避险的安全文化的一个分支。档案文化、档案安全文化以及档案应急管理文化三者间的关系如图 5-5 所示。

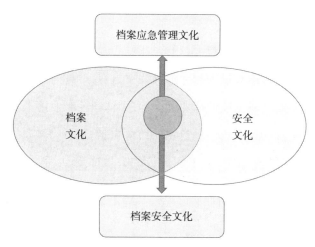

图 5-5　档案应急管理文化与相关概念关系图

(二)应急管理文化的重要作用

应急管理文化是应急管理的根基和灵魂,对于规范档案生态系统主体的行为,提升应急管理能力具有重要作用,具体表现在如下几方面。

1. 应急管理思想凝聚

档案生态系统内应急管理文化的培育,使应急管理主体的思想观念受到潜移默化的影响,风险管理思想、应急管理思想等观念被普遍接受和认同,组织内各主体的多元应急价值观、心理情感被统一,就会形成巨大的思想合力,使组织中每个成员的思想意识和行为目标统一凝聚到生态系统应急管理目标,并齐心协力为之实现而努力。

2. 应急管理精神激励

档案生态系统的应急管理文化的宣传,可以在组织内部形成强大的应急文化氛围,使应急管理主体耳濡目染,激发他们的积极性、主动性与创造性,改变人们对待应急管理的意识、态度、观念和行动,变被动消极为自觉积极,对应急管理工作的态度,实现从自由自发,到应付被迫,再到自律表现,最后到主观能动的转变,从而自觉主动做好生态系统的应急管理工作。

3. 应急管理行为约束

应急管理的理念和价值观可以通过应急管理文化内化于心、外化于行,在档案生态系统内部形成有形的和无形的约束力。有形的是档案生态系统内的制度、规范等;无形的是系统的应急管理理念、认识与职业道德等,它使有形的应急文化被认同、遵循,形成一种自觉的约束力量,这种有效的"软文化力"削弱了规章制度等"硬文化力"对组织成员的心理冲撞,规范了其行为,使其不仅对生态系统的应急管理目标、任务等有正确认识,更重要的是引导其在档案生态系统的常态安全保护和非常态安全保护过程中,自觉地做好风险的识别、监测以及预警、应急等系列工作。

二、档案生态系统应急管理文化层次解析

艾德佳·沙因的组织文化理论提出,文化是由表象层、外显价值观层和潜在假设层三个相互作用的层次构成的。① 档案生态系统应急管理文化同样应该是一个多维度、多层级、多要素的系统。

首先是表象层,即与档案生态系统的应急管理工作所有相关的活动,以及在此过程中产生的产品,包括物质产品与精神产品以及相关的装备、环境等,这一层是档案生态系统应急管理文化的最外层,是应急文化的条件与基础。主要包括应急管理物质文化和应急相关主体的行为文化两方面内容。应急管

---

① MBA 智库:《沙因的组织文化研究》,2013 年 5 月 17 日,见 https://wiki.mbalib.com/wiki/。

理物质文化包括三部分内容:一是对档案生态系统进行日常安全保护的物资资源,如档案馆库建筑和设施、设备和器材;二是对档案馆生态系统安全进行监测和预警相关的技术和设备;三是档案生态系统应急管理资源,包括参与应急管理的所有人、财、物。此外,档案馆生态系统所包含的信息类资源建设,如档案生态系统基本理论知识、相关信息及应急预案等也应被视为应急管理物质文化。档案生态系统应急管理主体的行为文化,包括档案的日常安全维护、档案抢救修复、数字档案及信息系统的真实性、原始性维护;突发事件发生后的应急抢救;应急管理相关的宣传、教育与培训活动;等等。应急行为文化是应急文化的外在表现,是在应急制度约束与价值观念影响下的自觉活动。应急物质文化是应急观念文化、行为文化和制度文化的物态表现。

其次是外显价值层,是档案生态系统应急管理实践中已经固化了的标准规范等应急管理制度与程序。包括档案应急管理的相关的执行制度体系,如档案生态系统应急管理相关的法律法规、条例、办法,以及相关标准、指南、规章制度等的总和;档案生态系统应急管理的行政组织制度,如我国档案行业的多级应急管理组织与责权分配等。外观价值层是档案生态系统应急文化实现的基本保障。

最后是潜在假设层,该层是档案生态系统应急管理的核心和灵魂,包含应急管理实践形成的思维方式、基本态度、价值观念等。潜在假设层很难被人观察到,却对表象层与外显价值层的形成起到基础性的支配作用,同时制约着表现层和外显价值层的外在表现。从一定程度上看,外显价值观层是连接表象层与潜在假设层的载体,是外在行为表现到深层价值理念的过渡与传递。三者共同作用,发挥档案生态系统应急文化的"软实力",提高应急管理水平。档案生态系统应急管理文化的结构层次如图5-6所示。

三、档案生态系统应急文化的培育途径

档案生态系统应急管理文化培育的实质是应急管理的核心价值观念潜移

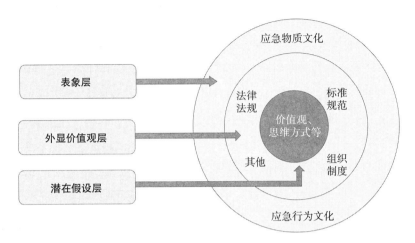

图 5-6 档案生态系统应急文化层次图

默化渗透到档案工作人员心中并被自觉接受,逐步形成档案应急文化自觉的过程。这一培育过程要通过档案生态系统管理层自上而下的规划和工作人员自下而上的培训学习相结合才能实现。

(一)自下而上培养档案生态系统工作人员的应急文化自觉

前联合国秘书长安南在谈到危机应对时曾指出应该由反应文化转变为预防文化。在档案生态系统安全领域也是如此,自下而上地对应急主体进行培训,促进应急文化自觉,逐步培育先进的应急管理文化有重大意义。

在管理学界著名的温水煮青蛙的案例中,把青蛙放进温度很高的热水,青蛙会立刻尽全力跳出逃离危机;但若是将青蛙放进冷水,对其缓慢加热成为温水并逐渐将温度提高至一定水平,当青蛙感受到热水的威胁时,已经无力逃脱。这个例子充分说明突发事件应急意识的重要性。看似"突发"的事件都不是突然发生的,大都有前兆和根源,这些安全隐患常被隐藏在档案馆日常运营的不显眼处,然后风险日积月累就会导致突发事件发生,这就需要档案生态系统主体工作人员有"防微杜渐"的意识。档案馆的一线档案管理人员最有可能在工作中感知各种隐藏的安全风险。而做到感知风险,一方面是来自对档案安全与风险知识的宣传与灌输,强化风险意识和安全理念,使其对潜在风险的警惕和敏感性成为一种本能,见微知著,才能做到防微杜渐。久而久之就会固化为档案生态系统中的个体的应急行为文化,成为应急文化的自觉。这种应急管理文化的自觉经过对个体潜移默化的影响,将转变为相应的价值观,体现为日常工作的态度、行为,把感知风险并将其消除于萌芽状态转化为日常工作习惯,确保系统安全运转。档案生态系统工作人员已经把档案安全保护、应急管理的理念内化,形成自己认可的价值观念,然后进一步外化,把感知安全风险,发现风险源头等行为变成自己的职业工作习惯。也只有这样,才能突破已有的应急管理知识,创新性地发现新的风险,为形成创新的应急管理理论提供新鲜的实践依据。在应急管理中,仅靠制度约束和管理行为,缺乏人作为应急管理主体的主观能动性,应急管理过程将极有可能成为针对应急预案的按图索骥,难以取得预期效果。因而,依靠文化的"软力量"提升档案馆的应急管理能力最重要的是以教育、激励、应急文化熏陶、感化等方式,潜移默化地将档案保护理念、应急管理理念灌输到每个工作人员头脑中,从而塑造其行为,从源头努力减小突发事件发生的可能性。

(二)自上而下科学规划并以多种手段培育档案生态系统应急文化氛围

调查发现,真正意义上的应急管理工作有待进一步展开。毫无疑问,档案馆应对突发事件能力的提高,不是几个人或个别部门的事情,而是需要在档案馆内培育应急文化氛围,使应急管理理念深入组织内每个人员的心中,用文化的自觉、自信、自强来把控档案馆应急文化发展方向,达到促进应急管理实践转变的目的。

1. 档案生态系统主体之档案机构主要领导的重视和倡导

档案生态系统应急文化的培育最关键的还是档案机构主要领导的支持与倡导,这是应急文化在档案机构进一步广泛传播的前提和基础。因此,领导者首先应正确理解应急管理对档案生态系统安全的重要性,进而深切认识到良好的应急管理文化对于应急管理体系建设的重要性和急迫性,并将其纳入机构整体应急管理规划中。领导者的重视在实践工作中经常通过文件或讲话等不同形式的强调,能够使自上而下地使各级工作人员感受到"应急管理在档案生态系统安全工作中极其重要"这种价值观,形成坚实的文化基础,能够使相关制度、规定及职责在实际工作中更好的落实。档案机构工作人员在刚性制度文化的"熏陶"下,养成良好的应急行为习惯。更为关键的是,只有得到主要领导者的认可和重视,应急文化才能够自上而下地在各级人员中发挥柔性管理的作用,激发工作人员内心深处的潜质与能力,促进工作人员积极地发挥主动性和创造性,做好档案馆的应急管理工作。这样,在上层主导应急文化的作用下,真正实现从"档案机构要我安全、要我应急"到"我要档案机构安全,我要为档案机构做好应急"的转变。

2. 各级机构广泛利用多种媒体形式进行应急文化宣传

档案生态系统的应急文化,只要找到恰当的宣传方法,就能达到像服饰文化或者饮食文化一样具有文化感染力、穿透力。因此,档案生态系统应急文化的培育,不仅需要领导的重视、政策的支持,还需要创新性地利用各种媒体进行广泛宣传,以大家喜闻乐见的形式在档案圈内形成良好的应急文化氛围,使广大工作人员能够感悟、领会、品味、传播应急文化,从而实现对应急文化的认同与追求。

传统的广播、内部刊物、板报等方式,都可以很好地对档案生态系统应急管理的意义、突发事件发生后的应急自救等相关内容进行日常的宣传和传播。近年来微博、微信等新兴媒体发展迅猛,其影响已经深入人们生活的各个方面。档案机构应及时看到这种变化并顺应其发展,充分利用微信、微博等新兴媒体传播应急文化,对应急管理文化及知识进行宣传。比如,利用微信公众号、朋友圈,主动将这些信息以大家喜闻乐见的形式推送到工作人员眼前,使大家在娱乐与休闲之间就将相关应急知识"被阅读",达到潜移默化加强应急文化宣传的效果。在馆外,还可以搭建微信公共平台,面向社会增加应急文化宣传的深度与广度,提高宣传的辐射力,拓宽收集应急信息的渠道,宣传应急文化的渠道,创新性地提高档案馆应急"文化力"。这样,一箭双雕,不仅使应急管理工作人员熟知应急管理知识,而且扩大了知识传播范围,从而达到应急管理文化全方位渗透。

3. 建立应急教育的长效机制

应急文化的魅力在于激发和提升应急管理主体——档案工作者的主体性,提高人民在预防与应对突发事件时的文化自信与文化自觉。海恩法则的启示为:再好的技术,再完美的规章在实际操作中也无法取代人自身的素质和责任心。因此,加强应急知识教育,提高档案馆工作人员的整体素质非常迫切。一方面是应急价值观念的培育,同时非常重要的是应急管理主体——人的素质与能力的提高,这正是应急文化的重要组成。

在当前档案学相关的各层次教育中,仅在《档案保护技术》课程中讲到水灾、火灾等情况下档案保护技术、应急抢救修复技术等,重在介绍档案保护和修复技术,对突发事件应急管理很少涉及。因此,在档案学专业教育中,应增设突发事件应急管理课程,对相关课程如《档案安全保护》等内容进行调整。形成长效的应急管理教育机制,使将来可能从事档案事业的每一个人都能在突发事件来临时,在应急文化的渗透下,选择正确理性的应急方式,处理好突发事件。

总之,档案生态系统应急管理文化看似抽象,一旦在档案生态系统内形成,就会转化成巨大的凝聚力,凝聚成为系统主体的作用力,增强档案生态系统应急管理建设的软实力。

第五节　应急管理信息之维——信息与
知识的良好衔接

进入信息社会,信息资源对各行各业的作用不言而喻。在档案生态系统应急管理过程中,信息资源同样发挥举足轻重的作用,从应急管理信息到应急管理知识的形成,全方位为提升应急管理能力提供强大的智力支持。

一、应急管理信息资源建设是提升档案生态安全应急管理能力的重要保障

应急信息资源是档案生态系统应急管理过程中与突发事件相关的信息及传播信息的各种媒介的总称,是伴随档案生态系统从应急准备到应急管理结束全过程、全周期的特殊资源。

在档案生态安全应急管理工作的准备阶段,应当全面掌握本地区档案系统内外环境、馆藏资料状况、管理现状以及所在地区的各种生态环境与突发事件的信息。应急响应阶段对于信息需求更为迫切。及时、全面、准确地掌握突发事件信息是决策者进行决策的前提;应急管理恢复阶段是对突发事件的全面、真实、客观的总结,又为今后的应急管理打下良好基础。档案生态系统需要通过完备、高效的信息资源管理与应用提升应急管理质量。

当前,档案馆生态安全面临自然生态环境、社会生态环境以及信息技术环境多重因素影响,档案生态系统管理主体应急管理能力不足、应对突发事件的应急抢救技术欠缺、制度层面顶层设计缺失等内部因素也对档案生态系统的应急管理工作提出了新的挑战。面对这些层出不穷的难以防范、难以及时响应和处置的风险,仅仅凭借局部或离散的应急信息并不足以支撑档案应急管理的一系列管理活动,所以档案生态系统亟须建设具有及时响应和运行能力的信息资源体系,在应急管理的各个阶段为各个方面、不同主体进行服务,推进档案生态系统应急管理信息资源的创建,可以为应急管理实践提供备灾与减灾的智力支持。

加强档案生态系统应急管理信息资源的建设,不仅可以满足系统内部信息的查询与应用,还有助于进一步提升档案服务质量。根据档案生态系统主体在各个突发事件应急过程积累的知识、经验与教训,构建完善的应急管理知

识体系,从而保证档案生态系统的健康运行。另外,在应急信息资源建设过程中,引进先进的信息技术与设备,有利于档案生态系统应急管理主体充分开发、利用应急信息,提升管理效率。信息资源的有效运用,也促进了应急管理实践工作效率的提高,节约管理成本,减轻工作人员的压力。

同时,加强应急管理信息资源建设有助于促进档案生态系统应急管理信息共享。良好完备的资源建设是建设应急信息共享平台的基础。通过信息平台的建设,丰富的应急信息资源实现不同区域、不同机构与部门的交流、沟通与利用,从而最大限度实现信息资源的价值所在,同时也达到了信息资源建设的基本目标。

档案生态应急信息资源建设的终极目标就是推动档案应急管理决策的科学性和有效性,从而使应急管理全过程都能在基于正确的信息资源基础上的正确决策指导下进行,最大限度减少突发事件发生,减少突发事件发生后的损失,保证档案生态安全。

二、应急管理信息资源建设主要内容

(一) 应急管理信息资源收集

1. 应急信息资源的收集对象及途径

一般来说,档案生态系统的应急信息资源来自三种渠道:第一,来自档案生态系统内部,也就是来自生态系统的主体、客体与内部生态环境。如生态系统主体在应急管理过程中形成的知识、管理心得与经验教训;应急演练、突发事件应对等相关过程记录等;档案生态系统客体档案资源本身的信息,如档案保存、利用过程中的理化性质的改变、诱发因素分析,以及潜在的风险隐患要素等;档案馆藏的各种环境信息,如温湿度等理化环境信息、档案生态系统人文管理氛围、制度、文化等信息,潜在的环境风险监测信息等。第二,来自档案生态系统外部信息,包括档案生态系统外部自然环境信息、国家、政府、同行机构的应急管理信息与知识;各个社会机构灾害监测预警信息;社会各种媒体信息,包括网站、新媒体等媒介信息。第三,应急管理创新性信息资源。这部分信息可以同时来自档案生态系统内部和外部,为了强调其重要作用,在此单列一类。这部分内容是根据现有的应急管理信息加以提炼、总结而形成的全新的应急管理知识与理论,时效性和理论适用性较强。

除此之外,从档案生态系统应急管理流程来说,档案生态系统应对突发事件时从事件预防、应急响应到响应结束等整个流程,任何环节都会形成全新的应急信息。因此,档案系统主体应当及时搜集、挖掘应急信息,并且不断进行开发处理从而形成应急管理知识。

收集信息对档案生态系统应急信息资源建设至关重要,需要档案领导者创建浓厚的应急文化氛围,提高宣传力度,建立健全激励机制,让更多的档案生态系统应急管理主体提高自身的应急管理能力,了解应急知识并能够与他人分享应急知识;拓展应急信息和知识获取渠道,利用多种多样的知识产品了解更多的应急知识,借助强大的"知识拉动力",从根本上增强档案生态系统的应急管理能力。

2. 应急信息资源的收集标准

作为一项复杂的系统工程,档案生态系统应急信息资源的建设涉及众多的系统元素,要实现这些元素之间的互联互通,就必须要有一套科学的标准。从应急信息的采集、编目、分类、发布到共享等,在内容上、形式上都需要有标准规范来进行约束,在给用户带来便利的同时,也有利于档案生态系统应急信息资源的共享利用。所以在此基础上,档案生态系统内部要构建分类科学、集中规范、共享共用的统一信息资源库,对来自平台上各类应急信息资源统一监管,确保信息资源的分类、数据格式、元数据等全部统一,构建互联互通、平等共享的档案应急知识平台。

在档案生态系统应急信息内容标准化描述方面,信息管理部门要在充分研究和分析内部应急信息内容和档案馆工作运转过程的基础上梳理信息,对外部特征和内容特征进行全面揭示,对不同种类事项产生的数据进行内容分析,梳理出基本特征,即描述字段,建立档案馆应急数据描述字段框架体系,并对每一个描述字段进行规范,明确填写要求,利用此框架体系和规范实现对档案馆应急管理信息资源的全面揭示。

(二)应急管理信息资源存储与管理

应急管理信息资源的存储与管理是档案生态安全应急管理的重要内容,是应急管理信息资源共享平台建设的基础。应构建应急管理信息资源库以作为各级档案生态系统应急管理信息资源的主要存储方式,便于集中统一管理和提供利用。

构建档案生态系统应急信息资源库,是指基于档案生态系统应急管理的各个流程与环节对各种人、财、物、技术、设备、方法等相关信息的收集与汇总,由档案安全与应急管理人员对其进行统一管理与维护并对档案生态系统内外提供不同服务的数据库。

应急管理信息资源库包括信息资源生成系统与信息资源管理系统。档案生态系统应急管理信息资源生成子系统支持档案馆有关信息管理人员进行资源的创建、传播、管理和共享,主要具有以下功能:一是资源审核功能。根据有关标准对应急管理信息资源的结构、模式、内容加以审核,确保信息资源来源可靠,避免重复建设,信息格式可在不同系统兼容共享。二是资源发布。档案应急管理信息资源得到审核通过后,会上传到系统平台进行发布和共享,信息资源一经发布,其系统用户可针对不同权限对其进行信息查询与利用。应急信息资源管理系统是应急信息资源管理库建设中的关键部分,其最核心内容就是应急信息资源保护与管理。随着信息资源规模的不断扩大,如何低成本、高效率地分辨、鉴定、管理好这些信息资源,保证其高质量存储成为受关注的核心问题,因此需要对信息资源的组织、整理、维护进行动态监控,提高监督管理的效率。

（三）应急管理信息资源共享

应急管理信息只有充分实现共享,才能最大限度发挥其价值。当前我国档案领域的应急管理信息资源共享还远未达到理想状态,有很大提升空间。主要表现为如下方面的问题:第一,档案安全应急管理信息资源丰富程度有待进一步提高。由于我国档案界应急管理实践成熟度欠佳,应急管理工作标准化、规范化程度还有待提高,因此应急管理信息资源建设目前没有统一的管理和建设标准,加之档案应急管理信息资源涵盖内容繁杂和广泛,很难做到信息资源收集的全面、准确、真实。另外,由于缺少鉴定与监督机制,很难对应急信息资源建设未达标的机构进行提醒与督促,从而影响后续的持久的信息资源建设。而且,应急信息采集技术的应用水平也有待进一步提高,对于资源的有效整合和分享,还没有相应的技术手段来得以实现,应急管理信息收集的广度、深度与精度方面都有待提高。第二,存在档案应急信息管理的信息孤岛现象。大数据技术的广泛应用与发展,对于应急管理信息资源的有效管理起着"加速器"的作用,但是目前我国档案行业应急管理知识共享仍旧处于空白。纵观我国档案馆官方网站,少数开辟了用于宣传档案安全和应急管理知识的宣传栏目,部分公开了突发事件应急预案,个别官方网站尽管有应急管理知识宣传,但是多散落在网页中,检索与共享应急管理知识比较困难。究其原因,在于档案馆工作人员在繁杂的公务之余创建应急信息管理平台并实时参与控制有困难。此外,先进的信息技术还有可能被利用来阻碍相关信息的传播,放大危机信息传播的碎片化与分散化程度。第三,应急管理信息共享条件欠成熟。当前,档案行业没有出台统一的应急信息资源编目行业标准,对各级各类档案馆也无统一管理与评估要求。而从横向来看,各档案馆相互之间缺乏调研与沟通机会,难以从数据需求方的角度整合数据,也无法实现部门数据资源功能的精确定位,各部门之间不同的数据标准和数据形式,加大了应急信息资源共享的难度,共享平台也就因此而沦为"表面"工作。

目前,就构建应急管理信息资源来说,实现资源共享的瓶颈问题就是如何实现应急管理信息的互联互通。纵向而言,广开畅通的信息传播渠道以保证信息顺利传递。这就需要健全档案生态系统突发事件信息报送制度,使各级档案馆能实现快速、真实、精准的传递突发事件相关信息,防止漏报、瞒报等现象的发生,针对报送情况完善监管和考评制度。随着信息技术的发展,信息传递链条大大缩短,一些新媒体能够利用新的通信技术保证信息链顶层与底层的直接贯通,实现应急信息的快速及时传递。横向而言,在政府顶层设计下,档案生态系统应当与消防部门、水利部门、信息安全部门、地震局等各个同级政府机构达成信息互通共享合作。最终,借助政府部门的力量,构建全国的应急信息管理平台,实现应急信息资源的共享,这是解决信息孤岛问题的有效途径。

(四)应急管理信息资源交流与传播

档案生态安全应急管理信息只有在经过加工、组织和整理后与外界进行沟通、交流与共享,才能实现应急管理知识的创新。

信息交流形式有很多,如在应急管理过程中相关学者、专家、管理人员等正式与非正式的信息交流与沟通,学术会议、学术论文、讨论、调研等都是该种形式;社会各种媒介进行的间接的应急信息交流,如通过微信公众号、微博、论坛、网站等进行相关信息的宣传,这些媒体传播信息快速及时,弥补了传统媒体纵向上无法达到应急预警、前端控制的及时性要求,横向上无法实现事故相关处理部门有效贯通联系的缺憾。

新媒体的出现为档案部门应急管理信息交流提供了崭新平台。新媒体是新的技术支撑体系下出现的媒体形态,如数字杂志、数字报纸、数字广播、手机短信、移动电视、网络、桌面视窗、数字电视、数字电影、触摸媒体、手机网络等,形式灵活多样。[1] 如今,信息传播的颠覆性改变使新媒体技术在互联网等其

---

[1]　尹韵公:《中国新媒体发展报告(2010)》,社会科学文献出版社2010年版。

他技术的协助下,突破了传统媒体信息传播的时空局限性,实现了全民参与的交互式传播。新媒体从其诞生开始,相对于传统的传媒方式便有着巨大的优势,有传播形式多样、互动性强、渠道广泛、覆盖率高、精准到达、性价比高、推广方便等特点,在现代社会中占据越来越重要的位置。我国档案学者也在不断探索新媒体与档案工作的融合发展问题,档案行业可以借助这种全新的传媒形式增强应急管理信息资源的沟通、传播与共享,从而提升档案生态系统应急管理能力。但是任何事物都有其两面性,新媒体也不例外,是一把"双刃剑",既可以成为档案馆生态系统应对突发事件的重要科技手段,辅助档案部门很好应对突发事件,也可能成为重要的数字档案安全隐患之一。

1. 新媒体应用于档案生态安全应急信息沟通有无可比拟的优势

随着社会进步,信息化程度提高,我国新媒体的社会化程度也进一步提高,这种全新的媒体形式,极大促进着现代社会的深层次变革。新媒体从不同方面改变了社会的管理方式,也给档案行业应对突发事件提供了全新的发展机遇。各级各类档案馆机构纷纷开通了自己的微博、微信公众号等,这些"零壁垒"新兴媒体在档案领域的使用,已经成为档案馆宣传的新手段,不仅拉近了档案馆与公众的距离,也开辟了多元的交流沟通渠道,不仅加强了档案馆常态环境下的宣传,也为应对突发事件的非常态环境创造了良好的信息交流沟通的平台。

近年来,我国对档案安全保护工作重视程度日益增加,档案生态安全应急管理是非常态安全保护的重要内容。在 2014 年,中共中央办公厅、国务院办公厅联合发文,明确提出为确保档案的安全,要建立完善档案安全应急管理制度,全国各地各级的档案管理部门必须积极响应并执行。① 2016 年国家档案局颁布的《全国档案事业发展"十三五"规划纲要》提出应该进一步完善应急、灾备机制,健全"三位一体"的安全防范体系。

---

① 中共中央办公厅、国务院办公厅:《关于加强和改进新形势下档案工作的意见》,《中国档案报》2014 年 5 月 5 日。

2017 年全国档案安全工作会议指出,应急处置是档案安全的最后一道防线,必须强化应急处置管理。档案行政管理领域对档案馆应急工作的系列部署,表明我国档案馆应急管理工作的受重视程度大大提升,这对档案馆的应急信息沟通的研究和发展提供了良好的政策环境。

第一,新媒体的即时性提升档案生态系统应急信息传播速度。

新媒体信息传播具有即时性特征,打破了传统媒体在时间上的限制,极大地压缩了信息传播的物理空间,实现了无时间限制和无地域限制的传播,使新媒体的使用者在任何时间、任何地点都可以接收信息,实现信息传播的零距离。新媒体比报纸、电视等传统媒体的反应时间更短,发布消息更迅速。事件的全过程可以迅速传遍社会,人民群众可以随时接收事件的最新情况。

新媒体的即时性有助于加速档案应急管理流程中的信息传播。应急管理前期,馆内监测预警过程中发现的各种隐患,可利用微信、微博等新媒体平台及时将安全隐患信息传递给档案生态系统内部各相关部门,以便及时采取干预措施,避免突发事件;而一旦灾害发生,各级档案系统启动预警,又能借助全新的传媒方式在最短的时间内将信息上传下达。比如,微信作为新兴社交软件能够依靠人际关系以及相关设计平台实现信息传输,传播对象多数为手机通讯录里的朋友。档案部门可利用这一独特的人际关系传播方式与深度传播效果的特点,建立各部门间专门的应急微信工作平台,当突发事件发生时,第一时间将信息传递给专业的应急处理主体,通过超时空性的应急信息沟通,辅助档案部门进行决策,提高决策能力和领导能力。同时,利用新媒体平台,可与气象部门、灾害监控部门、消防部门、医疗部门等相关部门建立一套完善的预警信息系统,当灾害发生时及时传递信息,汇报相关情况,实现信息发布的无缝对接,有效地进行档案部门突发事件的监测预警,为抢救档案信息资源最大限度地争取时间。

第二,新媒体的交互性拓宽档案生态系统应急信息传播途径。

广播、电视等传统媒体都是单向的线性传播,媒体处于主体地位,决定着用户何时接受何种信息,用户难以选择是否接收信息内容、是否进行信息反馈,交互性较差,这种处于静态的信息传播方式导致应急管理信息流动性差。以微博、微信、客户端、直播等为代表性的新媒体技术,改变了信息传播的方向。用户可以随时对信息进行反馈、评论、补充和转发,最大限度地促进不同事件的应急管理主体积极主动参与,从根本上达到双方甚至多方的互相交互、共同沟通。

新媒体的信息传播以分子式传播为主,覆盖范围广泛,传播渠道多向立体。① 新媒体在档案馆应对突发事件时更有利于实现各部门之间的相互交流、相关部门和社会上其他应急工作部门的交流沟通以及机构间的信息交流与合作,提高各部门合作沟通的效率。新媒体的交互性特征从横向上扩充了档案生态安全应急管理的范围,促进生态系统内外的应急管理相关的人、财、物、信息等各种宝贵资源实现最优配置,从而提升应急管理效果。②

同时,当档案部门遇到突发事件时,还可以借助新媒体平台,与国内外档案部门、图书馆、博物馆等同行、民间组织、非政府组织等进行交流沟通,构建具有高度互动性、及时性的应急管理模式。在突发事件处置过程中,通过不同新媒体方式获得远程技术支持,确保救灾工作顺利实施。"高手在民间",通过新媒体,还可以吸引更多关注档案事业的社会公众参与救助与抢救。公众可以通过档案部门的微博、微信、客户端及时了解应急管理工作的动态,在网上建言献策,发挥群体智慧的威力。

当然,事物都具有两面性,新媒体用于档案信息资源沟通具有强大优势的同时,也不可避免有其自身劣势。如在全新的传播方式中,任何一个人都是信息传播者,监管的缺失也可以引发虚假信息的任意传输,从而导致档案馆信息沟通的失真性。最终,虚假的信息有可能引发连锁突发事件,使原本复杂的突发事件更加复杂,难以处理,特别是相应监管制度的缺失,使这种情况越演越

---

① 李光全:《新媒体非线性传播的应急管理研究》,《中国国情国力》2016 年第 9 期。
② 张艳欣:《档案馆应急管理体系研究》,《档案学通讯》2015 年第 4 期。

烈,难以控制。

第一,新媒体的失真性影响档案馆应急信息沟通的公信力。

互联网为用户提供了虚拟空间,因此从档案生态系统突发事件的爆发到结束,任意用户可以自由表达观点,发布、传递消息,实现了言论自由,但这既可以是新闻的来源,也可能是谣言的起点。社会公众的个人认识水平、世界观价值观良莠不齐,造成新媒体传送的信息有失公允;全新的传媒方式的自由性、任意性有可能导致档案信息沟通的失真性。最终,虚假的信息有可能引发连锁突发事件,使原本复杂的突发事件更加复杂,难以处理。这样,某些新闻媒体或新媒体将并不严重的突发事件渲染从而引发有重要影响力的社会事件,提升相关事件的处理难度。

第二,新媒体的匿名性影响档案馆生态系统应急信息沟通的安全。

新媒体的使用允许社会公众匿名登录,自由发表观点,借助新媒体这个特点,不法分子可以利用不法网站、短消息等渠道迅速散布不良言论甚至不实消息等,导致对有关事件的处理变得极其困难;不法分子还可以趁机利用网络技术给档案系统的新媒体信息沟通平台带来病毒等恶意软件,使应对突发事件时的关键信息交流平台受到影响,使关键的应急信息遭到劫持,影响救援。

第三,新媒体考验档案生态系统舆论控制能力。

新媒体传播信息时具有即时性的特点,使得每一个用户都能够成为突然发生的事件的传播者、编辑者,且由于新媒体信息传播的失真性,用户对网络个人言论的负责程度较低,网络谣言此起彼伏,很大程度上损害了相关部门的公众形象。在这种情况下,档案生态系统一旦对紧急事件的反应有误或者反应迟钝,必将带给相关利益主体不安全感,并且造成公众对档案部门应对突发事件不力的错误认识,进而造成相关社会舆论的进一步恶化,导致档案部门的公众形象下降。一般公众事件的网络舆情活动周期约为23.2天,关注度持续较久,新媒体信息传递的广泛性为档案生态系统对突发事件的舆论控制能力带来了巨大的挑战。因此,如何在突发事件发生时准确应对,对大众作出正确的舆论导向,如何发挥新媒体舆论引导作用的正能量,都极大地考验着新媒体环境下档案生态系统的舆论控制能力。

第四,新媒体考验档案生态系统对突发事件的反应速度。

相对于以往的传媒方式,新媒体传输数据时不再依靠中间的各个环节,只要有网络覆盖,它就能传递信息且不受地域限制,可以大范围实时传播、同步传播、连续传播。① 当档案馆遭遇突发事件在处理不当时,通过新媒体时效性产生的涟漪效应,很可能使档案馆内部应急管理的小事件演变为影响范围广泛的大事件。

新媒体对档案生态系统应急反应速度的考验是内外两方面的。就内部而言,档案系统如果未能对突发事件进行及时的信息传递,就有可能阻碍与相关应急部门的有效沟通,延误救灾进程。就外部而言,在新媒体泛平民化的时代,档案生态系统在应急管理时,特别要注意防范一些与其有关的负面新闻。因此,各级各类档案部门在处理突发事件时,应把握"黄金4小时"法则,快速反应,先发制人。

2. 新媒体环境下应加强档案应急管理信息交流

档案部门突发事件应急管理信息交流必须借助信息技术、网络技术,还必须与新媒体相结合,完成应急管理信息的收集、整理、存储、组织与检索,更重要的是要实现应急信息的传递与共享。借助新媒体,建立档案馆之间应急信息沟通的专项通道,实时对各种文字、图片、视频等多种形式的应急预警信息进行沟通,可以加速档案馆应急管理整个流程中的信息传播,提高应急管理水平。而且利用新媒体技术构建档案部门与社会各相关应急部门、社会公众互动的新平台,可以加强部门间的信息沟通和联通互动,提高各部门合作沟通的效率。

可以制定相应策略,利用良好的环境,发挥全新媒体的优点,提升应急管

---

① 刘霞:《新媒体视阈下加强应急管理的思考》,《辽宁行政学院学报》2015 年第 2 期。

理信息的沟通能力,帮助应对突发事件,进而能够确保档案信息资源的安全。

(1)共用新媒体,提升档案生态系统信息沟通的针对性

传统媒介"点对面"的集中线性传播尽管有不足,但是其权威性不容置疑。因此,把新媒体与传统媒体相结合,相互取长补短,借助互联网,在全国范围内构建全媒体的档案生态安全应急管理信息共享平台,从而将各类突发事件的实时监测、预报以及相关处理等信息实现充分共享。[①]

档案生态安全应急管理平台不仅是综合利用各种信息技术完成应急管理信息的收集、整理、存储、组织与检索,更重要的是实现应急信息的传递与共享,通过借助新媒体,建立档案馆之间应急信息沟通的专项通道,实时对各种文字、图片、视频等多种形式的应急预警信息进行沟通,比如档案常态安全环境下的风险因素分析、危险类型的辨识等,将相关部门的应对突发事件的经验、教训进行交流与共享。另外,借助新媒体,可实现应急云课程、应急预案演练等视频同步观看、应急培训资源实时共享,提升档案部门整体应急预警水平。这样,真正实现"平战结合",既在常态安全环境下完成突发事件应对相关信息、知识的存储与管理,又能够在"战"时紧急的环境下为决策者提供充分的信息服务,从而有针对性地提升档案馆应对突发事件的预警能力。

(2)善用新媒体,提升档案生态系统信息沟通的及时性

突发事件来临时档案部门是否能迅速及时响应是决定应急处置成败的重要因素,这又取决于信息沟通的及时性。所以各级各类档案机构要能够灵活运用新媒体,遵守杰斯特为解决社会的危机公关问题而提出的"3T"原则:首先是"Tell it your own",档案部门"以我为主"主动发布信息,即及时、主动发布灾情信息,牢牢掌握信息发布的主动权。突发事件爆发,档案部门借助建立的 QQ 群、微信群、微博、微信公众号等新媒体,及时将关于灾情的准确、权威信息对相关部门、公众进行扩散传播,让公众及时全面了解灾情、避免恐慌,避

---

① 张艳欣、李治伟、王新颖:《新媒体在档案馆应急信息沟通中的应用研究》,《山西档案》2018 年第 2 期。

免谣言。其次是"Tell it fast",档案部门要第一时间公开信息,通过新媒体渠道,实现应急相关部门的高效沟通,这样能够让各方采取手段,促进高效的协同工作战线的形成。第三是"Tell it all",即提供全部信息,档案部门要全面发布官方的准确信息。新媒体信息发布较为简单,灾害现场应急人员均可从不同视角发布灾情信息,实现灾害现场灾情的动态直播和监控,提供多形式、多维度的应急信息参考,为领导者决策提供信息服务。基于新媒体的高效联动的网络平台进行突发事件信息报道,利于突发事件信息的迅速扩散,也吸引更多相关人员与公众参与到应急抢救中来,实现群策群力,推动突发事件的及时处置。另外,善用新媒体也有助于档案部门接受公众的监督,促使其积极应对突发事件,有效履行应急职责。

(3)巧用新媒体,提升档案馆生态系统应急信息沟通的广泛性

新媒体技术融合了文字、图像、视频、音频等多种媒介,具有生动形象、直观性强的特性。档案部门在突发事件应对结束后,可以有效利用新媒体平台传递应急管理相关信息,如突发事件发生原因、应对经验教训等,进行广泛宣传,进一步增大应急管理信息知识的受众人数。针对档案工作人员与普通公众,档案部门可巧用新媒体进行不同层次的应急管理知识的渗透,提高应急管理制度的弹性空间,增加档案馆紧急事务处理的"软实力"。比如可以借助微博制作档案应急相关的技术帖、动画视频等,注重标题的生动性、运用网络语言与微短视频的直观性,吸引相关人员与公众的注意。利用微信,把握微信公众号人群精准定位传播的特征,抓住人们每天在11—12点、17—18点、21—24点三个高峰时间段的微信运用率,定时主动推送有关档案应急的案例以及档案技术知识;借助专业的移动客户端,抓住其专业性强、用户群体专业性高的特点,发布更加专业的应急管理技能技巧。同时,还可以通过网络课程、应急管理培训直播等形式,进行突发事件应对技能的培训,实现"一地演习,多地学习"的新媒体教育培训体系。这些依赖于新媒体的信息传播方式将使人们在不知不觉中获取应急管理知识与信息。

我国已于2013年建立国家应急社区网,内容涵盖"权威发布、互助信息、应急知识",官方微博、微信等网络平台也推送应急科普知识。档案馆可借鉴这一做法,与相关应急部门合作,建立档案部门权威的新媒体应急知识平台,组建一支涵盖各个应急管理部门人员的新媒体网络志愿者队伍,定期推送档案馆应急内容,可包括灾前预警、行动计划、抢救方法等,在潜移默化之中对人员进行应急意识的渗透。

(4)智用新媒体,提升档案馆生态系统信息沟通的可靠性

新媒体的使用有利于提升应急信息沟通的效果,但在新媒体的应用过程中,需要从信息技术与制度监督两方面加强建设,为新媒体应用于信息沟通提供智力支持。

在新媒体环境下,单独的个体几乎不可能成为应急管理信息传播的责任主体,目前对新媒体信息传播的监管不健全,导致虚假、不实的信息鱼目混珠,干扰正常的应急管理工作。因此,亟须完善相关法律法规,加强对相关业务的监督,建立健全法律防范制度。对于档案行业应急管理工作使用的社交媒体群的准入机制必须严格,实名认证,严禁不相关人员恶意发布不实信息混淆视听,这样才能从基础上保证传送信息的正确性和真实性。① 同样,档案管理部门必须与信息安全监管者互相合作,采用最新的信息技术进行监测、管理,及时发现可能造成事件恶化的不实消息并且迅速删除,从根本上杜绝虚假消息的传播,确保新媒体环境下信息传播的可信度。

传统媒介传播信息模式的不足在于线性传播与时间的冲突、静态接收与空间的冲突,信息的接收受到时空的限制,档案馆应站在用户的角度尽可能满足其信息获取需求。② 新媒体在档案生态安全应急管理信息传播中的应用,正好可以弥补传统媒体的不足,提升传播速度,扩大传播范围,将合适的信息及时

---

① 马跃福、王平:《对档案网络与信息安全事件应急预案编制的思考》,《山西档案》2011年第2期。

② 赵彦昌:《中国档案研究(第二辑)》,辽宁大学出版社2016年版,第136页。

传递到合适的人,为抢救档案资源赢得时间,减少突发事件对馆藏的破坏。

三、从档案生态系统应急信息管理到应急知识管理的转变

数据指未经过加工的符号、文字、声音、图像、音频等各种形式的记录,被用来客观描述事物或者事件。信息是对数据进行加工处理后形成的,具有逻辑性和概念性。对信息进一步深度加工,通过创造性地总结、归纳与提炼就形成"知识",可以精确反映客观事物的本质,是抽象性的、规律性的。档案生态系统应对突发事件过程中,从应急准备、监测预警、应急处置与救援,到事后恢复等各个阶段,均会产生大量的应急管理信息,而这些信息是应急管理主体,尤其是领导者在应对突发事件时进行有效决策的重要依据。但是,应急管理过程中的信息量巨大,种类繁多,分布在各个管理环节,给有效利用带来困难。因此,需要采用知识管理方法,对应急管理信息资源进行有效的收集、组织、开放、利用,才能使决策者尽快筛选出有宝贵价值的知识。这样一来,从应急信息到应急知识管理,从反映问题到指导如何解决问题,为应急管理决策者提供最具规律性与指导意义的知识,"将最恰当的知识在最恰当的时间传递给最恰当的人",从而提高应急决策的科学性以及应急管理工作的整体效率。

应急知识是在突发事件应急管理活动中获得的有关突发事件发生发展规律、管理决策者的认知、经验、策略、法律法规、技术规范等各种知识的总和。而知识管理则是档案生态系统主体对应急管理知识的形成、管理、应用以及创新等整个流程进行科学、系统管理,以实现应急管理知识的增值。因此,档案生态系统应急知识管理的核心是对应急管理过程中积累和获得的重要信息进行有序化筛检、组织和管理,实现知识开发和运用,以提高应急管理主体在常态与非常态应急管理工作中的决策效率与决策质量。

档案生态系统应急知识管理,不仅包括应急信息管理,为应急管理工作提供必要的信息服务,如基本信息查询等,满足生态系统内部日常的应急管理信息需求,更重要的是实现对信息服务的提升,将已有的应急管理信息进行再次

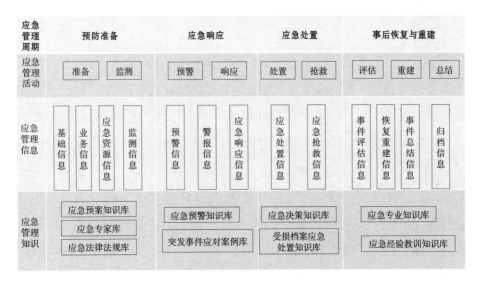

图 5-7　从档案应急管理信息到应急管理知识的转变

加工,并结合生态系统主体——工作人员在各个突发事件应急过程积累的经验、知识,形成特有的应急管理知识体系,以实现利用应急知识来提升档案馆应急管理水平的目的(见图 5-7)。应急管理知识融合了应急管理主体的经验、思想、文化等多种要素,是档案工作者的智慧结晶,经过从应急信息管理到应急知识管理的转变,使档案生态系统应急管理主体对应急管理活动的认识水平增加,处理能力增加,从而推动了应急管理水平的提高。

（一）应急管理知识的分类

对档案生态系统应急管理知识进行合理分类,能够实现对应急知识更有效管理,提高利用效率。经济合作与发展组织(OECD)于 1996 年在《以知识为基础的经济》报告中将知识划分为四类:一是事实知识(Know-what),指的是知道是什么的知识;二是原理知识(Know-why),指的是知道为什么的知识;三是技能知识(Know-how),指的是知道怎么做的知识;四是人力知识(Know-who),指的是知道是谁的知识,也就是指谁知道上面三类知识的知识。

野中郁次郎经过对日本企业知识管理架构进行研究后提出了 SECI 模型，提出知识可被分为显性知识和隐性知识。显性知识为"可文本化的知识"，可以用规范化和系统化的语言进行传播；隐性知识为信仰、隐喻、直觉、思维模式和所谓的"诀窍"。经济合作与发展组织对知识的分类中，原理知识与事实知识属于显性知识；人力知识与技能知识属于隐性知识。笔者也将档案生态安全应急管理知识分为显性的知识与隐性的知识，而根据前面对应急管理的阐述，档案生态系统的应急管理知识分为常态应急管理与非常态应急管理两大类。由此，可以把档案生态系统应急管理知识划分为四个类别，即常态显性应急管理知识、常态隐性应急管理知识、非常态显性应急管理知识、非常态隐性应急管理知识，具体如图 5-8 所示。在一定的条件之下，常态与非常态中的显性和隐性知识可以进行转化。比如，档案部门为了提升应急管理人员的专业素质，会通过各种形式展开应急管理知识、政策的宣传、工作培训等，而档案生态系统的工作人员经过各种学习，自身业务素质提升，显性知识就转化为自身的隐性知识；而档案应急管理参与主体——领导及工作人员、档案专家等，将自己应急管理实践中积累的经验、对应急管理理论的思考，通过讲座、报告、

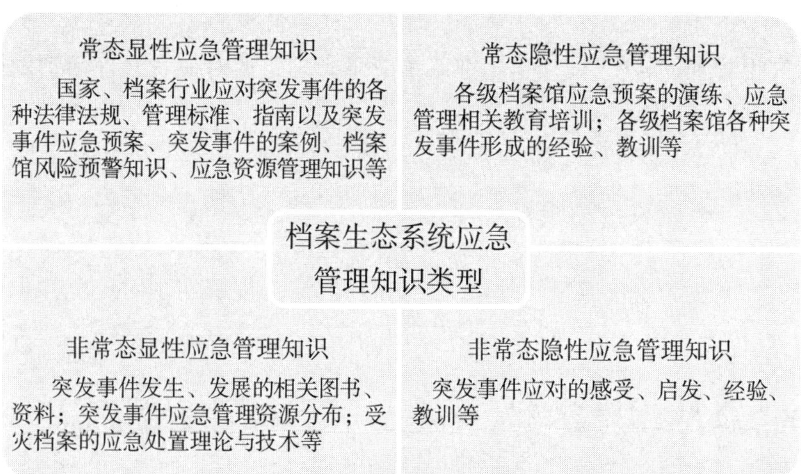

图 5-8　档案馆生态系统应急管理知识类型

访谈、专业论文、书籍等,使自身的隐性应急管理知识,形成文字、图像、音频、视频等多种形式加以沉淀保存,形成相应的显性应急管理知识。

（二）知识管理过程与档案应急管理流程的契合

档案生态安全应急知识管理是一个动态的、不断更新的过程。根据王广宇提出的"K9 知识链"体系①,结合应对突发事件的应急管理流程,将应急知识管理划分为 9 个环节,包括档案生态系统应急知识收集、整理、组织、存储、检索、应用与创新(如图 5-9 所示),可以把它叫作档案生态安全应急管理的"K9 应急知识链"。在这个知识链中可以发现,对于档案生态系统来说,档案生态系统的应急管理知识沿着从"收集"到"创新"的方向不断流动,实现应急知识的增值。

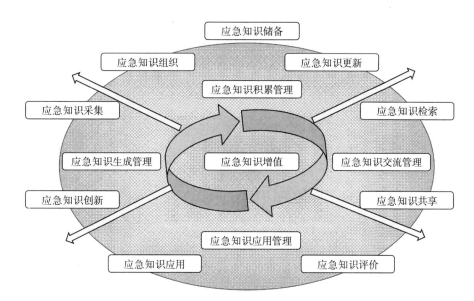

图 5-9　档案生态安全应急知识管理"PSCA 闭环"

以知识管理的理论为参考依据,结合对"K9 知识链"的理解,可以把档案安全应急管理流程进行更深层次的划分,其中包括应急知识生成管理(Pro-

---

① 王广宇:《知识管理——冲击与改进战略研究》,清华大学出版社 2004 年版,第 31 页。

duce)、应急知识积累管理(Stockpile)、应急知识交流管理(Communication)以及应急知识应用管理(Application)4 个环节,形成一个完整的闭环,称为"PSCA"闭环。

如图所示,档案生态安全应急管理的第一环节为应急知识生成管理。从广义讲,应急知识的产生是在从知识的识别、获取、开发等到知识的共享全过程中反复进行的,是一个完整的生命周期过程。这个环节的主要内容是应急管理知识的收集与知识的创新过程。档案生态系统应急知识主要来源于以下途径:一是档案生态系统内部所生产,其中包括工作人员对于应急管理知识的学习、分享交流、培训、演练以及在发生突发事件之后积累的应急管理经验等;二是来源于档案生态系统之外,包括行业内对于突发事件的应急管理的经验,其他的行业在面对突发事件的监测与预警信息,比如地震局对于地震的预测,公安局、网络安全部门的信息安全风险预报;互联网线上以及线下的应急管理知识的存储,例如 QQ、微博等社交软件传递给大众的应急信息等;三是对应急管理知识的创新,对于这一部分知识来说,它的生成主体主要是各级档案生态系统的档案管理人员,他们对原有的应急管理知识进行加工创造,从而提升应急管理知识的实用性。①

从档案生态安全应急管理流程来看,从预防突发事件和面临突发事件时的应对措施到事件结束之后重建恢复的每一个环节都会产生应急知识。也就是说在应对突发事件的整个过程中都会产生应急知识,这就需要档案生态系统主体不断进行知识的采集和挖掘,及时通过最新的新技术手段进行智能化处理,从而形成知识。

对于档案生态系统来说,为了做好应急知识收集,对内要营造良好的应急管理文化氛围,加强应急知识的宣传,完善激励制度,使工作人员积极、主动、自觉关注收集相关信息并发挥主观能动性进行加工整合和有效分享;对外积

---

① 张艳欣:《档案馆应急管理体系构建研究》,中国人民大学 2015 年博士学位论文。

极主动参加学习、培训,进行同行间的广泛沟通交流,拓宽各种渠道来获取应急知识与应急管理产品,从整体上增加档案生态系统的应急知识储备量。

第二环节是应急知识积累管理。这一环节主要的内容是将生成的应急知识进行进一步的加工和处理,并对其进行安全储存,为之后应用和分享打下坚实基础。在该环节,主要有应急管理知识组织和储存,以及完善与更新。从而使档案生态安全应急管理知识不断增加、显化和固化,以指导档案生态系统的应急管理工作。在档案生态系统中,可以经过应急知识的数据库以及知识的分享平台来对显性的应急知识进行合理的管理;而对于隐性应急知识来说,除了可以利用数据库或者智库来进行处理,还可以通过一系列的分享活动比如讲座、会议报告、书籍等来对应急知识进行储存和管理,以此来对全新的应急知识进行挖掘和分享。

第三环节是应急管理知识交流管理。对知识进行加工的目的是利用,因此在该环节,主要的内容是传递和分享应急知识。在通过上个环节对应急知识进行加工和处理之后,需要将应急知识通过各种途径来分享和传播,从而达到档案生态系统的基本要求。也只有这样,才能完成新一轮的应急知识发展创新。档案生态安全应急管理知识交流分享的途径主要有直接与间接两类。直接途径包括在应急管理从开始到结束的整个过程中,相关专家学者和工作人员在正式或者非正式的场合中的交流和分享;应急管理相关培训、演练;应急管理专家、工作人员的口口相传;通过新媒体进行的网络直接咨询与对话,比如微信、微博等途径的直接互动等。间接途径包括档案生态安全应急管理的成果出版、论文发表;通过网站、新媒体的知识宣传与分享;应急管理数据库、共享平台的应用等。同样,加强档案生态系统内部应急知识的交流,促进应急知识的共享,也需要实施恰当有效的激励机制,建立和谐的分享文化,实现各种显性应急知识和隐性应急知识的相互转化,尤其是档案馆有丰富应急管理经验的人的隐性知识的显性化,从而增加应急知识在系统内部的流动速度,提高知识效用。

第四环节是应急知识应用管理。档案应急知识应用管理是知识生成、积累、交流等环节的最终目标。应急知识管理的目的,就是能将管理的知识应用于档案生态系统应对突发事件的实践中,提升应急管理能力,减少突发事件带来的损失。应急知识应用管理环节在档案生态系统应急管理业务流程的各个环节都有所体现。应急管理初期,需要借助应急知识进行预案设计、风险防范;在突发事件来临时需要根据已有的相关知识进行应急决策;对于受灾档案的抢救需要各种档案抢救知识进行应急处置等。

笔者认为,应该将档案生态系统应急知识生成、积累、管理与应用的这四个环节全部贯穿于应急管理的各个流程,即无论是档案生态系统常态应急管理工作中对突发事件的准备,还是突发事件爆发后的响应,以及突发事件结束后的恢复抢救,这四个环节都可能存在于每一个业务流程中,而不是循环一一对应,因此,对档案生态系统的应急知识管理既与系统内部业务流程相融合,又非与业务流程环环对应,是既伴随档案生态系统的应急管理实践,而又凌驾于实践之上的管理过程,经过"PSCA 闭环",实现应急知识的增值①,如 5-10 图所示。

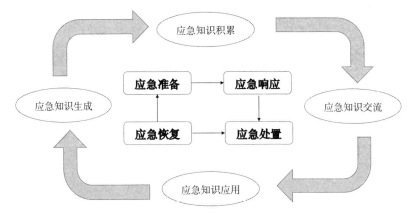

图 5-10　档案生态安全应急管理业务流程与知识管理流程关系图

---

① 张艳欣:《档案馆应急管理体系构建研究》,中国人民大学 2015 年博士学位论文。

四、档案生态安全应急管理信息共享平台的构建

(一)档案生态安全应急管理信息共享平台的含义

习近平曾经强调,要"以推行电子政务、建设新型智慧城市等为抓手,以数据集中和共享为途径,建设全国一体化的国家大数据中心,推进技术融合、业务融合、数据融合,实现跨层级、跨地域、跨系统、跨部门、跨业务的协同管理和服务"[①]。在当代高度发达的信息技术背景下,档案部门也应该基于知识管理相关理论,积极采用大数据等信息技术,建设横纵贯通的应急管理信息共享平台,这是实现应急数据管理与提供利用的重要途径,充分实现大数据环境下的档案应急资源利用效率,使档案部门在应对突发事件时准备更全面、反应更迅速,决策更正确,治理更有效,从整体上对应急管理的能力进行提升。

档案生态安全应急管理信息资源共享平台是在大数据环境下,以档案应急管理信息资源为内容,以云存储为手段,以实现档案应急管理信息资源的合理共享与利用为目的的信息资源共享管理模式。通过该平台可以对应急管理的信息资源进行采集、整理、保存、检索、共享等。在数据急剧膨胀的时代,档案应急管理信息资源具有数量大、分布广等新特点,传统环境下各级各类档案馆根据自身情况制定应急预案已不能满足现阶段对于应急信息管理的基本需求。为了实现档案生态安全应急管理信息资源的最大价值,适应大数据时代服务利用需求,建立档案生态安全应急管理信息资源共享平台显得尤为重要。

(二)档案应急管理信息资源共享平台的构建意义

基于知识管理的档案应急信息管理成果如何进一步共享,使其发挥最大价值是人们普遍关心的问题。经过调研发现,当前应急管理知识的共享还十

---

① 《习近平关于社会主义社会建设论述摘编》,中央文献出版社 2017 年版,第 134 页。

分欠缺。因此,建设区域甚至全国的应急信息与知识管理共享平台就可以使我国各个档案馆共享应急信息,互通有无,实现协同提高应急管理水平。

档案生态系统的应急管理信息共享平台是开展应对突发事件应急管理工作的重要手段,应急管理信息共享平台要在"平"时完成突发事件、应急管理信息的采集与积累,从而为"战"时做好迅速准确的信息服务打下良好基础。因此,档案生态系统必须建设统一、规范、开发、利于共享的应急管理信息共享平台。而基于知识管理的应急知识信息共享平台的建设,充分发挥应急知识管理的功效,不仅能全面地为档案馆进行应急信息的获取,而且通过对这些信息的分析与加工,形成全国所有档案馆应急管理工作可借鉴的显性与隐性知识,避免了各个档案馆重复建设,为应急决策提供智力支持,实现"智能应急"。

1. 顺应大数据时代发展的必然选择

"大数据"时代的浪潮已经来临,在社会的很多领域当中,决策制定不再是经验和直觉的产物,而是以大数据分析为基础。《数字中国建设发展报告(2017)》中提到我国数据资源共享开放应用机制逐步完善,应加快建设覆盖全国、统筹利用、统一接入的数据共享大平台,推进国家大数据发展工程建设。① 在近十年的发展过程中,大数据平台已与云存储、云计算等多个新兴高科技技术深度结合,其动态性能与决策预测性能大大提高,甚至决策与预测逐渐成为大数据的核心功能,在这样的情况下,对大数据技术充分的利用,对数据中蕴藏的价值进行深入分析,对感知、预防数据价值的能力进行提升,是大数据时代对各行各业的要求。因此,档案馆需要加强各级档案馆之间的合作与联系,推动档案生态安全应急管理领域内的数据共享和集中,提升经验管理经验的对接速度,形成档案应急管理强大合力,建立档案应急管理信息资源共享平台。

---

① 新华网:《建设数字中国:把握信息化发展新阶段的机遇》,2018 年 8 月 19 日,见 ht-tp://www.xinhuanet.com/politics/2018-08/19/c_1123292838.htm。

2. 大数据环境下档案应急信息管理的内在需要

现阶段对于大数据的研究不仅停留在理论层面,对于实践的研究也在快速推进。2015 年,国家启动国家级超大云数据中心项目,建立"三大中心、八大接点"的国家大数据中心,一根特殊的网络虚拟线实现了国家与贵州备灾中心数据的同步传输与异地备份。2017 年,阿里巴巴公司数据技术及产品部出版了《大数据之路——阿里巴巴大数据实践》一书,全面系统地介绍了阿里巴巴的大数据系统架构。在档案应急管理工作中,大量档案应急管理信息产生,档案应急信息资源成为应急管理资源的重要组成部分,使用档案应急信息资源共享平台是利用新理念、新技术、新方法提升档案应急管理工作水平的新型管理模式,使档案应急信息资源能够得到规范、有效的管理,最终达到最大程度的利用效果。

3. 档案应急管理建设的关键举措

进入大数据时代,档案工作逐步走向数据化、智能化。从 20 世纪 90 年代初期开始,我国就开始对资源共享平台的建设进行探索。截至现在,上海、山东、浙江、江苏、广东等十几个省、市都已经建立了应急信息资源共享的平台。因此,建立自己的网络平台,实时采集、管理、提供利用相关信息资源,档案馆才能将数据动态性与信息资源静态性相结合,从而有效发挥档案信息资源的最大价值。在档案应急管理工作中,档案应急管理信息资源是应急资源中重要部分,而大量分散在各地、各级档案馆的宝贵的应急信息资源,无法发挥出预测与决策价值,这是对档案应急信息资源的极大浪费,也是阻碍档案应急管理工作的一个重要方面。因此,档案应急信息资源共享平台联结了档案应急管理人员与档案应急信息资源,成为档案应急管理建设的重要组成部分。

(三)档案应急管理信息共享平台的构建原则

1. 开放性原则

档案应急信息资源共享平台是服务档案应急管理人员分享与利用档案应

急信息的平台,使用人数涉及各地、各级档案馆,数量较多。信息资源来自全国不同地理位置、不同气候、不同情况的档案馆,这些档案馆虽细节上各不相同,但大体上仍有共同之处,将档案应急信息共享给对方的同时,能够获取先进的应急管理经验方法。因此,平台必须具备开放性。在平台建设各项机制稳定运行,有效数据覆盖多位置、多情况后,可以逐步将平台向社会开放。由于平台数据内容仅是应急管理中的经验与方法,并不涉及档案内容本身,因此向社会开放并不影响其安全性能。

2. 可靠性原则

档案应急信息资源共享平台具有覆盖全国各地各级档案馆的应急信息资源,这些信息既是应对突发事件的措施,也是日常档案馆工作人员学习的资料,数据的真实与完整至关重要。除了信息资源本身,平台建设与运行也将由组织、技术、安全三个方面共同保障。多结构的组织保障使平台信息资源丰富、完整、真实;先进的技术保障使科学技术支撑着平台建设与运行;全方位安全保障使平台在高强度的环境下运行平稳,保护珍贵数据。

3. 实用性原则

档案应急信息资源共享平台建设是根据档案馆实际已经发生的应急管理工作,将已经产生的应急措施与管理经验通过平台进行共享,数据的提供者也是数据的使用者,在主客体一致的情况下,平台建设具有实用性,既发挥应急信息资源的最大价值,又真正发挥共享平台的作用,对档案人员进行应急管理工作,对档案应急管理工作资源建设作出贡献。

(四)档案应急信息共享平台设计思路

档案应急信息共享平台主体分为应急信息数据层与应急信息服务层两部分,数据层包含了应急信息资源所有数据,服务层是用户获取数据的平台和途径,具体如图 5-11 所示。

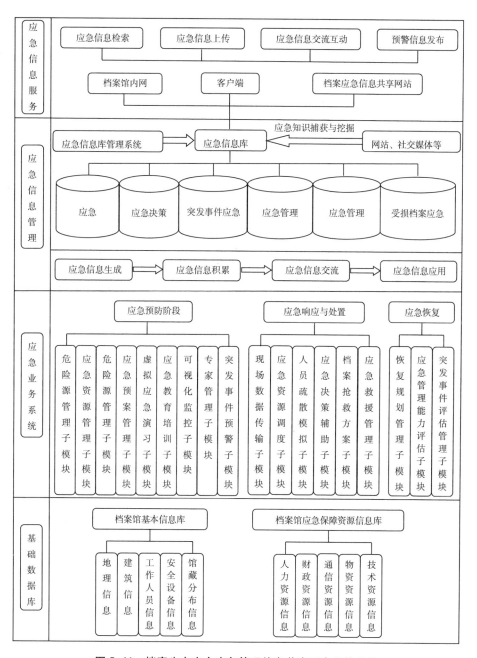

图5-11 档案生态安全应急管理信息共享平台总体架构

1. 应急信息数据层

数据层是档案应急信息资源共享平台的核心层。2018 年 4 月,中国科学院院士梅宏在我国首届数字中国建设峰会上指出:"发展数字经济,数据是关键要素。"①数据层是利用大数据技术采集、挖掘档案馆内外的应急管理信息资源,统一保存到共享平台上。数据层具备典型突发事件备案、风险评估、自主决策与总结评价等功能。一方面,作为突发事件信息汇合的"汇集点",当档案生态系统发生了突发事件之后能够有效快速地对事件现场的信息进行提取、分析与整合;另一方面,它作为处理突发事件的"智能库",利用大数据精准的关联、分析优势,根据已有信息资源,及时地提供不同条件下突发事件的应对措施,并利用大数据的深入挖掘获取数据的优势,不断动态调整应急决策等,实现档案馆应急工作的科学决策和高效处置。应急信息数据层包括基础数据库层、应急业务系统层、应急信息管理层三部分。

基础数据库层主要的内容有应急保障资源的信息库以及档案馆基本情况信息库。档案生态系统基本信息库主要包括涉及各级档案馆的位置及馆藏信息、建筑工程细节以及相关的工作人员的基本信息等;档案应急保障资源信息库主要有应急管理工作相关的人、财、物、技术以及通信等资源的相关信息等,这两部分数据都是档案生态系统突发事件来临时科学决策的基本依据。

应急业务系统层按照档案生态系统突发事件发生发展的阶段性特点分为应急预防、应急响应与处置以及应急恢复阶段。每个阶段根据突发事件的应对工作任务不同而分为不同业务模块。内容包括档案生态系统突发事件应对全过程所涉及的信息和功能,这部分主要面向各级各类档案馆内部应急工作开展的指导,根据应急工作角色和地位设置不同使用权限。应急业务系统层是档案馆处理突发事件的遵循的规范,其目的是利用大数据技术为各级档案馆提供实时的业务指导。也就是说,不管发生突发事件的原因、事件的规模和

---

① 搜狐网:《梅宏院士论"数字中国"建设》,2018 年 8 月 19 日,见 http://www.sohu.com/a/248834849_654086。

复杂程度如何,都能科学、及时、有效应对。该层是档案工作人员应对突发事件的最直接经验来源,通过该数据层,在突发事件发生时,档案工作人员能以最佳方式快速反应,及时抢救和修复档案,并对突发事件的应急管理结果进行评定、奖惩。

应急信息管理层主要包括档案应急预案库、应急决策支持库、应急管理的法律法规库、突发事件应对案例库以及受损档案抢救知识库。这部分主要是知识性信息。将大数据技术与档案管理工作深度融合,收集我国及世界范围档案馆内外的各种突发事件发生地区、类型、程度、后果等应对数据、信息,法律法规、经验教训等,以备档案工作人员日常学习、应急抢救参考。应急信息管理层存在内容多,关系复杂的特征,因此其真实性和完整性至关重要。应急信息管理层的建立为档案应急工作提供了典型案例,是档案生态系统能够有效应对突发事件的前提条件,同时作为一种重要的学习资源来提供给工作人员。档案生态系统可以组织系统主体工作人员学习,在突发事件发生时快速反应,以达到保护档案实体和信息安全的目标,也为完善应急业务系统层建设提供经验。

2. 应急信息服务层

应急信息服务层既是共享平台的起始层,也是共享平台的终止层,是用户进入共享平台,获取平台共享数据的途径,主要通过电脑终端,也能通过移动终端、专业网站等途径实现信息共享。在应急信息服务层,数据资源提供者与利用者是一体的,即每个用户既是数据资源的提供者,也是数据资源的利用者,因此形成主客一体的特殊服务层状态。在共享平台,根据用户的类别、特征、级别等进行科学分类。初始阶段,应急信息服务的主体主要包括全国各级综合档案馆,因此为保证数据资源的可靠性与实用性,分类级别较高的用户优先具有提供数据资源、利用数据资源的资格,级别较低的用户只具备利用资源数据的权限。从成熟阶段到开放至社会阶段,平台将把提供数据资源的使用范围进一步扩大到突发事件较多、情况复杂的档案馆和档案室,实现"众包"

模式,以达到通过用户完善资源,以完善的资源吸引更多用户的良性循环。

(五)档案生态安全应急管理信息共享平台运行保障

1. 组织保障

在我国,档案应急信息资源共享平台建设应该由国务院、国家档案局等统一领导、决策,各级档案馆协助完成。也可以参考美国应急体系构建的模式。全美国有 12 个相关研究中心,全部挂靠在美国知名大学,这意味着平台建设的参与主体除了政府的人员、资金、技术等支持以外,还有大学相关教育人员进行持续研究支持。目前,我国已经有一批应急研究中心挂靠大学,如中国科学院应急管理研究中心,挂靠在中国科学院大学。在中国科学院大学的支持下,该中心成立了以应急管理政府相关部门实践型专家、应急管理科研与教育培训的专家学者组成的"中国科学院大学应急管理专家指导委员会"。档案领域也可以联合高等院校相关专业的专家学者,进一步整合应急管理的社会资源和专家队伍,为档案馆应急管理研究和应用与档案专业应急管理人才培养作出更大的贡献。

此外,平台建设还应联合社会应急管理领域有实战经验的专业人员,如消防员、武警官兵等,这些专业人员的加入使平台的建设更具科学性与实用性,多方面的人员组成将为共享平台提供完备的组织保障。

2. 技术保障

在共享平台建设过程中必须有技术作为平台平稳运行的重要保障。应急信息共享、属于代码、文件格式等都必须严格遵循公认的标准来实施,以此来最大限度地降低损失,提升应急管理效率。我国在档案应急信息资源共享平台建设中,技术保障包括共享信息格式和平台运行技术。信息处理技术是否先进,能够在很大程度上体现出信息资源的价值实现程度。信息资源提供者对其可共享资源进行上传时因硬件设备和软件系统的不同,信息格式也会有不同。这种情况下,兼容性强的软件则为数据提供技术保障。此外,共享平台的建设与运行离不开云存储、智能分析技术、智能检索技术等。除了国内已有的成熟技术,还可以引进全球范围的先进技术,如虚拟现实技术、大数据分析技术等,结合平台征集、分析、存储、共享等功能这一实际情况,为平台的建设与运行提供更完备的技术保障。

3. 安全保障

档案应急信息资源共享平台是大数据环境下,海量档案应急信息资源的存储、访问、交换、利用在平台上的新型共享管理模式,保障信息安全是重点工作之一,平台的安全保障涉及对信息资源和用户利用的双重保障。共享平台内的信息资源都是各地各级档案馆根据自身应对突发事件的全部信息总结出来的经验,具有极大的利用价值,因此必须强化数据存储安全。在用户安全保障方面,除了根据用户级别给予不同的操作权限,还应加强对用户的身份认证、用户账户密级鉴定以及访问记录的监控,保障平台数据资源和用户应用的安全。

以云计算技术为基础,构建档案馆的应急知识信息共享大平台,为共享应急知识提供了一个崭新的有效途径。从档案馆实际出发,搭建以利用为目的的公有云平台;在档案馆内部,各个地区、各级各类档案馆可以基于私有云架构,以自身的应急知识为基础来构建一个应急知识信息的管理平台,加强权限管理,以助力档案馆内部进行信息的更新和安全维护;随后将全国范围内以利用为基础的私有云和公共云相连接,各个档案馆根据自身的权限来共享应急知识资源。这样,各个地区的档案馆所需要做的就是根据该地区突发事件的频率,按照相应的标准来进行分级,从而构建一个应急知识资源系统,让工作人员把有限的资源投入应对突发的事件,如5-12图所示。

在大数据快速发展的时代,档案生态安全保护应该与新技术、新理念相结合。数字化、网络化以及智能化是信息技术发展过程中一直坚守的三条主线。其中数字化为信息化打下基础,完成信息获取与积累;网络化推动数据资源的传播;智能化体现信息化功能,帮助更好更准确地认识事物。因此,作为档案保护工作的重要组成部分,档案应急管理工作必将紧跟时代潮流。服务是档

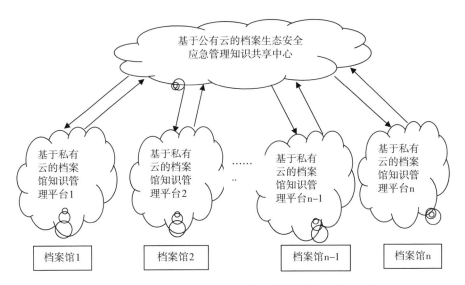

图5-12 基于云计算的档案生态安全应急管理知识平台

案事业永恒的主题,档案应急信息资源共享平台的建设,是将档案应急管理工作中的宝贵经验体系化并提供利用,是发挥档案应急信息资源最大价值的重要途径,是在新环境下的创新服务,更是在创新中坚守档案安全工作。

第六节 应急管理资源保障之维——
人财物的合理调配

档案生态安全应急管理水平的提升,除了必要的应急管理法制、机制、体制加以配合与保证,还需要有与之相应的人、财、物等资源为其提供有效保障。可以说,应急管理资源保障是档案生态应急管理达到理想状态的基础。物质基础决定上层建筑,在面对突发事件时,各级各类档案生态系统需要调动的全部资源的总和即为档案生态系统的应急管理资源,其中包含信息资源、物资资源、财政资源、人力资源等。本节主要探讨人力资源、财政资源与物资资源对应急管理工作开展的保障作用。

应急管理资源的重要性不容忽视,在档案生态系统客观条件允许的情况下,充足的应急资源是必不可少。危机管理专家就曾经提出了 80/20 法则①,其主要观点为:一般情况下危机发生时只有 80% 的资源(主要指人员与设备)可以完全投入使用,而由于人员缺席、技术水平限制等原因在这 80% 的资源中有 20% 的资源是无法利用的,即 64% 的原始准备的资源可以被有效利用。但是在这 64% 的资源中,最多只有 80% 可以满足危机管理者的初衷。也就是说,用于危机处置的资源仅为原始准备资源的 51.2%。从该法则可以看出,即使相关部门对应急资源加以充足准备,其中可以利用的也仅为大约一半。因此,为了保障突发事件来临时的顺利应对,在"平时"应做好人、财、物等各种充分准备,才能为应急管理工作提供有力保障。

一、人力资源的效能提升

人类经济活动和社会活动的基本前提是人力资源。毋庸置疑,人力资源对于档案生态系统的应急管理工作可谓"第一资源"。因此,应急管理人力资源的建设是档案生态系安全应急管理工作的重中之重。

(一)档案生态安全应急管理人力资源组成

根据对我国档案安全与应急管理实践的调研与分析,档案生态安全应急管理人力资源分为如下几类。

第一类是档案生态系统内部档案安全与应急管理工作者。主要由各级档案部门负责档案安全保管的工作人员和应急管理专业人员组成。根据项目组两轮的调研,目前我国档案实践部门绝大部分设有专门负责档案安全的部门,少量配备有专门负责突发事件应对的专职应急管理人员。当然,也有部分是兼职人员,比如安保部门或者信息技术部门工作人员进行兼职。总的说来,这

---

① 〔美〕罗伯特·希斯:《危机管理》,王成、宋炳辉、金瑛译,中信出版社 2001 年版,第226 页。

一部分尽管人数不多,但是在应急管理工作中的作用仍然不可忽视。正如前文所说,档案的常态安全保护与非常态安全保护密不可分,一线的档案安全保护与应急管理人员,担负着日常安全监管、日常风险监测预警以及突发事件全程应对的重要职责,这部分人员的专业素质和水平直接决定着档案馆应急管理工作的成败。

第二类是应急管理决策指挥人员。应急管理决策指挥人员在档案生态系统的应急管理工作中发挥着不可替代的作用。一般来说,各级各类档案馆的主管领导或与其同级别的应急管理办公室领导担任应急管理决策指挥人员。在档案生态安全应急管理工作中,应急管理决策指挥人员的支持是档案突发事件应对的关键力量。一般来说我国各个机构的最高领导者是本单位最具有威望的,管理能力与水平相对较高,在应急管理工作中也不例外,在应急准备、响应与抢救过程中"一把手"的支持和正确决策,能起到事半功倍的效果,凝聚人心,鼓舞干劲,从精神力量到实践工作组织都是重要担当。突发事件应对处置的有效成功很大程度上取决于应急管理决策者的正确决策。应急决策是非常规状态下的非程序化决策,因此,对应急决策人员的素质要求十分高,不仅需要其有敏锐的洞察能力,对突发事件的发生发展明察秋毫,洞若观火,而且,能准确地前瞻发生发展趋势,从而结合突发事件的发展变化、结合应急预案,进行灵活应变,迅速、果断的决断。

第三类是应急管理专家。该类人员是档案生态系统应急管理工作的"智囊团"。应急管理专家主要依靠丰富的专业知识为档案生态安全应急管理工作提供指导。主要由三部分人员组成:其一为档案界档案保护、应急管理专家与学者,这部分人员往往具备本专业高水平的专业知识,对档案安全与应急管理领域持续关注且有较为深入的理论研究,他们提出的相关理论与研究成果,是档案安全与应急管理实践的重要理论参考。而且,当突发事件发生后,这类专家学者也是应急抢救的主要参与人员,为制订抢救修复方案出谋划策。其二为社会专业应急管理专家学者,这部分人员具备丰富的公共管理领域应急管理理论知识,对于社会各类突发事件发展总体规律和发展态势有较为宏观的把握,在突发事件发生的前、中、后均可为应急管理工作提出有效的建议,为档案专业人员拓展思路。其三为各级各类档案馆的行政主管人员,该类人员具有丰富的行政管理经验,对于相关政策等有充分了解,可以在突发情况下积极配合主要领导,及时调动可利用资源、有序组织人员,从而保证应急管理工作的顺利进行。

我国档案生态系统主体——应急管理工作人力资源的建设仍然有巨大的发展空间。具体表现为以下几个方面。一是专门从事档案安全与应急管理工作的人员数量较少;二是无论是基础的工作人员,还是高层的领导人员,潜意识中仍然保持着"重抗轻防"的观念,从而在无形中增加了风险发生的概率。当前我国的档案生态系统的工作人员多为档案安全保管人员,对档案日常安全保管具备丰富的经验,但是对于突发事件的准备与应对,尤其是高新信息技术应用带来的各种风险管理,可能还缺乏应有的知识和经验。与我国不同,美国对于档案馆应急工作中档案应急管理者的职责作出了明确规定,在日常工作中注重应急演练,从而提高应急能力。此外,还与专业救援队伍、志愿者联盟合作共同应对突发事件。2010年,美国国家档案馆馆长倡导了培育志愿者计划"公民档案工作者(Citizen Archivist)",旨在号召公民积极融入档案工作,认为任何非档案专业人士,只要对档案工作具有浓厚的兴趣并有强烈的学习愿望,就可以参加档案志愿者服务,成为"公民档案工作者"。在美国华盛顿特区,公民可以自愿投简历报名,通过至少64小时的志愿者定向培训课程,便可以顺利成为档案工作志愿者。美国档案馆的志愿者工作者的责任感、创造力、专业水平都值得肯定。①

因此,加强我国档案系统应急管理人力资源的建设是做好档案生态安全应急管理工作,全方位提升管理效能的前提。一方面,通过加强应急管理培训

① 平现娜:《中美档案馆应急准备对比研究》,河北大学2016年博士学位论文。

等多种方式加强档案系统自身应急管理队伍建设,提升专业素质与技能。另一方面,也需要广泛联系与培养社会力量,争取社会非营利组织、志愿者等共同协作,完成档案机构相关的应急抢救任务。这就需要在完善档案生态系统内部的应急管理制度之余,也尝试建立志愿者服务制度,最大限度发挥自身价值,为我国档案事业的发展贡献自己的力量。①

(二)加强档案生态安全应急管理人力资源培训的必要性

"一年之计,莫如树谷;十年之计,莫如树木;终身之计,莫如树人"。这句古语体现了培养人才的重要性。作为社会管理的重要方面之一,档案安全应急管理工作的直接参与者就是人,人力资源培养的重要性可见一斑。档案生态系统应急管理是档案安全保障的重要组成内容,因此,档案安全人才培养与档案安全应急管理人才培养如出一辙。而我国当前档案安全保护人才相对匮乏,档案安全与保护教育无法满足档案实践的需求,更别说更具体的应急管理方面,这些都是我国档案生态安全与应急管理发展的掣肘。对于人才培养,高等教育固然是一个非常好的培养方式,但是接受了高等教育的大学毕业生,有关档案安全与保护的就业意愿较低。因此,保持档案安全与应急人才可持续发展的有力途径,可以将档案安全保护与应急的继续教育、职业教育与大众教育相结合,作为高等教育的有益补充,增加社会的关注度。而在此过程中,建立档案安全应急的相关培训体系就显得尤为重要。

培训体系是为了实现培训目标,将培训中所涉及的培训主体、培训对象、培训教材等要素进行科学、合理、有计划、系统的结合在一起的一种指导实践的体系。档案应急管理教育培训体系是我国档案安全应急管理建设的重要内容,应该包括培训目标、培训理念、培训主体队伍、培训对象、培训课程与教材、培训方式、培训流程(设计与策划、组织与实施)、培训结果(考核与评估)等要

---

① 张学斌:《档案工作中的志愿服务探析——以英国档案志愿服务为例》,《档案学研究》2015年第2期。

素。这些要素形成一套结构化的动态体系,在档案生态系统中不断循环升级,提升工作人员的安全与应急意识,以及对档案突发事件的预防和治理能力,进而保障档案生态安全常态与非常态安全的实现;通过构建档案行业应急管理培训体系,保障我国应急管理人力资源向高效能发展。

加强应急管理人力资源的培训,是促进应急管理常态化的需要。构建应急管理教育培训体系,可以有计划的、有目的的、科学的、系统的将应急知识与经验传递给档案馆,在一定时期的培训期内,以提高档案应急管理水平,并在不断地培训过程中,使档案馆应对突发事件的能力"常态化",更好地面对未来各种突发事件,更好地指挥档案应急工作,使档案的风险损害降低到最小化。档案馆必须在保证档案安全可用的情况下为人民群众提供信息服务。突发事件尽管发生的概率不大,但因其事发突然、难以控制、危害严重、影响重大的特点,一旦发生,对档案安全所造成的后果不堪设想。这就需要各级各类档案生态系统建立完备的应急管理机制,更高效应对突发事件,避免对档案资源造成损害,以更好地实现服务人民的宗旨。档案实践部门的各级档案馆要按要求把加强应急管理工作作为自身建设的一项重要任务,作为提高职能的一项重要内容,以提高档案安全管理水平。通过建立应急教育培训体系,加强档案生态系统各主体的专业素养,提升紧急事件处理能力,提高工作人员的应急处理意识,确保档案的安全稳定,最大限度地降低突发事件带来的损害。

(三)国外应急管理教育经验借鉴

国外应急管理体系多以"分级管理、分级响应"为机制,应急教育培训是重要内容,为了实现培训目标,十分看重培训体系的建设,以达到培训制度化、普遍化、常规化;同时还较注重培训方式的选择,以从整体上提升应急管理水平和管理能力。① 笔者以美国、日本、德国等发达国家为例,对其日常管理应

---

① 旷开源:《国外应急教育培训研究现状》,《生产力研究》2009 年第 2 期。

急培训体系的建立进行了深入研究与分析,从中总结出具有借鉴意义的建设经验。

1. 美国应急教育培训体系

经过多年的发展与建设,美国应急管理体系较为成熟,具有独立的应急职能机构,应急体制健全,应急法制也较为全面、具体。在经历了数次突发事件以及突发事件演练之后,美国的应急教育培训体系更加注重实战和全民参与培训与宣传体系设计,形成了全民参与的培训文化。美国于1979年就建立了联邦应急管理署(FEMA),其使命是致力于支持全民进行努力,建立、维持和提高人们的准备及应急能力,预防、应对、恢复和减轻所有危险。同样是在1979年,又设立"应急管理学院"(EMI),来实现更广泛的培训,以便更好地支持联邦应急管理署的工作。国际灾害管理专业者协会(IAEM)与联邦应急管理署相继展开了应急管理工作人才培训,并给完成培训的相关人员颁发"应急管理者证书"(CEM)与"职业发展证书"(PDC)。

美国国家档案馆十分注重对应急管理人员的应急技能培训。在面对档案馆突发事件上,有其一套应对紧急情况的体系与方案,并有较好的应急准备工作,对管理人员有针对性地开展技能培训,以将损害降低到最小化。例如,在档案馆发生突发事件时,可以通过向 NARA 请求帮助,若存在类似情况,将会给予原有的应急经验以及技术帮助,还可以得到联邦档案管理的援助;若没有此类事件,档案馆会联系来自专业应急恢复公司的应急人员来进行援助,并根据应急体系与流程填写灾害类型并对其进行评估,以此实施救援恢复方案。除此之外,美国档案馆应急培训体系还十分注重对培训人员的培训方法及结果,不仅平常会举行定期的安全应急处置演练,而且培训对象也是全方位、多覆盖,涉及档案保管人员、保护专家、技术人员等,注重专业型分类培训。

2. 日本应急教育培训体系

由于地理位置以及自然原因,日本突发事件发生频繁,因此,非常注重应急管理教育培训。在日本,应急管理教育培训体系注重提升全民危机意识,更加注重专业性。另外,日本对于应急教育也十分重视,在其中投入了大量的人力以及物力,主要表现在三个方面:一是开展社会宣传活动。面向全社会发放应急、自救、急救以及防范知识资料,对地震、洪水等灾害做出明确解读,在资料中详细给出应急避难场所,给出应急避难小常识,各个公共场所以及每家每户都会有资料发放,较好地将其普及到全民。并通过互联网、移动手机等网络媒介将应急知识普及到全社会,将自然灾害的预测及时宣传到公民。二是重视应急处置方式的宣传与教育,对于少年儿童更是开展了一系列教育宣传活动,以便从小培养他们的应急处理意识以及防范知识。应急教育课程设置呈现出广泛性、丰富性,且有针对性,大部分属于必修课程。三是广泛开展主题性活动,设定众多的宣传日。例如,9 月 1 日为日本"防灾日",8 月 30 日到 9月 5 日为"防灾周"。

日本档案应急管理也受到整个社会应急管理的影响。日本专业档案者协会于 1996 年制定《档案馆灾害对策指南》,于 1997 年进行一次修改,2001 年进行二次修改,对整个档案馆应急管理体系的建立给予了极大支持。同时日本教育部门还编纂印发了相关教材,以便更加系统有效地指导各个地方开展相关宣传与教育工作。不仅如此,政府部门还在各地设置了相关应急处置训练中心。这些都给日本档案馆应急管理教育培训提供了方向,档案馆应急教育培训也更加具有专业性和针对性。

3. 德国应急教育培训体系

德国应急教育培训体系也较为完备,师资力量较为雄厚,师资素质较高,并且应急教育培训方式呈现出多样性,培训方法多种多样且富有实战性。德国设有联邦技术救援署(THW),并且在其管辖下设有两所培训学校,最主要的目的就是培养专业性应急人才,以及专业性培训师资。在培训学校中,大多数专职培训师都经过专业化的培训,并经历过长期的联邦救援署应急志愿者服务工作,具有十分丰富的应急技能与经验,在培训中更具有说服力。而且,由于专职培训师职位的设定,使得应急具有了更多的实际意义与成效。除了专职培训师,德国还设置兼职培训师,有一些还是应急管理领域的学者专家。这样的培训师资体系,能较好地把应急经验与知识带到培训中,理论和实践得到更好的结合,使得培训效果更加良好,使培训对象的应急意识与技能都能得到提高。在培训方法上也是多种多样,除了课堂培训的传统方式以外,还广泛选择情景模拟、实地演练等培训方法,更快速地将应急知识传递给学员,更好地实现学以致用。

德国档案馆也秉承了整个国家的应急管理体系的风格,十分重视对应急安全体系的建设。联邦档案馆在安全应急工作中具有模范作用。在应急教育培训方面,联邦档案馆工作安全培训与档案修复工作具有相当高的专业性,其正式工作人员都毕业于专门的马堡档案教育学院,在学习专业应急处置知识时,还会学习档案应急处理的相关课程,同时相关的应急预案体系也十分先进,各个档案馆之间都存在协定,一旦发生突发事件,所有档案馆人员都会去应援,后期交由专业人员对受损档案进行修复。应急教育培训更具有组织性,分工也较为明确。

综上所述,美国、日本、德国档案馆应急教育培训体系相对来说十分完善,具有师资力量专业化、方式多样化、组织有序化、全民参与化的特点,值得学习借鉴。

(四)我国档案应急管理教育的优化

目前我国档案生态系统的应急管理能力还有待提高,而"人"的因素占有举足轻重的地位,由此可见,加大应急管理人才资源的建设与完善非常必要。首先,要对整个管理体系进行系统规划,确定体系内的人员数量、知识层次以及管理结构,要建设一个具有较强应急处置工作能力、协调组织能力以及人员调配与管理能力俱强的工作队伍。其次,要定期开展相关能力教育培训,确保团队内工作人员的专业素养与技术水平能够一直保持在一个较高的水平。由于目前科技发展的速度日渐加快,许多紧急事件发生的诱因愈加复杂,这就需要我们的专业应急处置团队要具备较强的应急处置能力与较高的知识水平,所以日常培训工作就要更加注重个人能力与知识水平的提升,确保我们的专业团队能够有丰富的知识与实践经验,对档案安全管理与风险判定等都应该更加敏感与专业。最后,对于档案应急安全管理工作,我国还应该重视人才储备与专家交流,定期组织相关的学术交流会议,相互交换档案管理应急处置工作经验与见解,促进我国档案管理相关工作的推进与发展,与此同时,还要建立相关的人才激励机制,确保我国后续专业人才的资源储备充足。在以上因素中,应急教育培训是重中之重。对档案生态系统内部相关部门及人员进行"教育与培训"是最有效率并且最有效力的方式。通过教育与培训,借鉴并引进先进思想与观念、用专业的知识来为政策提供模式与框架、利用先进的技术与工具来应对各种突发事件,更加全面、系统地来保障档案安全。① 我们应借鉴国外应急管理教育培训经验,通过构建自己的档案应急教育培训体系,达到培养档案应急管理人才,提升档案生态系统应急管理能力的目的。

通常一个完整的系统的档案应急培训体系应包括培训管理体系、培训支撑体系、培训运作体系三个分支体系(如图5-13)。培训管理体系主要包括培训目标、培训理念、培训管理制度;培训支撑体系主要包括培训主体队伍、培训对象、培训课程与教材、培训方式;培训运作体系主要是指培训的流程,包括培训的设计与策划、组织与实施、考核与评估。三个分支体系相互补充、相互协作,形成一个动态发展的整体,在档案馆应急管理中深度循环,以提高应急应对能力。一个系统化的档案生态系统应急培训体系,应从各个分支体系的每个要素进行优化,才能更好地推动应急管理体系的建设,提高档案生态系统应急能力与水平。

1. 应急培训管理体系构建

培训管理分支体系是档案生态系统应急管理教育培训体系的出发点和落脚点,是对应急培训进行管理约束的体系。档案生态系统内部在进行应急管

① Laurent F.Carrel,"Training Civil Servants for Crisis Management",*Journal of Contingencies and Crisis Management*,Vol.8,No.4,2010,pp.192-196.

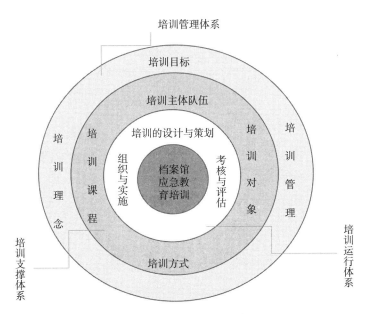

图 5-13　档案生态系统应急培训体系框架图

理教育培训体系建设时,要重视宏观的把握、思想的指导以及建立良好的制度来进行规范化处理。

第一,档案生态系统应急培训目标的界定。档案馆作为我国的公共机构,在面对突发事件时,应急培训必然是以馆藏安全为目标。为了减轻并预防各种自然突发事件、突发事故带来的伤害,对有关档案人员组织培训,以提高他们应对突发事件的能力,保证档案馆馆藏资源的安全与完整,面对突发事件时以使档案损失降到最低。

第二,档案应急培训理念的创新。档案生态系统应急教育与培训应坚持全员参与、协同合作与智慧应急的创新理念。全员参与就是指在整个档案系统所涉及的各个层面的领导以及普通工作者,都要置身于培训中,接受不同的培训课程,以此提高整个档案馆应对突发事件的能力,从横向扩展档案馆应对风险事故的能力范围;协同合作是指档案馆的应急培训不是一馆之事,档案馆人员掌握了一定应急能力时也要借助其他机构和力量来进行合作处理,例如国防部门、医疗部门、武装部门、志愿者等。集中各种人力、财力、物力来使应急效果加倍;智慧应急就是指在培训时利用先进的技术手段来使培训更加智能化、知识化,是全员参与培训以及协同合作培训的方法。档案馆应急培训以此三点为理念,会极大改善传统应急培训观念,更好推动应急管理综合能力的加强与提高。

第三,制定档案应急培训管理制度。完善的应急管理培训制度可以保障应急培训工作有条不紊地进行。在有序的制度标准下提高档案馆人员的应急意识、应急能力和应急水平,促进应急管理培训工作科学化、规范化、制度化。档案馆应根据国家有关应急政策以及标准制定属于本机构的专门培训管理制度,将所涉及的要素进行分条规范,以更好地推动档案馆应急培训工作的执行与管理。档案馆要坚持集中统一培训与在岗自学培训相结合、分级负责、理论联系实际、改革创新等原则,对包括培训负责机构、培训对象、培训管理办法、培训计划、具体的流程、培训课程安排以及评估办法等进行具体规范。建立档案馆内部应急培训管理制度,作用就在于规范馆内应急培训,以使培训工作顺利进行。

2. 应急培训支撑体系构建

档案应急培训支撑体系是各级各类档案馆应急培训体系建设的重要组成部分,是整个应急培训体系最重要的环节。在进行应急教育培训时,档案系统内部要对培训主体队伍、培训对象、培训课程与教材、培训方式等核心要素进行精心设计、安排与挑选,利用专业的师资队伍、根据培训对象安排具有针对性的培训以及专业的培训内容和教材,具有创新性个性化的培训方式,使其更好地在理论与实践两个层面提升档案生态系统主体的应急能力。

第一,应急培训主体队伍建设。档案生态系统应急培训主体队伍就是指在培训过程中涉及的师资队伍。一个好的应急管理培训体系一定拥有专业化的讲师团队。应急培训的师资队伍是载体,他们在培训体系中扮演的就是知识的传递者,以及课程普及的执行者的角色。德国在应急教育与培训师资力量方面十分雄厚,在联邦技术救援署下设有两所专门应急培训学校,目的就是为了培养专业的应急人才以及师资队伍,并且在德国的应急师资系统中,设有专职培训师和兼职培训师岗位,这样的搭配能更好地将理论与实践相结合,将知识和经验带入培训中。这为档案馆生态系统师资培训建设指明了方向。档案馆要加强对应急培训师资队伍的建设,提高档案馆应急培训师资的综合素质和专业化水平。

档案生态系统内部应建立相对集中的应急培训基地,与专门的应急培训院校与档案专业院校进行合作,做好培训师资储备工作。纵向上,以国家档案馆为首,由上到下在全国范围内设立师资共享系统,将各地档案应急以及安全方面的专家信息进行汇总录入,将各地师资进行整合。横向上,加强各地各个档案馆之间的交流互通,更好地实现师资共享。大力提高档案馆应急培训师资的专业水平,积极借鉴国外先进的师资体系以及模式,聘请具有丰富档案应急培训知识及经验的专家进行知识普及,将培养档案应急教学培训师资作为一件常规的事情进行。除此之外,应培养多种类型的讲师团队,例如领导型、咨询性、专家型的人才组合,以更好地维护师资团队,促进其健康发展。

第二,区别培训对象。对档案馆不同职务的人进行区别是确定培训内容和选取合适的培训方式的前提。档案馆工作人员是突发事件来临时的"初始响应者",一旦发现突发事件,其各部门人员对档案资源的安全以及人员安危负有保护责任和义务。一般来讲,可将档案馆培训对象大体划分为领导层、教育层、技术层以及普通业务层。领导层主要是指各科(处)室领导层级人员,负责对档案工作进行目标规划以及制定标准制度,对档案日常事务进行指挥协调的相关人员;教育层是指那些具有培训以及教育经验的人员,负责档案系列职称评定;技术层主要是负责档案技术修复以及系统维护人员,包括档案修复、有害微生物防治、电子文件安全维护人员;普通业务层就是指档案的基础工作人员,负责档案各环节的基本业务人员。在进行培训时,档案馆要针对不同培训对象进行有区别性的培训,对不同角色、不同专业能力和不同职能进行

"分类分层"的培训,提高不同档案人应对突发事件的能力。[1] 促使档案不同部门不同层级的人通过接受对等的培训来更加有效协调合作应对并预防突发事件的发生。

第三,培训课程与教材。应急培训的灵魂和核心内容就是培训课程,一个完整符合实际的课程体系能更好地实现档案馆应急培训目标。因此,建立一套完整的课程体系以及配套教材,对于档案馆人员应急能力提升具有重大推动作用。美国联邦应急管理机构2015年度培训计划中提到,将应急培训课程分为两部分:基础课程和专业课程。[2] 基础课程就是要求所有人员都要了解应急的相关基础理论,以及突发事件来临时所必需的技能以及治理防范流程;专业课程就是针对不同培训对象所进行的有针对性的课程安排。针对档案馆区别出来的四个层级培训对象,在进行课程设计时也应本着基础掌握,专业突破的原则。例如,在对领导层进行课程设置时,要符合其职能,培训课程应针对制定应急预案能力、突发事件发生时领导科学、决策指挥协调等相关课程;技术层的培训课程当然要更加具有专业性,应涉及传统档案保护,例如档案修复技术技能培训、档案保护技术知识。还应涉及对现代电子文件时代档案的长久保存以及应急修复等内容进行课程设置,从各个方面提高专业知识。当然,所有层级的培训对象都应进行基础课程的培训,在此基础上接受专业课程教育。

总的来说,建立一个合理的应急培训课程体系,首要工作就是根据档案馆具体岗位层级以及岗位职能进行有效的岗位分析,从中提取关键技术以及胜任技术,然后对档案馆员工自身具备的技能进行评测,找出所欠缺的应急能力,根据所欠缺部分及时更新培训课程。培训教材也应随着课程改进而随时补充完善。这是以实际应急工作以及岗位需求、改进应急培训为目标的课程

---

[1]　周玲:《国外公共部门应急管理培训体系的初步比较》,《中国行政管理》2010年第3期。

[2]　PD Draft, "Homeland Security Evaluation and Exercise Program (HSEEP) : Introduction and Overview", https://hseep.dhs.gov/pages/1001_HSEEP7. aspx. Washington. D. C. : DHS.

设计方法。档案馆应急培训课程及教材应与时俱进,不断创新,适应新的时代变化以及突发事件,更好的作为工具来提高档案馆人员应急能力。

第四,传统与现代结合的应急培训方式。档案馆应急培训方式是提高工作人员应急意识与能力的通道。恰当的培训方式可以使接受培训的人员更加快速的吸收并形成对应急管理的兴趣,更好地应对未来的未知与风险。在选取培训方式时,要坚持传统方式与现代技术方式相结合,开发并选择培训对象所感兴趣的方式,来更好地加深档案应急培训效果。传统的应急管理培训方式包括课程面授、案例分析、专题研究等,还包括很多实操性的培训方式。美国联邦应急管理学院(EMI)在对学员进行培训时,十分注重实操性与实战性。最成熟有效的培训方式就是演练式,包括:基于讨论(discussion-based)和基于操作(operations-based)。前者主要包括经验交流会、桌面推演等;后者主要包括应急实战演练、职能演练以及全面练习等。档案馆在进行培训方式选取时要坚持讨论教学与实操教学相结合的方式,在理论与实践中更好地应对突发事件。

除了传统的讨论与实践培训方式之外,档案馆可利用现代快速发展的科学技术以及热门平台来进行培训。首先,档案馆可利用技术开发应急教育培训管理系统,工作人员可申请系统账号进入,在系统中选择相关师资的相关专业应急课程进行自主培训;其次,随着移动终端的发展,档案馆可聘请技术人员,针对应急管理系统的相关功能进行平台软件的开发,通过配套的应急培训APP方式来促进馆内人员进行定时培训,软件可设计动画模块,使培训更加具有趣味性,更加人性化;最后,除了移动终端的发展,新媒体技术也逐渐成为各个单位进行宣传的途径与方式。档案馆可利用新媒体技术定时定期对档案应急知识进行网络宣传普及,通过新媒体技术将知识推送普及,不仅仅是馆内工作者,更多的公众也会受益,逐渐形成全民参与的应急文化氛围。另外,目前互联网有很多如慕课等在线教育平台向社会提供开放式网络课程,体现了真正意义上的"有教无类"。档案馆不仅可以组织工作人员进行档案安全与应急方面的学习,还可以以平台为阵地,利用自己丰富的实践资源自主设计课程,发挥档案安全与应急的宣传和教育功能。

3. 应急培训运行体系

培训运作体系主要是指培训的流程,流畅的运行体系会使档案馆应急培训工作顺利进行,使应急培训各要素更加紧密配合,实现最优搭配。该体系主要包括培训的设计与策划、组织与实施、考核与评估。设计与策划是进行培训的前提与基础;组织与实施是确定培训的主体,是进行培训的载体;考核与评估作为运行的最后一个环节,是培训继续进行的鼓励机制,也是经验累积的环节。

第一,设计与策划,主要涉及档案馆具体培训流程以及培训开展的相关事项。对培训的设计与策划,实际是将整个培训从头到尾紧密地衔接起来,使培训过程中所涉及的失误降到最小,更加严谨科学。档案馆应急培训的设计与策划应当包括对某次培训课程的整体谋划与把握,提前与相关领导或部门做好培训沟通,明确培训的背景、主题、方式、师资、期望达到的效果以及后期对培训的总结与评估。在各个事项下做好精心规划,使应急培训工作更加科学化、合理化、人性化、整体化。

第二,组织与实施,在档案馆应急培训工作中,组织主体是指培训教育的管理主体,指档案馆应急部门;实施主体是指具体开展应急教育培训的主体,如档案应急专业高校、培训机构或档案馆应急管理部门等。在组织与实施过程中,还应与其他机构进行合作,例如消防、医疗、武装部门等。在具体培训中,组织主体可向实施主体发出申请,自行筹办或委托应急机构、高校开展培训工作。档案馆可根据实际需要与协作部门开展联合培训。档案馆要重视应急培训过程中组织部门与实施主体之间的合作,与实施部门及协作部门开展多渠道、多层次的培训模式,将本馆经验与其他高校、部门经验结合起来,促进组织与实施机制的完善,保障档案馆应急培训工作进行的"常规化""科学化"。

第三,考核与评估,这是档案馆应急培训工作的最后一项工作。考核是针对培训对象的培训结果,对工作者进行定期考核;评估工作是对组织实施培训的经验与不足进行总结,需要在组织培训实施完并建立评价性指标才能进行有效评估。

应建立督查小组对每个档案馆以及档案工作者的应急水平以及应急技能进行定期考核,建立激励与惩罚机制,对不符合要求的档案工作者进行二次培训与教育。在对培训工作进行评估时,需要引入由 Donald.L.Kirkpatrick 在1967年提出的一个具有代表性的四层次模型,包括反应层、学习层、行为层和结果层。[①] 反映层主要是对学员对老师的认可进行评估,可通过问卷调查形式进行;学习层主要是针对学员在进行培训后所获得的知识与技能进行评估,学员对培训的态度与感受可以通过思想心得体会撰写与征文形式进行;行为层主要对学员在实际档案突发事件中掌握的知识与技能进行评估,该类评估可以通过实习演练考察形式进行,对学员掌握技能与知识进行量化与质化相结合的评估,对培训的技能进行逐项检查并设置"一般、良好、优秀"等指标,通过定量与定性相结合的方式进行评估;结果层以讲师、学员以及档案馆培训三者为出发点,综合评价档案馆的应急能力,通过将各个指标进行汇总分析,得出经验教训,来更好地指导后期培训工作,为其提供经验与教训,调整、改进、完善档案馆应急管理教育培训体系,促进档案馆应急水平的整体提高。

除了引入上述四层次模型,档案馆还可以用内部评估与外部评估相结合的方式从整体评估档案馆应急能力。内部评估主要是指档案馆内部人员对档案馆以及内部人员的评估,主要由档案馆领导统一组织评价;外部评价主要由其他档案馆或协作部门进行评估。内外结合更好地指出不足与改进之处,使培训工作更有效开展,形成内外兼具的、全方位效果评估。

在社会发展以及科学技术不断变革的今天,世界各国都面临着安全环境

① D.L.Kirkpatrick, *Evaluation in The ASTD Training and Development Handbook*(2nd ed.),New York:MeGra-Hill,1976,pp.249-312.

的转变,各种突发事件往往具有偶然性、不确定性以及隐蔽性,这就为应对突发事件带了巨大的挑战。档案馆面对严峻的形势以及自身需求,应积极转变思想,用先进的思想观念来进行应急技能与知识的培训,在国家政策、馆内规范、应急基础设施完备的基础上,坚持传统与现代技术相结合,优化管理培训体系结构,加强应急处置意识的培养与提升。让应急管理培训工作成为一项提供综合素质与能力兼备的应急队伍的基础工程,成为防范规避风险,解决棘手问题的重要保障。当然,档案馆应急管理教育培训体的建设之路任重而道远,需要不断改革创新,与时俱进,以促进档案馆生态、健康、有序发展。

二、财政资源的有效支持

档案生态安全应急管理水平的提高需要有雄厚充足的资金保障,为应急管理专业人才培训等提供具体的财政支持。这就需要完善资金管理体系,保障资金供应链完整,确保紧急事件发生时有足够的资金支持与保障。

就我国目前现实情况来看,各种突发事件应对需要的应急款项通常都是预算外资金,比如各级政府的临时拨付。通过项目组调研发现,70%以上的档案馆对档案安全保护工作的资金投入占馆内总投入金额的比例稳定在10%—30%左右,仅半数档案馆设有专门款项支持开展档案馆突发事件的预防工作,款项经费在档案馆总支出占比较低,各级档案部门的应急资金存在严重短缺。如果档案馆在日常工作中不注意申请专项资金预留,那么在突发事件真正来临时,就会出现捉襟见肘的尴尬局面,资金缺口大、资金到位率低等问题频频出现。其实,财政资金问题是硬伤,不仅我国存在,其他国家也同样存在。例如,巴西博物馆发生火灾的重要原因就是博物馆"从未得到过足够支持",存在资金长期短缺问题,2015年到2017年三年间安全设备投入只有4000美元,致使博物馆年久失修,馆藏文物安全面临巨大风险,最后发生火灾给世界文化遗产带来重大损失。

近年来我国档案界对档案安全非常重视,一些档案部门已经针对这一问题进行了积极的改善,许多档案馆专门设立了应急资金预算,但是整体而言,当前资金满足程度与理想状态还是差距较大。而当突发事件发生后再进行资金调配解决问题,往往造成应急抢救工作时机的贻误。① 目前,我国应急资金来源渠道单一,必然会直接影响档案馆应对突发事件的实际效果。

就应急资金准备而言,美国档案馆形成的多渠道、多元化的来源机制值得借鉴。美国国家档案馆的应急资金主要来源于三个方面。第一,政府的拨款。美国政府设立有"部级储备目标审查委员会"专门管理应急资金,这一部门主要由能源部、商务部以及国防部等共同组成,主要针对每一年的应急资金管理工作作出明确部署与规划。② 除此之外政府还设有"全国性资源目录",以保证在灾害发生时能够有充足的资金和技术投入使用。这就使得美国档案馆每年都能获得足够的政府拨款。如美国国家档案馆每年获得政府的财政支持不低于1000万美金。不仅如此,美国各州档案馆也都会按照规定,在发生馆藏文件受损时得到州政府的保护与资金支持,并可以额外获得政府拨款,这就大大缓解了档案馆的资金压力。第二,足够的社会资金支持。档案馆应急资金来源的重要渠道之一就是社会募集资金。例如美国国家档案馆基金会每年都会开展一系列的社会公益性活动,在社会进行公益宣讲或者档案展览等活动,帮助开展社会义务教育工作,这就使得基金会每年都会有客观的资金收入来维持档案馆的日常运行以及应急管理活动,并且该基金会的募集方式多种多样,极为灵活,较为容易吸引社会各方资金资助。基金会按照资助金额区分不同会员级别,例如,"赞助人""支持人""家庭会员""个人会员"这些级别的会员分别资助250美元、125美元、100美元、60美元,并且根据资助额度享受不同服务。另外,附属于美国档案基金会的"青年创建者"协会也是吸引公众资金的一大亮点,他们利用馆内的文件资源吸引有兴趣的公众交纳60—1000美元不等的会费成为会员,基金会将会根据每个人资助资金金额的大小来有针

① 平现娜:《中美档案馆应急准备比较研究》,河北大学2016年博士学位论文。
② 顾海东:《美、英等国战争动员建设的共同特点》,《国防》2002年第11期。

对性地对资助人开放一定的档案资源。美国国家档案馆基金会作为公益组织,每年都会吸引大量的社会公众入会,这也为美国各地的档案馆提供了有保障的资金来源。公众可以在该基金会的官网上看到所有捐助资金的使用明细,以及基金会的年度工作报告,相关的内容都可以在其官网上进行查阅下载。同时,该基金会官网还设有网络支付通道,方便了公众的捐赠。第三,美国政府还十分注重档案馆的商业保险投入,这些商业保险给予了档案馆十分重要的资金保护,也提升了档案馆的风险预测意识。美国 Presbyterian 学院档案馆一直与 Traverlers 保险公司合作购买火灾和意外险。总之,多渠道、多元化已经成为美国应急资金准备来源机制的一大特色。①

因此,可参照美国档案馆应急资金筹集模式,拓宽我国档案部门应急资金来源渠道,建立合理资金使用制度。由于我国档案部门应急管理使用资金主要依靠国家和政府的拨款,因此对于应急管理工作,可以尝试建立"主辅协同、多元投资"的资金投入管理机制。首先,争取获得国家和所在政府对档案机构的投入。除此之外,政府和各级档案部门还要加强社会资金募集引导工作,拓宽资金募集渠道。例如,档案馆可以与相关企业开展战略合作,给予合作企业优质的档案信息资源服务,以便争取到更多的活动资金用于档案馆日常的安全保护与应急准备;通过宣传增强社会群众的档案意识,吸引更多社会公众的自愿捐赠。此外,加快我国档案突发事件保险制度建设脚步。尽快完善档案与信息安全保险制度,当投保资料受到意外损害时可以向保险公司申请赔偿,减少损失。根据《中华人民共和国突发事件应对法》第三十四、第三十五条内容规定,国家鼓励公民、法人和其他组织为人民政府应对突发事件工作提供物资、资金、技术支持和捐赠,国家发展保险事业,建立国家财政支持的巨灾风险保险体系,并鼓励单位和公民参加保险,②档案馆可根据自身能力与

---

① 华汝国:《美国国家档案馆基金会的经验与启示》,《中国档案》2015 年第 6 期。
② 中国政府网:《中华人民共和国突发事件应对法》,2018 年 3 月 27 日,见 http://www.mem.gov.cn/fw/flfgbz/201803/t20180327_231775.shtml。

需求向社会大众募集相应资金来保障日常运作与管理,储备一定量应急资金来应对突发问题。我国档案行业也可以推动相关基金会的建立与运行,借鉴有关国家的成功经验,尝试建立档案事业基金组织,拓展用于档案安全应急管理资金的筹措空间。

政府与档案部门牵头建立的档案应急资金保障体系是建设我国档案应急资金管理体系的重要一步,如何科学合理地管理与使用应急资金也值得重点关注。这就要求建立完善的资金管理制度。在各级各类档案机构建立专人管理,多头监督的管理机制,执行严格的资金使用制度,保证应急资金专款专用,使用科学规范。最大限度地提升资金利用率,确保让有限的资金发挥最大的功效。同时,要通过档案主管部门严格的监督与审计制度,加强应急资金的监督与管理,提高使用实效。

三、物资资源的全面保障

俗话说"巧妇难为无米之炊",这句话用在档案安全应急管理领域,就是在强调应急物资的重要作用。在档案生态系统应急管理的全过程,都需要充足的设备给予保障和支持。在常态生态安全保护阶段,性能优良的库房建筑、先进的风险管理与监测设备;智能化的库房环境调控与监测设备;突发事件来临后,专业的应急抢救物资设备等,都为档案部门应对突发事件赢得了救援时间。相关专业设备的保障与支持是保证抢险救灾工作的关键,每一个抢险决策的下达都需要足够的物资支持,有时候决策果断也会受到物资紧缺的掣肘,从而可能导致救灾工作的延缓与失败。

物资资源是否充足往往由应急资金是否充足直接决定,通过一系列的走访调查可以发现,档案馆应急资金不足往往是造成救援物资紧缺的关键因素。如果档案馆日常必备的档案安全设备都无法保证,那么紧急情况下的应急救援物资更是难以满足。造成这类问题的原因主要有以下三点:一是资金管理体系未完善,资金管理不到位造成的专项应急资金缺乏导致应急物资不完备;

二是应急设备老化,功能有限,许多档案馆配备的应急设备往往不足以保障抢险救灾工作的物资需求;三是应急设备利用率低,低端设备重复建设率高,无法满足应对复杂多变的突发事件的需求。

美国档案馆较为完善的应急物资管理制度具有重要参考价值。档案馆内会配备有档案盒、塑料薄膜、防水油布以及发电机等普通应急物资,以备不时之需。当档案馆内出现紧急情况时,相关管理人员需要快速对受灾情况进行评估判别,列出可能需要的应急物资清单,并及时提供相应物资。档案馆内应急物资管理主要有两种模式:一种是档案馆可与应急设备供应商签订长期合作协议,档案馆一旦发生紧急情况时,合作供应商就承诺24小时最多36小时内将协议物资送至事发地点。这种方式最大的优势是节约资金与存储成本,可以随叫随到,但是最大的劣势也是存在应急物资提供不及时影响突发事件应对的风险。另一种是档案馆专人专岗负责应急物资的管理,应急物资在特定的地点进行保存。当发生紧急情况时,由专人将物资运送到指定位置。这种方式的优势是应急物资使用自主。

档案馆的应急物资准备应以目标需求为导向。在我国当前资金不够充足的条件下,完全可以通过精细化应急管理,重点突出地进行应急物资准备。例如可以根据档案馆自身风险评估与判断,从高到低排列风险清单,有针对性地确定应急物资资源数量、种类等,确定"需要什么"进而解决"如何得到"的问题。档案馆要根据自身情况,对于高发频率的档案馆突发事件,就要自行配备应急物资,以确保在灾害发生时能够有充足的物资及时发挥应急作用;对于低发生频率的突发事件所需应急物资资源,可以根据前文所述的"应急资源协同"的观点,与同级政府、邻居同行单位,抑或是应急物资供应企业等,形成"应急管理联盟",共同达成物资提供与使用协议,保证灾害应对时的物资及时供应。现代信息技术下,档案馆之间,档案馆与公共管理部门之间均可建立区域应急物资管理共享平台,包含区域内的应急物资分类、统计、追踪、合理配置等功能,统一管理各个档案馆的应急管理物资,并且与同级政府的应急管理相关部门互联互通,形成应急物资信息的良好共享,最大限度解决信息不对称的问题,以便突发事件来临时的物资统一调度,以避免因资金有限导致应急物资不到位的尴尬局面。这种方式可以最大限度地实现资源整合,是最经济有效的档案馆的应急物资的保障方法。

综上所述,档案生态安全应急管理的有效实现,离不开人、财、物这三项重要应急资源的全面支持。应急管理人力资源是最具主观能动性的因素,也是应急资源保障中最为重要的资源;应急资金资源是应急资源保障的基础;应急物资资源是保护档案安全,抵抗突发事件破坏作用的物理防线。因此,必须加强应急人力资源、财政资源以及物资资源建设,为我国的档案生态安全应急管理提供强大保障。

第六章　档案生态安全应急管理
能力评价体系构建

如前所述,档案生态安全的实现,一方面要维护档案常态安全;另一方面要做好非常态安全保护,即应急管理。而在实践中是否落实到位,就需要建立一套科学合理的评价指标体系,对档案生态安全应急管理能力进行评价,从而保证档案生态系统良性运转,并不断通过"自检"或者"他检",发现问题,提升档案生态安全应急管理能力,从而保障档案安全。

第一节　档案生态安全应急管理能力
评价体系构建的理论依据

档案生态安全应急管理能力评价,即采用一定标准,对档案生态安全应急管理相关指标进行定性与定量评估,从而促进系统应急管理水平提升。档案生态安全应急管理能力评价,既能协助机构或者个人,把握正确的应急管理工作方向,及时纠正应急管理工作的问题,又是新一轮档案生态安全应急管理工作的起点,推动应急管理工作向前发展。

一、档案生态安全应急管理能力评价内容

档案生态安全应急管理能力评价的标准是应急管理评价的主要内容之

一,一定要客观公正,因此需要建设科学、完善、规范的指标体系,主要包含四个方面,可以概括为3W1H。

Why——评价的目的。通常而言,根据评价目的,将评价分为"形成性评价"与"总结性评价"。前者的开展,是为了督促被评价的对象进一步完善工作;而后者的开展,主要是为了获取全面数据,为决策者制定政策服务。如前所述,档案生态安全应急管理分为常态与非常态管理,常态应急管理工作的评价大都是形成性评价,对应急预案、风险源等的定性定量评价均属此类,是为了找出应急管理前端工作的不足及时修正;而对档案非常态安全保护,也即应急管理的中后端的管理评价,多是经验与教训的总结,为了改进本单位下一轮的应急管理政策、策略。当然,即便是总结性评价也具有完善与优化的目的,及时总结不足、追究责任,也能够从一定程度上促使档案生态安全应急管理质量得到一定提升。

What——评价的对象。较为常见的档案生态安全应急管理评价对象有如下三类。其一为输入的应急管理评价,即事前评价。在突发事件发生之前对各种应急准备工作方案、策略的评价,以此作为领导者进一步决策的依据。例如:应急预案评价、风险源评价等。其二为输出的应急管理评价,本质上属于一种事后评价。评价对象主要针对已经发生的档案生态系统突发事件的项目整体应急方案及其后果,例如:档案生态安全应急管理能力的综合评价等。其三为过程的应急管理评价。该类评价主要以完整的业务流程改进为目的。

Who——由谁来评价。这部分主要确定档案生态系统进行各类评价的主体,即档案生态安全应急管理工作由谁来负责,由谁来执行。通常有两类应急管理主体,其一为应急管理评价工作的组织者,也就是组织并领导档案生态系统内各级各类档案馆应急管理工作的核心成员,一般而言为全国档案行政管理部门,或省市级的档案馆上级主管行政机构及其领导,以及各级应急管理常驻机构。其二为档案生态安全应急管理评价的实施者,一般为专家、有关技术人员或是专业第三方评价机构。如何选择合适的评价主体决定了评价结果所起的作用。根据参与评价主体,应急管理评价还可以分为系统内自评和系统外他评。自评主要由档案生态系统内部工作人员参与,这种评价方式的优势在于工作人员对于有关问题较为熟悉,有助于工作的开展,而另一方面,也可能存在因本位主义导致评价结果失真,最终对管理结果产生一定的不良影响;他评的结果具有更强的客观性,然而需要更高的经济成本。

How——如何评价。重点是档案生态安全应急管理评价的实际实施方式,通常分为正式评价与非正式评价。前者具有详细规范的评价标准体系,按照一定流程进行并且以正式报告或结论的形式作为评价结果。而非正式评价是基于评级主体的设计对档案生态安全应急管理工作进行考察与评价,具有一定的主观性。另一方面,可参考《中华人民共和国突发事件应对法》中的损失评价、原因评价以及处置评价三种不同类型进行评价。其中,损失评价的重点为突发事件带来的损失,是分配应急资源的重要依据;原因评价的重点为导致突发事件的缘由分析,对于后续预防工作具有显著的引导价值;处置评价的重点为应对突发事件采取的具体处理方案与措施,主要目的是提升系统应急响应能力。

通常而言,评价档案生态安全应急管理工作前应系统制定科学的指标体系、合适的评价方法等,保证应急管理能力评价的结果真实客观。因此构建全面、科学的应急管理评价指标体系对于应急管理评价水平提升具有重要意义。

二、档案生态安全应急管理评价流程

为了提高档案生态安全应急管理能力,相关的评价工作应该作为一项常规性的工作,定期举行。档案生态系统的应急管理评价,如前所述,有内部与外部之分。内部评价一般由各级档案生态系统的应急管理工作的主管部门负责,主管领导应为第一责任人,统一负责安排内部评价。外部评价工作,应由国家档案行政部门统一组织实施。由国家档案局领导下的全国档案应急管理领导小组负责统一组织实施,负责档案应急管理工作的领导为第一责任人,牵头成立全国档案行业应急管理评估小组,一般由 4—5 人组成,除了档案行政部门领导外,建议邀请国内档案应急管理专家、档案安全保护专家等,参加全国的档案行业应急管理评价工作。

图 6-1　档案生态安全应急管理评价体系评估流程

无论具体采用何种方式进行档案生态系统应急管理能力评价,评价客体都具相似性,包括应急预案建设状况、风险预估、应急能力评估等多项内容。为保证评价质量与效果,推动应急管理能力提升,内评通常每年开展一次,有助于及时发现存在的漏洞;外部评价可以适当延长周期,间隔 3—5 年进行,以兼顾工作实效与效益。或者,也可以每年随机选择档案馆作为外部评价的抽查对象。具体评估实施流程如图 6-1 所示。

第二节　档案生态安全应急管理评价
指标体系构建的模型基础

在档案生态安全保护研究中运用软件开发成熟力度模型,结合档案生态安全应急管理工作自身特色,建立档案生态系统应急管理能力成熟度模型。

一、能力成熟度模型简介

能力成熟度模型(Capability Maturity Model for Software,缩写为SW-CMM,简称为CMM)于1987年由美国卡内基梅隆大学软件工程研究所提出,作为最具实际运用价值的软件生产标准以及成熟度等级评估标准在国际范围内受到广泛认可。CMM详尽描述了软件定义、实施、操控等多个发展阶段。CMM为了推动软件开发更好地满足企业目标,依照特定标准,针对完整的软件研发过程进行管理与监控,更具科学性与标准性。CMM还可用于评价软件承包商,促进其工程质量提升。目前CMM分为初始、可重复、已定义、已管理和优化五个级别。其中后四个级别均可细化为等级特征、关键过程域(Key Practices Area,简称KPA)以及关键实践(Key Practices,简称KP)三个不同层次(见图6-2)。

(一)能力成熟度的等级特征

如图6-3所示。

一是初始级的等级特征。处于该等级的软件研发基本是无序状态,甚至极其混乱,实际研发软件的各个步骤完全没有依照相应规则进行,处于这一状态的软件研发主要依赖个人能力,团队工作成效偏低。

二是可重复级。在该阶段,软件研发已有初步项目管理体系,并且已经监督管理软件研发质量、成效,并且允许相似的软件项目可以相互借鉴,促进项

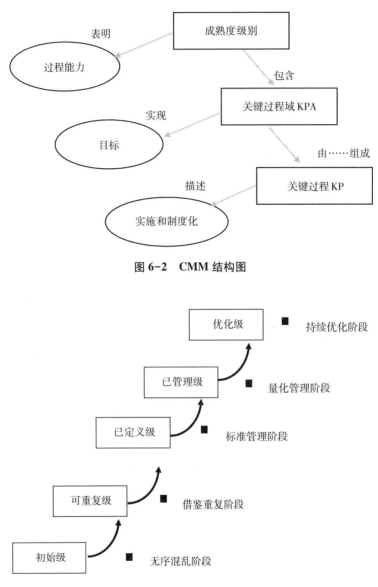

图 6-2　CMM 结构图

图 6-3　能力成熟度模型级别特征

目成功。

三是已定义级。该阶段,软件研发的标准过程已经具备,且具有文档化和标准化的特征,采用标准化的操作流程完成软件研发与管理。

四是已管理级。该阶段,对研发已经能够实现良好的量化管理,同时无论是研发过程还是后续管理环节均具有明确的量化标准,研发过程整体可控。

五是优化级。该阶段,软件研发保持持续改进,更关注自身过程,运用新型的观念、工艺、方法等避免存在漏洞,这时软件研发过程逐步完善。

(二)能力成熟度模型的内部结构

能力成熟度模型所划分的各等级下面均可以进一步细分为具体结构,目的是为每个等级明确相应级别的任务和措施。五种不同能力等级中除初始级外,其余级别均由关键过程域(KPA)和关键实践域(KP)组成,二者是构成其内部结构的关键因素。关键过程域重点表示相应成熟度等级需要满足的标准,关键实践则是相应采取的关键活动,由约定、能力、活动、分析和度量、验证五项内容予以规范。

关键过程域(KPA):针对每个等级制定相应的各项标准,如果实际活动达标,则意味着对应级别的关键目标实现,也就是达到该级别的能力成熟度(见表6-1)。

表6-1　能力成熟度各等级的关键过程域的分类[1]

过程分类	管理方面	组织方面	工程方面
初始级	—	—	—
可重复级	需求管理 软件项目计划 软件质量保证 软件配置管理 软件项目跟踪与监控 软件转包合同管理	—	—
已定义级	软件集成管理	组织过程焦点 组织过程定义 培训程序	软件产品工程 统计评审

---

[1]　杨一平:《软件成熟度模型 CMM 方法与应用》,人民邮电出版社 2001 年版,第 98 页。

续表

过程分类	管理方面	组织方面	工程方面
已管理级	定量过程	—	软件质量管理
优化级	—	技术改革管理 过程变更管理	缺陷防范

关键实践(KP):明确指出为了达到相应级别目标而必须采取的具体行为或者措施,其作用主要体现在实践领域,代表了想要实现关键过程域所制定的目标的关键行为方式。

二、档案生态安全应急管理能力成熟度模型的构建思路

本书拟运用能力成熟度模型(CMM)的框架内容,结合我国档案生态安全应急管理现状,构建档案生态安全应急管理能力成熟度模型,并以CMM为基础构建档案机构具体的应急管理能力评价指标体系。

能力成熟度模型重点针对软件研发提供完善思路和方法,随着过程逐渐完善,成熟度不断攀升。而档案生态系统应急管理能力提升的关键在于对应急管理全过程的完全控制。基于这一理念,结合档案生态系统应急管理的自身特征,参考能力成熟度模型,分析研究其相应的关键领域和关键实践,建立完整的档案生态安全应急管理能力成熟度模型。该模型具体建立思路如图6-4所示。

三、档案生态安全应急管理能力成熟度模型的构建方法

本书基于对我国档案生态安全应急管理实践的现状以及个性化特色,融合软件成熟度能力模型构建思想,尝试建立档案生态安全应急管理能力成熟度模型体系,以期为我国档案馆应急管理实践提供有力参考。

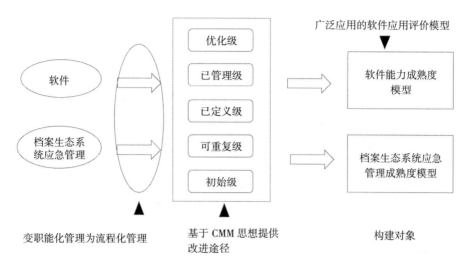

图6-4 档案生态安全应急管理能力成熟度模型的构建思路

（一）档案生态安全应急管理能力成熟度的等级划分

档案生态安全应急管理活动自身具有持续性、动态性特征，是一项长期工作。首先按照档案生态系统应急管理活动能达到的不同级别水平，将应急管理成熟度从低到高分为五个不同级别，分别为：初始级、规范管理级、标准管理级、定量管理级以及持续改进级。然后，针对每个成熟度级别，依次定义相应的关键过程域（KPA）与关键实践（KP）。每个关键过程域包含达到这个级别的目标，目标达到则晋级，随着档案生态系统应急管理水平升高，成熟度级别也逐渐升高。提升应急管理能力，重点首先放在档案应急管理的基础设施及技术层面的问题，在具备了一定的技术基础之后，才会将关注的重点转移至管理模式和人才培养上。在档案应急管理实践中，应该明确应急管理成熟度模型的不同级别的主要特征，不断以此为目标，规范管理与行为，推动应急管理能力的提升。

档案生态安全应急管理能力成熟度等级特征如下。

1. 初始级

档案生态安全应急管理过程混乱无序。档案生态系统整体应急管理目标不明确,尚未构建全面的应对管理制度;应急管理流程具有极强的任意性;基本风险管理及应急准备工作没有开展;无专门的应急管理团队进行专门应急管理工作。

2. 规范管理级

档案生态安全应急管理过程规范可重复。档案生态安全应急管理设有基本目标,有专门工作人员开展应急管理工作;风险管理、应急准备工作等各项应急管理流程逐渐走向规范;该级别的档案馆在突发事件应对中,已经有意识地积累经验教训,建立有效学习体系,突发事件的应急管理工作基本可以实现制度化、可重复。

3. 标准管理级

档案生态安全应急管理过程标准化。已经具有明确的应急管理制度与评价机制;制定了全面、详细的应急预案;组织风险可控;应急管理组织队伍健全;应急管理过程实现标准化,符合文档化要求;应急管理体系较为完善;应急管理过程标准可遵循,可实现全过程跟踪。

4. 定量管理级

档案生态安全应急管理过程量化可测。应急管理各项制度和标准完善,应急管理的流程标准化程度高;具有健全完备的应急管理体系;应急管理专业队伍建设完备;风险管理、应急资源准备、应急恢复以及各项监督等机制健全;应急管理关键活动的数据量化合理,并且具有量化的应急管理质量评测标准,促使应急管理能力稳定提升。

5. 持续改进级

基于信息系统的档案生态安全应急管理体系建立;应急管理能力稳步增强,对风险、突发事件控制能力较强;应急管理流程管控持续改进,不断提高。处于该级别的档案生态系统主要目标是继续优化应急管理过程,持续提高其应急管理能力,将创新理论和思想融入应急管理体系,增强其柔性。

(二)档案生态安全应急管理能力成熟度模型的内部结构设计

档案生态安全应急管理能力成熟度级别不断上升的每一个过程,都要达到相对应的关键过程域(除了第一等级外)的要求。而某一等级的能力成熟度由多个关键过程域共同形成,在实践工作中为了保证成熟度,需要通过关键实践活动,保证达成每个关键过程域的目标。

应急管理能力成熟度级的达成与关键过程域息息相关,处理关键过程域的过程是保证成熟度等级达标的决定性步骤,完成关键过程域目标的关键则是关键实践,通过关键实践实现关键过程域要求,从而继续达到成熟度等级的要求。档案生态系统的应急管理能力成熟度等级能否进一步实现上升取决于全部的关键过程域目标,只有全部达成时才能保证成熟度等级的上升。当成熟度等级达到新的级别时,为进一步提升等级,则需实施新一级的关键过程域和相应的关键实践,从而形成不断上升的循环过程,成熟度等级的上升是持续提升档案生态系统应急管理效率和应急管理能力的有效方式。

1. 档案生态安全应急管理能力的关键过程域

第一,规范管理级的关键是应急管理过程实现规范化和可重复,表6-2中列出了规范管理级的关键过程域。该级别的各个关键过程均是规范的,且依照一定的标准进行。规范管理级的重点工作在于管理应急过程中的各个项目都要保证规范的实施过程。

第二,标准管理级的关键在于明确应急管理过程内涵与主要内容。保证应急管理各个流程都实现标准化是这一级别的重点问题,明确的文档规定应覆盖到每一个过程。表6-3中列出了标准管理级的关键过程域。标准化和文档化是该级别的重中之重,覆盖范围包括了每个流程。

第三,定量管理级的关键是应急管理流程实现定量化管理,更高质量和可预测的应急管理过程是定量管理级的关键。表6-4中列出了定量管理级的关键过程域,特别是对应急管理过程各个环节进行质量管理和定量管理,该级别通过对不同环节的评估实现合理预测投入和产出,提高投入的效率,增加产出,达到高质量的应急管理。

第四,持续改进级的关键是应急管理过程的不断优化与持续改进。表6-5中对持续改进级的关键过程域进行了列举。这个阶段的重点是全面、科学评价应急管理的各个过程,保证档案生态安全应急管理的集成化和综合性是持续改进级面临的重点问题。

2. 档案生态安全应急管理能力的关键实践

关键实践是判断能否达到关键过程域目的的实践活动,与划分应急管理成熟度的过程密不可分,因此档案生态系统在评估关键过程域的完成情况时可以重点参照关键实践的结果。以下的表6-2、表6-3、表6-4、表6-5中展示的内容是本书制定的关键过程域和相应的关键实践。

表6-2　规范管理级关键过程域与关键实践

关键过程域	关键实践
应急组织及人员建设	建立专门的应急管理组织,配备专业的应急管理人员,组织内的部门划分清楚,人员职责分明
灾害信息识别与发布	在灾害发生之前基本准确预报灾害的发生,并将灾害信息通过各种方式发布
灾害辨别与跟踪监测	基本识别灾害类型与等级,并对灾害进行跟踪监测,规范监测过程,次生灾害得到预防和处置
应急资源管理	应急专项资金进行专门管理,并在突发事件发生时按需投入使用;应急技术不断开发和应用;应急物资储备较充足,记录完整,突发事件发生后,物资能够及时供应
应急计划与指挥	突发事件发生时,成立应急指挥小组,制定相应的应急预案
应急救援过程管理	灾害发生后,进行工程抢险,积极实施应急疏散、搜救和医疗救治,并对灾民进行安置
灾后恢复过程管理	对灾害现场进行清理,对灾区进行恢复重建

表 6-3　标准管理级关键过程域与关键实践

关键过程域	关键实践
应急预案建设	制定科学合理、可操作性强的灾害应急预案
组织过程定义	对灾害前、灾害中、灾害后的每一个应急管理过程都有文件上的定义
组织培训与演练	向组织内人员进行应急管理相关知识和技能的普及与培训,并定期进行相关应急灾害演练
组织间协调	政府与其他各类应急组织实现应急联动和信息共享
灾害总结及评估	应急救援过程结束后,对相关救灾经验教训进行总结,并对损失进行评估,对责任进行追究

表 6-4　定量管理级关键过程域和关键实践

关键过程域	关键实践
事态控制	在对灾害事态进行跟踪监测的基础上,依据实际情况采取有效的控制过程,使整个过程中事件处于可控状态
资源控制	按照供求关系通过计算对资源进行合理安排,使得资源产生最大效用
定量管理过程	对每一个过程尽可能采用定量方法进行测量和管理,建立合理的管理模型
应急质量管理	对每一个应急过程及其结果进行及时的质量控制

表 6-5　优化级关键过程域和关键实践

关键过程域	关键实践
应急综合管理	对应急管理过程进行战略规划,并且保证应急管理各过程衔接良好
缺陷预防	对应急管理过程进行漏洞和缺陷查找,并进行及时补缺
过程变更管理	依据战略规划的调整对设定好的应急管理过程进行不断完善和调整

(三)档案生态安全应急管理能力成熟度模型的构建结果

笔者在档案生态安全应急管理研究中引入成熟度模型,从管理、制度、组织三个层面对当前档案实践机构的应急管理成熟度等级的关键问题进行分类,见表6-6。

表 6-6　档案生态安全应急管理能力成熟度框架

过程分类 / 成熟度等级	制度方面	管理方面	组织方面
初始级	—	—	—
规范管理级	—	应急资源管理 灾害信息识别与发布 灾害辨别与跟踪监测 应急救援过程管理 灾后恢复过程管理	应急组织及人员建设 应急计划与指挥
标准管理级	应急预案建设	灾害总结及评估	组织过程定义 组织培训与演练 组织间协调
定量管理级	—	事态控制 资源控制 定量管理过程 应急质量管理	—
持续改进级	—	应急综合管理 缺陷预防 过程变更管理	—

第三节　档案生态安全应急管理能力评价指标体系的构建

本节结合我国档案实践部门应急管理现状,以应急管理能力成熟度模型为理论依据,尝试建立档案安全应急管理能力评价指标体系,并对指标体系加以量化,以保证指标体系的科学、合理、可行。

一、档案生态安全应急管理能力评价指标的提取

应急管理能力的评价指标体系研究在国内外内已取得了较大的进展,相关指标体系较为科学、全面,涵盖的内容较为丰富,但是仍存在有待完善的部分,例如应急管理的质量管理、定量管理、过程管理等方面还需要补充和加强。因此,本

书将档案生态系统应急管理能力评价中的关键过程域与其他领域的应急管理评价指标体系中的关键部分相结合,以表6-7中的内容进行总结概括和构建。

表 6-7　档案生态安全应急管理能力评价指标体系

档案生态安全应急管理能力（U）	档案生态安全应急准备能力（U1）	应急管理组织机构及人员完善程度（U11）	应急管理组织机构专业性（U11-1）
			应急队伍职责分工明确性（U11-2）
		灾害监测能力（U12）	灾害监测持续性（U12-1）
			灾害监测全面性（U12-2）
		应急预案完善程度（U13）	应急预案完善性（U13-1）
			应急预案可操作性（U13-2）
		日常培训与演练效果（U14）	培训内容全面性（U14-1）
			演练方式有效性（U14-2）
			培训对象的全面性（U14-3）
		应急资源的准备能力（U15）	应急资金按需投入合理性（U15-1）
			应急技术开发及时性（U15-2）
			应急物资充足程度（U15-3）
		应急管理流程规范程度（U16）	应急管理流程规范的明确性（U16-1）
			应急管理流程规范的科学性（U16-2）
	档案生态安全应急响应能力（U2）	灾害信息的辨别与报送能力（U21）	辨别灾害信息的准确性（U21-1）
			灾害信息报送的及时性（U21-2）
		应急决策和指挥能力（U22）	应急决策科学性（U22-1）
			应急指挥有效性（U22-2）
		应急资源的调配能力（U23）	物资调配方案的科学性
			应急人员响应的及时性
		组织间应急联动能力（U24）	档案馆与政府及相关应急部门的灾害信息共享性（U24-1）
			档案馆与政府及相关应急部门的应急联动协调性（U24-2）
	档案生态安全应急救援能力（U3）	灾害应急抢救技术的应用能力（U31）	应急抢救技术的专业有效性（U31-1）
			应急抢救技术的更新程度（U31-2）
		救援团队的救援能力（U32）	救援现场控制能力（U32-1）
			救援队伍的专业性（U32-2）
		应急救援过程定量控制能力（U33）	应急救援过程中资源投入定量控制（U33-1）
			应急救援质量的定量评估（U33-2）
	档案生态安全应急恢复能力（U4）	档案修复技术应用能力（U41）	档案修复技术有效性（U41-1）
			应急抢救技术的更新程度（U41-2）
		灾害定量损失评估与总结能力（U42）	对受灾情况进行损失评估的科学性（U42-1）
			总结救灾经验的有效性（U42-2）
		灾后责任追究能力（U43）	对灾害发生原因进行分析的合理性（U43-1）
			对责任者进行追究的力度（U43-2）
		优化应急管理过程力（U44）	应急管理过程的合理有效性（U44-1）
			调整应急管理过程及时性（U44-2）
		应急管理缺陷预防能力（U45）	评估应急管理环节缺陷有效性（U45-1）
			对应急管理可能的缺陷进行预防的有效性（U45-2）

二、档案生态安全应急管理能力评价指标信度效度分析

由于评价指标体系的建立不可避免地存在客观度不足的缺陷,为了保证指标体系构建的科学性与合理性,对档案学专家以及档案馆实践部门的档案安全与应急管理的负责人进行问卷调查,从而完成数据的收集。

(一)调查问卷设计及数据收集

本书采用结构化问卷方式进行调研数据的收集。在设计调查问卷时严格遵照主题明确、结构合理、逻辑合理、题量适中、表达准确的原则,从而保证检验、整理资料的科学性和可行性。

问卷包含两个部分,共18题。为了保证问卷的实用性和简洁性,只调查分析了二级与三级指标的信度效度。调查问卷题目答案设计采用统一的格式,以五个程度性答案对不同指标进行了划分,依次为"认同、较为认同、基本认同、较不认同、不认同"。

档案界专家或者档案馆安全与应急工作一线负责人是本次开展调查的对象,调研方式包括现场调查、邮寄、电话等,被调查专家共30位。由于我国该领域内的专家数量有限,因此调查样本虽有限,但具代表性。另外,此30位专家中达成有效问卷的共有28位,即有效反馈率达到了93%。本次收集的样本数据一定程度可以反映总体特征,具有统计学意义。同时在发放问卷的过程中进行了大量的现场沟通,获取更加丰富的数据信息,是继续分析的重要依据。

(二)调查问卷数据分析

项目组应用分析软件SPSS18.0作为统计工具,使用效度分析、信度分析和其他分析等定量分析方法,保证了分析结果的准确性,同时也验证了指标体系的合理性。对认可程度的统计用数字1—5进行表示,从而方便定量分

析。从小到大,数字 1—5 依次代表"不认同、比较不认同、基本认同、较为认同、认同"。

1. 档案生态安全应急管理能力评价指标信度分析

使用信度分析来测算整个综合评价体系自身可靠性以及稳定性的基本情况。一般来说,信度主要是指测量结果的可靠性、一致性、稳定性即测验结果是否反映了被测者的稳定的、一惯性的真实特征。综合评价问题必然会涉及如何对评估对象实施综合评价,本章主要针对量表自身的信度(有效性)来展开探索。一般使用信度分析系数这个指标来体现评级量表的有效性。这些指标涵盖了折半信度系数以及克朗巴哈(Cronbach)α 系数等。信度系数数值高,代表着测量结果真实可靠。

根据收到的档案专家的问卷反馈,设立档案生态安全应急管理能力评价指标 18 个,其中档案生态安全应急准备能力评价指标 6 个,应急响应能力评价指标 4 个,应急救援能力评价指标 3 个,应急恢复能力评价指标 5 个,样本观测值为 28,项目数为 22。通过 SPSS18.0 软件计算问卷数据得到 α 系数,如表 6-8 所示。

表 6-8　专家调查问卷信度系数表

问卷维度	信度系数		
	样本观测值	项目数	克朗巴哈α系数
应急准备能力	28	6	0.853
应急响应能力	28	4	0.762
应急救援能力	28	3	0.901
应急恢复能力	28	5	0.861
总体信度	28	18	0.837

总的来说,问卷的内在信度高,需要 α 系数值大于 0.9;而 α 系数值大于

0.7 则表示问卷内在信度处于能够被接纳的范围之内。根据该表可知,总量表以及每一个因素的信度系数都大于 0.7。这就代表着该问卷具有很好的一致性以及稳定性,因此可以在此基础上展开进一步研究。

2. 档案生态安全应急管理能力评价指标效度分析

效度也称为有效性,指测量工具或手段能够准确反映被测事物的程度。[①] 换句话说,效度也就代表了测量数据的有关数值表现考察目标自身实际状况的能力。经过测算得到的数据和研究目标具有很高的一致性,那么就说明效度高;反之,则效度低。效度包括结构效度、准则效度以及内容效度三类。本书主要使用结构效度这一指标来展开研究,以验证指标体系是否合理。

为了验证档案生态安全应急管理能力评价指标体系的构建维度与各个维度指标的自身合理性与科学性,选取了因子分析法来对其结构效度进行分析。这种方法需要将少量的综合变量从大量观测变量中抽取,使其能代表原变量的绝大部分信息。该分析方法的逻辑主要是依照相关性的具体情况来展开变量分组,同组别自身变量相关性高,不同组别变量相关度低。同时,每组的变量都是一个基本结构,构成公共因子。所以,也可以利用几个公因子来表示所研究的问题,指标体系的维度也是由公因子共同组成。

本节使用软件 SPSS18.0 来检测验证指标体系综合测评以及四个维度的效度,利用因子分析法确定是否可以利用维度分析来对档案生态安全应急管理能力指标体系展开研究。同时,根据每个指标对于档案生态安全应急管理能力的贡献度来确定主要影响因子。表 6-9 呈现了关于档案生态安全应急管理能力评价指标体系的结构效度具体数据。

---

① 郭笑红:《档案馆应急管理评价能力指标体系构建研究》,河北大学 2017 年博士学位论文。

表 6-9　专家调查问卷效度系数表

问卷维度	效度系数				
	样本观测值	项目数	KMO 系数	特征根	公因子解释方差
成分 1	28	6	0.7841	1.772	33.448%
成分 2	28	4	0.8743	1.089	12.436%
成分 3	28	3	0.6501	1.348	26.665%
成分 4	28	5	0.8327	1.049	10.528%
总体效度	28	18	0.7864	—	85.077%

根据相关数据可知 KMO 系数以及专家调查问卷四个维度的有关数值都大于 0.7。同时,根据 Battlett 球形度检验的有关数据可知,$P<0.001$,代表着能够利用因子分析法展开研究。

根据主成分统计信息的有关数据可知,1.772 为第一主成分的特征根,这个数值可以解释总变异中的 33.448%。也就是说,其自身对档案生态安全应急管理能力的作用程度超过了 30%。同时,另外的几个主成分特征根都约接近 1 或者比 1 更大,累计贡献率为 85.077%。所以,主成分的数量是 4,这就代表着公因子的数目为 4。由此可知,档案生态安全应急管理能力水平与四个关键要素有关。因此,通过四个维度大致描述档案生态系统应急能力指标体系是科学的。

第四节　档案生态安全应急管理能力评价指标体系的应用

目前对于应急管理能力的评价有定量评价、半定量评价以及定性评价,评价方法各有优劣。本书主要结合模糊评判法与层次分析法对档案生态安全应急管理能力的综合评价问题加以研究。

一、利用层次分析法确定各项指标的权重

本节利用层次分析法确定档案生态安全应急管理能力评价指标体系各指标权重的设计思路如图6-5。

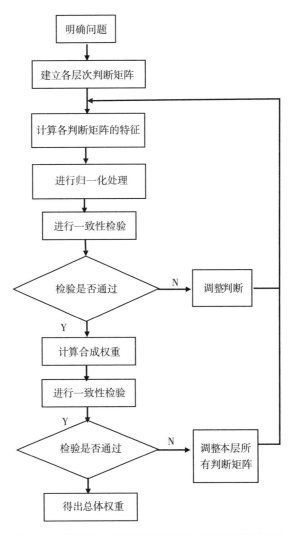

图 6-5　档案生态安全应急管理能力权重计算流程图

（1）明确问题。通过给专家发放档案生态安全应急管理能力评价指标重

要度比较调查表,获取档案生态安全应急管理能力评价各个指标的权重问卷,问卷篇幅有限,仅调查一级、二级指标权重,同时将三级指标的权重设置为相同。

(2)构建多级递阶层次结构。根据项目组对研究问题的初步探讨,以性质为基础来分层排列评价系统自身的多个指标,模仿解释结构模型的方法尝试建立多级递阶结构。依照本章第三节有关内容,档案生态安全应急管理指标体系建立的多级递阶层级结构如图6-6所示。

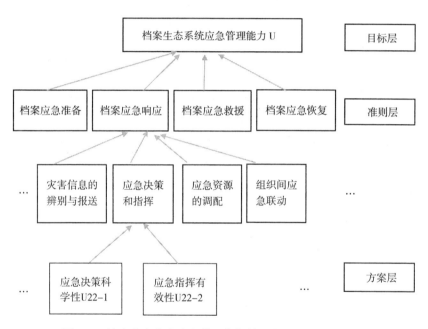

图6-6　档案生态安全应急管理指标体系多级递阶层次结构

(3)建立判断矩阵并计算相对权重系数。层次分析法的基本内容就是判断矩阵,一般将判断矩阵作为进行相对重要度的测算以及展开层次单排序的依据。判断矩阵依据是以本级别的上层指标U作为评价标准,对本级别的要素使用两两对比的方式来获取矩阵元素。该矩阵由于相同层级里每个要素对上层要素的重要程度有差别。所以,使用数字1到9和这些数字的倒数作为标准定义判断矩阵A=(aij)n*n,如表7-10所示。用W_{ij}表示依据两两比较矩阵计算出的各个指标对于上层指标的相对权重数。在构建判断矩阵时,要保证评价体系的判断要素与参比要素性质相同。衡量判断矩阵质量的标准是矩阵中的判断是否具有一致性。当然,因为个体认知具有差异以及事物自身的多样性,无法保证体系所有的判断都有一致性。档案生态安全应急管理能力评价涉及影响因素多且复杂,一致性检验成为必需,以判断比较要素是否具有一致性。需要通过一致性检验来决定是否接受判断矩阵的测算结果,也就是说,权重系数和相对重要度可否被采纳。同时,还可以利用"随机性一致性比值"(CR=CI/RI)检测大维数矩阵。CR 值与 0 越接近,说明一致性越高,就表示权重系数越可采纳,只要 CR 值不大于 0.1,该矩阵的差异就可接受。

表 6-10　判断矩阵标度定义

标度	含　　义
1	表示两个因素相比,具有同等重要性
3	表示两个因素相比,前者比后者稍重要
5	表示两个因素相比,前者比后者明显重要
7	表示两个因素相比,前者比后者强烈重要
9	表示两个因素相比,前者比后者极端重要
2、4、6、8	表示上述相邻判断的中间值
倒数	若因素 Ai 与因素 Aj 的重要性之比为 aij,那么因素 Aj 与因素 Ai 的重要性之比 aji=1/aij

通过整合档案生态系统应急管理能力评价指标权重问卷的有关数据,使用数字标度来表示问卷中各种指标的重要性。根据两两判断矩阵,可以获取能够呈现相对重要程度的权重系数 W_{ij}。由于主要通过以往经验来确定矩阵的每个要素,为了使结果更加客观全面,要使用一致性比率 CR 来展开一致性检验,从而降低片面性。根据表 6-11,依照 U 下的 U1、U2、U3、U4 为例,构建比较矩阵。

表6-11　准则层因素相对于总评价目标权重值表

评价指标	U1	U2	U3	U4	几何平均值	权重 W	一致性检验
U1	1	5	9	2	3.08	0.760	$\lambda max = 4.061$ $CR = CI/RI$ $= 0.022 < 0.1$
U2	1/5	1	3	1/3	0.67	0.035	
U3	1/9	1/3	1	1/4	0.31	0.007	
U4	1/2	3	4	1	1.57	0.196	

　　由于上表仅对一位专家问卷中一级指标进行了一致性检验和指标权重计算。其他问卷指标权重计算和一致性检验方式方法相同,在此不再赘述。因此,直接得出最终结果(已进行一致性检验),具体见表6-12到6-16。

表6-12　档案生态安全应急能力评价各类指标的权重表

评价指标	权重 W
应急准备能力	0.368
应急响应能力	0.239
应急救援能力	0.284
应急恢复能力	0.109

表6-13　档案生态安全应急准备能力分指标权重计算结果表

评价指标	权重 W
应急管理组织机构及人员完善	0.202
灾害监测能力	0.278
完善应急预案	0.163
日常培训与演练	0.184
应急资源的准备	0.065
应急管理流程规范	0.108

表 6-14　档案生态安全应急响应能力分指标权重计算结果表

评价指标	权重 W
灾害信息的辨别与报送能力	0.538
应急决策和指挥能力	0.178
应急资源的调配能力	0.160
组织间应急联动能力	0.124

表 6-15　档案生态安全应急救援能力分指标权重计算结果表

评价指标	权重 W
灾害应急抢救技术的应用能力	0.496
救援团队的救援能力	0.339
应急救援过程定量控制能力	0.165

表 6-16　档案生态安全应急恢复能力分指标权重计算结果表

评价指标	权重 W
档案修复技术应用能力	0.487
灾害定量损失评估与总结能力	0.087
灾后责任追究能力	0.154
优化应急管理过程能力	0.198
应急管理缺陷预防能力	0.074

(4)测算综合重要度。自上而下将最终层所有元素的权数依次与上层准则元素的相对权重系数相乘所得数值,即为各元素相对于总目标的综合权重。同时也对层次总排序进行了一次性检验。总排序通过一致性检验,那么最终权重就是所得指标权重。表 6-17 展示了档案生态安全应急管理能力评价指标体系的权重计算结果。

表6-17 档案生态安全应急管理能力总权重计算结果表

序号	目标层	准则层	权重	指标层	权重
1	档案馆应急管理能力评估	档案馆应急准备能力（U1）	0.368	应急管理组织机构及人员完善程度（U11）	0.074
2				灾害监测能力（U12）	0.102
3				应急预案完善程度（U13）	0.060
4				日常培训与演练效果（U14）	0.068
5				应急资源的准备能力（U15）	0.024
6				应急管理流程规范程度（U16）	0.040
7		档案馆应急响应能力（U2）	0.239	灾害信息的辨别与报送能力（U21）	0.13
8				应急决策和指挥能力（U22）	0.043
9				应急资源的调配能力（U23）	0.038
10				组织间应急联动能力（U24）	0.030
11		档案馆应急救援能力（U3）	0.284	灾害应急抢救技术的应用能力（U31）	0.14
12				救援团队的救援能力（U32）	0.096
131				应急救援过程定量控制能力（U33）	0.047
14		档案馆应急恢复能力（U4）	0.109	档案修复技术应用能力（U41）	0.053
15				灾害定量损失评估与总结能力（U42）	0.009
16				灾后责任追究能力（U43）	0.017
17				优化应急管理过程能力（U44）	0.022
18				应急管理缺陷预防能力（U45）	0.008

　　档案生态安全应急管理能力一级指标权重的有关数据表明,档案应急准备能力的权重为0.368,表示其重要程度最高;应急救援能力权重为0.284;应急恢复能力的权重为0.109。由此可见,提升应急准备能力是档案生态系统提升应急管理水平的关键因素,这与之前的研究一致。

二、模糊评判法综合评价

模糊数学的具体应用方法之一为模糊评价法,又称模糊综合评判。模糊评价法是依据模糊变换原理和最大隶属度原则,对系统各个相关因素进行综合评价的方法。模糊综合评判具有简单易学,适合解决多层次复杂问题的特点。在工程技术以及社会经济方面,经常使用模糊综合评判法。模糊评价法数学模型分为一级评价与多级评价两种。档案生态安全应急管理能力评价指标体系分为三个层次,因此可以应用三级模糊评价的方法。

具体操作步骤是在某个档案馆展开问卷调查,从而获取其自身的应急能力信息。同时,使用模糊综合评判法来测评其应急管理能力水平。总的来说,档案馆应急管理能力测评指标体系分为四层。一般来说,首先模糊综合评价三级指标,从而获取相关二级指标的综合测评数据;以此类推得到一级指标综合评价结果,最终得出档案生态安全应急管理能力的综合评价结果。具体步骤如下:

(1)确定指标因素集

$U = \{U1, U2, U3, U4\}$

$U1 = \{U11, U12, U13, U14, U15, U16\}$

$U2 = \{U21, U22, U23, U24\}$

$U3 = \{U31, U32, U33\}$

$U4 = \{U41, U42, U43, U44, U45\}$

$U11 = \{U11-1, U11-2\}$ $U12 = \{U12-1, U12-2\}$ ...

(2)确定评价集

档案生态安全应急管理能力的评价集是对其综合成熟度的等级划分的集合。本书主要使用评价集 V 来进行划分,最终得到五个级别,从低到高依次为:初始级、规范管理级、标准管理级、定量管理级、持续改进级。在对档案生态安全应急管理能力作出评价时,使用了定量法,用以确定系统内各个档案馆的综合成熟度等级,具体数值如下。

V = {20,40,60,80,100}

(3)确定模糊评价矩阵,从中得出综合得分

第一,建立模糊评价矩阵 Ri,指标要素从 Ui 到 Vj,也就是说 Vj 的隶属度可以在 Ui 指标中得到,在具体的操作过程中,需要组织专家对等级作出评价,然后将第 i 个指标隶属于第 j 级的专家人数除以专家总人数,归一化处理后三级指标的模糊评级矩阵可以通过以下公式得出:

$$Ri = \begin{bmatrix} rl1 & rl2 & rl3... & rlm \\ rn1 & rn2 & rn3... & rnm \end{bmatrix}$$

在完成以上操作之后,可知 rij 所代表的就是第 i 个指标与第 j 级人数所表示的专家总人数是相对应的,n 表示的则是各二级指标中所属的三级指标数,m 代表着评价等级数,存在着 rij=ri1+ri2+…+rim=1 的关系。

第二,把各个指标要素权重集 W 与其相互对应的模糊评价矩阵放在一起,以便通过矩阵合成计算将其归一化处理,从而进一步得到每个单因素的评价结果。由于前面已经使用层次分析法对各个指标权重进行确认,从而得到了所需的权重集,具体如下所示:

一级指标权重集:

Wi = {0. 368,0. 239,0. 284,0. 109}

二级指标权重集:

W1j = {0. 074,0. 102,0. 060,0. 068,0. 024,0. 040}

W2j = {0. 13,0. 043,0. 038,0. 030}

W3j = {0. 14,0. 096,0. 047}

W4j = {0. 053,0. 009,0. 017,0. 022,0. 008}

因此单因素评价结果为:Bi = Wi.Ri

最后,档案生态安全应急管理能力模糊综合评价向量为

$B1 = W1. R1 = (Wi1,Wi2...Wij).Ri = (bi1,bi2...bij)$

经过模糊综合运算之后可以进一步得到所需的模糊向量,即 Bi = (bi1, bi2...bij),模糊向量用于该因素集所对应的第(i+1)层的某评价指标的模糊评价向量。按照层次顺序对各层进行模糊评价,最后的数据信息仍然要作归一化处理,从而依次逐层进行模糊综合评价,得到 B = (b1,b2...bm)。可以利用最大隶属度法来进一步确认结果的正确性。也就是通过模糊评价向量 B = (b1,b2...bm),Br = max | bk | (1≤k≤j),将每个评价集上的评价因子与二级指标在各评价集中的隶属度相乘,再通过 Sumproduct 运算,可以得出二级指标所具备的模糊评分。在完成以上步骤之后,再按照权重分配规则,得到所需的一级指标档案系统应该具备的应急响应能力、准备能力、恢复能力、救援能力,总结出各项能力的综合得分,然后根据档案生态安全应急管理能力总得分 P 分别划分出应急管理能力的成熟度等级。

(4)确定档案生态安全应急管理能力的成熟度等级

通过计算可以得到,如果 P 值处于 0≤P≤20 范围之间,档案生态安全应急管理能力的成熟度为初始级;如果范围在 20<P≤40 之间,则成熟度应该被划分为规范管理级,如果范围在 40<P≤60 之间,则成熟度应该被划分为标准管理级,在 60<P≤80 之间则应该划分为量化管理级,在 80<P≤100 之间则应划分为持续改进级。

(5)确定档案生态安全应急管理能力需要改进的关键过程域

根据已经确定的档案生态安全应急管理能力成熟度等级,进一步确定生档案生态安全应急管理提高成熟度等级需要改进的关键过程域,确保未来档案应急管理能力能够日益提高。因此,档案生态系统中的各个档案馆,可以根据本馆所处等级重点关注关键过程域的问题以及具体分值进行分析,确定应急管理发展方向与重点。关键过程域与档案应急管理能力评价指标对应情况如表6-18内容所示。

表 6-18　关键过程域与档案生态安全应急管理能力评价指标对应情况表

	成熟度等级	序号	指　　标
档案馆应急管理能力成熟度等级	规范管理级	1	应急管理组织机构及人员完善程度(U11)
		2	灾害监测能力(U12)
		3	灾害信息的辨别与报送能力(U21)
		4	应急资源的调配能力(U23)
		5	救援团队的救援能力(U32)
		6	灾后责任追究能力(U43)
		7	应急决策和指挥能力(U22)
	标准管理级	8	应急预案完善程度(U13)
		9	日常培训与演练效果(U14)
		10	组织间应急联动能力(U24)
		11	应急管理流程规范程度(U16)
	定量管理级	12	应急资源的准备能力(U15)
		13	应急救援过程定量控制能力(U33)
		14	灾害定量损失评估与总结能力(U42)
	持续改进级	15	档案修复技术应用能力(U41)
		16	灾害应急抢救技术的应用能力(U31)
		17	优化应急管理过程能力(U44)
		18	应急管理缺陷预防能力(U45)

第五节　档案生态安全应急管理能力评价体系应用实例

本节主要对档案实践中某个具体档案馆所具备的应急管理能力作出评价。为实现这一目标,需要使用之前所得到的档案生态安全应急管理能力评价指标体系,整个过程基本为利用调查问卷的方式收集有关的指标数据,然后再使用数学统计方法对相关数据进行计算,从而得到最终的评价结果。通过对该档案馆应急管理能力的综合评价,明确档案馆应急管理能力等级,通过分析研究确定目前档案馆应急管理过程中所存在的尚未解决的问题,针对现状提出改进建议。

一、某档案馆概况

某档案馆是 20 世纪 60 年代正式成立的,作为一家综合档案馆,其等级属于省级馆,收藏内容丰富多样,收藏量在全国范围内名列前茅。档案馆里保存的内容涉及多个方面,能够体现出不同时期当地不同的人文风情,同时也可作为编制地方史志时的重要依据和参考。

二、评价过程与结果

通过上文所构建档案安全应急管理能力评价指标体系,可以进一步设计出该档案馆应急管理能力评价的调查问卷,根据调查问卷的结果对档案馆应急管理能力作出评价。调查问卷分为两个部分,总共包含了 45 个难度适中的问题,前一部分主要是为了对被调查对象有更多了解,后一部分的内容包含很好、较好、一般、较差、很差 5 种回答,分别代表 100、80、60、40、20 五个评价集。在经过程度性评语调查之后,得到一个关于档案馆应急管理能力状况的准确答案。被调查对象包括在档案馆工作的 10 名员工,在利用问卷进行评分之后,可以根据问卷结果得到相关指标数据,加强对档案馆应急管理能力评价的准确性。通过上文所提到的层次分析法可以明确各项评价指标在评价档案应急管理能力时所占的权重大小,通过模糊评判的方法,完成该档案综合管理能力的综合评价工作。根据以上所得模型进一步计算分析,最终得到如表 6-19 所示的信息。

表6-19 某档案馆应急管理能力综合评价结果表

评价对象	得分	准则层	权重	得分	指标层	权重	得分
某档案馆应急管理能力	36.2	档案馆应急准备能力（U1）	0.36	43.1	应急管理组织机构及人员完善程度（U11）	0.202	70.3
					灾害监测能力（U12）	0.278	68.3
					应急预案完善程度（U13）	0.163	40.7
					日常培训与演练效果（U14）	0.184	46.2
					应急资源的准备能力（U15）	0.065	14.1
					应急管理流程规范程度（U16）	0.108	21.4
		档案馆应急响应能力（U2）	0.239	61.1	灾害信息的辨别与报送能力（U21）	0.538	58.3
					应急决策和指挥能力（U22）	0.178	66.5
					应急资源的调配能力（U23）	0.160	42.1
					组织间应急联动能力（U24）	0.124	13.2
		档案馆应急救援能力（U3）	0.48	36.6	灾害应急抢救技术的应用能力（U31）	0.496	14.6
					救援团队的救援能力（U32）	0.339	77.2
					应急救援过程定量控制能力（U33）	0.165	19.4
		档案馆应急恢复能力（U4）	0.284	20.6	档案修复技术应用能力（U41）	0.487	31.7
					灾害定量损失评估与总结能力（U42）	0.087	10.1
					灾后责任追究能力（U43）	0.0157	62.1
					优化应急管理过程能力（U44）	0.198	12.7
					应急管理缺陷预防能力（U45）	0.074	10.5

三、评价结果分析

根据上表,可以看出目前该档案馆应急管理能力还有很大提升空间,得分基本在20—40范围之间,可知该档案馆应急管理能力属于规范管理级,档案馆在应急管理方面有相应的基本目标,所拥有的应急管理过程规范允许出现重复,可以有效收集所需信息,能够实时监控风险。因此可知该档案馆经过多年的应急管理实践经验以及学习积累,已经建立了一套属于自己的突发事件应急管理体系。如果档案馆面临突发事件,也能通过积累的经验教训有效、规范地控制突发事件,达到应急管理的目的。

近年来,伴随国家档案局的部署以及自身的安全需求,该档案馆对档案安全与应急管理工作关注程度逐渐提升,应急管理能力也有所提高。如前文所述,档案馆应急管理水平达到规范管理级时,组织可以及时识别灾害,提前制定应对措施,避免造成较高损失,还不断注意提高档案馆所具备的救援能力、指挥能力以及决策能力。以上这些是验证档案馆是否做到规范管理级的一项重要指标。根据调研,该档案馆成立了专门的机构负责应急管理工作,并且已经建立了较为完善的应急管理体系,整体机构建设完善度较高,配置了一定的应急管理人员,在日常的安全保护工作中可以较好完成应急防范工作,在突发灾害时能够及时做好应急管理工作。同时该档案馆安装了覆盖全馆范围的安全消防监控系统,确保了突发灾害的及时检测以及灾害信息的及时传递;拥有一支专业化水平极高的紧急救援队伍;加快对相关落实机制的建设速度展开专项督查工作,进一步强化任务目标的落实力度,做好定期考察工作,确保每一项应急管理工作都能落实到个人。

虽然档案馆已经建立了一套较为详细且成熟的应急管理系统,但是在具体落实的过程中受到各方面因素的影响,仍然存在一定的问题,比如应急管理流程的规范程度,日常的演练和培训力度,应急管理预案的完善程度等都有较大的提升空间。建议在进一步提升管理及标准规范程度的过程中,要特别注意对标准管理及关键问题的解决,注重组织间的应急联动能力的提升,强化综合运用多方面力量,实现应急管理能力的整体提升。

四、某档案馆应急管理能力提升建议

从上文所提到的有关于该档案馆应急评估的分析结果来看,该档案馆在应急管理能力建设提升过程中,可从以下几方面入手提升应急管理水准。

第一,进一步完善应急预案建设。尽管该档案馆也制定了本馆的应急预案,且通过演练不断修正预案中的漏洞,但是实际操作性欠佳,内容的全面性与明确性有待进一步提升。如预案没有对突发事件来临后工作人员的职责明确规定,缺少应急响应的行动细节指导,难以满足突发事件应对的需求。因此,建议该馆进一步优化应急预案,将应急预案内容进一步细化。结合该馆自身情况,对所有可能面临的风险进行排序,将主要风险罗列,并细化应对举措;明确突发事件后的第一责任人,并将所有责任人分工明确进行规定,将每个职责的负责人的联络方式明确列出,以备后用。

第二,加强日常培训,提升演练实效。档案馆对带头人的培训较为重视,理论素养也较高,但是对于普通工作人员的培训还应该进一步加强。目前培训对象较为单一,以档案馆领导为主;培训内容也欠全面,多为法规类知识,应该进一步丰富内容与形式,增加应急响应、应急救援技能技巧方面的培训内容。因此,该馆应该定期对馆内不同层级、类别的工作人员进行有针对性培训,形成专业、系统又有特色的培训模式,打造高素质专业人才队伍,为应急预案的实施提供全力支持。同时,要加强应急演练,丰富演练形式与内容。尽管该馆每年在"档案安全月"进行应急演练,但是,应该进一步融演练的真实性、实战性与趣味性为一体,融实体演练与虚拟演练为一体,提升应急演练的吸引力与演练实效,并形成制度化。应急演练结束后,还应该及时进行总结、评价,进一步验证应急预案的科学合理性,以提升应急准备能力。

第三,提高组织间应急联动能力。该馆自身配有应急预案系统,但与同行业其他机构、与所在区域政府相关部门的信息沟通不畅,尤其是突发事件发生时弊端显现,无法实现有效的实时监控和实时指挥。究其原因,档案馆与社会各类团体和消防部门、医疗机构之间缺少良好的应急联动机制,导致发生突发事件时很难实现各部门的良好协作。因此建议,在应急准备阶段,一定秉承协同应急观念,充分联合、利用档案馆内外的各种相关应急资源,以备不时之需。

尤其是与同行业兄弟机构建立区域应急联盟,共享应急资源,低成本高效率地做好应急管理工作。

第四,规范应急管理流程。该档案馆在这一指标评分结果得分较低,可能有以下原因:一方面,档案馆成功设计两个地方标准,27个规范性文件,对本馆应急工作具有一定指导意义。但是在真正突发事件来临后的应急管理过程中,各个活动环节定义不明确,实际操作规范以及实际操作标准较为模糊,应急措施之间缺少协调性、连贯性与科学性,导致突发事件应对效率大打折扣。另一方面,档案馆所建立的应急管理流程欠科学完整,不能做到无缝连接。对此档案馆应该参照国内优秀应急预案设计与应急管理的优秀经验,梳理本单位的风险管理活动与应急管理完整流程,并细化、统一设计指导性文件,使各个流程规范化,注重相互之间的衔接和配合,实现专门岗位监督,奖惩分明,切实提升应急管理效率与质量。

第五,加强灾后总结性评估。该档案馆尽管对本馆的应急管理工作有一定评估程序,但所设计的评估方法较为简单,所使用的评估方法较为单一,且所获得的评估结果缺乏科学性和准确性,不能全面反映真实情况。另外,对总结不够重视,灾后总结不能做到具体,针对性较差,不能形成珍贵的可参考的文件资料。因此,建议在今后的工作中,重视对应急管理工作的科学评估,全面总结突发事件发生发展的原因,应急响应中的预案使用与效果、应急救援行动的经验与教训等,并且形成文字报告,形成可供今后参考的指导性文件,将灾后的评估与总结制度化,为今后应急管理工作提供有效指导。

综上所述,档案生态安全应急管理能力的高低是评价档案系统应急管理工作水平的关键因素,也直接影响档案非常态安全的保护。而当前,我国档案领域应急管理能力评估研究较少,因此,亟待建立一个系统、科学的评价体系。本章基于档案生态安全应急管理能力成熟度模型,尝试建立了科学的应急管理能力评价指标体系,以实现档案生态安全应急管理能力的科学评价,从而推动档案生态安全应急管理能力的提升。

结　　语

　　伴随当今世界格局的不稳定性和不确定性增加,我国社会也处于全面转型的关键时期,社会风险加大,加之灾害频发的自然环境,飞速发展的科学技术环境,都给我国安全形势带来巨大挑战。国家安全是国家生存和发展最基本和最重要的前提。而档案作为国家各项活动的原始记录,其安全必然是国家安全的重要组成部分。面对当前挑战,应站在总体国家安全观的高度去看待档案安全。档案生态安全保护是国家安全观在档案和信息安全领域的重要体现,是历史文化遗产传承的基本保障,是现代档案工作的前提和基础,同时也是社会大众各种社会经济活动的必然需求。因此,加强我国档案生态安全应急管理研究,是当前我国档案事业持续发展的迫切需要,具有举足轻重的理论价值与实践意义。

　　开展档案生态安全理论研究,探索档案生态安全保护的应急管理理论与技术方法,是档案学理论与实践发展的现实需要。由于生态安全与档案安全的内容和目标相契合,可以将生态安全概念引入档案安全领域进行研究。强调档案的生态安全,是强调档案生态系统中各因子的动态平衡,从而以更加整体的、宏观的、开放的和动态平衡的视角考量,保障档案安全的实现。

　　档案生态安全涉及两个方面的内容:一是档案生态脆弱性,二是档案生态风险。档案生态安全的实现是对档案生态风险与档案生态脆弱性有效控制的结果。一方面,通过对其评价与分析,可以获知档案生态安全的威胁因子及其相互作用,通过对其改善与控制,可以做好档案生态系统日常的安全维护,即做好档案生态安全的常态管理。另一方面,档案生态风险表征了档案生态环境压力对档案造成危害的概率与后果。对档案生态风险的控制,则需要关注突发事件对档案生态系统安全的影响,以及突发事件发生后的应急保护与抢救,做好档案生态安全的应急管理工作,也就是做好档案生态系统的非常态安全管理,从而保障档案生态系统的非常态安全。档案生态系统的常态安全保护与非常态安全保护相互补充,共同促进和保障档案生态安全。

由于档案生态系统的主体——人,有思想、有独立行为能力,是最具有主观能动性的角色,因此,对于档案生态系统及其安全的影响也是最大的。一方面,档案生态主体对档案生态宏观环境与微观环境产生有利与不利影响,如制定社会与行业的管理制度、政策、法律法规与标准,创造良好的档案客体微观环境,从而保障档案生态系统各项活动有条不紊地进行,保障档案客体安全;另一方面,档案生态主体出于各种意图刻意或者不自觉地采取的各种行为,对社会环境、自然环境等档案生态系统的宏观与微观环境以及档案客体产生不利影响,影响档案客体的长期存储。与此同时,档案生态系统客体安全也存在隐患:实体档案制成材料存在丢失与损毁的风险;软硬件故障会给数字档案造成严重损坏。

档案生态安全的实现需要以常态安全与非常态安全为基础。通过风险管理可以确保常态安全的实现,而通过应急管理则可以确保非常态安全的实现。因此,档案生态安全的实现是风险管理与应急管理的融合统一。档案生态系统以风险管理为基础,对档案生态突发事件的起因、过程和后果进行分析,并有效整合档案领域中的相关资源,建立起一整套应对突发事件的事前防范、事中反应、事后处理的管理手段和程序,以期最大限度地减少和降低档案人员、档案载体和信息所遭受的损失。

档案生态系统脆弱性管理是实现常态安全的重要途径。其安全脆弱性主要来自"硬件"设备的物理脆弱性、管理层面的管理脆弱性以及管理技术脆弱性三个方面。风险发生是危险源与脆弱性共同作用的结果。危险源的存在是引起档案生态系统突发事件的主要原因,可以把档案风险源分为自然环境风险源、内生风险源和非自然外生风险源,探讨脆弱性与风险源共同作用的机理,针对这些机理进行档案生态的常态安全保护。

档案生态安全应急管理是非常态安全实现的重要途径。伴随着社会进步与科技水平提高,档案生态安全应急管理工作也必须秉承协同应急管理、智慧应急管理、差异化应急管理等创新理念,以应对复杂多变的安全环境。根据档案生态系统突发事件自身发展演变规律,对其活动周期进行划分,并以此明确应急管理活动与任务周期以及各阶段的应急任务,避免各阶段在时间上重叠,为在实践工作中开展全程减灾、备灾提供理论依据。深刻理解档案生态系统应急管理相关机理,有助于在应急管理实践中从事物本质出发,科学制定符合事物发展规律的制度、策略,以实现对突发事件的有效预防,从而经济、高效地做好应急管理工作,实现非常态档案安全管理。

档案生态安全应急管理是一项系统工程,提高应急管理水平需要档案生态系统内外通力合作,法律、政策、制度等多角度协同作用,架构科学合理的应急管理体系。

本书立足档案生态系统,从应急管理制度、机制、技术、文化、信息及资源保障六个不同维度,探讨如何全面提升包括防范力、智慧力、硬实力、软实力等在内的档案生态安全应急管理综合能力,实现应急管理水平的阶跃式发展。在应急管理制度方面,加强应急管理体制与法制建设,统一进行顶层设计,建立"统""分"有度、"实""虚"结合的档案生态安全应急管理机构;通过法律法规明确界定档案生态系统应急管理机构职能与权力,着力建设并完善一套着眼当前、立足长远的档案行业的应急管理法律制度体系,补短板、强弱项、防风险,以法治思维和法治方式推动档案行业应急管理工作发展;建设完备的档案生态系统应急预案体系,为应急准备奠定坚实的基础。在应急管理机制方面,加强预警机制、响应机制、恢复重建机制、激励机制等建设,保障档案生态系统健康运转。在应急管理技术方面,充分利用大数据、云计算、物联网等科学技术手段,辅助应急管理主体迅速正确决策,助推档案应急管理资源共享和管理智能化。在应急管理文化方面,自下而上,以提高应急意识为基础培养档案生态系统工作人员的应急文化自觉;自上而下,以多种手段培育档案生态系统应急文化氛围,培养应急文化自觉。在应急管理信息方面,综合利用各种信息技术,加强档案生态系统应急信息资源建设,建设基于大数据的应急信息资源共享平台,实现从应急信息管理到应急知识管理的转变。在应急管理资源保障方面,实现档案生态系统人力、财力、物力的合理调配,为档案生态系统生态安全应急管理提供必要保障。

保障档案生态安全首先需要对危害安全的各影响因素进行分析评价,建立一套科学合理的评价指标体系,依据评估结果通过各种手段改善档案生态系统的脆弱性,降低安全风险,维护档案生态安全。将软件开发领域的能力成熟度模型引入档案领域,依据软件能力成熟度模型,结合档案生态系统应急管理工作的具体特点,构建应急管理能力成熟度模型。基于层次分析法,构建定量与定性相结合的档案生态系统应急管理能力评价指标体系。

我国档案生态安全应急管理建设是一项复杂的系统工程,需要从体制上进行顶层设计,优化应急管理组织架构,与社会应急管理部门相互协同,实现最大范围的资源共享与高效利用。另外,在如何得到社会各方面的资金、人才支持,实现群众智慧参与等方面还需要实践部门进一步努力。因此,本书所阐述的档案生态安全应急管理理论的实际应用价值和指导作用还需在档案工作实践中进行检验。

基于时代背景与现有的档案安全管理研究现状,对档案生态安全与应急管理加强研究是一件十分迫切而意义重大的任务。这一课题复杂而浩大,由于笔者理论水平、研究方法、实践经验积累等因素所限,难以面面俱到,许多问题还有待进一步拓展与深入。一方面,研究内容需要进一步扩展。如何借助生态学理论指导档案生态安全的具体实践,还有待进一步加强研究。档案生态系统相关法律制度的完善、相关标准体系的建设、应急管理机制之间的作用机理等方面的研究都需要进一步加强和完善。另一方面,档案生态安全应急管理理论需要与实践相结合。如何针对我国不同地域、不同类别档案馆的实际情况建立兼顾共性与个性的档案安全应急管理体系与评价标准,需要进一步扩大调研范围,根据实际情况进一步展开研究。

做好我国档案生态安全应急管理研究,有助于推动档案实践部门的安全保护工作从常态到非常态,做好各种安全保护与应急管理工作,最终实现各种不利环境中的档案安全保护,使不可再生的珍贵档案资源受到最大限度的保护和利用,这是功在当代、利在千秋的大事。本书对档案生态系统应急管理进行研究,意在抛砖引玉,希望更多的档案同行加入,进行深入研究,形成更多具有中国特色的档案安全应急管理理论研究成果,共同推动档案安全应急管理实践向前发展。

参 考 文 献

一、中 文

（一）著作

［1］［美］米勒:《云计算》,姜进磊译,北京机械工业出版社 2009 年版。

［2］［美］T.R.谢伦伯格:《现代档案——原则与技术》,黄坤坊等译,中国档案出版社 1983 年版。

［3］［英］安德鲁・坎贝尔:《战略协同》,任通海、龙大伟译,机械工业出版社 2000 年版。

［4］［英］安东尼・吉登斯:《现代性与自我认同》,赵旭东、方文译,生活・读书・新知三联书店 1998 年版。

［5］陈安、陈宁、倪慧荟:《现代应急管理理论与方法》,科学出版社 2009 年版。

［6］陈学明:《哈贝马斯"晚期资本主义论"评述》,重庆出版社 1996 年版。

［7］丁烈云:《中国转型期的社会风险及公共危机管理研究》,经济科学出版社 2012 年版。

［8］［美］菲克:《危机管理》,韩应宁译,经济与生活出版事业公司 1987 年版。

［9］费孝通:《文化与文化自觉》,群言出版社 2010 年版。

［10］冯惠玲:《档案学概论(第二版)》,中国人民大学出版社 2006 年版。

［11］冯惠玲:《电子文件风险管理》,中国人民大学出版社 2008 年版。

［12］冯惠玲:《电子文件管理国家战略》,中国人民大学出版社 2011 年版。

[13]冯惠玲:《电子文件管理教程》,中国人民大学出版社2001年版。

[14]冯惠玲:《公共危机管理启示录——对SARS的多维审视》,中国人民大学出版社2003年版。

[15]冯乐耘:《中国档案修裱技术》,中国档案出版社2000年版。

[16][美]福雷斯特·伍迪·霍顿:《信息资源管理:概念和案例》,安小米译,南京大学出版社2013年版。

[17][美]富兰克·H.奈特:《风险、不确定性及利润》,王宇、王文玉译,中国人民大学出版社2005年版。

[18]龚鸣:《区块链社会》,中信出版社2016年版。

[19]广州市社会科学院:《广州蓝皮书:广州创新型城市发展报告(2017)》,社会科学文献出版社2017年版。

[20]国际档案理事会:《电子办公环境中文件管理原则与功能要求》,王健等译,中国人民大学出版社2011年版。

[21]国家档案局档案科学技术研究所《新档案保护技术实用手册》编委会:《新档案保护技术手册》,中国文史出版社2013年版。

[22]何嘉荪、傅荣校:《文件运动规律研究——从新角度审视档案学基础理论》,中国档案出版社1999年版。

[23]胡红霞:《我国档案自然灾害防治机制研究》,人民出版社2016年版。

[24]胡鸿杰:《化腐朽为神奇——中国档案学评析》,上海世界图书出版公司2011年版。

[25]华林:《西部散存民族档案文献遗产集中保护问题研究》,中国社会科学出版社2017年版。

[26]姜平:《突发事件应急管理》,国家行政学院出版社2011年版。

[27]金波:《数字档案馆生态系统研究》,学习出版社2014年版。

[28]景国勋、杨玉中:《安全管理学》,中国劳动社会保障出版社2017年版。

[29]柯平:《知识管理学》,科技出版社2007年版。

[30]寇丽平:《应对危机——突发事件与应急管理》,中国人民公安大学出版社2013年版。

[31][美]劳伦斯·巴顿:《危机管理》,许静予译,东方出版社2009年版。

[32]李曙华:《从系统论到混沌学》,广西师范大学出版社2002年版。

[33]李圆圆:《信息安全价值研究》,世界图书出版公司2010年版。

[34]连玉明、朱颖慧:《中国社会管理创新报告》,社会科学文献出版社2013年版。

[35]梁茂春:《灾害社会学》,济南大学出版社2012年版。

[36]廖开际:《知识管理原理与应用》,清华大学出版社2007年版。

[37]林毓铭:《常态与非常态视域的应急管理》,知识产权出版社2012年版。

[38]刘钧:《风险管理概论》,中国金融出版社2005年版。

[39][美]罗伯特·希斯:《危机管理》,王成、宋炳辉、金瑛译,中信出版社2001年版。

[40]罗永仕:《生态安全的现代性境遇》,人民出版社2015年版。

[41][挪威]马文·拉桑德:《风险评估》,刘一骝译,清华大学出版社2013年版。

[42]牛文元:《社会物理学理论与应用》,科学出版社2009年版。

[43]钱秀槟:《政府网络与信息安全事件应急工作指南》,中国标准出版社2012年版。

[44][美]斯蒂芬·P.罗宾斯、玛丽·库尔特:《管理学(第七版)》,孙健敏译,中国人民大学出版社2004年版。

[45]覃兆刿:《企业档案的价值与管理规范》,世界图书出版公司2010年版。

[46]唐承沛:《中小城市突发公共事件应急管理体系与方法》,同济大学出版社2007年版。

[47]唐跃进:《光盘信息存储与保护》,中国档案出版社2005年版。

[48]王广宇:《知识管理——冲击与改进战略研究》,清华大学出版社2004年版。

[49]王磊译:《防火设计中的烟控》,中国建筑工业出版社1990年版。

[50]王伟军:《Web2.0信息资源管理》,科学出版社2011年版。

[51]王晓群:《风险管理》,上海财经大学出版社2003年版。

[52]王英玮:《档案文化论》,中国人民大学出版社1998年版。

[53]王英玮:《知识经济时代档案部门的生存与发展策略》,中国人民大学出版社2011年版。

[54][美]温迪·布克威茨、鲁思·威廉斯:《知识管理》,杨南该译,中国人民大学出版社2005年版。

[55]吴晓红:《档案灾害学研究探索》,首都经济贸易大学出版社2013年版。

[56]夏保成:《中国的灾害与危险》,长春出版社2008年版。

[57]徐拥军:《企业档案知识管理模式——基于双向视角的研究》,中国档案出版社2009年版。

[58]徐子沛:《大数据》,广西师范大学出版社2012年版。

[59]薛匡勇:《重大突发事件档案应急管理研究》,上海世界图书出版公司2017

年版。

[60]薛澜、张强、钟开斌:《危机管理:转型期中国面临的挑战》,清华大学出版社2003年版。

[61]薛四新:《档案馆信息化与档案管理变革——数字记忆之思考》,机械工业出版社2008年版。

[62]薛薇:《统计分析方法及应用》,电子工业出版社2013年版。

[63]杨红:《非物质文化遗产数字化研究》,社会科学文献出版社2014年版。

[64]杨忠:《组织行为学,中国文化视角》,南京大学出版社2006年版。

[65]姚裕群:《人力资源开发与管理概论》,高等教育出版社2003年版。

[66][日]野中郁次郎、绀野登:《知识经营的魅力:知识管理与当今时代》,赵群译,中信出版社2012年版。

[67]尹韵公:《中国新媒体发展报告(2010)》,社会科学文献出版社2010年版。

[68][德]尤尔根·哈贝马斯:《公共领域的结构转型》,曹卫东译,学林出版社1999年版。

[69][美]詹姆斯·汤普森:《行动中的组织:行政理论的社会科学基础》,上海人民出版社2007年版。

[70]张斌:《档案价值论》,中央文献出版社2000年版。

[71]张斌:《新经济时代的企业档案管理》,中国档案出版社2007年版。

[72]张成福、唐钧、谢一帆:《公共危机管理理论与实务》,中国人民大学出版社2009年版。

[73]张景林、林柏泉:《安全学原理》,中国劳动社会保障出版社2009年版。

[74]张美芳、唐跃进:《档案保护概论》,中国人民大学出版社2013年版。

[75]张美芳、杨和平:《电影胶片保护》,北京图书馆出版社2011年版。

[76]张美芳:《文献遗产保护技术管理理论与实践》,吉林文史出版社2009年版。

[77]张雪萍:《生态学原理》,科学出版社2011年版。

[78]赵永茂、谢庆奎:《公共行政、灾害防救与危机管理》,社会科学文献出版社2011年版。

[79]中共中央党史和文献研究院:《习近平关于总体国家安全观论述摘编》,中央文献出版社2018年版。

[80]中国档案学会:《档案安全体系建设理论与实践》,中国文联出版社2016年版。

[81]周耀林、张晓娟、肖秋会:《档案学研究进展》,武汉大学出版社2018年版。

[82]周耀林:《档案文献遗产保护理论与实践》,武汉大学出版社2008年版。

[83]周耀林:《非物质文化遗产档案管理理论与实践》,武汉大学出版社2013年版。

（二）论文

[1]白列湖:《协同论与管理协同理论》,《甘肃社会科学》2007年第5期。

[2]卞咸杰:《从突发事件谈档案信息安全预警机制的建立》,《档案时空》2007年第12期。

[3]蔡学美:《档案馆灾害防治研究》,《中国档案》2000年第11期。

[4]曾少雄:《从9·21台湾大地震看城建档案异地备份》,《中国档案》1999年第12期。

[5]常崴、鞠艳:《档案应急抢救机制的建立》,《北京档案》2005年第11期。

[6]陈安、刘霞、范晶洁:《公共场所突发事件的应急管理研究》,《科技促进发展》2013年第2期。

[7]陈成文、蒋勇、黄娟:《应急管理:国外模式及其启示》,《甘肃社会科学》2010年第5期。

[8]陈竞亚:《酸雨对纸质档案的危害及防治对策》,《中国档案》2010年第11期。

[9]陈蓉莉:《对农业科技档案实现全媒体管理的探讨》,《价值工程》2012年第27期。

[10]陈振明:《中国应急管理的兴起——理论与实践的进展》,《东南学术》2010年第1期。

[11]崔海莉:《云计算环境下档案信息管理系统风险分析》,《档案学研究》2013年第1期。

[12]樊治平、冯博、俞竹超:《知识协同的发展及研究展望》,《科学与科学技术管理》2007年第11期。

[13]方昀、郭伟:《云计算技术对档案信息化的影响和启示》,《档案学研究》2010年第4期。

[14]冯登国、张敏、张妍:《云计算安全研究》,《软件学报》2011年第1期。

[15]冯惠芬、徐义全、胡新:《水火灾害后档案的抢救技术》,《浙江档案》1992年第10期。

[16]冯惠玲:《档案记忆观、资源观与"中国记忆"数字资源建设》,《档案学通讯》2012年第3期。

[17]高晨翔、黄新荣:《云计算环境下数字档案馆的安全评估体系研究》,《档案学研究》2017 年第 1 期。

[18]高合义:《电气线路超负荷引发火灾机理及预防对策》,《消防技术与产品信息》2007 年第 6 期。

[19]高小平、刘一弘:《我国应急管理研究述评(上)》,《中国行政管理》2009 年第 8 期。

[20]龚花萍、王英:《基于共现分析的国内应急管理与危机管理研究热点比较》,《现代情报》2016 年第 8 期。

[21]顾林生:《雷击危害与档案安全》,《中国档案》2005 年第 9 期。

[22]顾祖根:《档案异地备份工作的实践与思考》,《档案与建设》2012 年第 1 期。

[23]郭东强:《信息生态理论研究进展》,《情报杂志》2007 年第 3 期。

[24]郭少红:《档案馆应急管理能力评价指标体系构建研究》,河北大学 2016 年博士学位论文。

[25]国家档案局外事办公室:《档案馆灾害预防指南之一》,《中国档案》1999 年第 1 期。

[26]胡红霞:《档案馆自然灾害防治工作存在的问题分析》,《兰台世界》2012 年第 2 期。

[27]黄雄:《应对突发事件　加强档案建设》,《福建论坛(人文社会科学版)》2005 年第 8 期。

[28]荆秀昆:《微波杀灭档案害虫的利与弊》,《中国档案》2015 年第 4 期。

[29]荆秀昆:《影响低温冷冻杀灭档案害虫效果的因素研究》,《档案学研究》2015 年第 2 期。

[30]李光铣:《构建档案管理防灾抗灾机制初探》,《北京档案》2010 年第 6 期。

[31]李鹤、张平宇、程叶青:《脆弱性的概念及其评价方法》,《地理科学进展》2008 年第 2 期。

[32]林红:《汶川特大地震档案抢救与保护再评估》,《中国档案》2018 年第 5 期。

[33]刘克胜、董学杰、吴柳滨:《自动识别技术在物流信息化中的应用》,《物流科技》2003 年第 5 期。

[34]刘霞:《新媒体视阈下加强应急管理的思考》,《辽宁行政学院学报》2015 年第 2 期。

[35]刘越男、吴云鹏:《基于区块链的数字档案长期保存——既有探索及未来发展》,《档案学通讯》2018 年第 6 期。

［36］罗茂斌、胡红霞：《档案馆自然灾害防治工作存在的问题及对策分析》，《档案学通讯》2012年第3期。

［37］吕孝礼：《Web2.0时代的政府应急管理信息沟通》，《中国减灾》2010年第5期。

［38］马怀德：《完善应急法制　为构建和谐社会奠定制度基础》，《中国应急管理》2007年第4期。

［39］马晴、魏扣、郝琦：《档案生态系统构成要素及其关系研究》，档案学通讯2016年第6期。

［40］马玉妍：《浅谈档案工作服务突发重大灾害事件有效处置的途径和方法》，《山西档案》2013年第3期。

［41］马跃福、王平：《对档案网络与信息安全事件应急预案编制的思考》，《山西档案》2011年第2期。

［42］米士刚：《基于绿色档案馆建筑的档案保护功能拓展》，《中国档案》2017年第6期。

［43］倪进轮：《密闭档案库房好处多》，《档案学通讯》1986年第5期。

［44］潘开灵、白列湖：《管理协同倍增效应的系统思考》，《系统科学学报》2007年第1期。

［45］彭远明：《档案全过程安全管理中的风险控制研究》，《档案学研究》2017年第1期。

［46］彭远明：《基于公共安全管理模式的档案减灾处突机制研究》，《浙江档案》2011年第2期。

［47］平现娜：《中美档案馆应急准备对比研究》，河北大学2016年博士学位论文。

［48］邵正萍：《战乱中的波黑档案馆》，《中国档案》2002年第10期。

［49］沈伟光：《档案部门搞应急演练为了啥》，《中国档案》2011年第8期。

［50］宋冰梦：《突发事件档案管理研究综述》，《浙江档案》2013年第7期。

［51］谭燕萍：《档案安全风险评估专家制度设计研究》，《浙江档案》2017年第1期。

［52］陶琴：《档案害虫的危害性分析与综合治理对策》，《档案学研究》2014年第2期。

［53］陶琴：《水浸纸质档案的应急抢救与保护对策》，《北京档案》2013年第9期。

［54］陶水龙：《档案数字资源云备份策略的分析与研究》，《档案学通讯》2012年第4期。

［55］仝艳锋：《古建筑墙壁民国时期铅笔字迹保护与研究》，《档案学研究》2013 年第 1 期。

［56］王贺芹：《受潮档案的抢救与保护》，《湖南档案》1998 年第 4 期。

［57］王宏伟：《美国应急管理的发展与演变》，《国外社会科学》2007 年第 2 期。

［58］王晖、樊肖祥、刘海、赵磊：《在突发事件中确保档案安全的对策》，《档案学研究》2009 年第 3 期。

［59］王建恒：《档案安全管理指标体系调查》，《中国档案》2018 年第 4 期。

［60］王良城：《自然灾害对档案的侵袭与应对策略》，《档案学通讯》2010 年第 3 期。

［61］王欣蕊、黄新荣：《我国综合档案馆电子档案灾备与恢复机制研究》，《档案与建设》2016 年第 10 期。

［62］王英玮：《档案文化论》，《档案学通讯》2003 年第 2 期。

［63］王元地、李粒、胡谍：《区块链研究综述》，《中国矿业大学学报(社会科学版)》2018 年第 3 期。

［64］魏伶俐、聂曼影：《我国档案信息容灾发展评述》，《数字与缩微影像》2011 年第 1 期。

［65］吴柏海、余琦殷、林浩然：《生态安全的基本概念和理论体系》，《林业经济》2016 年第 7 期。

［66］吴加琪、周林兴：《面向社会突发事件的档案部门应急管理体系研究》，《中国档案》2012 年第 7 期。

［67］吴明娟、陈书义、邢涛、刘海涛：《物联网与区块链融合技术研究综述》，《物联网技术》2018 年第 8 期。

［68］吴晓红、郭莉珠：《数字档案灾害初探》，《档案学通讯》2005 年第 3 期。

［69］吴晓红：《档案灾害定义探索》，《档案学通讯》2012 年第 6 期。

［70］吴晓红：《系统论视角下的档案灾害研究》，《档案学研究》2013 年第 3 期。

［71］夏红兵：《灾难面前档案工作者的社会责任》，《兰台世界》2010 年第 24 期。

［72］向立文、昌珍霞：《档案工作突发事件应急预案编制的几点思考》，《档案学研究》2013 年第 4 期。

［73］向立文、宋可、谢宗艳：《档案部门应急预案管理研究》，《档案学通讯》2012 年第 5 期。

［74］向立文：《论档案馆应急预案体系的构建》，《档案学研究》2010 年第 3 期。

［75］肖鹏、张栋：《档案防灾减灾与应急管理探究》，《北京档案》2011 年第 9 期。

［76］肖秋会、段斌斌、詹欣然、李一弘、李珍:《档案馆安全保障现状调查与评估——以武汉市 35 个不同类型档案馆为例》,《档案与建设》2018 年第 4 期。

［77］肖秋会、李珍:《大数据环境下档案信息安全保障体系研究》,《中国档案》2018 年第 4 期。

［78］肖文建:《重大自然灾害中档案文献保护研究现状及述评》,《档案学研究》2010 年第 5 期。

［79］许桂清:《电子档案异地异质备份现状及应对》,《档案学研究》2018 年第 8 期。

［80］许小林:《运用微波杀菌灭虫机干燥水淹档案》,《中国档案》1998 年第 10 期。

［81］薛匡勇:《重大突发事件中的档案应急管理研究》,《档案学通讯》2013 年第 5 期。

［82］杨中华:《突发事件对档案的危害及应对策略》,《四川档案》2005 年第 2 期。

［83］杨安莲:《国外档案机构应对突发事件的主要做法及其借鉴意义》,《档案学通讯》2009 年第 1 期。

［84］杨丽娟、姜景波:《档案部门制定突发事件应急预案的思考》,《兰台世界》2007 年第 7 期。

［85］杨战捷:《档案馆应注意防止电气火灾》,《中国档案》1999 年第 2 期。

［86］姚向阳、林红、罗雁冰:《现代科学分析技术在纸质档案保护中应用的研究现状浅析》,《档案学通讯》2018 年第 3 期。

［87］于海燕:《档案灾害预警机制研究》,《档案学通讯》2011 年第 4 期。

［88］郁宗成:《档案馆、图书馆抗灾计划的制订》,《湖北档案》1994 年第 1 期。

［89］张大彤:《从大地震看档案异地备份基地的建立》,《中国档案》2009 年第 5 期。

［90］张华文、陈国华、颜伟文:《城市社区应急文化体系构建研究》,《灾害学》2008 年第 4 期。

［91］张建中:《要用"心"去抓档案安全——从故宫文物被盗想到……》,《中国档案》2011 年第 7 期。

［92］张靖:《美国国立医学图书馆灾害应急信息服务与启示》,《图书情报工作》2016 年第 7 期。

［93］张美芳:《档案馆危机预防评估研究与应用的国内外进展》,《档案学研究》2012 年第 1 期。

［94］张美芳:《档案馆危机预防评价体系的构建》,《档案学研究》2013 年第 4 期。

[95]张珊:《区块链技术在电子档案管理中的适用性和应用展望》,《档案管理》2017年第3期。

[96]张雪、张美芳:《档案实体分级分类保护方法研究》,《北京档案》2016年第12期。

[97]张艳欣、李治伟、王新颖:《新媒体在档案馆应急信息沟通中的应用研究》,《山西档案》2018年第2期。

[98]张艳欣、李治伟:《企业档案应急预案可视化研究》,《档案与建设》2018年第1期。

[99]张艳欣、仝姗姗:《国外档案保护研究现状与发展探析》,《山西档案》2019年第1期。

[100]张艳欣:《档案安全文化初探》,《档案学通讯》2013年第5期。

[101]张艳欣:《档案馆应急管理体系构建研究》,中国人民大学2015年博士学位论文。

[102]张艳欣:《我国档案应急预案体系建设:问题与优化》,《档案学研究》2015年第1期。

[103]赵国俊、张斌、徐拥军:《档案部门应建立突发事件预防和应对机制》,《档案聚焦》2003年第1期。

[104]赵农:《基于知识管理的工程项目管理研究》,苏州大学2007年博士学位论文。

[105]赵淑梅:《数字时代我国档案保护技术发展趋势——基于1987—2015年国家档案局优秀成果》,《档案学通讯》2017年第2期。

[106]赵淑梅:《数字时代我国档案保护技术学学科发展走向》,《档案学通讯》2016年第3期。

[107]赵淑梅:《系统思维下档案保护理论与实践发展新视野》,《档案学研究》2015年第1期。

[108]赵亚婷:《我国档案异地备份保存探讨》,《档案管理》2010年第2期。

[109]赵跃:《档案安全体系研究的理论溯源》,《档案管理》2017年第2期。

[110]周玲:《国外公共部门应急管理培训体系的初步比较》,《中国行政管理》2010年第3期。

[111]周耀林、姬荣伟:《我国档案馆安全协同治理机制研究——巴西国家博物馆火灾后的思考》,《档案学研究》2018年第6期。

[112]周耀林、李姗姗:《基于BPM的档案容灾系统设计》,《档案学通讯》2011年

第 2 期。

［113］周耀林、赵跃:《档案安全体系理论框架的构建研究》,《档案学研究》2016年第 4 期。

［114］周耀林:《我国档案保护发展的历程回顾与创新趋向》,《浙江档案》2019 年第 4 期。

［115］周耀卿:《故宫博物院藏古建类玻璃底片的价值发掘与整理、保护、数字化》,《北京档案》2014 年第 9 期。

［116］朱荀:《中美重大自然灾害中图书馆界援助措施之比较》,《图书馆理论与实践》2009 年第 5 期。

［117］祝洁:《基于云计算的档案信息安全风险及防范策略》,《浙江档案》2017 年第 2 期。

（三）其他

［1］杨冬权:《为实现档案强国新战略目标而努力奋斗》,《中国档案报》2012 年 6月 8 日。

［2］杨冬权:《在全国档案局长馆长会议上的讲话》,《中国档案报》2014 年 1 月7 日。

［3］中共中央办公厅:《国务院办公室关于加强和改进新形势下档案工作的意见》,《中国档案报》2014 年 5 月 5 日。

［4］MBA 智库:《沙因的组织文化研究》,2013 年 5 月 17 日,见 https://wiki.mbalib.com/wiki/沙因的组织文化研究。

［5］《环球时报》:《巴西国家博物馆火灾烧掉的不只是南美的历史记忆》,2018 年9 月 4 日,见 https://baijiahao.baidu.com/s? id = 1610679810044756686&wfr = spider&-for = pc。

［6］Techweb 网:《互联网档案馆遭遇火灾 价值 60 万美元数字设备焚毁》,2013 年11 月 8 日,见 http://www.techweb.com.cn/internet/2013-11-08/1354332.shtml。

［7］百度文库:《中国档案信息化发展的现状与趋势》,见 http://www.idangan.com/Achievement_info.asp? id = 273。

［8］豆丁网:《我国突发事件应急预案的缺陷及其完善》,2016 年 1 月 2 日,见 ht-tp://www.docin.com/p-1223987276.html。

［9］范灵俊:《区块链技术与应用现状及发展建议》,2018 年 5 月 28 日,见 ht-tps://www.idcbest.com/idcnews/11002016.html。

[10]高速:《日本减灾科技研究概况》,2014 年 11 月 23 日,见 http://www.cigem. gov.cn/ReadNews.asp? News ID=1852。

[11]国家档案局办公室:《国家档案局关于印发李明华同志在全国档案安全工作会议上的讲话的通知》,2017 年 6 月 26 日,见 http://www.saac.gov.cn/news/2017-06/26/content_192040.htm。

[12]胡鸿杰:《管理资源分析》,2011 年 3 月 2 日,见 http://blog.sina.com.cn/s/blog_54b75c030100p4lc.html。

[13]胡金玉:《汶川地震中受灾档案的保护与抢救及其启示》,见 http://www.zg-dazxw.com.cn/NewsView.asp? ID=22411。

[14]金童:《Gartner 发布云计算安全风险评估》,2010 年 8 月 1 日,见 http://wenku.baidu.com/view/6c31f2114431b90d6c85c729.html。

[15]搜狐网:《梅宏院士论"数字中国"建设》,2018 年 8 月 19 日,见 http://www.sohu.com/a/248834849_654086。

[16]新华三集团:《容灾系统建设》,《数字化领航》2010 年第 13 期,见 http://www.h3c.com.cn/About_H3C/Company_Publication/IP_Lh/2010/Finance/Home/Catalog/201003/665966_30008_0.htm。

[17]新华网:《阿根廷首都一档案仓库失火造成 7 人死亡》,2014 年 2 月 5 日,见 http://news.xinhuanet.com/2014-02/05/c_119216429.htm。

[18]新华网:《建设数字中国:把握信息化发展新阶段的机遇》,2018 年 8 月 19 日,见 http://www.xinhuanet.com/politics/2018-08/19/c_1123292838.htm。

[19]新浪网:《莫斯科百年图书馆遭遇火灾》,2015 年 2 月 2 日,见 http://news.ifeng.com/a/20150131/43068544_0.shtml。

[20]杨冬权:《在全国档案安全体系建设工作会议上的讲话》,见 http://www.zg-dazxw.com.cn/NewsView.asp? ID=10254。

[21]杨冬权:《在全国档案工作暨表彰先进会议上的讲话》,见 http://www.zgdazxw.com.cn/NewsView.asp? ID=17543。

[22]杨冬权:《在全国档案局长馆长会议上的讲话》,见 http://www.saac.gov.cn/zt/2010-12/14/content_12720.htm。

[23]赵怡蓁:《法国历史学家偷窃和贩卖二战飞行员档案在美国被判刑》,2018 年 4 月 12 日,见 http://world.huanqiu.com/exclusive/2018-04/11835340.html? agt=15417。

[24]中国广播网:《广州"房叔"泄密者被撤职 房地产档案馆致歉》,2012 年 12 月 22 日,见 http://sz.cnr.cn/szfwgb/shms/201212/t20121222_511617518.shtml。

［25］中国互联网络信息中心:《第 35 次中国互联网络发展状况统计报告》,2015 年 2 月 3 日,见 http://news.mydrivers.com/ 1/381/381898. htm。

［26］中国政府网:《中华人民共和国突发事件应对法》,2018 年 3 月 27 日,见 http://www.mem.gov.cn/fw/flfgbz/201803/t20180327_231775. shtml。

［27］中央政府门户网站:《中华人民共和国国家安全法(2015)》第 2 条,2020 年 5 月 22 日,见 http://www.gov.cn/zhengce/2015-07/01/content_2893902. htm。

［28］周颉:《美国档案馆丢失克林顿政府资料硬盘》,2009 年 5 月 22 日,见 http://article.pchome.net/content-887324. html。

二、英　文

（一）著作

［1］Bankoff G., Frerks G., Hilhorst D., *Mapping Vulnerability, Disasters, Development and People*, London: Earthscan Publishers, 2004.

［2］D.L.Kirkpatrick, *Evaluation in The ASTD Training and Development Handbook(2nd ed.)*, New York: MeGra-Hill, 1976.

［3］E.L.Quarantelli, *What Is a Disaster? Perspective on the Question*, London: Routledge Press, 1998.

［4］George H., Jane B., *Introduction to Emergency Management*, Oxford: Elsevier Butterworth-Heinemann, 2003.

［5］Hermann, Charles F., *International Crises: Insights from Behavioral Research*, New-York: Free Press, 1972.

［6］Jan Lyall, *Disaster Planning for Libraries and Archives: Understanding the Essential Issues*, National Library of Australia Staff Papers, 1995.

［7］Rosenthal Uriel, Charles Michael T., *Coping with Crises: the Management of Disaster, Riots and Terrorism in Terrorism*, Springfield: Charles C.Thomas, 1989.

（二）论文

［1］Allen H.Willett, "The Economic Theory of Risk and Insurance", *The Economic Journal*, Vol.46, No.12, 1902, pp.240-242.

［2］Andolsen，Alan A.，CMC，CRM，"The Pillars of Vital Records Protection"，*Information Management Journal*，Vol.42，No.2，2008，pp.28-32.

［3］Balon，Brett J.，Gardner，H.Wayne，"Disaster Planning for Electronic Records"，*ARMA Records Management Quarterly*，Vol.22，No.3，1988，p.20.

［4］Barrett T.，Ormsby M.，Lang J.B.，"Non-Destructive Analysis of 14th-19th Century European Handmade Papers"，*Restaurator*，Vol.37，No.2，2016，pp.93-135.

［5］Boris Porfiriev，"Managing Crises in the EU：Some Reflections of a Non-EU Scholar"，*Journal of Contingencies and Crisis Manangement*，No.13，2005，pp.145-152.

［6］Boutard G.，"Towards Mixed Methods Digital Curation：Facing Specific Adaptation in the Artistic Domain"，*Archival Science*，Vol.15，No.2，2015，pp.169-189.

［7］Cabral U.P.，Querner P.，"Four Step Strategy for Implementing IPM in Libraries in Sri Lanka"，*Restaurator*，Vol.38，No.4，2017，pp.383-393.

［8］Cassie Findlay，"Participatory Cultures，Trust Technologies and Decentralisation：Innovation Opportunities for Recordkeeping"，*Archives and Manuscripts*，Vol.45，No.3，2017，pp.176-190.

［9］Craig R.，Selzer T.，Seymour J.，"There Is Disaster Planning and There Is Reality—the Cayman Islands National Archive(CINA)Experience with Hurricane Ivan 1"，*Journal of the Society of Archivists*，Vol.27，No.2，2006，pp.187-199. .

［10］Dixon，Debra，"Information Salvage：The Tobacco Connection"，*ARMA Records Management Quarterly*，Vol.22，No.1，1988，p.15.

［11］Fleischer，S.Victor1，Heppner，Mark J.，"Disaster Planning for Libraries and Archives：What You Need to Know and How to Do It"，*Library & Archival Security*，Vol.22，No.2，2009，pp.125-140.

［12］Henry W.Fischer，III，"The Sociology of Disaster：Definitions，Research Questions，& Mesurements in a Past-Septemper 11，2001 Environment"，*International Journal of Mass Emergencies and Disasters*，Vol.21，No.1，2003，pp.91-107.

［13］Iona，Georgia，Plassmann，Max，"The Collapse of the Cologne City Archives"，*International Preservation News*，Vol.49，2009，pp.19-22.

［14］Iraci J.，"Longevity of Optical Disc Media：Accelerated Ageing Predictions and Natural Ageing Data"，*Restaurator*，Vol.38，No.3，2017，pp.273-298.

［15］Ivanov A.O.，"Practice Theory：A New Approach for Archival and Recordkeeping Research"，*Records Management Journal*，Vol.27，No.2，2017，pp.104-124.

[16] Kern, Kristen1, "Along the Oregon Trail: Disaster Preparedness in Oregon Libraries and Archives", *OLA Quarterly*, Vol.14, No.4, 2008, pp.17-19.

[17] Kostadinovska M., Spirovska Z. J., Grupče O., Minčeva-Šukarova B., "Micro-Chemical and Spectroscopic Study of Component Materials in 18th and 19th Century Sacred Books", *Restaurator*, Vol.38, No.3, 2017, pp.299-330.

[18] Laurent F.Carrel, "Training Civil Servants for Crisis Management", *Journal of Contingencies and Crisis Management*, Vol.8, No.4, 2010, pp.192-196.

[19] Lemieux V. L., "Trusting Records: Is Blockchain Technology the Answer?", *Records Management Journal*, Vol.26, No.2, 2016, pp.110-139.

[20] Lemieux V.L, "Blockchain recordkeeping: a SWOT Analysis", *Information Management Magazine*, Vol.27, No.1, 2017, pp.20-28.

[21] Matusiak K., Johnston T., "Digitization for Preservation and Access: Restoring the Usefulness of the Nitrate Negative Collections at the American Geographical Society Library", *American Archivist*, Vol.77, No.1, 2014, pp.241-269.

[22] Neal D.M., "Reconsidering the Phases of Disaster", *International Journal of Mass Emergencies and Disasters*, Vol.15, No.2, 1997, pp.139-264.

[23] Pearce-Moses, Richard, Yakel, Elizabeth, "The 'Mayday' Project: Promoting Disaster Preparedness", *OCLC Systems and Services*, Vol.23, No.1, 2007, pp.16-20.

[24] Silverman, Randy, "Toward a National Disaster Response Protocol", *Libraries & the Cultural Record*, Vol.41, No.4, 2006, pp.497-511.

[25] Sistach M., Marin E., Garcia J., "Evaluation of Alkaline Compounds Used for Deacidification and Simultaneous Lining of Extremely Degraded Manuscripts", *Restaurator*, Vol.38, No.3, 2017, pp.249-272.

[26] Smith K.M., Craft A.R., Gwynn D., "Uncovering Social History: An Interdepartmental Approach to Scrapbook Digitization", *American Archivist*, Vol.79, No.1, 2016, pp.186-200.

[27] Spectroscopy, "A Nondestructive Technique Developed to Rehouse a Nobel Laureate's Manuscript", *American Archivist*, Vol.79, No.1, 2016, pp.82-102.

[28] Wikarski J., Eyb-Green S., Baatz W., "Filling in Losses in Parchment Bound Volumes—Part I: Assessment of Parchment and Paper Fibres in Reconstituted Parchment", *Restaurator*, Vol.36, No.1, 2015, pp.25-46.

[29] Wójciak A.Washing, Spraying and Brushing, "A Comparison of Paper Deacidifica-

tion by Magnesium Hydroxide Nanoparticles", *Restaurator*, Vol.36, No.1, 2015, pp.3–23.

[30] Zekrgoo S., Nel P., Sloggett R.Peacock Ink, "Investigation into the Constituents of the Most Prized Ink of Persia", *Restaurator*, Vol.38, No.2, 2017, pp.205–233.

（三）其他

[1] Aniskoff, Paulette, Lumpkins, Donald M., "Comprehensive Preparedness Guide (CPG) 101 Version 2.0: Developing and Maintaining Emergency Operations Plans", 2015–01–15, http://www.fema.gov.

[2] August, "What is big data (Villanova University)", 2015–5–8, http://www.villanovau.com/resources/bi/ what–is–big–data/.

[3] Finra Staff, "What Is a Blockchain, and Why Should I Care?", 2018–7–29, https://www.fool.com/investing/2018/07/29/what–is–a–blockchain–and–why–should–i–care.aspx.

[4] Kate Cumming, Cassie Findlay, "Report on Blockchain: Applications and implications", 2018–2–1, https://rkroundtable. org/2016/04/03/report – on – blockchain – applications–and–implications/2018–2–1.

[5] October, "A Primer on Disaster Preparedness, Management and Response: Paper-Based Materials", 2015–2–5, http://www. archives. gov/preservation/emergency – prep/disaster–prep–primer.pdf.

[6] PD Draft, "Homeland Security Evaluation and Exercise Program (HSEEP): Introduction and Overview", https://hseep. dhs. gov/pages/1001_HSEEP7. aspx. Washington. D. C.: DHS.

[7] Pettey, C., Goasduff, L., "Gartner Says Solving 'Big Data' Challenge Involves More Than Just Managing Volumes of Data", 2016–6–21, http://www. gartner. com/newsroom/id/1731916, 2011.

[8] Smart–City Webset, "Samrt City", www.smart–cities.eu.

[9] Wikipedia, "Cloud Computing", https://en.wikipedia.org/wiki/Cloud_computing.